Encarnação
Uma filosofia da carne

MICHEL HENRY

Impresso no Brasil, fevereiro de 2014

Título original: *Incarnation: Une Philosophie de la Chair*
Copyright © Editions du Seuil, 2000

Este livro, publicado no âmbito do Programa de Apoio à Publicação da CulturesFrance, contou com o apoio do Ministério Francês das Relações Exteriores e Europeias.

Os direitos desta edição pertencem a
É Realizações Editora, Livraria e Distribuidora Ltda.
Caixa Postal 45321 – Cep 04010-970 – São Paulo – SP
Telefax (5511) 5572-5363
e@erealizacoes.com.br / www.erealizacoes.com.br

Editor
Edson Manoel de Oliveira Filho

Gerente editorial
Sonnini Ruiz

Produção editorial
Sandra Silva

Preparação
Lúcia Leal

Revisão
Aline Naomi Sassaki

Projeto gráfico e diagramação
André Cavalcante Gimenez

Ilustração de capa
Cláudio Pastro

Pré-impressão e Impressão
Gráfica Vida & Consciência

Reservados todos os direitos desta obra.
Proibida toda e qualquer reprodução desta edição por qualquer meio ou forma, seja ela eletrônica ou mecânica, fotocópia, gravação ou qualquer outro meio de reprodução, sem permissão expressa do editor.

Michel Henry

Encarnação
Uma filosofia da carne

Tradução
Carlos Nougué

Realizações
Editora

SUMÁRIO

Introdução
    A questão da encarnação 11

I. A inversão da fenomenologia

§ 1. Objeto da fenomenologia: a questão do "aparecer". 39

§ 2. A indeterminação inicial das pressuposições
fenomenológicas da fenomenologia.
Os "princípios da fenomenologia". 43

§ 3. O preconceito oculto das pressuposições
da fenomenologia. A redução ruinosa de todo
"aparecer" ao aparecer do mundo. 50

§ 4. A crise da fenomenalidade em Heidegger.
A indigência ontológica do aparecer do mundo. 58

§ 5. O critério da linguagem. Avanço decisivo e limites
da interpretação fenomenológica da linguagem. 65

§ 6. O paradoxo do "mundo" como poder de desrealização. 68

§ 7. A questão, tornada crucial, da impressão, compreendida
como fundadora da realidade. O problema de seu estatuto
fenomenológico. Intencionalidade e impressão. 72

§ 8. A vinda para fora de si da impressão no
fluxo temporal e sua destruição. 77

§ 9. A origem da "impressão originária". Inevitável remissão
de uma fenomenologia da impressão à fenomenologia da vida. 84

§ 10. A passividade originária da impressão e sua "paixão"
na afetividade transcendental da vida. O Presente vivo. 89

§ 11. A questão do aparecer original e o *cogito* de Descartes.
Três interrogações fundamentais implicadas por ele. 96

§ 12. Má interpretação do *cogito* cartesiano por Husserl.
Suas consequências: o descrédito da vida singular e sua
substituição pela "essência" da vida na virada
temática do método fenomenológico. 105

§ 13. Análise da virada temática. A aporia do método fenomenológico. 114

§ 14. Última tentativa de superar a aporia. A questão do
"dado em imagem" da vida invisível. 118

§ 15. A autorrevelação originária da vida como fundamento
do método fenomenológico. Resposta ao problema
filosófico geral concernente à possibilidade de pensar a vida. 125

II. Fenomenologia da carne

§ 16. Aparecer e conteúdo do mundo: a questão do "mundo sensível". 139

§ 17. A crítica radical do mundo sensível.
Alcance e limites da redução galileana. 143

§ 18. A contrarredução cartesiana. 152

§ 19. A crítica husserliana da redução galileana em *Krisis*. 156

§ 20. Volta à análise do corpo sensível mundano.
A remissão do corpo sentido ao corpo transcendental que o sente.
A ambivalência do conceito de "sensível". 160

§ 21. A tentativa de superar a oposição entre o corpo que sente e o corpo sentido: a problemática do último Merleau-Ponty e a absolutização do Sensível. 167

§ 22. Desdobramento do corpo transcendental.
A corporeidade originária imanente encontra sua essência na vida. 171

§ 23. A geração da carne na Vida absoluta. Caracteres fenomenológicos originários da carne decorrente dessa geração. 176

§ 24. Da concepção helênica do corpo à fenomenologia da carne.
As problemáticas fundamentais de Irineu e de Tertuliano. 184

§ 25. A interpretação radical da carne como matéria fenomenológica da vida e como sua autorrevelação.
O *cogito* cristão de Irineu. 193

§ 26. Analítica do "eu posso". O poder-se-mover como condição do poder-tocar e de todo poder atribuído ao corpo.
Condillac e Maine de Biran. 199

§ 27. A carne, memória imemorial do mundo. 210

§ 28. A carne, lugar de doação de um corpo desconhecido – dado antes da sensação e antes do mundo.
Estruturação e propriedades do "corpo orgânico". 213

§ 29. A possibilidade originária da ação como pulsão carnal do corpo orgânico. A realidade prática invisível do conteúdo do mundo. Constituição e estatuto do corpo próprio objetivo. 220

§ 30. A teoria da constituição do corpo próprio do capítulo III de *Ideen* II.
A tripla ocultação da possibilidade transcendental do "eu posso", da existência do corpo orgânico, da localização nele de nossas impressões. 226

§ 31. Volta ao quiasma. O que quer dizer "ser-tocado".
Fenomenologia da pele como finalização da teoria da constituição do corpo próprio. 232

§ 32. Volta à tese de Condillac. O autoerotismo da estátua:
a carne como lugar de perdição. Passagem necessária de uma
fenomenologia da carne a uma fenomenologia da Encarnação. 241

III. Fenomenologia da Encarnação: a salvação no sentido cristão

§ 33. Recapitulação dos resultados obtidos ao termo da inversão da
fenomenologia e da análise fenomenológica da carne. 247

§ 34. A questão do "eu posso" numa fenomenologia da Encarnação. 253

§ 35. Ilusão e realidade do "eu posso". 261

§ 36. O esquecimento da vida e sua lembrança
no *páthos* da *práxis* cotidiana. 270

§ 37. O esquecimento da vida e sua lembrança patética na angústia. 277

§ 38. A duplicidade do aparecer e o redobramento da angústia. 286

§ 39. O desejo e o "salto para o pecado". 291

§ 40. As duas carnes transcendentais da relação erótica.
O ego da descrição. 299

§ 41. A relação erótica na imanência da vida: o fracasso do desejo. 305

§ 42. A relação erótica no aparecer do mundo. A repetição do fracasso. 312

§ 43. A redução da relação erótica à sexualidade objetiva
no tempo do niilismo. 318

§ 44. A vida é sem porquê. A vida é boa. 325

§ 45. Os graus da passividade: do Gênesis ao Prólogo de João. 330

§ 46. A via da salvação segundo Irineu e segundo Agostinho. 337

§ 47. A experiência do outro numa fenomenologia da vida. 346

§ 48. A relação com o outro segundo o cristianismo:
o corpo Místico de Cristo. 357

Conclusão
Para além da fenomenologia e da teologia:
a Arqui-inteligibilidade joanina. 369

INTRODUÇÃO

A questão da encarnação

A encarnação situa-se no centro de uma constelação de problemas que nos propomos a tratar neste ensaio. Em um primeiro sentido, a encarnação concerne a todos os seres vivos da Terra, porque todos eles são seres encarnados. Essa primeira observação muito geral já nos coloca diante de enormes dificuldades. O que caracteriza os seres encarnados é que têm um corpo. Sucede, porém, que o universo inteiro é composto de corpos, que são considerados corpos materiais desde há muito tempo tanto pelo senso comum quanto por numerosos filósofos, bem como pela quase totalidade dos cientistas. O corpo que pertence aos seres vivos é o mesmo corpo material de que se ocupa a física quântica, que serve de suporte para essas outras ciências duras que são a química e a biologia? Que muitas pessoas pensem assim em nossa época, que é precisamente a da ciência, não impede que um abismo separe desde sempre os corpos materiais que povoam o universo e, por outro lado, o corpo de um ser "encarnado" como o homem.

Para lançar uma luz sobre esse abismo, tomaremos uma primeira decisão: a de deixar fora do campo de nossa investigação os seres vivos diferentes dos homens. Tal decisão não é arbitrária. Ela se justifica por uma escolha metodológica: a de falar daquilo que sabemos, e não do que ignoramos. Pois cada um, cada homem e cada mulher, em cada instante de sua existência faz a experiência imediata de seu próprio corpo, experimenta o esforço que lhe causa a subida desta ruela íngreme ou o prazer de uma bebida fresca no verão, ou ainda o de uma brisa no rosto – enquanto sua relação com o corpo animal, com o dos infusórios, dos camarões ou dos insetos, é de outra ordem. A ponto de certos pensadores, e não menores, terem considerado todos esses seres vivos diferentes do homem como espécies de computadores que não compreendem nada do que fazem. Quanto a apreender o corpo dos homens desta maneira, como se ele também fosse um computador, ainda que mais elaborado e de uma "geração" mais avançada, esse pensamento cada vez mais difundido esbarra numa objeção maior.

É aqui que se abre o abismo. Um corpo inerte semelhante aos que se encontram no universo material – ou ainda os que se podem construir utilizando os processos materiais extraídos deste, organizando-os e combinando-os segundo as leis da física –, tal corpo não sente nem experimenta nada. Ele não se sente nem se experimenta a si mesmo, não se ama nem se deseja. Nem, menos ainda, sente ou experimenta, ama ou deseja nenhuma das coisas que o cercam. Segundo a observação profunda de Heidegger, a mesa não "toca" a parede contra a qual está colocada. O próprio de um corpo como o nosso, ao contrário, é que ele sente cada objeto próximo de si; percebe cada uma de suas qualidades, vê as cores, ouve os sons, inspira um odor, calcula com o pé a dureza de um chão, com a mão a suavidade de um tecido. E só sente tudo isso, as qualidades de todos esses objetos que compõem seu ambiente, só experimenta o mundo que o pressiona por todos dos lados, porque se experimenta antes de tudo a si mesmo, no esforço que faz para subir a ruela, na impressão de prazer em que se resume o frescor da água ou do vento.

Essa diferença entre os dois corpos que acabamos de distinguir – o nosso, que, por um lado, se experimenta a si mesmo ao mesmo tempo que sente o que o cerca e, por outro, um corpo inerte do universo, seja ele uma pedra no caminho ou as partículas microfísicas que se supõe a constituem –, nós a fixamos a partir de agora numa terminologia apropriada. Chamaremos *carne* ao primeiro, reservando o uso da palavra *corpo* para o segundo. Pois nossa carne não é senão *isto que, experimentando-se, sofrendo-se, padecendo-se e suportando-se a si mesmo e, assim, desfrutando de si segundo impressões sempre renascentes*, é, por essa mesma razão, suscetível de sentir o *corpo* que lhe é exterior, de tocá-lo, bem como de ser tocado por ele – coisa de que o corpo exterior, o corpo inerte do universo material, é, por princípio, incapaz.

A elucidação da carne constituirá o primeiro tema de nossa investigação. Queremos falar dos seres encarnados que somos nós, os homens, desta condição singular que é a nossa. Mas esta condição, o fato de ser encarnado, nada mais é que a encarnação. Sucede, porém, que a encarnação não consiste em ter um corpo, em se propor desse modo como um "ser corporal" e, portanto, material, parte integrante do universo a que se confere o mesmo qualificativo. A encarnação consiste no fato de ter uma carne; mais, talvez: de ser carne. Seres encarnados não são, pois, corpos inertes que não sentem e não experimentam nada, sem consciência de si mesmos nem das coisas. Seres encarnados são seres padecentes, atravessados pelo desejo e pelo medo, e que sentem toda a série de impressões ligadas à carne porque estas são constitutivas de sua substância – uma substância impressional, portanto, *que começa e termina com o que experimenta*.

Definida por tudo aquilo de que um corpo se acha desprovido, a carne não poderia confundir-se com ele; ela é antes, por assim dizer, o exato contrário. Carne e corpo opõem-se como o sentir e o não sentir – o que desfruta de si, por um lado; a matéria cega, opaca, inerte, por outro. Tão radical é essa diferença, que, por mais evidente que pareça, nos é muito difícil, e até impossível, pensá-la verdadeiramente. E isso porque ela se estabelece entre dois termos, um dos quais, afinal de contas, nos escapa. Se nos é fácil conhecer nossa carne porque ela não nos deixa nunca e se cola à nossa pele na forma dessas múltiplas impressões de dor e de prazer que nos afetam sem cessar de modo que cada um, com efeito, sabe muito bem, com um saber absoluto e ininterrupto, o que é sua carne – ainda que não seja capaz de exprimir conceptualmente esse saber –, totalmente diverso é nosso conhecimento dos corpos inertes da natureza material: ele vem perder-se e terminar numa ignorância completa.

Não se trata aqui das dificuldades de ordem técnica encontradas pela física quântica, de que cada "medida" provoca, no lugar mesmo do que ela buscava apreender, uma perturbação ou indeterminação dos parâmetros escolhidos para esse fim. Trata-se de uma aporia metafísica e última que nos obstrui o caminho, porque o último elemento físico deve ainda chegar até nós de algum modo e não poderia privar-se deste dado último: brilho numa tela, por exemplo, interpretado como choque de um fóton, sensação de luz cuja chegada à nossa carne nunca é produzida senão ali onde esta carne se impressiona a si mesma. O que seria a coisa da física fora dessa referência inevitável, a "coisa em si", isso a que Kant chamava "noúmeno", continua a ser o desconhecido e o incognoscível.

A análise do corpo jamais poderá tornar-se a de nossa carne e o princípio, um dia, de sua explicação; ao contrário: só nossa carne nos permite conhecer, nos limites prescritos por essa pressuposição incontornável, algo como um "corpo". Assim, já se delineia diante de nosso olhar uma singular inversão. O homem que não sabe nada além do experimentar todos os sofrimentos em sua carne magoada, o pobre, o "bebê", sabe disso provavelmente muito mais que um espírito onisciente situado no termo do desenvolvimento ideal da ciência, para o qual, segundo uma ilusão difundida no século passado, "tanto o futuro como o passado estariam presentes aos seus olhos".

A elucidação sistemática da carne, do corpo e de sua relação enigmática nos permitirá abordar o segundo tema de nossa investigação: a Encarnação no sentido cristão. Esta encontra seu fundamento na proposição alucinante de João: "E o Verbo se fez carne" (1,14). A que ponto essa palavra extraordinária vai acossar a consciência de todos os que, desde a irrupção do que se chamará cristianismo, se esforçarão por pensá-la eis o que é testemunhado pela primeira reflexão de Paulo, pela dos evangelistas, dos apóstolos e de seus mensageiros, dos Padres da Igreja, dos hereges e de seus contraditores, dos concílios, em suma: do conjunto de um desenvolvimento espiritual e cultural talvez sem equivalente na história da humanidade.

Que numerosas produções intelectuais que compõem essa sequência decisiva da filosofia e da teologia então entremescladas tenham desaparecido – vítimas, aliás, como a maioria dos textos da Antiguidade, de um gigantesco naufrágio –, isso não poderia dissimular sua importância. Esta resulta de que, tornada muito rapidamente quase obsessiva, a palavra em que se diz a Encarnação suscita o inevitável enfrentamento entre os que vão esforçar-se por compreendê-la mesmo que não disponham ainda dos meios para fazê-lo e os que a rejeitam incondicionalmente, como incompatível com sua filosofia, que é nada mais, nada menos, que a filosofia grega!

Os primeiros são os convertidos, os judeus, os gregos, os pagãos de todos os tipos, que querem dar sua inteligência a isso a que acabam de dar fé. Os outros são os "gregos", que entenderemos a partir de agora como os que, gregos ou não, continuam a pensar como gregos e, por conseguinte, a não poder pensar o que é dito na palavra misteriosa de João.

Por um lado, o Logos grego desdobra sua essência fora do mundo sensível e de tudo o que lhe pertence – tanto a animalidade como a matéria inerte –, esgotando essa essência na contemplação intemporal de um universo inteligível. Que essa contemplação de um inteligível puro torne compreensível o mundo das coisas cujo arquétipo ela fornece não muda nada numa situação fundamental em que a oposição entre o sensível e o inteligível (que vai dominar o pensamento ocidental) tem origem.

Por outro lado, a incompatibilidade radical entre o conceito grego de Logos e a ideia de sua eventual encarnação atinge o paroxismo a partir do momento em que esta reveste a significação que será a sua no cristianismo: a de conferir a salvação. Tal é, com efeito, a tese a que bem se pode chamar "crucial" do dogma cristão – e o princípio de toda a sua "economia".

O pensamento grego abria diante do homem a estrada real de uma salvação possível, para não dizer verossímil. O homem, segundo esse pensamento, é um animal provido do Logos. Por sua animalidade, por seu corpo natural, ele é do domínio do sensível e está submetido ao devir. Visto desse ângulo, trata-se de um ser perecível, votado à decomposição e à morte. Mas, provido do Logos e, portanto, da capacidade de contemplar os arquétipos inteligíveis das coisas e, através destes, a luz do Absoluto que os ilumina, ele tem também uma alma, ou antes, "ele não é nada fora de sua alma" (*Alcibíades*, 38c). Se esta se desviar do mundo sensível para se unir ao *noûs* eterno e se abismar com ele na contemplação do Inteligível, será eterna como ele. Esses esquemas de origem platônica, que serão os da gnose, eram conhecidos de todos os gregos.

E eis que o cristianismo situa a salvação no corpo. É a este corpo material e putrescível, presa do devir e sede do pecado, órgão da atração sensível, vítima predestinada de todos os engodos e de todos os ídolos, que se vê confiado o cuidado de nos arrancar da morte! Falaremos disso à medida que formos adquirindo os meios para a análise desta estranha economia da salvação que havia de provocar a hilaridade dos gregos. Quando, no Areópago de Atenas, Paulo se esforçou por explicar a eles que a imortalidade do homem repousa na ressurreição dos corpos, seus ouvintes, como se sabe, deixaram-no, zombando: "A respeito disto te ouviremos outra vez!" (Atos 17,32).

Tão extraordinária quanto a doutrina foi a atitude daqueles que lhe deram uma adesão imediata e sem reserva – mais ainda: que aceitaram *jogar a sorte no cristianismo sobre sua tese mais inverossímil*. O paradoxo, é verdade, estava longe de ser o mesmo para todos. Os judeus "cristãos", os que haviam reconhecido em Jesus o Messias, de maneira geral todos os que eram de cultura judaica, não partilhavam a concepção grega do dualismo de alma e corpo. O homem não é, no judaísmo, cindido em duas substâncias distintas, não resulta de sua síntese, aliás incompreensível: nenhuma hierarquia vem, pois, instaurar-se entre elas. O homem é uma realidade unitária provida de propriedades diversas, mas que definem uma mesma condição. Longe de ser objeto de qualquer descrédito, e ainda que permaneça sujeito às prescrições rigorosas da Lei, o que decorre da carne da paternidade ou da maternidade, por exemplo representa para o homem judeu o cumprimento de seu mais alto desejo.

A identidade das concepções relativas à carne que existe entre o judaísmo e a religião nova (que no começo não passa de uma seita herética) vai, no entanto, romper-se desde o aparecimento desta. O motivo desse divórcio, que adquire o aspecto de uma luta trágica, é duplo. Em primeiro lugar, há a ideia que o judaísmo tem de Deus e de sua criação. Deus criou o mundo fora dele mesmo, ele é tão separado do mundo quanto o é o homem, que tirou da matéria deste mundo. Antes até da penetração do helenismo, o judaísmo encerra em si, ligada à ideia de um corpo *terrestre*, a de um homem miserável e fadado à morte. Só um ato gratuito de Deus, de sua vontade todo-poderosa, permite a seu servidor manter a esperança de que ele não será entregue ao *sheol*. Era quase tão difícil para um judeu acreditar na ressurreição (e muitos não acreditavam nela) quanto para um grego. Criatura terrestre, formada do limo da terra, ele parecia destinado, tanto por sua origem quanto por seu pecado, a voltar a ela. "Lembra-te de que és pó (...)."

O segundo motivo da ruptura brutal entre o judaísmo e a seita de Cristo é precisamente a Encarnação. Que o eterno, o Deus longínquo e invisível de Israel, aquele que sempre esconde sua face nas nuvens ou atrás das sarças, de quem se escuta no máximo a voz (de quem, de fato, é a voz?), venha ao mundo para assumir um corpo terrestre a fim de se submeter ao suplício de uma morte ignominiosa reservada aos celerados e aos escravos aí está o que é, afinal, tão absurdo para um rabino erudito quanto para um sábio da Antiguidade pagã. Que esse homem miserabilíssimo pretenda ser Deus, aí está a maior das blasfêmias – e bem merecia a morte.

Se a recusa judaica – a recusa dos sacerdotes do Templo, dos grandes sacerdotes, dos escribas, dos saduceus e dos fariseus – é afinal de contas (a despeito da conversão secreta de muitos deles, e a despeito também da ideia que eles tinham da carne como totalidade orgânica do homem) tão violenta quanto a recusa grega resultante do dualismo, retornamos então à nossa primeira constatação: o caráter extraordinário da fé incondicional que todos os convertidos, judeus, gregos ou pagãos, iam depositar na Encarnação do Verbo, ou seja, em Cristo.

É com o passar do tempo que, não contente em constituir a substância da vida das primeiras comunidades reunidas em torno da refeição sagrada, a Encarnação no sentido cristão se torna objeto de uma reflexão intelectual específica, ainda que a "batalha dos homens" – no caso, uma sucessão de perseguições terríveis, "judaicas" de início, romanas em seguida – não deixe de acompanhar o "combate espiritual". A tal reflexão se entregaram esses grandíssimos pensadores que são os Padres da Igreja. Já compreendemos como, tendo assumido o paradoxo cristão que põe a vinda de Deus num corpo mortal como condição da salvação metafísica do homem, eles eram obrigados a combater em duas frentes: contra os judeus, contra os gregos.

Contra os judeus, como o mostra, por exemplo, o debate que Justino mantém com o rabino Trifão, que precisamente não conseguia compreender como os cristãos depositavam sua esperança "num homem que foi crucificado".[1] Mas é a transcendência do Deus de Israel que torna em última instância ininteligível sua encarnação. Iavé é um deus ciumento. Ciumento de sua essência divina, do poder de existir – "Eu sou Aquele que sou" –, que só existe em si e que não se divide. Vista desse ângulo, a pretensão de um homem de ser ele mesmo Deus parece, com efeito, absurda. O monoteísmo judeu é sem falha. O ciúme do Deus de Israel com relação aos homens, ou seja, a todos os seus ídolos: mulheres, dinheiro, poder, deuses estrangeiros, etc. – de tudo o que pretendesse substituir a Iavé como objeto de adoração –, não é senão consequência daquele ciúme ontológico primeiro, que é o do Absoluto. E é verdade que

---

[1] Justin, *Dialogue avec Tryphon*. Trad. francesa G. Archambault. Paris, Picard, 1909, X, 3; I, 49.

um Deus no plural, se tal se pode dizer, é inconcebível num pensamento do Ser para o qual tudo o que é, ou que seja suscetível de ser, depende do único Ser que existe verdadeiramente, aquele que tira de si mesmo a força de ser. Nós veremos como os grandes concílios da Igreja, assim como seus pensadores mais notáveis (antes da invasão aristotélica do século XIII), abandonam sub-repticiamente toda e qualquer forma de ontologia – e notadamente a que havia encontrado na Grécia seu florescimento teórico mais notável – para manter dela apenas a linguagem. Era o preço a pagar ou o progresso decisivo a fazer para salvaguardar a intuição fundadora da Encarnação. Assim, o helenismo tenderá a desaparecer ou a ocupar apenas um lugar secundário à medida que a "filosofia" do cristianismo se tornar mais adequada a seu objeto. Segundo uma observação profunda de Bernard Sesböué a propósito do Concílio de Niceia, a helenização da linguagem irá de par com uma deselenização da fé[2] – mas antes de tudo, diremos nós, do próprio pensamento.

Tal é a singular sequência ideal que se pode situar historicamente como a dos Padres da Igreja e dos grandes concílios, mas cujo teor resulta do desenvolvimento interno dos pressupostos antagônicos. A partir do momento em que o cristianismo escapa de seu meio hebraico de origem, vê-se confrontado, em razão de seu desejo de universalismo, com uma cultura que é, muito largamente, do ponto de vista intelectual, a cultura grega. É-lhe preciso, portanto, fazer esta aceitar o que lhe é mais contrário e mais incompreensível: para dizê-lo agora com mais precisão, *a realidade do corpo de Cristo na Encarnação como condição da identificação do homem com Deus*. É, pois, a conceitos gregos que se pede a inteligência da verdade mais antigrega que pode haver. Tal é a contradição em que Padres e concílios ficarão presos mais de uma vez.

---

[2] Bernard Sesböué, "Jésus Christ dans la Tradition de l'Église", in *Jésus et Jésus Christ*, n. 17. Paris, Desclée, 1993, p.100: "O próprio do Concílio de Niceia é professar de maneira incisiva a diferença radical entre o mistério de Jesus Cristo e a filosofia grega. O paradoxo é que essa deselenização se opera no momento mesmo em que a linguagem da fé se heleniza".

O proselitismo em meio antigo não é o único motivo de uma *démarche* tão paradoxal quanto o que ela se esforça por fazer compreender. O próprio cristianismo não dispõe de conceitos adequados para sua Verdade mais alta. E isso não por efeito de uma indigência de ordem intelectual que lhe fosse própria, que fizesse dos primeiros cristãos pensadores balbuciantes necessitados de instrução junto a filósofos verdadeiros – os filósofos gregos! Mas sim por esta razão muito mais radical: *a Verdade do cristianismo não é da ordem do pensamento*. E a genialidade dos Padres da Igreja – gregos ou não –, o caráter assombroso da sequência ideológica que se tramava pouco a pouco através das suas intuições fulgurantes, foi precisamente esta: a de captar a Verdade do cristianismo na sua afirmação mais desconcertante, a da Encarnação. Aliás, não se trata propriamente de uma afirmação – que seria ainda a de um pensamento ou, ao menos, que se ofereceria a seu julgamento –, mas daquilo que escapa a todo e qualquer pensamento: *num corpo e numa carne*.

Extraordinário, com efeito, parece então o combate que desde o fim do século I, através dos séculos seguintes e dos sucessivos concílios, os Padres empreenderam e prosseguiram com empenho. É o combate para afirmar, sustentar, demonstrar por todos os meios à sua disposição – mas também com a ajuda de intuições novas, de iluminações súbitas – que Cristo tinha um corpo real, uma carne real, semelhante à nossa, e que é nela e somente nela que se tem a possibilidade de uma salvação. Combate dirigido contra o pensamento grego, contra sua desvalorização do sensível e do corpo, dizíamos nós.[3] A mira dessa crítica, porém, não se voltou para o passado. As aquisições da cultura grega, suas ressurgências, seus substitutos oblíquos, ela os desmascara por todas as partes ao seu redor, antes de reconhecê-los subitamente e com horror em si mesma: em todos aqueles que, aceitando a ideia da vinda do Verbo de Deus à Terra, não aceitam a de uma verdadeira encarnação. Se uma encarnação

---

[3] É necessário lembrar aqui que a ideia sustentada por Nietzsche e difundida por todas as partes segundo a qual o cristianismo ensina o desprezo do corpo é uma grosseira contraverdade?

não é concebível sem que se assuma uma carne, sem uma vinda num corpo numa forma qualquer, a carne de Cristo, no entanto, poderia perfeitamente ser tão só uma carne aparente. Ou ainda a matéria desta carne não é a de que o homem é feito. É uma matéria astral, ou "psíquica", ou ainda "espiritual". Para dizer a verdade, sua carne é antes uma alma, uma carne/alma ou uma alma/carne, etc.

Todos esses resquícios do pensamento grego – ou de preconceitos mais antigos – não se declinam somente através de diferentes gnoses, mas se reconstituem de súbito num bloco compacto: a heresia. Heresia: tudo o que, sob máscaras diversas, através de construções bastardas e mentirosas, nega a verdade, ou seja, a realidade da Encarnação. A gnose transforma-se numa heresia sob o olhar do cristianismo na medida em que rejeita sua afirmação central. *Contra as Heresias, Denúncia e Refutação da Gnose de Nome Mentiroso*: Irineu. *A Carne de Cristo, A Ressurreição da Carne*: Tertuliano. *A Encarnação do Verbo, Contra os Arianos*: Atanásio, etc. Será mero acaso que a denúncia mais violenta da gnose tenha surgido no próprio texto onde a Encarnação encontra sua afirmação categórica – onde fulgura a palavra: "E o Verbo se fez carne"? Pois João diz também: "muitos falsos profetas vieram ao mundo. Nisto reconheceis o espírito de Deus: todo espírito que confessa que Jesus Cristo veio na carne é de Deus" (1 João 4,1-2).[4]

Mas é preciso lembrar a significação que essa afirmação incondicional da encarnação do Verbo de Deus adquire não apenas em João, mas no conjunto dos Evangelhos e dos escritos considerados canônicos: a de fundar a possibilidade da salvação. Mas como? Por que e como a vinda numa carne mortal seria garantia de eternidade? A despeito do paradoxo, uma multidão de razões aflui aqui, uma rede de implicações tão estritas e a tal ponto essenciais, que pertencem ao "núcleo" do cristianismo. Enumerá-las-emos rapidamente antes de propor uma explicação para elas.

---

[4] E ainda: "Porque muitos sedutores que não confessam a Jesus Cristo encarnado espalharam-se pelo mundo" (2 João 7).

A Encarnação do Verbo é dada constantemente no cristianismo *como a maneira como ele se faz homem*. E isso implica evidentemente uma primeira condição, ela mesma constantemente reafirmada pelos Padres, a saber, que *a carne de Cristo é semelhante à nossa*. É essa tese que serve de apoio ao grande conjunto de críticas apaixonadas dirigidas contra os hereges – todos os que, como se viu, se esforçam por apagar, minimizar, desnaturar de todas as maneiras a realidade da carne do Cristo e, antes de tudo, sua identidade com a nossa. É assim que, rejeitando as teses de Marcião, dos herdeiros de Valentim, de Apeles, segundo os quais Jesus não teria carne ou teria uma carne diferente da nossa, "de uma qualidade particular", Tertuliano afirma, ao contrário, que "Cristo não seria chamado homem sem ter uma carne" e "uma carne semelhante à nossa", uma carne que não poderia ser composta de outra coisa além de carne humana.[5]

Não é senão porque a Encarnação do Verbo, sua vinda numa carne, e numa carne como a nossa, significa sua vinda em nossa condição humana, a assunção dela por ele, que outra tese também pode estar implicada na afirmação abissal de João: *uma definição do homem como carne*. Pois a Palavra não diz que o Verbo assumiu a condição de homem e que, para esse fim, se proveu, entre outros atributos humanos, de uma carne; a Palavra diz que ele "se fez carne", e que é por isso, em verdade, nesta carne e por ela que ele se fez homem.

Será preciso tornar a dizer quanto tal definição de homem se opõe à concepção grega, a ponto de fazê-la explodir? Pois na Grécia a carne não define senão a animalidade – não há homem, em sua diferença específica com relação ao animal, senão na medida em que se acrescenta a essa carne a capacidade de formar significados, de falar, de perceber as Ideias, em suma, esse Logos de que o animal é por si mesmo desprovido. Mas então não é somente a visão cristã do homem – a que quer que a condição humana não advenha senão na

---

[5] Tertullien, *La Chair du Christ*. Paris, Le Cerf, 1995, p. 231 e 229, respectivamente.

carne e por ela – que se enfrenta brutalmente com a concepção grega. Duas interpretações do Logos igualmente se enfrentam, e não diferem menos. Fazer-se carne para o Logos grego – entendamos bem: *tornar-se em si mesmo carne* – significaria não fazer-se homem, mas, muito pelo contrário, desfazer-se de sua essência própria, riscar a condição humana, não ser mais que animal. Teremos de voltar a esse ponto decisivo, mas já se pode ver que é todo um universo de pensamento que oscila.

Com a definição de homem como carne, uma nova implicação se mostra a nós. Se a Encarnação do Verbo significa a vinda na condição humana, o que por isso mesmo está em jogo, na medida em que o Verbo é o de Deus, é a relação de Deus com o homem. Na medida em que essa relação se estabelece num plano espiritual, desdobrando-se da "alma", da "psique", da "consciência", da razão ou do espírito humano para um Deus que é, ele mesmo, Razão e espírito, tal relação é concebível. Torna-se muito mais difícil explicar se o homem extrai sua substância própria da carne. Onde reside a possibilidade de uma relação *interna* entre este homem carnal e Deus no momento em que este último é claramente identificado com o Logos? Esta dupla definição posta no coração da Palavra de João *como definição da relação Deus/homem (ou homem/Deus)* não encontra em seu caminho a disjunção instituída pelo helenismo entre o "sensível" e o "inteligível"?

A dificuldade aumenta vertiginosamente se, examinando a palavra de João com mais atenção, reconhecemos não só que a relação geral entre Deus e o homem é proposta ali na forma absolutamente nova de uma relação entre o Verbo e a carne, mas também, além disso, que essa relação paradoxal é situada *no interior de uma única e mesma pessoa, a saber, Cristo*. O significado dessa interiorização da relação Deus/homem, transformada na relação Verbo/carne na pessoa do Cristo, é, com o face a face dos constituintes dessa relação e a posição abrupta de seu antagonismo, um questionamento radical de sua possibilidade interna – é o próprio ser de Cristo que está em causa. Pode um Deus fazer-se homem na forma do Verbo fazendo-se carne, e isso numa só e mesma pessoa? Como compor uma existência na junção de duas substâncias heterogêneas? Alguém como Cristo é concebível?

Isso será objeto de preocupação constante para os Padres e tema de todos os grandes concílios. Os eminentes participantes que eles reúnem durante os primeiros séculos refletirão indefinidamente sobre a pessoa de Cristo, sobre a possibilidade para ele de unir em sua existência duas naturezas, uma divina, outra humana. A própria palavra *pessoa* é um dos termos retidos para afirmar a existência real daquilo cuja possibilidade está em questão: a existência real, concreta, efetiva, singular, atual d'Aquele que, unindo em si as duas naturezas, permanece "um e o mesmo" enquanto homem e enquanto Deus. Esse apelo à terminologia grega ("pessoa" vem do grego *prosopon,* de que deriva o latim *persona,* e essa palavra designa, como se sabe, a máscara usada pelos atores de teatro) não será o único. Os recursos ao sistema de conceptualização grego e, através dele, à ontologia grega se multiplicarão à medida que o problema da natureza do Cristo se apresentar com mais agudeza. Pois jamais se tratará, para os Padres, de escamoteá-lo sob uma palavra, mas de produzir, tanto quanto possível, sua inteligibilidade. Para além da existência de fato de Cristo ou de sua afirmação dogmática, é para a possibilidade interna dessa existência que se orienta o esforço contínuo dos concílios. Esse esforço poderia desembocar no horizonte da cultura grega?

O problema, em todo caso, é apresentado de maneira cada vez mais precisa. A união das duas naturezas tem de ser a de suas propriedades, mais exatamente de duas séries de propriedades, umas pertencentes a Deus, outras ao homem. Trata-se, de Niceia a Constantinopla, da questão da apropriação das propriedades ou – porque é assim que elas se dizem em grego – da apropriação dos idiomas. Em que sentido Cristo, enquanto Deus, pode apropriar-se das propriedades humanas? Em que sentido ele é suscetível, enquanto homem, de se apropriar das propriedades divinas? Por mais difícil que seja apreender a união ou a unidade em Cristo das duas séries de propriedades, seu paralelismo vale também como explicação de sua existência misteriosa. Por exemplo, enquanto Deus, Cristo conhece todas as coisas; enquanto homem, não pode prever o futuro. Assim se resolve *a priori* a série de antíteses resultantes cada vez que se está diante de uma propriedade divina e de sua ausência ou de sua limitação no homem. Um entendimento infinito em Deus, "um entendimento finito tal como o nosso", dirá ainda Kant. A impassibilidade de um Deus intemporal, inacessível tanto aos ataques do devir como às tribulações da história, por um lado. A *passividade*, a fragilidade, a vulnerabilidade, a fome, a sede, os sofrimentos, a história terrível da *paixão* de Cristo – sua *morte*, por outro.

É aqui que a Encarnação atravessa de novo nosso caminho de pensamento. Enquanto o homem se define pela Razão, tal como, no fundo, o Deus grego, a capacidade do primeiro de se apropriar das propriedades do segundo, de participar dele ao menos pela "melhor parte de seu ser", é posta no princípio. A comunicação das propriedades – ao menos de algumas delas é um *a priori* virtual que o esforço de cada um permitirá que se realize nele. Com a definição do homem como carne, as duas séries de propriedades tornaram-se irredutíveis uma à outra, uma distância infranqueável as separa. Imagine-se o *noûs* eternamente abismado na contemplação do arquétipo, puro cristal iluminado por sua luz, sendo tomado de súbita fadiga, pedindo um travesseiro, pondo-se a chorar ao saber da morte de um amigo, maravilhando-se diante da perspicácia de uma mulher que veio sentar-se a seu lado para escutá-lo deixando para a irmã a preocupação de cozinhar?

Pior: esse Deus antiarquetípico, o para além da essência, é, com efeito, imaginado como nascido nas entranhas gotejantes manipuladas por parteiras e médicos, "coágulo de sangue entre as imundícies"? São essas representações pouco agradáveis o que a gnose rejeita, são elas ou o que elas despertam o que lhe opõe, com furor, Tertuliano em sua diatribe contra Marcião: "Expondo desde o exórdio teu ódio ao nascimento, vamos, perora agora sobre este lixo posto no ventre pelos órgãos genitais, sobre esses repugnantes coágulos de sangue e de água (...). Descreve-nos, pois, esse ventre, cada dia mais monstruoso, pesado (...). Desacorrenta-te (...) dos órgãos indecentes da mulher em trabalho de parto (...)".[6] É sem dúvida mais difícil pensar a relação entre Deus e o homem quando, abandonando o horizonte luminoso da Grécia, ela se tornou a do Verbo e de uma carne oriunda de um pobre nascimento e fadada a uma morte certa!

É verdade que como, aliás, a maioria dos Padres, Tertuliano não limita de maneira alguma a realidade do homem à de sua carne. No começo do *De Carne Christi* ele declara que fala somente desta, pois, diz ele, "quanto à sua substância espiritual todo mundo está de acordo".[7] Tertuliano ainda pensa "grego". Cristo tem, pois, tanto uma alma como um corpo, e não se vê aparecer nenhuma crítica da definição clássica de homem como composto dessas duas substâncias. Esta, ao contrário, permanece subjacente ao tratado *De Carne*, mas intervirá explicitamente várias vezes e muito mais ainda em seguida.

Mas não há nada assim em João. A declaração abissal que apresenta o tornar-se homem de Deus como o "fazer-se carne" do Verbo não acrescenta nada à definição de homem que ela avança, a saber, sua definição como carne. A proposição que se segue, longe de fazer alusão a uma "substância espiritual", a uma "alma" de Cristo, limita-se a repetir esta definição: "Ele habitou entre nós". É, pois, efetivamente fazendo-se carne que o Verbo se fez homem e que, assumindo nossa condição carnal, ele estabeleceu desta maneira seu "ser em comum" com os homens, sua "habitação" entre eles. Mas então, com esta existência carnal do Verbo, a oposição entre as duas séries de propriedades, as divinas e as humanas, que devem unir-se na pessoa de Cristo, não é levada a um grau de tensão insuportável?

---

[6] Ibidem, p. 223.
[7] Ibidem, p. 221.

Ora, a possibilidade dessa união de propriedades divinas e humanas não se limita de maneira alguma a um problema teórico: é a da própria salvação. É preciso, portanto, dizer algo mais sobre ela e lembrar o esquema que vai assumir em todos os Padres e através dos diferentes concílios: o tornar-se homem de Deus funda o tornar-se Deus do homem. A salvação cristã não consiste na dispensação de graças particulares e de todo eminentes: consiste na *deificação* do homem. Só quando o homem levar em si a vida divina que é a vida eterna, quando ele se identificar com esta vida, é que escapará da morte. Mas o tornar-se homem de Deus reside, segundo o cristianismo, na Encarnação do Verbo. É, pois, identificando-se com a carne do Verbo – com o corpo de Cristo: *corpus Christi* – que o homem cristão poderá identificar-se com Deus. Mas essa possibilidade de salvação, que já não será afirmada especulativamente no plano do pensamento, mas no da realidade, como unidade de nossa carne com a carne de Cristo, supõe previamente outra: *que a unidade do Verbo e da carne seja possível e se realize antes de tudo ali onde o Verbo se faz carne, ou seja, em Cristo.*

O problema da existência de Cristo não significa nada além disso. Não é o de sua existência histórica. Esta ainda não concerne senão a Jesus. Trata-se então de saber se Jesus de fato existiu, se ele de fato disse o que disse, que ele era o Cristo, o Messias, o Salvador esperado – e não um simples profeta. Ninguém hoje em dia – excetuados os ignorantes ou os sectários – duvida dessa existência. O problema da existência de Cristo é saber se esse homem chamado Jesus que existiu de fato e que se dizia o Cristo (foi por esta única razão que ele foi condenado) o era realmente. Do ponto de vista filosófico, ao qual nos ateremos estritamente neste ensaio, a questão formula-se, pois, exatamente como se segue: alguém como Cristo é possível, o *tornar-se homem de Deus enquanto torna-se carne do Verbo é, pelo menos, concebível?*

É somente num segundo momento que, colocando-nos sempre num plano filosófico, nós nos perguntaremos se a existência de Cristo entendida como a possibilidade da Encarnação do Verbo é outra coisa além de uma simples possibilidade – mais precisamente, uma existência. Uma simples possibilidade decorre do pensamento, mas uma existência, nunca. Eu posso perfeitamente imaginar que tenho uma moeda de um táler no bolso, supô-lo, dizê-lo ou afirmá-lo, mas a existência da moeda jamais resultará de um ato de meu pensamento. A existência de Cristo enquanto Verbo encarnado supera infinitamente a concepção que posso fazer dela, supondo que a possa fazer. De onde viria ela, nesse caso? Como a existência d'Aquele que é um e o mesmo enquanto Verbo e enquanto carne é suscetível de chegar até nós, de se dar realmente, *de se mostrar a nós*?

O último motivo da Encarnação que contém a possibilidade da salvação mostra-se a nós: *a Encarnação do Verbo é sua revelação, sua habitação entre nós*. Se podemos ter relação com Deus e ser salvos nesse contato com ele, é porque seu Verbo se fez carne em Cristo. A revelação de Deus aos homens é, pois, aqui, a existência da carne. É a própria carne como tal que é revelação. Se assim é, duas questões, inteiramente novas e igualmente surpreendentes impõem-se a nós: *o que deve então ser a carne para ser em si mesma e por si mesma revelação? Mas o que deve ser a revelação para se cumprir como carne, para cumprir sua obra de revelação na carne e por ela?*

Mas eis uma nova interrogação, não menos desconcertante. O Verbo de Deus – segundo a teologia, mas talvez também para uma reflexão filosófica suficientemente perspicaz – não é senão a revelação de Deus ou, para dizê-lo com todo o rigor, sua autorrevelação. Nesse caso, a essência do Verbo não seria nada muito oposto à carne *percebida, ela mesma e em si mesma, como revelação*: uma afinidade secreta as reuniria, ao contrário, na medida em que um mesmo poder, o de tornar manifesto, habitasse em ambos. A afirmação crucial enunciada na palavra de João seria menos paradoxal do que parece. A obra do Verbo, a de cumprir a revelação de Deus, prosseguiria de algum modo no interior da carne em vez de se chocar com ela como com um termo opaco e estranho.

Refletindo sobre essa última interrogação, vemos que ela é suscetível de receber dois significados. Ou o Verbo tomou carne *para se revelar aos homens,* caso em que a revelação é efetivamente obra da carne, e é a esta que ela é confiada. Ou a revelação de Deus em seu Verbo é o fato do próprio Verbo. Quer dizer, então, que esse Verbo precisa pedir à carne um poder que lhe pertence propriamente, uma revelação que ele já cumpriu em e por si mesmo?

Resta uma terceira hipótese. Seria ao Verbo, ao Verbo que ela traz em si, que a carne deveria o ser sua revelação. E isso porque, tendo tomado carne nela, seria ele que, nela, cumpriria a obra de uma revelação que é a sua e à qual a própria carne deveria seu poder de revelação.

A primeira hipótese aflora mais de uma vez nos Padres. Trate-se de Tertuliano, de Atanásio, de Orígenes – e até, embora em raras vezes, de Irineu –, a vinda do Verbo numa carne humana é interpretada como a maneira como o Verbo invisível se mostra aos homens fazendo-se ver por eles na forma de um corpo objetivo como o deles. O Verbo tornar-se visível num corpo visível – esse seria o princípio de sua revelação. Logo indicaremos a estranha construção a que semelhante concepção conduzirá Atanásio e como este se esforçará por fundar a intuição do Verbo invisível no aparecimento exterior de seu corpo e de seus comportamentos.

Como não assinalar, todavia, que essa tese do tornar-se visível do Verbo no corpo visível que ele assumiu e de que se revestiu – tese que é evidente e define, cremos, a do cristianismo – esbarra em duas dificuldades maciças? A primeira é que, se o verbo de Deus assumiu, para se mostrar aos homens, um corpo com a mesma aparência que o corpo deles, o que se mostraria a eles com essa aparência ainda não seria, com efeito, senão um corpo semelhante ao deles, e nada nele permitiria saber que não era precisamente o corpo de um homem comum, mas o do Verbo. Se, pois, o verbo vem habitar entre os homens com o aspecto de tal corpo, seu périplo na Terra se desenrolará num anonimato insuperável. Do ponto de vista teológico, a dificuldade formula-se diferentemente, mas relaciona-se à mesma aporia consignada desde o início de nossa *démarche*: a de uma salvação consistente na união a um corpo mortal. Mas como essa união a um corpo perecível encerraria uma promessa de imortalidade? Como a ressurreição dos corpos proviria de uma união desse gênero, análoga, afinal, à que se estabelece entre dois corpos humanos, à fusão amorosa do homem e da mulher, por exemplo? É precisamente essa banalização de Cristo vindo sob o aspecto de um homem qualquer que Atanásio se esforçará por superar servindo-se dela como de um contraponto destinado a sublinhar, por contraste, o caráter extraordinário de seus feitos e gestos. Com efeito, quanto mais modesto, mais humilde, mais anônimo aparecerá o homem Jesus, mais essa aparência será a de um ser humano sem distinção social ou honorífica de espécie alguma, estranha a toda e qualquer "glória humana", e mais suas palavras, que nenhum homem nunca pronunciou, mais seus atos, que nenhum homem jamais realizou, mostrarão de modo evidente que ele não é um homem como os outros, mas o Messias enviado por Deus para salvar a todos.

A segunda dificuldade, mais radical ainda, surge da própria palavra de João. Pois João não diz que o Verbo tomou um corpo, que assumiu seu aspecto: diz que ele "se fez carne". Por um lado, trata-se de carne e não de corpo, e, se a diferença entre carne e corpo nos pareceu desde o início essencial, é a carne, e não o corpo, que deve servir de fio condutor para a inteligência da Encarnação no sentido cristão – mas também, sem dúvida, de todo ser encarnado. Por outro lado, João tampouco diz que o Verbo assumiu o "aspecto" dessa carne, mas precisamente que ele "se fez carne". Seria perfeitamente possível, aliás, que se trate apenas de um corpo de que se possa assumir a forma ou o aspecto, ao passo que, no concernente à carne ou, para falar de maneira mais rigorosa, *à vinda nela que é a encarnação* – toda e qualquer encarnação –, só conviria o "fazer-se" no sentido do "fazer-se carne" joanino. Pois já não se trata então de "forma", de "aspecto", de "aparência", mas de realidade. É em si mesmo, em sua essência e em sua realidade de Verbo, enquanto Verbo, que o Verbo se faz carne.

Se esse é o segredo oculto desde a origem no coração das coisas, ser-nos-ia dado perceber a partir de agora uma parte dele? Enquanto a Encarnação do Verbo como a assunção por ele de um corpo de homem e, assim, de nossa humanidade se propõe como adição a seu ser invisível e eterno de um elemento heterogêneo, deste corpo material fadado à decomposição, é, com efeito, diante de obscuridades, de impossibilidades e até de absurdidades que nos encontramos. Desde as primeiras proposições do *De Carne Christi*, Tertuliano perguntava que classe de carne poderia ser a de Cristo – e notadamente: "De onde vem ela?". Que se trate de uma carne como a nossa significa a seus olhos *uma carne formada do limo da terra*. Que ela se una de maneira misteriosa ao Verbo de Deus, ele mesmo incompreendido, aí está, com efeito, o que leva a uma série de enigmas.

Ainda aqui João não diz tal coisa. Segundo ele, a carne do Verbo não provém do limo da terra, mas do próprio Verbo. É dele mesmo, nele mesmo, por ele mesmo que ele se fez carne. Desde já faremos nossa a tese de João, antes de explicitá-la. *No limo da terra, há somente corpos, nenhuma carne. Algo como uma carne só pode advir e nos advém do Verbo. Dele – e dele unicamente – vêm e se explicam todos os caracteres de uma carne – o fato antes de tudo, o pequeno fato de que ela é sempre a carne de alguém, a minha, por exemplo, de modo que carrega em si um "eu" mergulhado nela, e que não tem tempo de se separar dela, assim como não pode se separar de si mesmo –, e essa carne não é divisível ou "cortável", não sendo composta de partículas nem de átomos, mas de prazeres e de sofrimentos, de fome e de sede, de desejo e de fadiga, de força e de alegria: tantas impressões vividas, nenhuma das quais jamais foi encontrada mediante a escavação do solo, mediante o cavamento de suas camadas de barro.* Cada uma delas, como o mostraremos, não encontra sua substância senão no Verbo e não foi feita senão nele. Não no Logos grego, em que só tomam forma significações ou conceitos, representações ou imagens, que fala e que raciocina ao modo dos homens, que pensa como eles. Mas num Verbo mais antigo e que, antes de qualquer mundo concebível e ali onde ainda não há nenhum mundo, fala a cada um, nesta carne que é a sua, tanto em seus sofrimentos como na embriaguez de existir – o Verbo tal como o compreende João, o "Verbo de Vida".[8]

Desse modo, o leitor de João – enquanto deixa correr e associar-se em si suas proposições fascinantes, cada uma das quais, *a despeito do fato de se encontrar aqui formulada pela primeira vez na história do pensamento humano,* parece, com efeito, não constituir senão algo uno com todas as outras – não tem em nenhum momento a impressão de empreender uma corrida de obstáculos, de atravessar abismos de absurdos, de vir esfacelar-se contra uma parede de aporias. Não é de uma inteligibilidade no sentido corrente, é verdade, que se trata, de uma "cadeia de razões", nem, menos ainda, de nossa maneira habitual de perceber o mundo ou a nós mesmos. Uma inteligibilidade desse gênero decorre do pensamento, de sua capacidade de fazer ver tudo o que, desdobrado desse modo diante de seu olhar, constitui o universo do visível – um conjunto de coisas que se podem ver, com efeito, e que se dizem "verdadeiras", "racionais", evidentes na medida em que se podem ver efetivamente.

Desde o Prólogo de João surge outro tipo de inteligibilidade, uma Arqui-inteligibilidade que transforma profunda e propriamente esses modos de pensar. Arqui-inteligibilidade, pois, entra em jogo um modo de revelação diferente daquele pelo qual o mundo se torna visível; por essa razão, o que ele revela se compõe de realidades invisíveis neste mundo, despercebidas pelo pensamento. O Prólogo enumera-as: a Vida em que consiste a Arqui-inteligibilidade, o Verbo de Vida em que essa Arqui-inteligibilidade da Vida se cumpre, a carne, enfim, em que o Verbo de Vida se faz idêntico a cada um dos viventes que somos nós, os homens. Enuncia-se assim uma definição de homem inteiramente nova, tão desconhecida da Grécia

---

[8] 1 João 1.

quanto da modernidade: *a definição de um homem invisível e ao mesmo tempo carnal – invisível enquanto carnal.*

A Arqui-inteligibilidade joanina significa ainda outra coisa. Longe de poder reduzir-se a uma enumeração, mais precisamente a uma sucessão de "objetos de pensamento" ligados entre si segundo relações necessárias, ela concerne à realidade e, mais ainda, à realidade absoluta, aquela que a filosofia chama desse modo e que a religião denomina Deus – esse Deus que, segundo João, é Vida.

Viver quer dizer experimentar-se a si mesmo. A essência da vida consiste nesse puro fato de experimentar-se a si mesmo, do que ao contrário se encontra desprovido tudo o que decorre da matéria e mais geralmente do "mundo". Esta definição muito simples de Deus a partir da definição igualmente muito simples da Vida como pura "experiência de si" (o mais difícil é amiúde o mais difícil, o que quer dizer também que o mais simples é amiúde o mais difícil) nos põe desde agora em posse da intuição que conduzirá nossa investigação e que é precisamente a Arqui-inteligibilidade de que falamos.

A Arqui-inteligibilidade pertence ao movimento interno da Vida absoluta que se engendra a si mesma, não sendo nada além do modo segundo o qual esse processo de autoengendramento se cumpre. A vida se engendra a si mesma vindo a si, na condição que é a sua e que é a de se experimentar a si mesma. Ora, nenhuma experiência de si é possível se não advém nela, ao mesmo tempo que ela e como sua condição, uma Ipseidade que lhe é assim consubstancial. Ipseidade designa o fato de ser si mesmo, o fato de ser um Si. Na medida em que se produz uma vida real (e não a simples "ideia" ou o simples "conceito" de vida), na medida, pois, em que a experiência de si da Vida é ela mesma uma experiência real efetivamente experimentada e vivida e a este título inevitavelmente singular, a Ipseidade em que ela advém é ela mesma, enquanto Ipseidade efetivamente vivida, uma Ipseidade singular. É um Si singular e real – o Primeiro Si Vivente gerado pela Vida como este em que ela se experimenta e se revela a si mesma neste Si que é, portanto, sua autorrevelação, seu Verbo. Tal é a Arqui-inteligibilidade joanina: a própria essência da Vida absoluta, o movimento de sua autogeração enquanto sua autorrevelação em seu Verbo – um Verbo interior a esse movimento como o próprio modo segundo o qual esse movimento se cumpre, tão antigo quanto ele. "No início era o Verbo."

Da Arqui-inteligibilidade joanina decorre a primeira lei da Vida: nenhuma Vida é possível se não trouxer em si um primeiro Si vivente em que ela se experimenta a si mesma e se faz vida. Nenhuma vida sem um vivente, mas, igualmente, nenhum vivente fora desse movimento pelo qual a Vida vem a si experimentando-se a si mesma no Si desse vivente, nenhum vivente sem a vida.

Essa lei, decifrada na essência da Vida absoluta, diz respeito a toda vida possível e, portanto, à nossa. Também a encontramos em uma das modalidades mais comuns da vida mais comum: o sofrimento. Não tínhamos reconhecido, desde esse primeiro contato, que todo sofrimento se experimenta a si mesmo e ao mesmo tempo traz em si um "eu", o eu que sofre e sem o qual nenhum sofrimento é possível – se é verdade que nenhum sofrimento pode ser o de ninguém? Assim a vida é tudo menos o universal impessoal e cego do pensamento moderno – trate-se do querer-viver de Schopenhauer ou da pulsão freudiana.

A questão que motivou nossa investigação se ergue diante de nós: a palavra que surge no versículo 14 do célebre Prólogo e na qual se diz a Encarnação decorreria, ela também, da Arqui-inteligibilidade joanina? Longe de ser absurda neste caso, como o foi aos olhos dos gregos, ou ao menos tão estranha como permanece para nós, ela seria signo da Vida, tão familiar para os viventes quanto sua própria vida e remetendo, como toda vida concebível, à palavra do versículo 1, que profere a autorrevelação da Vida absoluta em seu Verbo. Sem ser necessária do mesmo modo nem num mesmo sentido, ela pertenceria, todavia, à mesma essência da revelação, a essa Arqui-inteligibilidade que não é outra, afinal de contas, senão a da Vida absoluta.

Desse modo, se a carne – e antes de tudo a vinda numa carne: a Encarnação – fosse compreendida pelos primeiros pensadores cristãos como um modo de manifestação do Verbo de Deus, e se nos vem a suspeita de que esse modo de manifestação da carne e o do Verbo poderiam, enquanto modos de manifestação e de revelação da Vida, ser o mesmo, então é de uma elucidação sistemática, de uma ciência dessa revelação enquanto tal que se tem necessidade.

Ora, essa ciência existe: é a fenomenologia. É, pois, à fenomenologia que vamos pedir o modo de aproximação apropriado ao tema de nossa investigação. A fenomenologia inventada por Husserl no início do século XX suscitou um dos mais importantes movimentos de pensamento desse tempo e talvez de todos os tempos. As breves observações desta introdução nos permitem ao menos saber em que condição uma filosofia poderia servir de via de acesso à inteligência dessas realidades que são a carne, por um lado, e a vinda nessa carne, a encarnação – e notadamente a Encarnação no sentido cristão –, por outro: com a condição de não ser um pensamento grego. A fenomenologia responde a essa primeira condição? De modo algum. Eis por que aparece desde agora que um recurso à própria fenomenologia não se revelará fecundo se não for capaz de operar a inversão da própria fenomenologia recusando seu pressuposto mais habitual – substituir uma fenomenologia do mundo ou do Ser por uma fenomenologia da Vida.

E por que tal apelo à fenomenologia? De que serve começar por uma antítese? Porque, por trás do pressuposto grego da fenomenologia contemporânea,[9] esconde-se uma dificuldade muito mais geral, que concerne afinal de contas a toda a filosofia possível. Se a vida invisível se furta às conquistas do pensamento, como poderíamos fazer o que pretendemos, isto é, entrar em relação com ela, falar dela de algum modo? As considerações que precedem e as que se seguirão

---

[9] Com exceção de seus desenvolvimentos recentes, notadamente a problemática fundamental de Emmanuel Levinas e de todos os investigadores que participam hoje da renovação da fenomenologia.

não pertencem ao domínio do pensamento? Como este poderia escapar a si mesmo de alguma forma para tornar-se adequado ao "completamente outro", ao completamente diferente dele? A inversão da fenomenologia responderá a essa questão, ao mesmo tempo que nos conduzirá ao cerne das intuições do cristianismo.

Nossa análise seguirá, portanto, os seguintes passos:

I. Inversão da fenomenologia

II. Fenomenologia da carne

III. Fenomenologia da Encarnação: a salvação no sentido cristão

Uma dúvida penetra o espírito do leitor. De que se tratará exatamente neste ensaio: de filosofia, de fenomenologia – ou de teologia? Distinguiremos a cada passo, ao longo de nossas análises, o que decorre de uma ou de outra dessas disciplinas, antes de pôr em nossa conclusão o problema de sua relação, e talvez também o de saber se o que nos fala antes de tudo não seria outra Palavra, que, para já não ser ouvida por nosso mundo perdido, não cessa todavia de nos chamar, fazendo de nós viventes.

I
A inversão da fenomenologia

§ 1. Objeto da fenomenologia: a questão do "aparecer".

O termo "fenômeno-logia" se entende a partir de seus dois constituintes gregos – *phainomenon* e *Logos* –, de modo que, tomado ao pé da letra, designa um saber concernente ao fenômeno, uma ciência deste. Refletindo sobre essa definição muito simples, pode-se avançar que o primeiro constituinte, o *fenômeno*, qualifica o objeto dessa ciência, enquanto o segundo, o Logos, indica o modo de tratamento que convém aplicar a esse objeto, o método a ser seguido a fim de adquirir um conhecimento adequado dele. *Objeto* e *método* da fenomenologia: eis como o próprio termo se explica.

Sendo tudo isso dito em grego, impõem-se algumas precisões. No famoso §7 de *Sein und Zeit*,[1] Heidegger no-las fornece. Derivado do verbo *phainesthai*, que significa *mostrar-se*, o fenômeno designa *"este que se mostra, o mostrando-se, o manifesto"* (*"das was sich zeigt, das Sichzeigende, das Offenbare"*). Ora, essa passagem aparentemente anódina do verbo para o substantivo opera uma substituição decisiva, ainda que oculta. Só se a levarmos em conta é que estaremos situados diante do verdadeiro objeto da fenomenologia. Este não é precisamente o fenômeno, o que aparece (*"das was sich zeigt"*), mas o ato de aparecer (*phainesthai*). É esse objeto próprio da fenomenologia o que a diferencia imediatamente de todas as outras ciências. Estas se ocupam, com efeito, dos múltiplos fenômenos considerados a cada vez segundo seu conteúdo específico, enquanto fenômenos químicos, biológicos, históricos, jurídicos... fenômenos a que correspondem outras tantas ciências apropriadas: química, biologia, história... A fenomenologia, ao contrário, dá-se por tarefa o estudo do que essas ciências não levam nunca

---

[1] Heidegger, *Sein und Zeit*. Max Niemeyer, 1941, p. 28.

explicitamente em consideração: tampouco o conteúdo particular desses diversos fenômenos, mas sua essência, o que faz de cada um deles um fenômeno: o aparecer em que eles se mostram a nós – esse aparecer enquanto tal.

Certamente, no fenômeno, seu conteúdo, por um lado, e o fato de ele aparecer, por outro, vão de par e parecem não constituir senão algo uno. Essa é a razão pela qual o pensamento comum ou o científico não se preocupam em dissociá-los. A xícara colocada sobre a mesa se mostra a mim. Não obstante, nem a mesa nem a xícara têm por si mesmas a capacidade de ter a condição de "fenômenos" – de modo que, no próprio seio do fenômeno, seu conteúdo, por um lado, e o fato de ele aparecer, por outro, diferem desde o princípio.

Foi Husserl quem introduziu essa distinção essencial sobre a qual vai repousar a fenomenologia. Estudando o fluxo das vivências de consciência que transcorrem temporalmente em nós, ele as considera não como simples objetos, mas como "objetos no Como" (*"Gegenstände im Wie"*).[2] "Objetos no Como" quer dizer: objetos considerados já não em seu conteúdo particular, mas na maneira segundo a qual eles se dão a nós e nos aparecem – no "Como" de sua doação.

A análise que forma o contexto da proposição husserliana nos ajuda a compreendê-la. Na audição de uma sinfonia musical, um som ou uma fase sonora desse som se dão a mim como uma fase esperada – e, pois, futura – ou como uma fase presente, ou ainda como uma fase passada. Para dizer a verdade, a mesma fase sonora se dá sucessivamente a mim desses três modos, como vindoura, como presente e como passada. Assim, a distinção introduzida por Husserl entre o conteúdo que permanece idêntico (o mesmo *lá* de um violino) e seus modos de aparecer que se modificam enquanto ele transcorre temporalmente é perfeitamente fundada.

---

[2] Husserl, *Leçons pour une Phénoménologie de la Conscience Intime du Temps*. Trad. francesa H. Dussort. Paris, PUF, 1964, p. 157 – designado doravante *Leçons* nas referências.

A distinção entre o conteúdo do fenômeno e a maneira como ele nos aparece permite-nos compreender mais claramente o objeto verdadeiro da fenomenologia. Desse modo, abre-se um campo novo e infinito de investigação. Se quisermos calcular sua amplitude, basta-nos passar em revista uma série de termos equivalentes de que nos servimos desde o início deste ensaio sem observar ainda sua referência a um mesmo objeto, precisamente o da fenomenologia. Ei-los em sua forma verbal: dar-se, mostrar-se, advir na condição de fenômeno, desvelar-se, descobrir-se, aparecer, manifestar-se, revelar-se. Em sua forma substantiva: doação, mostra, fenomenalização, desvelamento, descobrimento, aparecimento, manifestação, revelação.

Ora, não nos pode escapar que essas palavras-chave da fenomenologia são também, em grande medida, as da religião – ou da teologia. Outra palavra, não das menores porque conduz o pensamento filosófico desde a Grécia, remete também ao objeto verdadeiro da fenomenologia: a palavra *verdade*. Há, com efeito, dois modos de entender a verdade, um pré-filosófico, pré-fenomenológico, ingênuo enfim: *verdade* designaria o que é verdadeiro. O que é verdadeiro é que o céu está nublado e que talvez vá chover. O que é verdadeiro é ainda que $2 + 3 = 5$. Mas o que é verdadeiro desse modo – o estado do céu ou a proposição aritmética – deve, antes de tudo, mostrar-se a mim. Isso não é verdade senão num segundo sentido e pressupõe uma verdade originária, uma manifestação primeira e pura – um poder desvelante sem o qual nenhum desvelamento se produziria, sem o qual, consequentemente, nada do que é verdadeiro num segundo sentido do que é desvelado seria possível. O mérito de Heidegger é ter dado novamente ao conceito filosófico tradicional de verdade uma significação fenomenológica explícita. Da verdade sempre mais ou menos confundida com a coisa verdadeira, ele distingue muito justamente o que permite precisamente a essa coisa ser verdadeira, isto é, mostrar-se a nós a título de fenômeno: o puro ato de aparecer, isso a que ele chama "fenômeno mais originário da verdade" ("*das ursprünglichste Phänomen der Wahrheit*").³

Por mais decisivo que seja, o trajeto que levou a fenomenologia, através das análises prestigiosas de Husserl e de Heidegger, ao fenômeno mais originário da verdade só nos coloca diante de um problema. Que o puro aparecer, que a manifestação pura, que a fenomenalidade pura seja a condição de todo fenômeno possível – situação em que se mostra a nós e fora da qual nada pode se mostrar, de forma que não haveria nenhum fenômeno de nenhum tipo –, isso coloca sem dúvida esse aparecer no centro da reflexão fenomenológica como seu tema único ou seu verdadeiro objeto, mas ainda não diz de forma alguma *em que consiste esse puro aparecer*.

No § 44, a análise heideggeriana nos reconduziu da verdade segunda – o que é verdadeiro, o que é desvelado – à verdade originária – o que desvela, o desvelamento. Todavia, a verdade originária não é apresentada somente, de modo ainda especulativo, como a condição do desvelado – o aparecer como a condição de tudo o que aparece. A verdade originária é explicitamente designada como um fenômeno, o "fenômeno mais originário da verdade". O que está implicado em tal proposição é que a verdade originária é ela mesma "fenômeno". Mais que essa verdade, é seu fenômeno afinal de contas que é "o mais originário". O que quer dizer: o aparecer não se limita absolutamente a fazer aparecer o que aparece nele; ele mesmo deve aparecer enquanto aparecer puro. Com efeito, nada apareceria jamais se seu aparecer (o puro fato de aparecer, o aparecer puro) não aparecesse ele mesmo e antes de tudo. A mesa, a xícara posta sobre ela, como dizíamos, são incapazes de aparecer por si mesmas, por sua própria força, em razão de sua natureza ou de sua substância própria, *que é matéria cega*. É, pois, um poder diferente delas o que as faz aparecer. Quando elas aparecem efetivamente, oferecendo-se a nós a título de "fenômenos", nada é mudado dessa

---

³ Op. cit., p. 220-21.

impotência que lhes é congênita. O aparecer que brilha em todo fenômeno é o fato do aparecer, e dele somente; é esse aparecer puro que aparece, um aparecer do aparecer mesmo, seu autoaparecer.

Se interrogamos então a fenomenologia histórica acerca deste último, acerca da fenomenalidade do fenômeno mais originário da verdade – acerca do que faz que o aparecer puro apareça enquanto tal –, acerca do que, neste aparecer puro, constitui precisamente seu próprio aparecimento, sua substância fenomenológica pura, sua matéria incandescente, por assim dizer, no que ela tem de incandescente, então podemos distinguir dois momentos nos textos oferecidos à nossa análise. Em um primeiro momento, encontramo-nos diante de uma não resposta. O aparecimento, a verdade, ou seu fenômeno originário, a manifestação, a revelação, a fenomenalidade são afirmadas sem que se diga em que consistem, sem que o problema seja posto. As pressuposições da fenomenologia permanecem totalmente indeterminadas.

§ 2. A indeterminação inicial das pressuposições fenomenológicas da fenomenologia. Os "princípios da fenomenologia".

Como toda investigação, a fenomenologia implica pressuposições. Mas as pressuposições próprias à fenomenologia apresentam um traço distintivo. Em uma investigação ordinária, as pressuposições que comandam o raciocínio são *escolhidas pelo pensamento e, como tais, podem ser modificadas*. É assim que o matemático propõe livremente os axiomas que decorrem as séries de implicações que compõem a teoria. Ao longo de seu trabalho ele acrescenta, suprime, muda certas proposições destinadas a enriquecer ou a debilitar o sistema axiomático, de modo que a dependência da teoria com relação ao pensamento se manifesta constantemente. Nas outras ciências, como as ciências empíricas, as pressuposições são constituídas por um conjunto de propriedades pertencentes a certos fatos e consideradas como características destes últimos. Pergunta-se, por exemplo, por que razão um fenômeno pode ser considerado jurídico, sociológico, histórico...

É próprio das pressuposições da fenomenologia que elas sejam fenomenológicas, e isso num sentido radical: trata-se do aparecer de que acabamos de falar, da fenomenalidade pura. É ela que deve guiar a análise dos fenômenos no sentido da fenomenologia, isto é, considerados na maneira como eles se dão a nós, no "Como" de seu aparecer. Enquanto este permanecer incompreendido ou não questionado no que lhe confere o poder de aparecer, os pressupostos fenomenológicos sobre os quais repousa a fenomenologia permanecerão fenomenologicamente indeterminados. Essa indeterminação fenomenológica das pressuposições da fenomenologia se reflete no conjunto da investigação que deriva dela, a ponto de torná-la incerta ou enganadora.

Como analisar o fenômeno histórico mais banal – ou o mais decisivo – se o modo de aparecer da temporalidade, que determina *a priori* o modo de aparecer de todo fenômeno histórico, conferindo-lhe sua "historicidade", não foi interrogado em si mesmo? Como compreender a vinda do Verbo a este mundo e, assim, seu aparecimento nele, se o modo de aparecer do mundo não foi reconhecido previamente e descrito com todo o rigor? E como saber se esta vinda ao mundo é uma vinda num corpo, como pensam os gregos, ou numa carne, como diz João? Como, se o modo de manifestação próprio de um corpo e aquele que é próprio de uma carne não foram objeto de uma elucidação sistemática, capaz de remontar ao que, na manifestação de um corpo, faz dele uma manifestação – à matéria fenomenológica desta manifestação –, de modo que possamos saber, com um saber absolutamente certo, se a matéria fenomenológica da manifestação de um corpo é a matéria do próprio corpo (o limo da terra) ou não? E, fazendo a mesma pergunta a respeito da carne, como saber se a revelação da carne é diferente da carne mesma? Ou se, ao contrário, a revelação da carne lhe é idêntica como sua própria substância, como sua própria carne, como a carne de sua carne? Nesse caso, manifestação do corpo e revelação da carne difeririam totalmente, pertencendo a duas ordens heterogêneas e irredutíveis do aparecer. Não conviria igualmente fazer a pergunta da fenomenalidade da revelação que compete ao próprio Verbo? Se ele é a revelação de Deus, se, por outro lado, tomou uma carne semelhante à nossa, não seríamos então levados, em nossa própria carne, ao próprio Deus? Revelação de Deus em seu Verbo, revelação do Verbo em sua carne, essas epifanias postas em linha de conta na Arqui-inteligibilidade joanina não se descobririam solidárias ou, para dizê-lo de maneira mais radical, *não tomariam carne em nós do mesmo modo?*

Limitemo-nos por ora a constatar a indeterminação das pressuposições fenomenológicas da fenomenologia histórica. Esta se deixa reconhecer nos "princípios" que essa fenomenologia se deu a si mesma. Vamos nos reter em três deles.

O primeiro princípio, tomado por Husserl da escola de Marburg, enuncia-se assim: "A tanta aparência, tanto ser". Agora, estamos em condições de reconhecer o caráter equívoco dessa proposição em razão da dupla significação possível do termo *aparência*. Ou se entende por aparência o conteúdo que aparece, ou seu aparecimento enquanto tal: o próprio aparecer. Na lógica de nossas análises anteriores, formularemos o princípio de modo que escapemos de toda ambiguidade e diremos: "A tanto aparecer, tanto ser".

Esse princípio é importante porque estabelece uma correlação entre dois conceitos fundamentais de que a filosofia, assim como o senso comum, faz uso constantemente. Aos olhos do senso comum, na verdade, a correlação se lê do segundo para o primeiro: do ser para o aparecer. É porque as coisas antes de tudo são que elas podem aparecer-me. Se eu saio para comprar cigarros na tabacaria da rua vizinha, perceberei a loja ao termo de meu trajeto e nela entrarei para fazer minha compra. É evidente que a tabacaria, os cigarros, os charutos e a rua existiam bem antes de minha ida. Mas em que consistia essa existência prévia do mundo? Ela poderia furtar-se a um aparecer primordial fora do qual nenhum homem, nenhum animal, nenhum Deus jamais teria o mínimo contato com ela – com o mundo?

A fenomenologia é antes de tudo atenta ao poder dessa correlação, e é essa a razão por que vai lê-la no outro sentido. Porque algo – o que quer que seja – me aparece, ele ao mesmo tempo é. Aparecer é, por isso mesmo, ser. Trate-se de uma simples imagem que atravesse meu espírito, de uma significação vazia como a de uma palavra (a palavra *cão* na ausência de qualquer cão real), de uma pura alucinação, enquanto eu não me ativer ao aparecimento efetivo, ao que aparece tal como aparece, posso enganar-me. O aparecimento de uma imagem – corresponda ou não a ela algo na realidade – é absolutamente certo. Mas essa certeza, o aparecimento da imagem a tem não do conteúdo particular dessa imagem, mas do fato de ela aparecer. Do aparecer dependem, por conseguinte, toda existência, todo ser possível. É na medida em que o aparecer aparece e, por essa razão, que o ser "é", é porque o aparecer desdobra seu reino que o ser desdobra o seu, de modo que os dois parecem não ter senão um só e mesmo reino, uma só e mesma essência. "A tanto aparecer, tanto ser".

Ora, apesar dessa identidade suposta de sua essência, aparecer e ser de modo algum se encontram no mesmo plano; sua dignidade, por assim dizer, não é a mesma: o aparecer é tudo, o ser não é nada. Ou melhor, o ser não é senão porque o aparecer aparece e na medida em que o faz. A identidade entre o aparecer e o ser se resume ao fato de o primeiro fundar o segundo. Identidade de essência quer dizer aqui precisamente que não há na obra senão um só e mesmo poder, mas que esse poder é o do aparecer. Independentemente deste último, enquanto não aparece, o ser não é nada – ao menos não é nada para nós. Sua essência – o que lhe permite ser –, o ser o tem somente no aparecer, que previamente desdobrou sua própria essência, a essência do aparecer que reside em seu aparecimento efetivo, em seu autoaparecer.

Se interrogarmos posteriormente o princípio da fenomenologia que estamos examinando, teremos condições de discernir mais claramente sua importância e seu limite. Sua importância é ter colocado a fenomenologia antes da ontologia, subordinando a segunda à primeira. E isso não com o desígnio de desqualificar a ontologia, e notadamente a ontologia tradicional, mas, ao contrário, de lhe assinalar um fundamento seguro. O que é, ou o que se diz que é, escapa, com efeito, a toda contestação quando ele nos aparece de modo incontestável. E só a interrogação sobre o aparecer e sobre seus modos de aparecer pode decidir, segundo seja este próprio aparecer incontestável ou não, se *o que aparece nele*, deste ou daquele modo, escapa por sua vez ou não à dúvida.

Ora, o primeiro princípio não permite em absoluto responder a essa pergunta. Sua imensa fraqueza é precisamente sua indeterminação fenomenológica profunda. Ou seja, por nomear o aparecer sem dizer em que consiste, como aparece, sem remontar à instância que, nele, lhe permite aparecer, sem reconhecer a matéria fenomenológica pura em que todo aparecer deve ser feito na medida em que se diz que é ele que aparece, em si mesmo e antes de tudo – sem dizer a natureza do brilho ou do fulgor de sua luz, se trata-se de "luz" ou de qualquer outra coisa.

Enquanto, todavia, o aparecer permanece em si mesmo indeterminado, a própria determinação por ele do ser permanece indeterminada. Pode-se pensar, antes, que essa indeterminação nos deixa diante de uma simples afirmação com respeito à qual nada permite saber o que a torna legítima. A fenomenologia queria substituir uma ontologia especulativa – cuja construção consistia principalmente num jogo de conceitos – por uma ontologia fenomenológica, em que cada tese repousaria, ao contrário, sobre um dado incontestável, sobre um fenômeno verdadeiro. Um fenômeno "reduzido", como dizem os fenomenólogos, ou seja, do qual foi excluído tudo o que não é dado numa visão clara e distinta, "em pessoa", "em carne e osso" – segundo uma presença plena em que tudo seria mostrado, sem retirada nem reserva. Mas como saber se o aparecer responde a tal descrição enquanto, limitando-nos a designá-lo do exterior em vez de perscrutar sua substância incandescente, ainda não dispomos a seu respeito senão de um conceito formal? Ao conceito formal do aparecer corresponde um conceito formal do ser. O conceito formal do ser não permite saber o que é o ser – a potência do ser –, nem o que é – o ente –, nem a natureza de sua diferença, se há diferença. Não permite saber se tal diferença tem significação ontológica geral ou se só concerne, ao contrário, a um domínio do ser, porque ela seria dependente de um modo de aparecer particular, desprovido de qualquer pretensão à universalidade.

As mesmas observações seriam concernentes ao que chamamos convencionalmente de segundo princípio da fenomenologia, princípio tão importante, na verdade, que se propôs como sua palavra de ordem: *"Zu den Sachen selbst!"* ("Direito às coisas mesmas!"). As "coisas mesmas" são os fenômenos reduzidos a seu conteúdo fenomenológico efetivo – portanto, ao que aparece tal como aparece. Ir direto às próprias coisas, tomadas nesse sentido, é considerar esse dado imediato em sua imediação, desembaraçado das interpretações e dos saberes sucessivos que ameaçam recobri-lo, interpor-se entre ele e nós. Não obstante, segundo o que foi dito do objeto verdadeiro da fenomenologia, pode-se pensar que a "coisa mesma" da fenomenologia, isso de que ela tem de tratar, não é antes de tudo o conteúdo do fenômeno, mas o que faz desse conteúdo um fenômeno: sua fenomenalidade pura, o aparecer. Se nos perguntamos, então, a respeito deste último, o que nos permite ir direto a ele, que via conduz ao aparecer enquanto tal, então não há outra resposta além desta: o próprio aparecer! É o aparecer puro de si mesmo, por si mesmo e em si mesmo que, em seu autoaparecer, tomando-nos pela mão de algum modo, nos conduz, com efeito, até ele.

Implicações muito pesadas estão em jogo aqui. Analisando os constituintes gregos da palavra *fenômeno-logia*, tínhamos distinguido de início seu objeto – o *fenômeno* – e seu método – o Logos: o saber que convinha pôr em obra para apreender corretamente tal objeto. A palavra de ordem da fenomenologia nos recoloca diante desta distinção: *"die Sache selbst"*, "a coisa mesma", ou seja, o objeto verdadeiro da fenomenologia por um lado; por outro lado o *zu*, o caminho que conduz até ela. Mas se é o próprio aparecer, enquanto aparece por si mesmo e em si mesmo, em seu autoaparecer, que nos conduz até ele, isso não significa que é a própria coisa da fenomenologia que franqueia a via para si mesma, que *um objeto e método da fenomenologia não constituem senão algo uno?* Não que eles possam ser colocados no mesmo plano, mas no sentido muito preciso de que *é o objeto que constitui o método.* Como o raio que fende a noite, é sua própria luz que o faz ver. Essa reabsorção do método da fenomenologia em seu objeto não implica por sua vez sua eliminação pura e simples? Não o torna ao menos bastante inútil? Qual é a necessidade de um método para ir ao aparecer e conhecê-lo, se é o próprio aparecer que vem para nós e se faz conhecer por si mesmo?

É verdade que a objeção vai de encontro a nossas concepções habituais. Temos a ideia de um conhecimento diferente do que ele tem por conhecer e, assim, sempre separado do objeto cuja natureza esforça-se por captar. Ele tem necessidade, assim, de certo número de procedimentos, de metodologias que inventa para esse fim e que são procedimentos e metodologias do pensamento. Na fenomenologia, o método é um procedimento de elucidação que visa a levar progressivamente para uma luz plena, diante do olhar do pensamento, para a "clareza da evidência", o que desse modo será conhecido de maneira segura. Esse método é, além do mais, implicitamente o de todo saber que se esforça por produzir um conhecimento "científico", ou seja, fundado. Fundado sobre a evidência, no caso, e "racional" a esse título. Quando se trata do conhecimento de um arquétipo inteligível ou ainda da intuição intelectual de um objeto ideal – objeto geométrico, matemático, significação da linguagem, relação lógica... –, a condição prévia de um poder de conhecimento ou de intuição não é ainda e sempre exigida como a condição de um acesso a esse inteligível? E isso não vale igualmente para o sensível? Todo conhecimento e, mais fundamentalmente, toda forma de experiência não remetem necessariamente ao *a priori* de um poder de conhecimento, a essa *condição* a priori *de toda experiência possível* de que Kant fez o tema da filosofia?

Que dizer então de um Inteligível que escapasse a toda condição prévia – cujo acesso, *cuja inteligibilidade* não estivesse submetida ao pensamento, não surgisse ao termo de um processo de elucidação –, que dispensasse todo e qualquer processo desse gênero, mas o precedesse inexoravelmente? Um fim, se se quiser, mas a que nenhum caminho conduzisse jamais – um fim semelhante àquele de que fala Kafka quando diz: "Há um fim, mas não há caminho. Isso a que chamamos caminho é a hesitação?". Um fim a que nenhum caminho conduzisse porque ele mesmo seria o caminho, a Via, a condição prévia? Uma Inteligibilidade, portanto, situada no início e condição de toda e qualquer outra inteligibilidade concebível? Uma Arqui-inteligibilidade, ainda incompreendida, análoga talvez à de que fala João?

A essas questões nos é impossível responder por ora. Se retornarmos à fenomenologia histórica, compreenderemos por quê: precisamente porque ela deixou indeterminadas as pressuposições fenomenológicas sobre as quais repousa. Porque o aparecer para o qual convergem tais pressuposições não foi objeto de uma elucidação levada até o fim. O que é necessário é um desnudamento disso a que, no aparecer, nós chamamos sua matéria fenomenológica pura ou, ainda, sua carne incandescente, o que brilha ou arde nele. Ou essa matéria incandescente não se presta a nenhum "desnudamento", a nenhuma "evidência" – ao "ver" de nenhum pensamento?

§ 3. *O preconceito oculto das pressuposições da fenomenologia. A redução ruinosa de todo "aparecer" ao aparecer do mundo.*

Assim, convém voltar às pressuposições da fenomenologia histórica. Sua indeterminação se lia, dizíamos nós, no caráter puramente formal dos princípios em que se exprimem. "A tanto aparecer, tanto ser." – "Direito às coisas mesmas!": que aparecer? Que ser? Que "coisas"? Que significa "ir direto a"? Não se percebe, então, que, na fenomenologia histórica, essa indeterminação é provisória ou aparente? *Por trás dela e graças a ela se introduz certa concepção da fenomenalidade, aquela mesma que se apresenta antes de tudo ao pensamento comum e que, ao mesmo tempo, constitui o preconceito mais antigo e o menos crítico da filosofia tradicional. É a concepção da fenomenalidade tomada da percepção dos objetos do mundo – ou seja, ao aparecer do próprio mundo.*

Não se pode certamente esquecer a contribuição da fenomenologia, sua aptidão para discernir, no seio mesmo dos fenômenos do mundo, o poder que os faz aparecer, a maneira como o faz e, finalmente, esse próprio aparecer. Resta que, como os fenômenos espontaneamente submetidos à análise são os do mundo, o aparecer destacado a partir deles não poderia ser senão aquele em que tais fenômenos se mostram a nós: o aparecer do mundo e nenhum outro. O conceito formal e ainda indeterminado do aparecer cede sub-repticiamente lugar a um conceito de todo diferente, e desta vez perfeitamente determinado. A pertinência do conceito formal e vazio do aparecer se estende, num primeiro tempo ao menos, a todo fenômeno possível, a toda forma de manifestação ou de revelação concebível, podendo servir de guia para novos questionamentos – mas apenas em relação ao aparecer reduzido ao do mundo. Uma limitação decisiva se introduziu fraudulentamente na investigação. Modos de aparecer que se abrem a formas de experiência talvez essenciais se encontram excluídos *a priori* por uma filosofia que se pretendia livre de toda pressuposição.

Suponhamos, por exemplo, que um corpo não possa dar-se a nós senão no mundo, ou seja, no aparecer do mundo, a ponto de algumas de suas propriedades essenciais decorrerem desse modo de aparecer e serem determinadas por ele. Nesse caso, uma fenomenologia do mundo fornecerá uma chave de grande fecundidade para a compreensão dos fenômenos corporais. Se ela estabelece que as *intuições* do espaço e do tempo são coconstitutivas do aparecer do mundo na forma de uma espacialidade e de uma temporalidade fenomenológicas originárias, ela disporá do arquétipo inteligível de todo corpo possível antes de reencontrar em cada um as propriedades que lhe pertencem em virtude de seu modo de aparecer.

Suponhamos agora que nenhuma carne possa mostrar-se no mundo – no aparecer do mundo –, sendo esse modo de aparecer, todavia, o único conhecido pelo pensamento. Tudo leva a crer que, estando oculto no princípio o modo de revelação próprio da carne, a natureza desta se encontraria inevitavelmente falsificada, confundida com a do corpo. Ilusoriamente reduzida a essência da carne à do corpo, investido o corpo de uma carne que lhe é, em si mesma, estranha, essa carne/corpo ou esse corpo/carne se proporia como uma espécie de misto, de ser duplo, sem que a razão última dessa duplicidade possa produzir-se.

E o que concluir então da proposição joanina que está no centro de nossa investigação? Que o Verbo tenha vindo numa carne quereria dizer também que veio num corpo, e assim, porque um corpo pertence ao mundo, que ele veio ao mundo deste modo, vindo num corpo. Mas vir ao mundo num corpo significa também assumir a condição humana. Isso implica igualmente que os homens são seres do mundo, seres que é preciso compreender a partir dele. Mas também nesse caso João não diz nada disso. Segundo ele, os homens são Filhos de Deus. Eles devem, portanto, ser reconhecidos a partir de uma inteligibilidade diferente da do mundo. A partir de uma Arqui--inteligibilidade de que eles são Filhos, e que não pertence senão a Deus. Esta brilha sobre tudo que se encontra gerado nela e por ela, sobre seu Verbo, portanto, sobre sua vinda numa carne, sobre essa própria carne enquanto dele proveniente, sobre a nossa carne, enfim, enquanto semelhante à sua. Mas tudo isso, ainda uma vez, supõe um modo de aparecer radicalmente estranho ao do mundo.

A confusão do aparecer do mundo com todo aparecer concebível não impede apenas o acesso ao cristianismo. Ela corrompe o conjunto da filosofia ocidental antes de atingir a própria fenomenologia. Na fenomenologia husserliana, é seu princípio mais célebre, "o princípio dos princípios", o que expõe essa confusão em toda a sua amplitude.

No § 24 de *Ideen* I, o princípio dos princípios põe a intuição, "toda intuição doadora originária como uma fonte de direito para o conhecimento".[4] *Intuição* é um conceito fenomenológico: refere-se não a um objeto, mas a seu modo de aparecer. Por isso é dita "doadora": porque um modo de aparecer é um modo de doação. E por isso também é aqui qualificada de "originária". Porque se o que se considera não são as coisas, mas o modo como se dão a nós, é evidente, por exemplo, que elas podem dar-se claramente ou confusamente. Se eu percebo atualmente uma mesa no cômodo onde estou e se concentro nela a atenção, ao menos na face que está voltada para mim, esta me é dada "originariamente". Se se trata de uma mesa que se encontrava na sala onde minha mãe tocava piano para mim antigamente, não tenho dela senão uma vaga lembrança. A percepção é "uma intuição doadora originária", a lembrança não: não é senão uma re(a)presentação segunda de uma percepção primeira e não poderia atingir com o mesmo grau de evidência e de certeza.

Agora, se a intuição é um modo de aparecer, é preciso dizer, como reclamamos sem cessar, em que consiste esse aparecer, como aparece e, assim, como faz aparecer em si tudo o que ele dá a aparecer. Com diversas formulações, a resposta é de grande clareza, sempre a mesma. O que dá à intuição seu caráter "doador" é a estrutura da consciência tal como Husserl a compreende: é a intencionalidade. É à intencionalidade que a intuição deve seu poder fenomenológico, o de instituir na condição de fenômeno e para isso de fazer surgir a fenomenalidade. *Esse pôr em fenomenalidade consiste no movimento pelo qual a intencionalidade se lança para fora de si ultrapassando-se para o que, assim, se encontra posto diante de seu olhar*, e a que Husserl chama "correlato intencional" ou ainda "objeto transcendente". É o pôr à distância desse objeto no "lá fora" primitivo, onde se ultrapassa a intencionalidade, que constitui a fenomenalidade em sua pureza. É nesse "lá fora", no "fora de si" do próprio movimento pelo qual a intencionalidade se

---

[4] Husserl, *Idées Directrices pour une Phénoménologie*, t. I. Trad. francesa Paul Ricoeur. Paris, Gallimard, 1950, p. 78 – designado doravante *Ideen* I nas referências.

ultrapassa para fora de si mesma, que consiste a fenomenalização da fenomenalidade pura ou, para falar como Heidegger, o "fenômeno mais originário da verdade".

Descobre-se então, sem dificuldade, nessa concepção da fenomenalidade, como os princípios da fenomenologia enunciados por Husserl saem aqui de sua indeterminação primeira. Não somente o princípio dos princípios, pois sua intuição encontra seu poder fenomenológico – seu papel de "fonte de direito" de todo conhecimento – na intencionalidade: a palavra de ordem da fenomenologia se esclarece do mesmo modo. O *zu* do "*zu den Sachen selbst*", o movimento que conduz "direto às coisas mesmas", é igualmente a intencionalidade. Esta é descrita de modo rigoroso como um "relacionar-se ao objeto transcendente", de modo que o "relacionar-se a" pertence à realidade da consciência, é "um caráter interno do fenômeno", enquanto o objeto é expulso para fora dela.[5] Procede-se, assim, a um corte muito nítido entre a realidade substancial da consciência e o que é colocado fora dela, o que não faz parte dela – isso que em fenomenologia a palavra *transcendente* quer dizer.[6]

Um desprezo de extrema importância deve então ser afastado. Se a intencionalidade pertence à realidade da consciência enquanto o objeto a que ela se refere se situa fora dela, não convém situar "dentro" da consciência o poder que revela, ou seja, a própria revelação? Não haveria nesse caso uma "interioridade" da consciência oposta à exterioridade do objeto? Em que consiste, todavia, essa suposta interioridade? Uma vez que esta é compreendida como intencionalidade, já não é nada além do movimento pelo qual ela se lança para fora, e sua "realidade", sua "substância", escorre e se esgota nessa vinda para fora, no processo de exteriorização em que se exterioriza a exterioridade como tal. Porque é esta vinda para fora que produz

---

[5] Husserl, *L'Idée de la Phénoménologie*. Trad. francesa A. Lowit. Paris, PUF, 1970, p. 71 – designado doravante *L'Idée...* nas referências.

[6] O sentido fenomenológico de *transcendência* opõe-se totalmente, assim, a seu uso tradicional – filosófico ou religioso –, que visa, ao contrário, ao que escapa ao mundo, a seu "além".

a fenomenalidade, a revelação operada pela intencionalidade é rigorosamente definida: ela se cumpre nesta vinda para fora e lhe é idêntica. Revelar em tal vinda para fora, num pôr à distância, é fazer ver. A possibilidade da visão reside nesse pôr à distância do que é posto diante do ver e, assim, é visto por ele. Tal é precisamente a definição de *ob-jeto*. *Ob-jeto* quer dizer "posto diante de" e tornado visível desse modo. A intencionalidade é esse fazer ver que revela um objeto. *A revelação é aqui a revelação do objeto, o aparecer é o aparecer do objeto. E isso em duplo sentido: no sentido de que o que aparece é o objeto, e no sentido também de que, sendo o que aparece o objeto, o modo de aparecer implicado neste aparecente que é o objeto é o modo de aparecer próprio do objeto e que o torna possível: esse pôr à distância em que surge a visibilidade de tudo o que é suscetível de se tornar visível para nós.*

Não se poderia minimizar o alcance da análise intencional inaugurada por Husserl. Ela consiste antes de tudo numa descrição sistemática dos diversos tipos de intencionalidades ou de intuições, de todas as maneiras de fazer ver de que dispõe a consciência e com as quais ela coincide: percepção, imaginação, intencionalidades significantes como as que formam as significações veiculadas pelas palavras da linguagem, intuição das "essências", intuição categorial que dá à evidência objetos ideais como as relações lógicas, etc. As grandes formas de experiência que são as nossas – e que nós designamos globalmente "experiência do mundo", "experiência do outro", "experiência estética" – fazem intervir na realidade uma pluralidade de intencionalidades de tipos diferentes. Por exemplo, a percepção dos objetos sensíveis que nos circundam implica, realmente, a de seus aparecimentos subjetivos que transcorrem sem cessar em nós e, assim, as intencionalidades constitutivas da consciência interna do tempo que nós já encontramos. Na análise deste fenômeno muito simples que é a audição de um som, cada som, como vimos, ou cada fase sonora de um mesmo som, nos é dado no futuro, no presente e, enfim, no passado. Cada um desses modos de aparecimento é o fato de uma intencionalidade específica, a "proteção" que dá a fase sonora como vindoura, mas antes de tudo o próprio advir, a consciência do presente que dá ao presente, a retenção que dá ao passado. Vê-se sem dificuldade que cada um desses tipos de intencionalidade trazidos à luz por Husserl é indispensável para a percepção mais elementar de um objeto do mundo.

Assim, com a descoberta e a análise desses múltiplos tipos de intencionalidades em operação na infinita diversidade das experiências humanas, realiza-se uma extraordinária extensão do campo da visão. Porque cada tipo de intencionalidade é propriamente um modo de fazer ver o que sem ela jamais seria visto, essa extensão do reino do ver é identicamente a do domínio do que é visto e, assim, em larga escala, a descoberta de novos domínios de objetos. Trata-se de uma compreensão alargada e aprofundada de todos os tipos de objeto com que nos é possível entrar em relação.

A definição intencional da experiência confere a esta um novo traço que merece, também ele, uma breve menção. A intencionalidade, com efeito, não se limita jamais à visão do que é visto por ela. O que é visto, ao contrário, é de tal natureza, que se deve discernir nele o que é realmente visto, dado em si mesmo, "em pessoa", e o que não é senão "visado no vazio". Assim, na percepção de um cubo, somente uma de suas faces é percebida por mim numa evidência incontestável, enquanto as outras são somente visadas, sem ser realmente dadas. Ora, a intencionalidade nunca está contida na intuição da face visível, mas sempre se projeta para as faces ou as fases não dadas. Toda intuição "cheia" está circundada por um horizonte de aparecimentos potenciais, e toda a presença efetiva de um horizonte está circundada de não presença ou de presença virtual. Porque a intencionalidade visa, além do dado, ao não dado, ela nunca é um ato isolado, mas se inscreve num processo de conhecimento cuja teleologia imanente é aumentar incessantemente o campo do ver. Em tal processo, todas as significações implicadas potencialmente na evidência atual chegam, por sua vez, à evidência, de modo que a completam, a confirmam, a infirmam –

a "riscam", diz Husserl –, a modificam ou a corrigem de algum modo. Dá-se, pois, a cada vez uma nova evidência, um *novo ver* que permite o progresso indefinido do conhecimento.

Sendo a estrutura do conhecimento tomada da estrutura da intencionalidade, o fazer ver em que esta consiste rege o conjunto das relações que ligam o homem ao ser. É nesse sentido que a fenomenalidade é o antecedente do ser: fazendo-o ver. Esse império do ver surge com brilho deste texto de um dos assistentes de Husserl: "É preciso ver, somente ver". E que este ver seja o princípio, que ele não seja mais para analisar, mas somente para desdobrar, é o que é dito não menos explicitamente: "É preciso pôr em obra a visão, instaurar a evidência originária de modo que ela seja o último critério (...), a visão não se legitima senão em sua operação (...). Não se poderia ir atrás da visão (...). A visão pode ser imprecisa, com lacunas, mas somente uma nova visão, mais precisa e mais completa, pode retificá-la. A visão pode 'enganar', pode-se ver mal: a possibilidade de engano contradiz tão pouco a visão, que só uma visão melhor pode retificar o engano".[7]

A intencionalidade é o "relacionar-se a" que se relaciona a tudo aquilo a que temos acesso como a algo que se encontra diante de nós. Desse modo, ela nos revela o imenso império do ser. Mas como este "relacionar-se a" se relaciona já não a cada ob-jeto possível, a cada ser "transcendente", mas consigo mesmo? *Como a intencionalidade que revela cada coisa se revela a si mesma?* Dirigindo a si mesma uma nova intencionalidade? A questão não repousa, então, no sujeito desta última? A fenomenologia pode escapar ao amargo destino da filosofia clássica da consciência, levada a uma regressão sem fim, obrigada a situar uma segunda consciência atrás daquela que conhece – no caso, uma segunda intencionalidade atrás daquela que

---

[7] Eugen Fink, "Le Problème de la Phénoménologie". In: *De la Phénoménologie*. Trad. francesa D. Franck. Paris, Editions de Minuit, 1974, respectivamente p. 212 e 225. Finck escreve ainda: "A hipótese da fenomenologia husserliana repousa sobre a suposição de que a consciência originária entendida de maneira intencional é o verdadeiro acesso ao ser".

se trata de tirar da noite? Ou existe outro modo de revelação além do fazer ver da intencionalidade – uma revelação cuja fenomenalidade já não seria a do "lá fora", desse pré-plano de luz que é o mundo?

Não há resposta a essa questão na fenomenologia husserliana. Assim, surge nela uma crise de extrema gravidade, que reside antes de tudo no caráter redutor do conceito da fenomenalidade posto em ação por ela. Nosso destino se limita verdadeiramente à experiência do mundo – trate-se de um mundo sensível ou de um mundo inteligível? Conhecer não é algo diferente de ver? E, se o conhecimento consiste em tal visão, que diremos da própria visão? *Quem já viu sua própria visão?* Todas as nossas experiências, sobretudo as que suscitam a "grande caça" de que fala Nietzsche, se deixam encerrar no conhecimento, no sentido de uma relação entre um ver e o que é visto, nunca são elas senão experiências *teóricas*?

Mais grave que essa redução que subsiste em estado implícito quando não é assumida numa decisão deliberada, é a aporia que dela resulta. É a própria possibilidade da fenomenalidade em geral que gera problema se a intencionalidade mesma é incapaz de assegurar sua própria promoção à condição de fenômeno, se o princípio da fenomenalidade escapa a esta. *O que é visto pode ainda ser visto se a própria visão soçobra na noite e já não é nada?*

§ 4. A crise da fenomenalidade em Heidegger. A indigência ontológica do aparecer do mundo.

Ora, essa crise da fenomenalidade que vem abalar o fundamento da fenomenologia husserliana não lhe é própria: vem do próprio conceito de fenômeno de que ela faz uso, mas que, como o sabemos, encontra sua origem na Grécia. Assim, essa crise atravessa o conjunto do desenvolvimento da filosofia ocidental antes de determinar o da fenomenologia. Voltemos então ao § 7 de *Sein und Zeit*, que nos forneceu nossa primeira aproximação a esse conceito. Uma vez que a derivação de *phainomenon* a partir do verbo *phainesthai* se limita a sugerir a ideia de "algo que se mostra", que aparece em geral e de modo ainda indeterminado, o modo de aparecer implicado no fenômeno em questão se encontra, ao contrário, perfeitamente definido. *Phainesthai*, como o lembra Heidegger, é uma forma média de *phaino*, que quer dizer "trazer à luz do dia", "pôr na luz" ("*an den Tag bringen, in die Helle stellen*"). Sua raiz, *pha, phos*, designa a luz, a claridade, ou seja – continua Heidegger, num texto decisivo – "esse no interior de que algo pode tornar-se manifesto, visível em si mesmo" ("*das, worin etwas offenbar, an ihm selbst sichtbar werden kann*").[8] Aparecer significa então "vir à luz do dia", "tomar lugar na luz", nesse horizonte de visibilidade no interior do qual cada coisa pode tornar-se visível para nós. Antes, porém, que ela possa tomar lugar nesse horizonte de luz e revelar-se para nós, é o próprio horizonte que deve ser produzido. Essa visibilização do horizonte é o aparecer do mundo. Aparecer já não quer dizer, então, simplesmente: vir a esta luz que é a do mundo, tornar-se visível nela. Aparecer designa a vinda do próprio mundo, o surgimento da luz, a visibilização do horizonte.

Que essa vinda do mundo consiste numa vinda para fora – e assim, como dizíamos, numa exteriorização da exterioridade enquanto tal –, eis o que atesta com brilho a segunda parte de *Sein und Zeit*. A fenomenologia do mundo que ela edifica é uma fenomenologia pura. O mundo já não é confundido aí, de modo ingênuo, com a soma das coisas que se mostram nele, com o conjunto do que é e que Heidegger denomina, em sua linguagem grega, o *ente*. A consideração do que aparece deu lugar à do aparecer. Este é, então, pensado como o tempo. Recebida como absolutamente nova, a concepção heideggeriana do tempo é, com efeito, tributária da concepção de Husserl a que já fizemos alusão. Nessa relação (que atuará também em sentido inverso), ser-nos-á mais fácil compreender uma e outra.

---
[8] Op. cit., p. 28.

Vimos que na audição de um som a consciência se projeta para a fase esperada (vindoura) desse som, e isso numa intencionalidade chamada protensão. Essa fase esperada vem no presente; ela é percebida numa consciência do agora, antes de deslizar imediatamente para o passado, *retida* numa consciência intencional do passado imediato, numa "retenção". Essas três intencionalidades, que funcionam ao mesmo tempo na audição de um som que dura, constituem sua captação temporal. Mas a captação desse objeto temporal que é o som que dura é, antes de tudo, uma captação do próprio tempo, uma "consciência interna do tempo", se é verdade que a captação intencional da fase vindoura do som pressupõe *uma captação do advir como tal*, a captação da fase atual, uma captação do agora como tal, e a captação do deslizamento para o passado da fase que estava presente, uma captação do passado como tal. Enquanto as fases sonoras constituídas intencionalmente não cessam de deslizar do futuro para o passado, as intencionalidades que as dão fazem o mesmo: passam continuamente umas às outras no fluxo em que consiste, segundo Husserl, nossa subjetividade originária.

É esse deslizar contínuo das fases de um fluxo temporal originário o que levou Heidegger a substituir o conceito tradicional de tempo por isto a que ele chama, de modo muito significativo, de *temporalização da temporalidade* ("*die Zeitigung der Zeitlichkeit*"). O tempo não "é" à maneira de uma coisa, mas advém na forma de uma pro-jeção diante de nós de um horizonte que é o horizonte do futuro. Este não cessa, com efeito, de se abrir diante de nós como o que vem em direção a nós, que vem no presente antes de deslizar para o passado. As três intencionalidades husserlianas constitutivas da consciência interna do tempo – pro-tensão do futuro, consciência do agora, retenção do passado – tornaram-se três "Ek-stases", os do por-vir, do presente e do passado. É na passagem contínua desses três Ek-stases de um a outro (do porvir ao presente e ao passado) que toma forma o horizonte de visibilidade em que consiste o aparecer do mundo. O aparecer do mundo se cumpre assim em forma de temporalização da temporalidade, seu aparecer, isto é, sua presença para nós ou, como diz Heidegger, seu "estar-aqui", seu *Da-sein*.

Em que consiste esse aparecer, o que o faz aparecer? É a vinda para fora como tal, o "fora de si" de que falamos. Se, portanto, a temporalidade faz advir o aparecer, é porque ela não é nada além do modo como a exteriorização se exterioriza originariamente na tripla forma dos três Ek-stases, cada um dos quais designa um modo fundamental de cumprimento dessa vinda para fora. A tese de Heidegger escapa, desse modo, a todo equívoco. "A temporalidade é o 'fora de si' originário em e por si mesmo" (*"Zeitlichkeit ist das ursprüngliche 'Außer-sich' an und für sich selbst"*). E que o aparecer que aparece desse modo no fora de si dos Ek-stases em que se temporaliza a temporalidade seja precisamente o do mundo, sua maneira de "estar-aqui", de estar presente, é o que está dito não menos explicitamente. "O mundo (...) se temporaliza na temporalidade. É com o 'fora de si' dos Ek-stases que ele 'está' 'aqui'" (*"Die Welt (...) zeitigt sich in der Zeitlichkeit. Sie 'ist' mit dem Außer-sich der Ekstases 'da'"*).[9] Assim, encontram-se reafirmadas, com uma força e uma clareza exemplares, a identificação do fenômeno mais originário da verdade com o aparecer do mundo e, ao mesmo tempo, uma descrição muito precisa da maneira como esse aparecer aparece: como esse Ek-stase do "fora de si" que "são", identicamente, mundo e tempo.

Heidegger dirigiu contra a intencionalidade husserliana uma crítica que, em formas diversas, corresponde a reprová-lo por ter calado o "ser" da intencionalidade, ou ainda por ter situado esta no interior de uma consciência como dentro de uma "caixa". Mas se, numa fenomenologia, o ser é sempre segundo com respeito ao aparecer que o funda, se, por outro lado, a consciência no interior da qual se situa a intencionalidade é "sempre uma consciência de algo", precisamente esse brotamento para fora de si que é a intencionalidade, é tão somente o aparecer da intencionalidade que pode e deve ser posto em

---

[9] Op. cit., p. 329, 365.

questão. Tanto que este último continua a ser compreendido a partir do *phainomenon* e do *phainesthai* gregos como uma vinda à luz, e uma vez que esta se ilumina na exteriorização do "fora de si", na explosão de um Ek-stase, tal crítica não tem, do ponto de vista fenomenológico, nenhum conteúdo.

Ao aparecer do mundo pertencem traços decisivos. Sua breve enumeração servirá de introdução à fenomenologia da carne, cuja primeira tese será, tal como sugerimos, que nenhuma carne é suscetível de aparecer no aparecer do mundo.

1) Na medida em que este último consiste no "fora de si", na vinda para fora de um Fora, então tudo o que se mostra nele se mostra lá fora: como exterior, como outro, como diferente. Exterior, porque a estrutura do Ek-stase em que se mostra é a exterioridade; outro, porque essa estrutura ek-stática é a de uma alteridade primordial (tudo o que está fora de mim é outro que não eu, tudo o que está fora de si é outro que não si); diferente, porque esse Ek-stase é identicamente uma Diferença, a operação que, abrindo o afastamento de uma distância, torna diferente tudo isso a que é dado aparecer graças a esse distanciamento – no horizonte do mundo.

O que difere é, pois, duplo. Trata-se de uma parte do horizonte que toma forma no afastamento dessa Diferença e se visibiliza nela. Trata-se, por outro lado, do que é diferente, do que aparece no aparecer assim constituído por esse horizonte. A Diferença aqui é a diferença entre o que aparece e o horizonte em que se mostra, a diferença entre o que aparece e o próprio aparecer. Como não reconhecer a distinção de que partiu a análise fenomenológica a fim de dissociar seu tema próprio do tema das ciências, a distinção entre as coisas e a maneira como elas se mostram, entre os "fenômenos" e a fenomenalidade pura? Vem-nos a suspeita de que tal oposição não tem a significação absolutamente geral que estávamos tentados a lhe conferir inicialmente. Ela nos permitiu certamente isolar a "coisa mesma" da fenomenologia, o que ela tem por tarefa elucidar.

Não podemos esquecer, todavia, uma de nossas observações precedentes: o fato de que, como os fenômenos levados em consideração no intuito de extrair deles a essência da fenomenalidade pura são os fenômenos do mundo, essa fenomenalidade é, por isso mesmo, a do mundo. Que o aparecer difira de tudo o que aparece nele não decorreria então da essência de toda fenomenalidade concebível, mas somente da natureza desse modo de aparecer particular que consiste na Diferença do "fora de si".

Tal aparecer desvia de si com tal violência, lança para fora com tanta força, não sendo nada além que esta mesma expulsão originária de um Fora, que tudo isso a que ele dá a aparecer não pode jamais ser outra coisa, com efeito, senão o exterior no sentido terrível do que, posto para fora, expulso de certo modo de sua Morada verdadeira, de sua Pátria de origem, privado de seus bens mais próprios, se encontra agora abandonado, sem apoio, perdido – a presa desse isolamento a que Heidegger tinha de entregar o homem por ter feito dele, enquanto "ser no mundo", um ser deste mundo, nada mais.

2) O aparecer que desvela na Diferença do mundo não só torna diferente tudo o que se desvela assim, mas lhe é a princípio de todo indiferente, não o ama nem o deseja, não o protege de nenhum modo, não tendo nenhuma afinidade com ele. Trate-se do céu que se fecha ou da igualdade dos raios do círculo, de uma cabra ou de um hidroavião, de uma imagem ou de uma coisa real, ou ainda da fórmula que conteria o segredo do universo, pouco lhe importa. Como a luz de que falam as Escrituras e que brilha tanto sobre os justos como sobre os injustos, o aparecer do mundo ilumina tudo o que ele ilumina sem fazer acepção de coisas ou de pessoas, numa neutralidade aterradora. *Há* as vítimas e os carrascos, os atos caridosos e os genocídios, as regras e as exceções, e as exações, o vento, a água, a terra, e tudo isso fica diante de nós da mesma maneira, nesta última maneira de ser que nós exprimimos dizendo: "Isso existe", "Há".

3) Mas essa indiferença do aparecer do mundo ao que ele desvela na Diferença e que faz dele tudo menos um Pai para seus Filhos, um irmão para seus irmãos, um amigo para seus amigos (um amigo que sabe tudo o que sabe seu amigo, um irmão que sabe tudo o que sabem seus irmãos e antes de tudo, o primeiro deles, o Filho Primogênito) – tal indiferença, digamo-lo, esconde mal uma indigência mais radical. *O aparecer do mundo não só é indiferente a tudo o que ele desvela, mas é incapaz de lhe conferir a existência.* É sem dúvida essa incapacidade do aparecer do mundo de dar conta do que se desvela nele o que explica sua indiferença com respeito a ele. Indiferença, neutralidade... querem dizer aqui impotência e provêm dela. Heidegger, que foi o primeiro a pensar o conceito do mundo em sua significação fenomenológica originária como puro aparecer, não desconheceu essa indiferença (a angústia em que tudo se torna indiferente) nem essa impotência. O desvelamento desvela, descobre, "abre", mas não cria (*macht nicht, öffnet*). O ente, o que é, dá-se em seu desvelamento mesmo como independente do poder que o desvela, como anterior a ele. O "há", o "é" não pode dizer *o que* "é", *o que* "há", e isso porque não está nunca em condições de pô-lo na existência.

Como não perceber que tal situação põe gravemente em causa o princípio fundamental da fenomenologia? Segundo este, com efeito, é a fenomenalidade que liberta o ser. É pelo aparecer e tão só na medida em que o aparecer aparece que o que quer que seja é suscetível de ser. Nisso consiste a precedência da fenomenologia sobre a ontologia. Essa precedência é rompida no caso do aparecer do mundo, se é verdade que este é impotente para pôr no ser o que ele dá a aparecer. Nesse caso, o que aparece no mundo, ainda que aparecendo efetivamente nele, não existe por isso. Há mais: é porque aparece no mundo que ele não existe. Aqui, o princípio "a tanto aparecer, tanto ser" não só é posto em questão, mas é propriamente invertido. É esse extraordinário paradoxo que é preciso olhar de frente. Mas perguntemo-nos antes de tudo: pode-se citar um só caso, um só exemplo que nos ponha diante de uma situação tão inverossímil, *dessa exclusão recíproca do ser e do aparecer?*

§ 5. O critério da linguagem. Avanço decisivo e limites da interpretação fenomenológica da linguagem.

Um desses limites, e não dos menores, é o da linguagem. A linguagem não só é um dos temas recorrentes do pensamento no século XX, mas interessa no mais alto grau à nossa investigação. Nós a encontramos em várias ocasiões, e ali onde menos se esperaria: a propósito do corpo e da carne – e, mais ainda, da Encarnação. Pode-se esquecer que, no cristianismo, a Encarnação é o feito do Verbo e que o Verbo é uma Palavra?

Outra razão própria para tornar a questão da linguagem decisiva aos nossos olhos é que ela recebeu da fenomenologia uma luz inteiramente nova. A partir de então a linguagem já não pode ser apanágio da "filosofia da linguagem", nem das disciplinas diversas e cada vez mais numerosas que fizeram direta ou indiretamente dela o objeto de sua reflexão, como a linguística, a crítica literária, a psicanálise, etc. – mas se poderia também citar a totalidade das ciências humanas.

A grande descoberta da fenomenologia concernente à linguagem é o ter subordinado a análise desta última a um fundamento sem o qual ela já não está em condições de funcionar. Ora, tal subordinação é conforme à pressuposição da fenomenologia: é a subordinação dos fenômenos da linguagem à fenomenalidade pura. Uma vez que tal subordinação oblitera a especificidade dos fenômenos da linguagem, só ela nos situa diante de sua possibilidade mais originária. Esta se chama *Logos*.

Reconhecemos um dos dois termos a partir dos quais é construído o título "fenômeno-logia". Na análise do § 7, *phainomenon*, o fenômeno, designava num primeiro momento o objeto da fenomenologia, e *Logos* seu método. Quando, num segundo momento, a fenomenalidade pura, a vinda à luz do dia na luz do mundo, foi substituída pelo simples fenômeno – pelo que se mostra nessa luz – para definir o verdadeiro objeto da fenomenologia, sua "coisa mesma", a identidade entre o objeto da fenomenologia e seu método se mostrou a nós. É a fenomenalidade do fenômeno, a luz em que ele se mostra o que conduz até ele, definindo assim o método por seguir para atingi-lo.

Mas essa redução do método ao objeto verdadeiro da fenomenologia concerne também à linguagem, se é verdade que *não podemos falar de uma coisa qualquer sem que ela previamente se mostre a nós. Assim também tudo o que diremos dela e poderemos dizer dela, todas as prédicas que formularemos a seu respeito obedecem a essa condição incontornável.* Tal é a intuição decisiva que surge no § 7: o Logos é a possibilidade última de toda linguagem, é a Palavra originária que fala em toda palavra. E isso na medida em que é identificado com a fenomenalidade pura sobre a qual repousa, com a qual não constitui senão algo uno. Fenomenalidade e Logos não dizem afinal de contas senão uma mesma coisa.

Como esquecer, todavia, no momento em que a linguagem entendida como Logos recebe sua possibilidade da fenomenalidade a ponto de se identificar com ela, a pressuposição que governa toda a análise heideggeriana? Fenomenalidade e Logos são compreendidos no sentido grego: o aparecer que um e outro designam é o do mundo. Mas é esse aparecer que interrogamos com respeito a seus traços principais. Depois de termos estabelecido como tal aparecer difere de tudo o que se mostra nele, constatamos sua impotência ontológica de fundo – sua incapacidade para pôr no ser aquilo que ele dá a aparecer. Ele descobre o ente, dizia Heidegger, mas não o cria. Ora, o "ente" designa a totalidade do que é, o conjunto das coisas cuja infinita diversidade compõe o conteúdo do mundo: é desse conteúdo, de sua realidade – com que desde sempre os homens têm relação – que se trata. O que seria o aparecer puro do mundo independentemente desse conteúdo, o que seria esse puro horizonte de visibilização do Ek-stase do tempo se jamais nada se tornasse visível nele? Um tempo puro não pode ser percebido, dizia Kant.

Em todo estado de causa, uma formidável dificuldade subsiste: *se o aparecer do mundo é incapaz de pôr a realidade daquilo a que ele dá o aparecer, de onde vem ela?*

É essa indigência do aparecer do mundo, incapaz de trazer à existência qualquer realidade, o que a linguagem põe em evidência – *essa* linguagem que encontra sua possibilidade no *Logos* e no *phainesthai* gregos: no aparecer do mundo! Se toda linguagem concebível – aquela, em todo caso – deve fazer ver tanto o que ela fala como o que ela diz dele, o que há de espantoso então em que ela reproduza a carência do aparecer que torna possível todo fazer-ver?

Do mesmo modo, ela repete sua estrutura. É próprio da linguagem, com efeito – de uma linguagem desse gênero –, que se refira a um referente exterior a ela cuja realidade não pode fundar. Semelhante defeito permanece oculto no caso da linguagem cotidiana, que em geral se limita a acompanhar a percepção de objetos que temos sob os olhos. "Faça sair esse cão que não para de latir!" Essa maneira que a linguagem corrente tem de acompanhar a realidade e seguir no mesmo passo dela oculta o abismo que as separa.

É a linguagem poética que desvela esse abismo, pois, inversamente à linguagem do quotidiano, aquilo de que ela fala nunca está presente. Quando leio o poema de Trakl que ficou famoso pelo comentário sobre ele que Heidegger retomou diversas vezes[10] – "Quando neva na janela / Como soa longamente o sino da noite / Para muitos a mesa está posta / E a casa está bem provida (...)" –, eu "vejo", de certo modo, a neve na janela, ouço, por assim dizer, soar o sino, represento para mim a mesa posta para a refeição sagrada. E, todavia, no cômodo onde leio e medito esse poema, não há nada do que ele fala. A janela não abre para a neve, nenhum sino soa, a mesa não está posta. Neve, janela, som de sino, refeição, todos esses aparecimentos estranhos, descoloridos, fantasmáticos flutuam no vazio.

---

[10] Cf. as conferências reunidas em *Unterwegs zur Sprache*. Trad. francesa, *Acheminement vers la Parole*. Paris, Gallimard, 1976.

Chamados por seu nome pelo poeta, elas vêm à presença sem tomar lugar entre os objetos que me circundam numa espécie de ausência, semelhantes às visões de um sonho, espécies de florescências por sobre a morte. Presentes nisso em que, nascidas da palavra do poeta, elas aparecem, ausentes no que, *apesar de aparecerem, elas permanecem privadas de realidade*. O princípio da fenomenologia diz-se agora: "A tanto aparecer, tanta irrealidade".

Ora, não é a linguagem poética que é responsável pela indigência de que falamos. É próprio de toda linguagem que se relaciona a um referente exterior não poder conferir a este uma realidade senão ilusória. Mas tampouco é a linguagem enquanto tal que manifesta essa impotência: *é o aparecer de que ela toma sua capacidade de fazer ver que desrealiza no princípio toda realidade, mostrando-se nele*. É porque esta se encontra lançada fora de si no próprio processo pelo qual se torna visível que, posta fora de si dessa maneira, ela se encontra propriamente esvaziada de sua substância, reduzida a uma película sem espessura, sem profundidade, sem consistência – a esses aparecimentos fantasmagóricos sobre as quais o olhar não pode senão deslizar, indo de um para outro, sem nunca penetrar o interior de nenhum conteúdo. A linguagem não é, pois, aqui senão um revelador. Não há necessidade dela para desvendar uma carência que se enraíza na estrutura fenomenológica do próprio mundo.

§ 6. *O paradoxo do "mundo" como poder de desrealização.*

Que o mundo – seu aparecer – desrealize no princípio tudo o que se mostra nele: eis aí um grandíssimo paradoxo. O que vemos em torno de nós no mundo não é o contrário do real, algo de que não há nenhuma evidência imediata e que constitui assim o objeto de uma crença universal? Todavia, um rápido exame das maiores filosofias que pensaram o *fenômeno* do mundo basta para abalar essa convicção tranquila. Quando, na aurora do pensamento moderno, cujos temas essenciais ele ia determinar, o sapateiro Jakob Böhme formulou esta imensa questão aparentemente teológica:[11] *por que Deus criou o mundo?* –, a extraordinária resposta avançada pertence à fenomenologia: Deus criou o mundo *para manifestar-se*. A estrutura fenomenológica de tal manifestação é claramente indicada. Consiste numa objetivação, nesta objetivação que é a do mundo, de modo que – tanto neste fim de Renascença como na Grécia – é a posição de si fora de si que faz surgir a manifestação. Como se trata, no caso, da manifestação de Deus – manifestação a que Böhme chama *Sabedoria* (outro nome do Verbo) –, é como objetivação de um primeiro Fora que ela se produz.

Mas eis o que nos importa agora, o que funda e condena ao mesmo tempo o pensamento moderno, largamente tributário da repetição inconsciente por Böhme do pressuposto grego.[12] Com efeito, enquanto Deus se objetiva para se conhecer, opondo-se a si mesmo em sua própria Sabedoria, que é esse saber de si, o meio fenomenológico desdobrado nessa oposição primeira ainda não é, segundo Böhme, senão virtual: simples claridade difusa incapaz de se mudar numa manifestação efetiva, a de formas ou objetos singulares. O aparecimento destes últimos implica que seja posto um elemento estranho à luz, ao puro aparecer – um elemento opaco, portanto, "material" no sentido da coisa material: em suma, um "ente". É somente chocando-se nesse ser opaco, refletindo-se nele como sobre o aço de um espelho, que a luz se esclarece e se torna luz. Essa necessidade de um elemento opaco à luz como condição

---

[11] Questão teológica, mas à qual é lícito conferir uma formulação puramente filosófica: "Por que há algo como um mundo?".

[12] Dizemos "inconsciente" porque essa repetição se faz sob a autoridade do conceito de subjetividade, estranho ao pensamento grego, que se centrava na questão do Ser ou da Natureza. Mas, quando uma reflexão mais radical investiga sob a diversidade dos sistemas conceituais o que eles recobrem, quando a subjetividade é compreendida como *intencional*, o Ser como "Verdade estática", e a Natureza como vinda para fora, é preciso reconhecer que um mesmo fundamento fenomenológico determina secretamente pensamentos cujas diferentes formulações perdem todo o caráter decisivo.

de sua própria iluminação, Böhme a afirma na concepção de uma natureza interior ao Absoluto. O Deus de Böhme traz assim em si um corpo eterno porque quer manifestar-se objetivando-se num mundo e porque uma pura objetivação é ainda impotente para produzir por si mesma o conteúdo concreto que deve mostrar-se nela. Esse conteúdo é então posto metafisicamente (pura e simplesmente afirmado) – o que significa, ainda uma vez, que sua realidade não depende do meio fenomenológico onde se desvela.

Tal situação, descrita por nós como a indigência ontológica do aparecer do mundo (a incapacidade deste aparecer de dar conta do que aparece nele), é ao mesmo tempo desmascarada e oculta na filosofia de Jakob Böhme. Dois poderes totalmente diferentes – por um lado, a objetivação de um horizonte de visibilização; por outro, a criação do conteúdo concreto chamado a nele se tornar visível – são atribuídos a uma mesma instância teológico-metafísica e são, assim, confundidos. Mostrando, todavia, que uma "natureza", um "corpo" – um ente – deve acrescentar-se ao aparecer do mundo para que este seja algo mais que um meio indiferenciado e vazio, Böhme denuncia ao mesmo tempo a carência de tal aparecer entregue a si mesmo. A potência de Deus não serve aqui senão para dissimular a impotência da objetivação como tal.[13]

É essa mesma impotência do aparecer do mundo, velada e desvelada em Böhme, que a *Crítica da Razão Pura* expõe em plena luz. Kant compreende a questão do mundo como uma questão fenomenológica. É por isso que a *Crítica* consiste – em suas partes positivas essenciais, que são a "Estética Transcendental" e a "Analítica Transcendental" – numa descrição, de extremo rigor, da estrutura fenomenológica do mundo. Esta é coconstituída pelas formas

---

[13] O sofisma que consiste em atribuir à objetivação o poder de criar o conteúdo nela objetivado, e que ela não faz mais do que "descobrir", traspassa o idealismo alemão. É contra ele que se desencadeia a crítica genial dirigida por Marx a Hegel no terceiro dos *Manuscrits de 44*. Sobre isso, cf. nosso trabalho *Marx,* t. I, *Une Philosophie de la Réalité,* t. II, *Une Philosophie de l'Économie*. Paris, Gallimard, 1976, t. I, p. 297-314.

a priori das intuições puras do espaço e do tempo, bem como pelas categorias do entendimento. "Formas de intuição pura" quer dizer: puras maneiras de fazer ver, de fazer aparecer, consideradas em si mesmas, independentes do conteúdo particular e contingente (designado como "empírico") do que elas fazem ver a cada vez. *A priori* quer dizer que essas puras maneiras de fazer-ver precedem toda experiência efetiva, que o aparecer precede e torna possível tudo o que aparece nele. Para além de suas especificidades (substância, causalidade, ação recíproca), as categorias do entendimento têm a mesma significação fenomenológica fundamental: a de pertencer ao fazer-ver e de torná-lo possível assegurando sua unidade. Ora, a estrutura fenomenológica desse poder unificador é a mesma das intuições puras; é um fazer ver que consiste (como a objetivação de Böhme ou o *phainesthai* grego) em pôr para fora o que se torna visível desse modo. Segundo a afirmação decisiva de Kant, as formas da intuição e as categorias do entendimento são, umas e outras, representações. Representar desse modo diz-se em alemão *vor-stellen,* que significa muito exatamente: "pôr diante de". Ora, o que nos importa em tudo isso, a tese reiterada da *Crítica,* é que a formação fenomenológica do mundo na ação conjunta e coerente desses diversos fazer-ver é para sempre incapaz de pôr por si mesma a realidade que constitui o conteúdo concreto deste mundo – realidade que Kant teve de pedir à *sensação.*

É essa mesma situação que encontramos em Husserl. A consciência é *sempre* consciência de algo. A intencionalidade que define sua estrutura fenomenológica nos lança de início para as coisas que ela atinge "em pessoa". Ao considerá-las de mais perto, todavia, essas primeiras aquisições da fenomenologia se decompõem estranhamente. O que produz a intencionalidade não é a doação imediata da coisa: é, antes, a significação que a coisa tem de ser dada imediatamente. Mas toda significação é uma irrealidade, um "objeto de pensamento" – uma "irrealidade noemática". É assim que o objeto da percepção mais imediata não é precisamente, para Husserl, uma realidade, mas um "polo ideal", uma regra de apresentação para a série de aparecimentos sensíveis através dos quais ele se mostra a nós e que lhe são relacionados – justamente pela intencionalidade que os vê como momentos ou qualidades desse polo-objeto. Tal é o caso do objeto "cubo" ou do objeto "casa" para as séries de aparecimentos concretos que eu experimento sucessivamente se "giro em torno" deles.

A realidade, então, tem sua sede nesses mesmos aparecimentos, nesses "*data* das sensações"? Mas estas também se decompõem, por sua vez. Se examinarmos os aparecimentos sensíveis coloridos de um objeto qualquer, convém distinguir, por um lado, a área colorida exibida na superfície do objeto e, por outro, a pura impressão subjetiva de cor cuja cor exibida diante do olhar não é senão a projeção intencional. Na linguagem de Husserl: a cor noemática, apreendida sobre um objeto, visível sobre ele (*noematische Farbe*), por um lado, e a cor impressional, vivida, invisível (*Empfindungsfarbe*), por outro. *Ora, a realidade da cor está unicamente ali onde é experimentada em nós, na cor impressional ou sensual, na* Empfindungsfarbe. De modo tão paradoxal como em Kant, mas igualmente explícito, *o conteúdo real do mundo sensível não decorre de sua estrutura fenomenológica – re(a)presentação em um, intencionalidade no outro –, mas da impressão exclusiva.*

§ *7. A questão, tornada crucial, da impressão, compreendida como fundadora da realidade. O problema de seu estatuto fenomenológico. Intencionalidade e impressão.*

A impressão reclama, pois, uma análise mais avançada. Trata-se de saber qual é a situação exata da impressão relativamente à consciência ou, para dizê-lo em termos fenomenológicos, qual é seu estatuto fenomenológico. Husserl respondeu à primeira questão com precisão. Enquanto a cor mostrada sobre o objeto e tornada visível dessa maneira (a cor noemática) é exterior à consciência, a cor impressional – material, hilética, invisível – pertence, ao mesmo título que a intencionalidade, à sua realidade. A realidade da consciência se divide assim entre dois elementos distintos. Estes, na verdade, são não só diferentes, mas heterogêneos, se é verdade que *a impressão original, o elemento sensual puro é em si mesmo estranho à intencionalidade:* "O elemento sensual que em si mesmo não é nada de intencional".[14]

Sendo o aparecer confiado na fenomenologia husserliana à intencionalidade na forma de um fazer – ver que lança para fora o que, posto nesse fora, se torna visível, uma questão crucial não pode ser eludida: a do *aparecer da própria impressão*. Desprovida de toda intencionalidade, a impressão se encontra por isso entregue à noite – inconsciente? Só deve aparecer, ela também, a uma intencionalidade que a tomaria em sua visão?

Mas essa interrogação derradeira atinge, como vimos, a própria intencionalidade. Seria preciso perguntar: como a intencionalidade que faz ver cada coisa se revela a si mesma? Remeter essa tarefa a uma segunda intencionalidade dirigindo-se à primeira seria envolver-se numa regressão ao infinito. Alguns textos, tão raros quanto lacônicos, parecem conjurar a aporia ameaçadora. Eles deixam ver que a consciência, e por conseguinte a consciência intencional – pois que toda consciência é intencional –, é em si mesma uma impressão, uma consciência impressional. A consciência se impressionaria a si própria de tal modo que seria essa autoimpressão originária o que a revelaria a ela mesma, tornando possível sua própria revelação. Nesse caso, a distinção inscrita por Husserl na própria realidade da consciência entre um elemento impressional, não intencional, e o elemento intencional seria superada, e isso em proveito da impressão. Não seria somente a camada "hilética", material, da consciência que seria composta de impressões: o elemento "noético", intencional, seria, afinal, da mesma natureza. Também nele uma impressão, em sua matéria impressional, cumpriria a última revelação. Enquanto *matéria fenomenológica do ato intencional*,

---

[14] *Ideen* I, p. 289.

ela permitiria a revelação deste. É um acaso que essa tese filosoficamente revolucionária (ainda que se possa reportá-la historicamente a Hume) seja formulada a propósito de modos especificamente intelectuais da intencionalidade, ali onde o caráter "noético" da consciência é evidente? "A consciência que julga um estado de coisa matemática é impressão." Mas isto vale para todos os modos da consciência, como, por exemplo, para a crença. "A crença é crença atual, é impressão." Que a impressão revele a própria crença sem que esta tenha necessidade de ser apreendida objetivamente por uma intencionalidade ulterior que, dirigindo-se a ela, faria dela um "estado psíquico", isso é igualmente dito. "Deve-se distinguir *a crença em si mesma ou sensação de crença* da crença na apreensão como meu estado, meu juízo".[15]

Tais indicações, suscetíveis de pôr em causa o primado do *phainomenon* grego, permanecem infelizmente sem contexto. Muito rapidamente, produz-se um deslocamento: a *hylé*, a matéria da consciência – a impressão –, cessa de ser compreendida como fenomenológica em si mesma. Ela já não cumpre em sua própria matéria e por ela – em sua matéria impressional compreendida então como uma matéria fenomenológica pura – a revelação primitiva. A esse conceito não questionado de uma matéria em si fenomenológica se superpõe o esquema, vindo de longe, que quer que uma matéria não seja nunca senão uma matéria para uma forma que a in-forma e que, nessa in-formação, lhe dá o aparecer, fazendo dela uma realidade efetiva, um "fenômeno". Essa forma que faz ver uma matéria em si indeterminada e cega é precisamente, para Husserl, a intencionalidade. É porque um olhar intencional atravessa essa matéria composta por impressões e por sensações obscuras que, lançando-a diante de si, ele a esclarece – que ela se torna um dado sensível, um *"datum* de sensação". Um dado que já não deve sua doação à sua própria matéria, às impressões e às sensações de que é feito, mas a esse olhar. Assim se fecha o círculo de que a fenomenologia husserliana não

---

[15] *Lições,* p. 124, 135; grifo nosso.

sairá nunca. Quanto à questão aporética de saber como a própria intencionalidade se revela antes de nos fazer ver a totalidade do ser, algumas breves passagens apelam para a impressão. Mas é à intencionalidade, atravessada por seu olhar e lançada por ele no mundo, que a impressão deve agora o fato de poder mostrar-se a nós.

"O vivido inclui em sua composição 'real' não apenas os momentos hiléticos (as cores, os sons sensíveis), mas também as apreensões que os animam. Logo, tomando os *dois em conjunto*: *o aparecer da cor, do som e de qualquer outra qualidade do objeto*" (*Ideen* I, p. 339; grifo de Husserl). Era já uma severa dificuldade compreender como dois elementos heterogêneos – o momento hilético não intencional, a apreensão intencional que o anima – podiam unir-se numa mesma realidade, a da consciência – realidade unitária aqui designada como "composição real do vivido". Mas, enfim, tomando os dois em conjunto, como quer Husserl, obtém-se esta totalidade que é o "aparecer da cor". De modo que essa totalidade se decompõe imediatamente em dois elementos: aquele que detém o poder de aparecer e aquele que é desprovido dele. Depois do círculo aporético em que cada elemento que compõe a realidade da consciência demandava ao outro que o fizesse aparecer (a intencionalidade à impressão, a impressão à intencionalidade), a situação se esclareceu. Considera-se agora a experiência global que é o "aparecer da cor" tomado como um todo. Nesse todo, o aparecer da cor não é a própria cor, a experiência do som não é o próprio som, sua sonoridade, a revelação da impressão não é obra desta. A matéria – visual, sonora... –, a matéria impressional pura não é mais que uma matéria para uma forma encarregada de torná-la manifesta – a forma ek-stática do "fora de si". A oposição clássica entre a forma e a matéria repousa secretamente sobre o conceito grego do *phainomenon* e o exprime a seu modo.

Quando o poder de aparecer abandona a impressão pela intencionalidade, outro deslocamento se produz, também decisivo porque é sua consequência imediata: desvelada pela intencionalidade, atravessada por seu ver, a impressão já não se revela em si mesma, ali onde ela própria se impressiona. Ela é arrancada de seu lugar original para ser lançada sobre o objeto; é sobre ele que ela se mostra doravante como um de seus momentos, uma de suas qualidades, uma qualidade *do objeto*, explicável por ele, afinal de contas, visível enquanto participante de sua objetividade – "uma qualidade sensível do objeto". Quando, no último texto citado, o momento hilético e a apreensão intencional são tomados em conjunto para constituir o "aparecer da cor, do som...", a cor, o som se propõem, com efeito, como "alguma outra qualidade do objeto".

Com esse pôr fora de si da impressão, nasce a grande ilusão do "mundo sensível", e ela é dupla. Em sua primeira faceta, consiste em crer que a verdade impressional, sensual e, pois, "sensível" se encontra efetivamente no mundo onde ela se mostra a nós a título de qualidade objetiva do objeto. A segunda forma dessa ilusão, de que procede a primeira, é atribuir à intencionalidade que lança fora de si e finalmente a este "fora de si" que é o aparecer do mundo a revelação original da impressão. Assim, o aparecer do mundo que, como estabelecido, é por si mesmo incapaz de criar a realidade de seu conteúdo – esse conteúdo impressional tornado em si um conteúdo "sensível" – encontra-se sub-repticiamente investido de um poder que ele não tem, ao passo que, indevidamente atribuída ao aparecer do mundo, a revelação própria da impressão é ocultada. Ao mesmo tempo que seu poder de revelação, é a realidade da própria impressão que é desnaturada na medida em que sua essência é dar-se a sentir em si mesma, de si mesma e por si mesma. De cor impressional, de som impressional, de cheiro impressional, já não há propriamente que falar. A distinção instituída pelo próprio Husserl entre o *Empfindungsfarbe* e a *noematische Farbe* tende a se apagar.

E, no entanto, como conceber uma cor exibida sobre o objeto sem uma impressão de cor original, sonoridades reportadas aos instrumentos de uma orquestra que não seriam antes de tudo puras "sonoridades interiores", não ressoando senão no grande silêncio onde cada um é dado a ele mesmo? Mas não se trata aqui de poesia:

o objeto do mundo a que se reportam essas impressões em forma de qualidades sensíveis é incapaz para sempre de portá-las, porque é incapaz de sentir o que quer que seja, de se sentir a si mesmo. A parede bege ou cinza de uma construção da III República, amarela ou turquesa da galeria de um antiquário inglês, não é mais bege, cinza, amarela ou turquesa do que poderia ser "quente" ou "dolorosa". Imagina-se uma parede exposta por muito tempo ao sol, tomada subitamente por uma "onda de calor", pedindo água?

Mas é o princípio do absurdo que deve constituir o tema de uma investigação radical. Ei-lo: entregue ao aparecer do mundo para se mostrar nele a título de qualidade do objeto, a impressão não só é arrancada de seu lugar original, mas é simplesmente destruída. Pois não há impressão possível (e, assim, possível objetivação ulterior dessa impressão) se ela não toca a si em cada ponto de seu ser, de modo que, nesse estreitamento original consigo, ela se autoimpressione e seu caráter impressional não consista em nada além dessa impressionalidade primeira e que não cessa. No fora de si do aparecer do mundo, em sua exterioridade pura onde tudo se dis-põe e se encontra dis-posto como exterior a si, nunca advém nenhuma impressionalidade desse gênero, nem, por conseguinte, nenhuma impressão.

§ 8. A vinda para fora de si da impressão no fluxo temporal e sua destruição.

É essa destruição de toda impressão concebível no "fora de si" da exterioridade pura – onde tudo é sempre exterior a si, de onde toda autoimpressão é banida no princípio que ressaltam as extraordinárias *Lições* sobre o tempo que Husserl pronuncia em Göttingen no semestre de inverno dos anos 1904-1905. O pôr para fora de si da impressão já não é aqui sua projeção intencional na forma de uma qualidade sensível do objeto – o primeiro momento da edificação do universo objetivo e espacial que é o da percepção dos objetos ordinários e que define, aos olhos de todos, o universo real. O pôr fora de si da impressão de que se trata aqui é muito mais originário, e muito menos evidente também; ele se produz de certo modo em nós, ali onde sentimos o conjunto de nossas impressões e de nossas sensações, no nível disso a que Husserl chama de camada hilética – material, sensual, impressional – da consciência. Lancemos novamente um olhar para esse estrato por princípio não intencional por exemplo, para um som impressional experimentado em sua sonoridade pura e reduzido a esta.

Esse som se decompõe, como vimos, em diferentes fases sonoras, de modo que, imediatamente após ser experimentada, cada fase atual desliza para o "passado do instante", para o "passado imediato" (*soeben gewesen*), e essa fase passada para o instante desliza por sua vez para um passado cada vez mais longínquo. *Como esse deslocamento para o passado é dado a uma intencionalidade – a retenção –, ele é a vinda para fora em sua forma primitiva,* o Ek-stase em seu surgimento original, a Diferença que se pode, com efeito, escrever Diferença porque não é nada além do puro fato de di-ferir, de afastar, de separar – o primeiro afastamento. Este deslocamento da impressão para fora de si é o próprio decorrer da temporalidade, sua temporalização originária; é o "fluxo" da consciência. Que esta vinda para fora da impressão na retenção signifique sua destruição, vê-se pelo fato de que, "passada para o instante", "imediato passado", *ela não é menos inteiramente passada* – já não do ser, mas do nada: já não é uma impressão atualmente vivida, presente, nenhuma parcela de realidade subsiste nela. É o que declara explicitamente Husserl: "O som retencional não é um som presente (...), ele não se encontra realmente ali, na consciência retencional".[16]

É verdade que a consciência retencional não está isolada; ela se entrelaça constantemente com uma consciência de agora que, por sua vez, está ligada a uma protensão, de modo que somente a síntese

---

[16] Ibidem, p. 42.

jamais desfeita dessas três intencionalidades constitui a consciência interna do tempo – essa consciência que nos dá o *som que dura* através de suas fases sucessivas, em seu decorrer concreto. Para dizê-lo de outro modo, considerando já não a consciência que constitui o som ouvido temporalmente, o som que dura, mas este último: nenhuma fase desse som é separada das outras, nenhuma fase "passada para o instante" é possível sem a fase atual de que ela é o deslocamento imediato para o passado, nenhuma fase atual é dada sem a fase "passada para o instante" em que ela se transforma imediatamente. Diga-se o mesmo das fases vindouras, que se modificam constantemente em fases atuais e depois passadas. Sendo assim, se a consciência retencional não nos dá senão uma fase "passada para o instante" e, todavia, inteiramente passada, não se pode dizer do mesmo modo: a consciência do agora dá a fase atual do som e, assim, a realidade da impressão, a impressão presente em sua presença efetiva?

Duas dificuldades insuperáveis, e aliás correlativas, surgem aqui. Assim como retenção e protensão, a consciência do agora é uma intencionalidade; ela faz ver fora de si, e se nenhuma impressão advém num meio de exterioridade pura porque a realidade da impressão, e assim toda e qualquer realidade impressional, toca a si em cada ponto de seu ser e não difere nunca de si, então a consciência do agora se revela tão incapaz de dar a realidade da impressão, sua presença, sua atualidade quanto o são, por seu lado, a retenção e a protensão. É o que mostra o correlato dessa consciência intencional do agora, o que ela dá precisamente: esse fluxo temporal que é inteiramente escoamento e no qual não há nenhum ponto fixo, nenhum "agora" propriamente dito. *"No fluxo e por princípio nenhum fragmento de não fluxo pode aparecer"*.[17]

Essa incapacidade paradoxal da consciência do agora de dar ao presente o que precisamente não é em si jamais presente, mas sempre fluxo, passagem, deslocamento constante, é o que tenta camuflar a

---

[17] Ibidem, p. 152; grifo de Husserl.

ideia de síntese contínua pela qual uma consciência retencional se enlaça com essa consciência do agora, de maneira que a fase atual não é dada senão deslizando para o passado e o que é dado, afinal de contas, é esse deslizar para o passado como tal. É verdade que a fase "passado para o instante" não é concebível senão como a fase passada de uma fase que acaba de ser atual. Mas o que é essa fase atual além de uma exigência lógica, na medida em que a consciência do agora é, na realidade, incapaz de dá-la? Se, com efeito, se considera que o fluxo em seu conjunto é esse deslizar contínuo das fases impressionais, das fases sonoras, por exemplo, para o passado, então é preciso dizer com Husserl: o presente, "o agora não é senão um limite ideal".[18] Tomada entre fases por vir e fases passadas que são, umas e outras, irrealidades, nas quais nenhuma sonoridade real ressoa, a fase presente, onde não há nada de presente, que desaba constantemente no não ser do passado, não é mais que o lugar do aniquilamento; reduzida a um limite ideal entre irrealidades e ela própria duplamente irreal, revela-se incapaz de introduzir na audição do som que dura a realidade de uma impressão sonora efetiva, por breve que seja, sem a qual nenhuma audição de espécie alguma jamais pareceu possível.

Que dizer, enfim, da intencionalidade dada pelo presente com esse senso de dar o presente – da consciência do agora? Não é ela mesma – na medida em que escapa à noite do inconsciente onde nenhuma doação se cumpre – uma impressão? Captada inteira, a mesmo título que a impressão sonora, pelo transcurso, como ela escaparia mais que esta ao desvanecimento universal?

Husserl se perguntou o que, no fluxo, escapa ao fluxo. Diz ele: "a forma do fluxo".[19] A forma do fluxo é a síntese das três intencionalidades – protensão, consciência do agora, retenção – que constituem, em conjunto, a estrutura *a priori* de todo "fluxo" possível. Nela se opera o surgimento da exterioridade, sua exteriorização,

---

[18] Ibidem, p. 56.
[19] Ibidem, p. 152.

o "fora de si" que é identicamente o horizonte tridimensional do tempo e do mundo: seu aparecer. Mas – a mesmo título que o aparecer do mundo, do qual ela não é senão outro nome, e pela mesma razão – a forma do fluxo é vazia, incapaz de produzir seu conteúdo, essa onda de impressões que desfilam através dela – através do futuro, do presente e do passado – mas sem encontrar nela sua realidade. Muito pelo contrário: na medida em que devem aparecer às intencionalidades que compõem a estrutura formal do fluxo, todas essas impressões são igualmente irreais: as fases futuras ou passadas, que não são ainda ou já são do não ser; a fase dita presente, que não é senão um limite ideal entre dois abismos de nada.

De onde vem então a impressão, a impressão real, se não é do futuro nem do passado nem, menos ainda, de um presente reduzido a um ponto ideal? Essa dificuldade incontornável não escapa a Husserl; ela suscita no texto das *Lições* uma inversão extraordinária: *já não é a consciência do agora que dá a impressão real, mas é a impressão real que dá o agora*. Tal é a declaração, tão maciça quanto imprevista: "(...) um agora se constitui por uma impressão (...)".[20] Eis outras duas formulações, tão nítidas quanto a anterior: "Para falar propriamente, o próprio instante presente deve ser definido pela sensação originária"; "A impressão originária tem por conteúdo o que significa a palavra *agora*, na medida em que é tomada no sentido mais originário".[21] Já não é uma intencionalidade, a consciência do agora, o que define o instante presente: é a "impressão originária" que contém a realidade do agora, ou "o que significa a palavra *agora* na medida em que é tomada no sentido mais originário".

Longe de ser pensada até o fim, no entanto, essa singular troca de papéis entre a consciência do agora e a impressão constituiu o objeto de um travestimento imediato. A consciência intencional do agora não produz, como o vimos, senão a *ideia* do agora, a *significação*

---

[20] Ibidem, p. 152; grifo nosso.
[21] Ibidem, p. 88.

de estar aí agora, de estar presente, a forma vazia do agora e do presente, sem que haja ainda nada presente, nenhum conteúdo real no fluxo. A essa consciência vazia, Husserl acrescenta bruscamente o conteúdo real e concreto que lhe falta: a impressão. De onde ela vem? Em que consiste essa vinda? *Qual é seu aparecer?* Como este último continua a ser pensado como o "fora de si" da forma do fluxo, é a esta que se pede o que, precisamente, ela é incapaz de fornecer, a impressão real que nunca se mostra nela. Então se opera no texto husserliano uma série de deslocamentos: da forma vazia do fluxo à constatação de um conteúdo que supostamente se mostra nela – dessa constatação (em si mesma falaciosa) à ideia de que esse conteúdo estranho à forma, exterior a ela, não lhe é, no entanto, exterior mas ligado, é resultante dela de algum modo, se encontra determinado por ela – ainda que tal determinação não baste para dar plenamente conta dela. Eis a série de equívocos: "O que permanece antes de todas as coisas é a estrutura formal do fluxo, a forma do fluxo (...), mas (...) a forma permanente é sem cessar preenchida novamente por um 'conteúdo', mas *o conteúdo não é precisamente nada introduzido exteriormente na forma; é, ao contrário, determinado pela forma da lei: com a ressalva de que essa forma não determina o concreto por si só.* A forma consiste nisto: que um agora se constitua por uma impressão (...)".[22] A forma vazia estranha a todo conteúdo, tão incapaz de criá-lo quanto de torná-lo manifesto em sua realidade, torna-se por um toque de varinha mágica seu próprio conteúdo, a impressão em si mesma: ela a traz em si, ele lhe pertence. Já não há lugar para questionar a impressão a partir de outra coisa que não seja a forma do fluxo – a partir dela mesma e de sua vinda, de seu modo de revelação próprio. O preconceito grego se fecha sobre o acontecimento radical que o vinha romper.

Mas, quando a impressão supostamente pertencente à forma do fluxo chega a este último, ela o faz numa consciência intencional do agora cujo próprio é, lançando esta impressão para fora de si,

---

[22] Ibidem, p. 152; grifo nosso.

destruí-la. Inútil enlaçar a essa consciência do agora uma retenção que faz desabar toda a realidade no não ser do passado: a consciência do agora já se encarregou disso. Pois a vinda da impressão no fluxo da consciência não é, com efeito, senão isto: a introdução nela do afastamento pelo qual é separada de si, cortada ao meio – como a criança que as duas mulheres puxavam sob os olhos do rei Salomão, que propôs cortá-la ao meio, com efeito, para dar uma metade a cada uma –, des-feita e, portanto, privada de seu fruir interior que a diferencia para sempre de todas as coisas inertes, de todas as que se dão a nós no aparecer do mundo.

Conjurar o desmoronamento ontológico da impressão e, com ela, de toda realidade e de toda presença efetiva – é para isso que se esforça a descrição husserliana que faz renascer a cada instante do fluxo a realidade que ele aniquila sem dificuldade. No próprio lugar onde a impressão acaba de ser condenada à morte, afastada no "fora de si" do Ek-stase do tempo, surge uma nova impressão, vinda de alhures, mas imediatamente aniquilada. Donde o caráter alucinante do fluxo husserliano, esse brotar contínuo de ser sobre o abismo de um nada que se abre constantemente sob ele para devorá-lo – o pretenso *continuum* desse fluxo constantemente destruído, sua realidade *soi-disant* homogênea despedaçada, em pedaços de ser e de não ser que se comutam numa descontinuidade quase impensável. O último texto citado continua assim: "A forma consiste em que um agora se constitui por uma impressão e em que a esta se articula uma fila de retenções e um horizonte de protensões. Mas essa forma permanente [a forma do fluxo] encerra em si a consciência da mutação permanente que é um fato originário: a consciência da mutação da impressão em retenção, enquanto *de novo continuamente uma impressão está aí*".[23] O texto incoerente que pretendia imputar à forma vazia do fluxo o conteúdo que lhe falta tão cruelmente – a impressão real que ela empurra imediatamente para sua sepultura – não pode senão oferecer à nossa admiração a ressurreição tão

---

[23] Ibidem; grifo nosso.

milagrosa quanto permanente de uma impressão sempre nova e que, sempre e a cada instante, vem salvar-nos do nada.

De onde vem ela, com efeito? Como? Como se apoderaria de nós, estreitando-nos contra ela para fazer de nós, viventes?

§ 9. *A origem da "impressão originária". Inevitável remissão de uma fenomenologia da impressão à fenomenologia da vida.*

"Eu não sou deste mundo." A palavra que vai ressoar através dos séculos e além deles – não passará quando o mundo passar –, a impressão mais pobre (se é que se trata de uma impressão e ainda que não lhe prestemos atenção alguma), o mais humilde desejo, o primeiro medo, a fome ou a sede em seu reconhecimento ingênuo, os prazeres minúsculos e as penas insuportáveis, *cada uma das modalidades de nossa vida mais comum pode reivindicá-la como definição de seu ser*. Nenhuma delas, com efeito, é do mundo, nenhuma se estreita ali onde o "fora de si" já desfez todo estreitamento. Impressão originária (*Ur-impression*), diz Husserl de cada uma dessas impressões "sempre aqui novamente", chamadas a preencher a cada instante esse vazio de nada ao qual a forma ek-stática do fluxo tinha previamente reduzido cada um desses instantes.

Originário deve, pois, entender-se em vários sentidos. *Originário* enquanto qualificativo atribuído por Husserl à impressão designa esta antes de ela ter sofrido a modificação retencional que a faz passar de sua condição presente ou atual à de "passado para o instante", "imediatamente passado". Antes da modificação retencional, no entanto, a impressão já está submetida à intencionalidade, destituída de sua realidade: ela já perdeu sua "originariedade", se esta significar *uma realidade impressional na efetuação fenomenológica de sua autoimpressionalidade*. E isso porque, tal como se mostrou longamente, a consciência do presente, como toda consciência segundo Husserl, traz em si, enquanto intencionalidade e como isso mesmo em que ela faz ver, o afastamento primitivo em que, separada de si, toda impressão concebível já está aniquilada.

Originário já não pode, então, designar senão isto: o que vem a si antes de qualquer intencionalidade e independentemente dela, antes do espaço de um olhar, antes do "fora de si" de que a própria intencionalidade não é senão um nome. O que vem antes de tudo, com efeito, antes do mundo, fora do mundo, o que é estranho a todo "mundo" concebível, *a-cósmico*. O "antes" do "originário" não indica, pois, uma situação inicial, mas provisória, o início de um processo: o que advindo antes que se abra o afastamento do "fora de si" seria destinado, no entanto, a deslizar para aí e aí se perder. O "antes" do originário visa a uma condição permanente, uma condição interna de possibilidade, uma essência. E, assim, o que vem antes do mundo não virá jamais a ele. Não virá jamais a ele por uma razão de essência, com efeito, por princípio, como dizem os fenomenólogos. Não virá jamais a ele porque não pode se mostrar aí, mas somente desaparecer aí. De maneira que esse "desaparecer" ainda não é senão um modo de falar, uma espécie de metáfora que supõe que conhecemos, de certa maneira, aquilo de que dizemos que desaparece no aparecer do mundo – sem o que, não sabendo nada do que desaparece, tampouco teríamos nenhuma ideia de seu "desaparecimento", nenhum meio de saber que um "desaparecimento" ocorreu.

Não se pode, portanto, ao modo de Husserl, tomar a impressão "originária" como uma existência evidente, simples pressuposição não questionada sobre sua possibilidade interior. E isso sem que disponhamos, para conceber a realidade dessa impressão, de nada mais além do processo de seu aniquilamento. O problema para nós já não é, portanto, compreender como a nova impressão é sem cessar destruída no Ek-stase do fluxo que, separando-a de si, torna-a incapaz de se sentir a si mesma. Trata-se de saber como, fora do mundo e independentemente de seu aparecer, antes dele, "no início", uma impressão, originária com efeito, se edifica interiormente a si mesma de modo que venha a si, que se experimente e se impressione a si mesma em sua própria carne impressional – de maneira que seja uma impressão.

Ora, justamente não é a impressão, por originária que seja, que detém tal poder. *Nenhuma impressão se tem por si mesma em si*, nenhuma se funda a si mesma. Não teria ela, nesse caso, a capacidade de determinar o gênero de impressão que ela quereria ser? E também de permanecer nesse estado, se lhe conviesse? Todas as nossas impressões não passam, ao contrário, não se modificam constantemente, com efeito, *não no não ser do passado no instante em que se volatilizam,* mas em outra e sempre "nova" impressão – o mal-estar no bem-estar, o desejo no aplacamento, a fome na saciedade, a inquietude no repouso, o sofrimento na alegria, o desespero na beatitude?

Assim como não escolheu o gênero de impressão que ela é – nem, por conseguinte, permanecer no estado que é o seu ou mudá-lo –, essa impressão – nenhuma impressão, qualquer que seja – tampouco escolheu *ser uma impressão,* isso que se experimenta em sua própria carne, numa matéria impressional, a que Husserl deu, de modo muito equívoco, o nome grego de *hylé*.

Qual é a origem da impressão, se não ela mesma não o é, se nenhuma impressão tem o poder de se trazer a si mesma à condição que é a sua, este fragmento de carne impressional que se modifica sem cessar e que se muda não no nada, mas numa nova modalidade, sempre presente, dessa mesma carne? Origem, em fenomenologia, designa a origem do ser, seu princípio, o que o faz ser e ser o que ele é. A origem do ser é o aparecer. A origem da impressão é seu aparecer – um aparecer tal que tudo o que se revela nele advém como fragmento ou momento sempre presente e sempre real da carne impressional de que nós falamos. Não se trata do aparecer do mundo de que o "fora de si" exclui *a priori* a possibilidade interior de toda impressão concebível, mas do aparecer da Vida, que é a própria Vida em sua fenomenalização originária.

Da fenomenologia da vida a que a fenomenologia da impressão remete, nós não reteremos aqui senão alguns traços essenciais: aqueles em que o aparecer originário da impressão se revela como não sendo outra coisa senão o da vida. Consideremos a impressão mais elementar. Consideremos aqui, já não à maneira de Husserl, como uma entidade escoa no fluxo segundo as modalidades de sua tripla estruturação ek-stática e mostrando-se nesta – mas em si mesma, em sua originalidade, tal como ela se experimenta imediatamente a si mesma antes de toda deiscência, antes que difira de si no deslizar para fora de si do futuro, do passado, mas também do presente que a dá numa doação intencional de sentido, conferindo-lhe justamente o sentido de ser presente.

Como na apreensão ordinária uma dor é antes de tudo considerada uma dor "física" ligada ao corpo, praticamos sobre ela a redução que não retém dela senão seu caráter doloroso, o "doloroso como tal", a dor pura sem referência ao que quer que seja diferente. Precisamente, a dor pura não se refere a nada diferente dela mesma, está entregue a si mesma, imersa em si mesma, submersa por si, esmagada sob seu próprio peso. A dor pura é um sofrimento puro, é a imanência em si desse sofrimento – um sofrimento sem horizonte, sem esperança, inteiramente ocupado de si porque ocupa todo o lugar, de modo que não há para ele nenhum lugar diferente daquele que ocupa. Impossível para ele sair de si, escapar de si. Antes dele mesmo: lançando-se para fora tal como se aquele que padecesse tortura se lançasse pela janela para escapar de seus carrascos – para escapar de sua tortura, de seu sofrimento. Essa impossibilidade não diria respeito, então, às circunstâncias, à disposição dos lugares, aos carrascos, *mas, ultimamente, à estrutura interna do sofrimento.*

Uma vez que o sofrimento está aí, está aí inteiro, com efeito, como uma espécie de absoluto. Para aquele que sofre, nada pode atacar seu sofrimento. O sofrimento não tem portas nem janelas, nenhum espaço fora dele ou nele oferecido à sua fuga. É porque ele tampouco pode fugir para trás de si mesmo de algum modo, compor atrás de si uma dimensão de recôndito onde ele pudesse retirar-se, subtrair-se a seu ser próprio e ao que ele tem de opressor. Sem escapatória possível. Entre o sofrimento e o sofrimento não há nada. Para aquele que sofre, enquanto sofre, o tempo não existe. Deslocar-se para fora de si na separação benéfica que o aliviaria de si, numa irrealidade noemática que não seria mais que representação ou pensamento de um sofrimento, é o que, em sua realidade sofredora, o sofrimento não pode nunca.

O sofrimento está acuado a si. Não está acuado a si como se está contra um muro de que uma espécie de limite, nossa pele, ainda nos separa enquanto a pressão do muro faz dele uma parede ardente. Em tal representação das coisas, a afecção de que sofre o sofrimento deve ser chamado, com todo o rigor, de *heteroafecção*, a afecção por qualquer coisa que, por mais próxima que esteja, é ainda outra, de modo que subsiste a esperança de que se afaste e que a pressão dolorosa cesse. O sofrimento não é afetado por outra coisa, mas por si mesmo, é uma *autoafecção* no sentido radical de que é afetado, e o é por si mesmo. Ele é ao mesmo tempo o afetante e o afetado, o que faz sofrer e o que sofre, indistintamente. É o sofrimento que sofre. Ele não se encontra na superfície de uma pele que não é ele. O sofrimento não sente nada, sentir-se é sempre abrir-se a algo outro. O sofrimento não sente nada outro, mas tão só a si mesmo. "Sentir seu sofrimento" é uma expressão imprópria. Implica uma relação com o sofrimento, um modo de vivê-lo que poderia cumprir-se de diferentes maneiras – prestando-lhe uma atenção excessiva numa espécie de hipersensibilização com respeito a ele, nisso a que Nietzsche chama "nervos sensíveis", ou ainda na indiferença, com essa coragem altaneira que o estoicismo propõe à nossa admiração. Em todos esses casos, como a condição de todas as atitudes com relação ao sofrimento cuja descrição enche os tratados de moral, requer-se uma exterioridade, que pressupõe o sentir como o meio através do qual ele atinge tudo o que atinge, sente tudo o que sente. O meio de uma exterioridade em que, a mesmo título que toda e qualquer impressão, um sofrimento privado de seu sofrer já não sofre, reduzido a um correlato intencional inofensivo, a um "objeto de pensamento".

§ 10. *A passividade originária da impressão e sua "paixão" na afetividade transcendental da vida. O Presente vivo.*

É por isso que a passividade do sofrimento deve ser radicalmente distinguida do que entendemos habitualmente por esse termo, *uma passividade com relação a algo diferente daquilo que então se descobre passivo com respeito a ele*, que o experimenta como uma presença estranha ou anterior a ele. Como se sabe, à medida que progredia, a fenomenologia cessou de considerar o conjunto das intencionalidades que constitui o mundo conferindo-lhe o sentido que ele tem para nós como sínteses ativas do ego transcendental. São postas a nu outras sínteses, subjacentes às primeiras e pressupostas por elas, e que, propriamente falando, já não são atos do ego. Elas se cumprem nele independentemente dele, sem proceder de sua intervenção a título de ego: são sínteses passivas, que se tornam um dos temas maiores na última parte da obra.

Na verdade, como essas sínteses passivas estão sempre em ação, o extraordinário olhar de Husserl as havia reconhecido muito cedo, nas admiráveis *Lições* de Göttingen sobre as quais nós nos demoramos longamente. Protensão, consciência do presente, retenção são sínteses passivas originais, as que constituem a consciência interna do tempo. Originalmente passivas não quer dizer somente que, pelo fato de sempre e agora elas estarem em ação, o fenomenólogo só as descobre *a posteriori*: o próprio ego transcendental não faz senão descobri-las, e essa é a razão pela qual ele se descobre profundamente passivo com relação a elas. O futuro não vem do fato de o ego se lançar para ele numa atitude de espera ou de temor. Muito pelo contrário: é unicamente porque um futuro não cessa de se abrir diante de seu olhar ao modo de um horizonte que esse ego pode voltar-se para ele na espera ou no medo, esperando ou temendo ao mesmo tempo tudo o que nele se mostrará a título de porvir. Assim também para o passado e para o presente. Somente uma retenção que sempre o preceda permite ao ego guardar e reconhecer, a título de correlato noemático irreal, a fase passada, e antes de tudo "imediatamente passada", a fase impressional que acaba de experimentar. Somente, enfim, uma pré-compreensão passiva intencional do "agora", do "atual", do "presente" lhe permite conferir à fase impressional dita atual a significação ou a pré-significação de estar aí agora, de estar "presente". *Mas, cumprindo-se todas essas sínteses passivas originariamente no ego independentemente dele, são elas que ferem mortalmente a impressão.* Por mais originais, passivas e até anteriores ao ego que elas sejam – na medida em que o próprio ego seria constituído por elas –, essas sínteses não são menos intencionais, sua estrutura fenomenológica é incompatível com a da impressão.

Husserl ignorou a essência mais originária da passividade. Não há nenhuma relação entre uma passividade que encontra sua condição última na intencionalidade e outra cuja possibilidade fenomenológica interna a exclui insuperavelmente. É até um problema filosófico importante compreender como duas essências fenomenológicas puras, irredutíveis uma à outra, puderam receber o mesmo nome. Mas esse paradoxo nos conduz ao mais profundo. É unicamente porque as sínteses originariamente passivas que constituem as formas puras do futuro, do passado e do presente coimplicadas na estrutura ek-stática do fluxo são elas próprias dadas a si mesmas numa passividade muito mais originária, invisível, inextática, que o evento que nos abre ao mundo pôde tomar delas sua força, fazer passar sua própria passividade por aquela que o funda. Essa fundação de toda passividade ek-stática sobre uma passividade não ek--stática mais antiga explica a confusão ruinosa de duas realidades fenomenológicas diferentes; mais ainda, de *dois modos de fenomenalização* cuja dissociação é a tarefa primeira de toda fenomenologia radical. É essa confusão que se encontra elevada ao máximo pelo conceito husserliano de "síntese passiva".[24]

É a ausência de qualquer síntese passiva o que permite reconhecer em toda impressão a passividade que lhe é própria. Desta, um primeiro traço decisivo foi reconhecido: a impotência de toda impressão originária para se desfazer de si, para escapar de si da maneira que for. O elemento impressional puro de uma impressão, o sofrimento puro de uma dor, como dizíamos, sofre de tal modo que já não é nada além desse puro sofrimento, sofrendo-se a si mesmo em seu próprio sofrimento e por ele – em sua identidade consigo. O sofrimento puro é sua paixão. Sua vinda a si mesmo é seu sofrimento. A impossibilidade do sofrimento de escapar de si – de se referir a si afastando-se de si no ter-em-conjunto de um ver, de uma sín-tese, por passiva que seja – não é, assim, senão o inverso de uma positividade absoluta: esta vinda a si no sofrimento em sua paixão, nesta identidade consigo que é sua própria substância. A paixão do sofrimento não é, pois, somente o que o proíbe para sempre de escapar a si e fugir de si mesmo: ela só significa essa proibição porque ela é, antes de tudo, essa vinda a si do sofrimento que a encarrega de seu próprio conteúdo e a liga indissoluvelmente a este. A paixão do sofrimento é seu brotar em si mesmo, seu "ser tomado por si", sua aderência a si, a força em que coere consigo e na força invencível dessa coerência, dessa identidade absoluta consigo em que se experimenta e se revela a si, sua revelação – sua Parusia. A passividade da dor e de seu sofrimento não é, portanto, propriedade de uma impressão particular, uma modalidade da existência que lhe advém em circunstâncias contrárias, quando se experimenta subitamente como um fardo: é uma propriedade de essência, a pressuposição fenomenológica incontornável de toda impressão concebível.

---

[24] Quanto a esse ponto decisivo, a importante obra de Rolf Kühn vem corroborar as teses fundamentais de uma fenomenologia da vida. Cf. R Kühn, *Husserls Begriff der Passivität, zur Kritik der Passiven Synthesis in der Genetischen Phänomenologie*. Freiburg/München, Alber, 1998.

Nós dizíamos: nenhuma impressão se traz por si mesma em si. Tal é a significação primeira da passividade radical de que falamos. A impressão, a dor em seu sofrimento, experimenta-se passiva no mais profundo de si mesma na medida em que veio a si sem ser em absoluto nessa vinda, na impotência que marca toda impressão a ferro e fogo, como um selo impresso num envelope e de que ela recebe, de modo singular, seu conteúdo. Trata-se de um antecedente muito estranho, com efeito: um antecedente imanente àquilo de que é antecedente, que não intervém antes da impressão, que nunca passou, mas permanece nela – *que permanece nela como isso mesmo em que ela própria permanece em si*. Em que consiste essa vinda a si que precede nela toda impressão concebível?

É a vinda a si da vida. Pois a vida não é nada além do que se experimenta a si mesmo sem diferir de si, de modo que essa experiência é uma experiência de si e não de outra coisa, uma autorrevelação em sentido radical. Como se cumpre a revelação que está em curso nessa autorrevelação e a torna possível como tal – como uma autoafecção radicalmente imanente, exclusiva de toda heteroafecção? A vida se experimenta a si mesma num *páthos*; é uma Afetividade originária e pura, uma Afetividade que nós chamamos transcendental porque é ela, com efeito, que torna possível o experimentar-se a si mesmo sem distância no sofrer inexorável e na passividade insuperável de uma paixão. É nessa Afetividade e como Afetividade que se cumpre a autorrevelação da vida. *A Afetividade originária é a matéria fenomenológica da autorrevelação que constitui a essência da vida.* Ela faz dessa matéria uma matéria impressional, que jamais é uma matéria inerte, a identidade morta de uma coisa. É uma matéria impressional que se experimentando a si mesma impressionalmente e não cessa de fazê-lo, uma autoimpressionalidade vivente. Essa autoimpressionalidade vivente é uma carne. É somente porque pertence a uma carne, porque traz em si essa autoimpressionalidade patética e vivente, que toda impressão concebível pode ser o que é, uma "impressão", essa matéria impressional sofredora e fruidora em que se autoimpressiona a si mesma.

O caráter afetivo, "impressional" da impressão não é, portanto, nada de que nos devamos limitar a constatar a facticidade sua vinda não se sabe como, nem de onde, nem a quê: ele remete à sua possibilidade mais interior, à sua pertença a uma carne, à autorrevelação patética desta na vida. E aí está por que a impressão considerada em sua matéria tampouco é cega, aí está por que ela não tem de pedir ao fazer-ver da intencionalidade, à estrutura ek-stática do fluxo, que no-la mostre quando esta não pode senão aniquilá-la: porque, em sua própria impressionalidade, na matéria fenomenológica pura de sua autoafecção, como matéria afetiva, ela é em si mesma, e inteiramente, revelação.

Perguntávamos, apoiados na tese de Husserl: não é verdade que toda impressão, assim que chega, desaparece? Cada uma de nossas impressões, tanto as mais fortes como as mais fracas, aquelas que, por assim dizer, não percebemos, e aquelas, ao contrário, cuja lembrança guardamos para sempre, cada um desses "instantes" aos quais quereríamos dizer, como Fausto em Goethe: "Para, tu és tão belo!", todas essas epifanias efêmeras não deslizaram, com efeito, para um passado cada vez mais remoto, para desaparecer por fim no "inconsciente"? A vida ser breve não tem que ver com seus limites num tempo objetivo, mas diz respeito ao fato de que, com efeito, ela é um fluxo em que nenhuma impressão, feliz ou infeliz, permanece, no nada que a corrói a cada um de seus passos.

No apólogo intitulado *A Cidade Mais Próxima*, Kafka conta a história de um velho homem cuja casa é a última do vilarejo e que, na soleira da porta, vê passar aqueles que vão para a cidade vizinha. Se eles suspeitassem, pensa ele, como é breve a vida, nem sequer partiriam para a cidade mais próxima, sabendo que não têm tempo de chegar até ela. É essa irrealidade principial do tempo – o fato de nenhuma realidade nunca se edificar nele – o que era expresso pela intuição de Eckhart segundo a qual o que aconteceu ontem está tão longe de mim quanto o que aconteceu há milhares de anos.

E, no entanto, *não vivemos num perpétuo presente?* Nunca saímos dele? Como fazê-lo se somos viventes, invencivelmente unidos a nós mesmos na Vida que não cessa de se unir a si – de se experimentar a si mesma na fruição de seu viver, na carne irrompível de sua afetividade originária –, tecendo inexoravelmente a trama sem falha de um eterno presente? O eterno presente vivente da Vida, a Morada que ela atribuiu para si mesma – a Morada da Vida em que tudo é vida, fora da qual nenhuma vida é possível –, é, pois, também a nossa, a de todos os viventes. Essa é a razão por que há tantos lugares nessa Morada. Que permaneçamos sempre no eterno presente da Vida, que essa seja a condição de todo vivente concebível e de todo fragmento de vida, a carne da menor de nossas impressões, o que nela faz seu "agora" e sua "realidade", é o que se pode reconhecer nisto: *não estamos nem nunca estaremos em nenhum futuro* – "o futuro", dizia Jean Nabert, "é sempre futuro"; tampouco em nenhum passado, nem mesmo o mais imediato, porque o afastamento da irrealidade tornou doravante qualquer vida impossível aí, porque nenhum vivente, nenhuma parcela de vida pode estreitar-se senão aí onde a vida se estreita na vinda a si de seu viver, fazendo-se sem cessar e jamais se desfazendo. Aí está por que o que é passado, por pouco que o seja, é inteiramente passado, tão afastado de nós quanto a origem do mundo, tão remoto quanto essa cidade mais próxima que nunca alcançaremos. Proximidade e afastamento são categorias da distância, categorias do mundo e, se a essência da Vida é identicamente a da realidade, elas determinam *a priori* o mundo como um meio de irrealidade absoluta – este lugar vazio em que, na realidade carnal e impressional de sua vida, nenhum vivente jamais avança.

No dizer de Husserl, não existiria no fluxo nenhum fragmento de não fluxo. Razão pela qual só estaria fixa no decorrer universal a forma do fluxo. Forma infelizmente tão vazia quanto o aparecer do mundo de que constitui a estrutura fenomenológica. Dessa maneira, estando toda realidade situada na impressão, mas estando confiada a revelação desta à forma do fluxo, seria em seu aparecer mesmo que a impressão seria precipitada no nada. Perguntamos: a impressão, todas as nossas impressões deixam outra coisa em nós além do gosto amargo de sua pena?

É que falamos muito mal de nossas impressões, aplicando-lhes a linguagem do mundo, confundindo-as com esses "estados" ou essas "vivências" que não são senão sua objetivação nesse primeiro Fora incansavelmente aberto pela forma ek-stática do fluxo. Assim, elas são doravante confundidas com esses "*data* de sensações", esses "dados sensíveis" que compõem, segundo Husserl, o conteúdo material do fluxo – na verdade, conteúdo evanescente, esvaziado de sua substância, reduzido a esses aparecimentos fantasmagóricos separados de si mesmos, bem como de todos os outros, partes de nada em que se enterram inexoravelmente e de onde ressurgem inexplicavelmente.

Impressões discretas e separadas desse tipo nunca há em nós. Porque a possibilidade interior de cada impressão é sua vinda à vida, que lhe dá o autoimpressionar-se, o não ser viva, real e presente senão nela, nessa autoafecção patética da vida e por ela; é, pois, esta que permanece, *uma só e mesma experiência de si continuando-se através da modificação contínua do que ela experimenta e que não cessa, com efeito, de se experimentar a si mesma, de ser absolutamente a mesma, uma só e mesma vida.* Eis, portanto, o que subsiste na mudança incessante da "impressão": o que já está sempre ali antes dela e nela permanece, o que é requerido para sua vinda em que esta vinda se cumpre, não a forma vazia do fluxo, mas o estreitamento sem falha da vida na autoafecção patética de seu viver – em seu Presente vivo.

A referência da impressão ao Presente vivo da vida, na qual encontra a autoimpressionalidade constitutiva da realidade carnal de que as diversas "impressões" não são senão modalidades e que lhes assegura seu *continuum* real – o de uma carne vivente e já não de um fluxo irreal –, remete-nos a uma fenomenologia da Carne que será exposta na segunda parte desta obra. Mas tudo isso supõe que o aparecer original sobre o qual se vai edificar essa fenomenologia seja claramente reconhecido em sua oposição ao horizonte tradicional de pensamento em que ela se esforça por compreender o ser de nossas "sensações".

Duas tarefas se impõem então a nós de imediato. Precisar a natureza do aparecer original; perguntar notadamente se as determinações fenomenológicas essenciais implicadas por ele foram ao menos pressentidas na história da filosofia. Responder, por outro lado, à objeção inevitável de saber como seria possível ao pensamento – à investigação fenomenológica, por exemplo – conhecer o que lhe escapa por natureza, não algum princípio misterioso, "metafísico", mas tão simplesmente esta carne que é a nossa na medida em que ela não aparece jamais senão na vida.

§ 11. A questão do aparecer original e o cogito de Descartes. Três interrogações fundamentais implicadas por ele.

Da aporia, da incapacidade do pensamento de conhecer a vida, nós reconheceremos antes de tudo o poder, de maneira paradoxal: vendo-a em ação na fenomenologia husserliana. Pois Husserl não ignorou em absoluto a vida. Não a nomeou ali mesmo onde Descartes situava o fundamento inquebrantável de toda realidade: no *cogito*? O que ressalta da formulação dela proposta pelo § 46 de *Ideen* I: "Eu sou, esta vida é, eu vivo: *cogito*" (p. 149). Esta vida que é minha vida, que é meu Eu, que é a essência deste Eu, define também, aos olhos de Husserl, a última realidade, a região originária (*Ur-region*) a que qualquer outra "região", qualquer domínio específico do ser (sensível, inteligível, imaginário, significante, cultural, estético, etc.)

deve ser relacionado. Como essa vida que, de modo completamente admirável, é, ao mesmo tempo, uma vida universal e a minha e define a condição de possibilidade de qualquer outra realidade concebível, ela é, constantemente e com razão, designada como "vida transcendental".

Sucede porém que não se pode esquecer a significação fenomenológica radical que assume o *cogito* desde sua formulação nas duas primeiras *Meditações* – significação de início perdida nos grandes cartesianos: Malebranche, Espinosa e Leibniz –, bem como na sequência da filosofia moderna, e no próprio Husserl.

Descartes não diz nunca, a título de premissa, "eu sou". Ele diz: "eu penso". É somente porque eu penso, enquanto eu penso, que eu sou. A precedência do "eu penso" sobre o "eu sou", nós a identificamos sem dificuldade: é a do aparecer sobre o ser. "Eu penso" quer dizer: eu apareço, eu me apareço, e é somente pelo efeito desse autoaparecer que me concerne que posso dizer em seguida, na linguagem dos homens que é também a do pensamento: eu sou. Mas, se *cogito* quer dizer eu apareço no sentido desse autoaparecer primordial que é o meu, trata-se de saber como esse aparecer aparece, qual é sua matéria fenomenológica e como acontece que esse aparecer seja precisamente o meu, que leve ineluctavelmente em si um "eu", um "mim" – que ele pareça ter essa relação, tão originária quanto essencial, com a ipseidade de um Si.

As respostas que Descartes dá a essas três interrogações fundamentais requerem nossa atenção. No que concerne à terceira, Descartes se contenta com uma simples constatação, tão insuficiente quanto impropriamente formulada: "Pois é tão evidente que sou eu que duvido, que ouço e que desejo, que não há necessidade aqui de acrescentar nada para explicá-lo".[25] Qualquer

---

[25] Descartes, *Œuvres*, IX, p. 22. Nós citamos Descartes na edição de Adam et Tannery (Paris, Vrin-CNRS), indicando o tomo em algarismos romanos; designada doravante A.T. nas referências.

que seja a importância de tal afirmação, a ausência de toda problemática que vise a legitimar, a fundar acopertença ao autoaparecer primordial de um "eu" que coaparece nele e ligado a ele por alguma razão de essência – tal ausência trai uma lacuna cujas consequências se revelarão catastróficas no pensamento moderno. Quanto a nós, veremos que a fenomenologia da Encarnação nos põe em posse do que convém acrescentar à simples constatação desse fato singular que é a presença de um "ego" no aparecer primordial. O que é que a torna inteligível, Arqui-Inteligível, senão a Arqui-inteligibilidade joanina, a imanência no processo de autogeração da Vida da Ipseidade do Primeiro Si em que ela se experimenta a si mesma, de maneira que nenhuma vida é possível se não inclui em si a ipseidade de um ego – nenhuma *cogitatio* que não deva dizer-se *cogito*?

Quanto à segunda interrogação de Descartes, a de saber se existe algo como isso a que chamamos de matéria fenomenológica pura, uma "coisa" cuja substância não é nada além do próprio aparecer na efetuação de seu aparecer: a resposta, muitíssimo breve, não é menos categórica. Ela intervém no momento em que Descartes nos mostra quem ele é e o que ele é – e que quem ele é, o que o homem é, é precisamente o aparecer na efetividade de seu autoaparecer; pela primeira vez na história da filosofia, propõe-se uma definição fenomenológica tão radical quanto explícita da essência do homem. Radical nisso de que o homem já não é algo, algo que aparece, mas o aparecer mesmo. A matéria de que o homem é feito já não é o limo da terra nem nenhuma outra matéria desse gênero, mas a própria fenomenalidade ou, como se diz, uma matéria fenomenológica pura: "Uma coisa que pensa e cuja essência toda é pensar".[26] Agora, se a matéria de que o homem é feito é a fenomenalidade pura, o aparecer como tal, é preciso dizer em que consiste essa fenomenalidade, como ela se fenomenaliza, como o aparecer aparece.

---

[26] Ibidem.

É a primeira interrogação, a mais decisiva, a que implica potencialmente as duas outras e que motivou toda a problemática cartesiana do *cogito*. Esta não se limita, como a fenomenologia contemporânea, a operar a remissão do que nos aparece a seu aparecer como a uma condição incontornável. É no plano do aparecer que ela se situa de início. No seio do aparecer considerado em si mesmo e por si mesmo, é traçada uma linha divisória entre o aparecer do mundo, sempre recusado em sua pretensão à autonomia e à universalidade, e um aparecer mais originário, de outra espécie, cujo aparecer é diferente, cuja fenomenalidade se fenomenaliza de outro modo – e é este aparecer, e somente ele, que constitui o último e inabalável fundamento.

A *démarche* grandiosa espanta por sua simplicidade. A desqualificação do aparecer do mundo se opera na forma de uma dúvida que atinge a totalidade das verdades sensíveis e inteligíveis, racionais, "eternas", tais como 2 + 3 = 5. Mas a dúvida não pode atingir todas essas verdades sem poupar nenhuma delas senão porque atinge o antecedente do aparecer em que elas se mostram a mim, no caso o "ver" em que eu as vejo, a evidência em que esse "ver" chega à perfeição. É porque o ver é considerado enganador em si mesmo que tudo o que ele dá a ver cai, por sua vez, sob o golpe da dúvida.

A desqualificação prévia e global do "ver" encontra sua figura no sonho, onde tudo o que se mostra em tal ver é falso, não existe, de maneira que é o universo do visível inteiro, todo "mundo" possível, o que se encontra aniquilado de uma só vez. E é aqui (no § 26 das *Paixões da Alma*), na ausência de "mundo", nesse acosmismo radical, quando o universo do visível desapareceu porque a visibilidade foi ferida de nulidade, que se descobre o último fundamento buscado por Descartes: a tristeza, ou qualquer outro sentimento, qualquer impressão, por mais modesta que seja. Tal é a afirmação inaudita, inquebrantável, com efeito. Se eu sonho, tudo o que vejo nesse sonho não é senão ilusão. Mas, se nesse sonho experimento uma tristeza, ou qualquer outro sentimento "qualquer outra paixão", diz o texto, então, ainda que se trate de um sonho, essa tristeza é verdadeira, existe absolutamente e *tal como eu a experimento*.[27]

Mas a tristeza – assim como qualquer outro sentimento e como a mais modesta impressão – só pode aparecer como absolutamente verdadeira, *experimentar-se a si mesma como uma existência absoluta* quando o mundo e seu aparecer estão descartados, com uma única condição: que seu aparecer não seja o aparecer do mundo e não lhe deva nada. Esse aparecer que é um autoaparecer, cuja estrutura fenomenológica exclui o "fora de si", cuja essência é um experimentar-se a si mesmo no qual, com efeito, toda tristeza, todo sentimento, toda paixão, toda impressão se tornam possíveis, cuja matéria fenomenológica é uma Afetividade transcendental, o *páthos* em que toda vida, e toda modalidade da vida, vem a si, se estreita a mesma nesse Si vivente – aí está o que uma fenomenologia radical reconheceu como seu objeto e seu tema próprios: a Vida precisamente, a Vida de que fala João e a que – captando-a de início como a única vida possível, uma vida que tem a si mesma em si – ele chama Deus.

Essa vida, Descartes a chama *cogitatio*. Que o termo que nós traduzimos por "pensamento" sirva para designar o aparecer de que todo pensamento, todo ver, toda evidência se encontram excluídos no princípio e que, por essa razão, nenhum pensamento, nenhum ver, nenhuma evidência pode dar-nos a ver, fazer-nos conhecer de algum modo e por pouco que seja – eis aí uma dificuldade textual que a filosofia deve resolver. A esse preço somente pode ser afastada a inacreditável quantidade de contrassensos relativos ao *cogito* cartesiano, e cujo famoso círculo da evidência não é senão o mais aparente. Como, tendo submetido – na hipótese do *gênio maligno* a evidência à dúvida radical,

---

[27] "Assim, amiúde, quando dormimos, e mesmo algumas vezes quando estamos acordados, imaginamos tão firmemente certas coisas, que pensamos vê-las diante de nós (...), apesar de elas absolutamente não estarem ali; mas, ainda que estejamos adormecidos ou que sonhemos, não poderíamos sentir-nos tristes ou comovidos por qualquer outra paixão, sem que seja muito verdadeiro que a alma tenha em si essa paixão".

Descartes teria podido confiar a esta a última fundação, ou seja, fazer-nos ver num ver claro e distinto – e, como tal indubitável – que, se eu duvido e penso, é preciso que eu seja? A análise da *cogitatio* afasta tanto a objeção quanto a maioria dos comentários que se esforçaram por superá-la. É a própria *cogitatio* – na qual não há afastamento, nem ver, nem evidência possível – que se dá a si mesma em si, e ela o faz em razão de sua própria essência, que reside na autorrevelação. A essa essência de toda *cogitatio* como autorrevelação,[28] a definição II das "Razões que provam a existência de Deus", a chama *Ideia*: "Pelo nome de *Ideia*, entendo essa forma de cada um de nossos pensamentos por cuja percepção imediata temos conhecimento *desses mesmos pensamentos*".[29] O que essa "forma" que é a *Ideia*, na qual cada *cogitatio* se revela imediatamente a si mesma, tem de diferente da vida? É essa estrutura interna da *cogitatio*, sua autodoação na vida, designada aqui sob o título de *Ideia* (de modo tão estranho quanto a própria *cogitatio*, para dizer a verdade), que o § 26 das *Paixões* reconhece em sua essência fenomenológica própria: por um lado, sua irredutibilidade ao aparecer do mundo, desqualificado em sua assimilação a um sonho; por outro lado, sua matéria fenomenológica identificada com a de uma tristeza ou "qualquer outra paixão", ao *páthos* da Vida.

É na *Segunda Meditação* que a estrutura interna da *cogitatio* é desvendada pela primeira vez, numa análise que sua sutileza torna difícil. No ponto crucial de sua *démarche*, forçado pelo próprio progresso desta, Descartes assume o risco inaudito de estabelecer a irredutibilidade da *cogitatio* ao ver, e assim a toda evidência possível, a propósito do próprio ver. É o ver que é encarregado de dar a prova de sua incompetência, é nele que é preciso ler o malogro.

---

[28] Essa essência da *cogitatio* como autorrevelação, Descartes a reconheceu ou pressupôs de múltiplas maneiras que não é possível analisar aqui. Remetemos o leitor interessado por essa questão aos três primeiros capítulos de nossa *Généalogie de la Psychanalyse*, Paris, PUF, 1990, onde o *cogito* é objeto de uma problemática sistemática.

[29] *A.T.*, p. 124; grifo nosso.

Observar-se-á que é com a ajuda de uma hipótese que Descartes tenta significar sua dispensa do aparecer do mundo. Que um gênio malicioso me engane quando eu creio ver que, num círculo, todos os raios são iguais essa visão é, então, falaciosa em si mesma, e incertas, ao mesmo tempo, todas essas realidades reputadas racionais, evidentes, eternas, que se dão na e-vidência de tal visão. Hipótese pouco verossímil, aliás, de maneira que o ataque feito ao ver parece leve. O que a hipótese do gênio malicioso comporta de decisivo, no entanto – apesar de seu caráter extravagante, ou em razão deste –, é o fazer erguer-se diante de nós *a ideia de uma possibilidade – a possibilidade de que uma visão, e por conseguinte toda visão, e assim a visão como tal, seja falaciosa.* Uma vez posta semelhante possibilidade, nenhuma visão está por si mesma em condições de afastá-la. Pois ela, com efeito, poderia ser falsa, alterar o que ela dá a ver a ponto de nos fazer crer numa existência ali onde não há nada. São tantas as visões desse tipo – alucinações, ilusões sensíveis ou ideológicas, crenças sem fundamento ou pretensamente fundadas – que seria um problema, com efeito, circunscrever uma única que escape à dúvida de ser enganosa, dúvida que ela encerra doravante em seu próprio ver como uma possibilidade indelével inscrita nele. Uma coisa parece certa: se devemos assegurar-nos de tal ver apesar da possibilidade de engano que lhe é inerente, não seria certamente fazendo apelo a outro ver inevitavelmente atingido pela mesma dúvida. A afirmação de Fink, segundo a qual uma visão enganosa não poderia ser corrigida senão por uma nova visão, perdeu todo crédito.

Ora, no ápice da dúvida, quando esta se torna radical, Descartes, que prossegue uma *démarche* de pensamento que repousa sobre o ver e sobre sua evidência, não dispõe de mais nada além do próprio pensamento. Diante do abismo do nada onde o mundo foi tragado, só subsiste em suas mãos, com o encargo de se tornar o último e inabalável fundamento, esse ver minguado pela dúvida, pela possibilidade de ser falacioso, que habita sua própria visão.

Desse modo, se o ver subsiste mesmo quando a manifestação que ele cumpre e que consiste em ver é desqualificada a princípio, isso não se pode dar, com efeito, senão com uma condição: que o ver seja dado a si mesmo, que apareça a si mesmo *em outro lugar e não num ver, e não por si mesmo*, ali onde "ver" já não intervém, onde a visão – e pouco importa, então, que seja reputada falaciosa – já não tem nada que fazer, muito precisamente já nada por ver, quando o universo inteiro do visível foi precipitado no nada. Desqualificando o aparecer do mundo, a dúvida devastadora libera o espaço onde fulgura a revelação original, a autorrevelação da Vida absoluta em que toda vida, e toda modalidade da vida, é revelada a ela mesma – notadamente essa modalidade da vida que é o ver.

Se o ver é certo, já não o é então na operação de seu ver, no ultrapassamento intencional pelo qual ele se lança fora de si para o que se mostra a ele na luz desse fora de si. Já não é essa luz do mundo o que pode definir a verdade. Ao contrário, essa verdade do mundo foi descartada para que fosse reconhecida uma verdade mais alta em origem, que se chama também certeza: a Verdade da Vida. O ver é certo enquanto *cogitatio*.

No entanto, a dissociação entre um ver duvidoso em seu ver (e também enquanto não é considerado senão em seu ver – em seu ultrapassamento intencional para o que ele vê) e o ver certo em sua *cogitatio* pressupõe a dissociação prévia e essencial entre o aparecer do mundo e o aparecer da Vida. É somente porque, na *cogitatio* do ver, a autorrevelação original da Vida substitui a visão intencional no fora de si do mundo que o desencadeamento desenfreado do niilismo dá subitamente lugar a um absoluto de verdade. Essa substituição pressupõe, por sua vez, a dualidade do aparecer, sua duplicidade, fora da qual a problemática cartesiana do *cogito* já não é possível.

Essa duplicidade se lê no texto cartesiano no momento de sua maior tensão, ao termo da dúvida. Que resta? Um ver enganoso. Mas como esse ver poderia subsistir, pôr-se como o último fundamento de toda certeza, se ele é enganoso, se não é em si mesmo senão ilusão? *At certe videre videor*. Ao menos, diz Descartes, é certo que me parece que eu vejo. Nessa proposição decisiva, porque é ela, com efeito, que transforma o niilismo numa verdade absoluta que se funda e se legitima a si mesma, todos os termos são fenomenológicos. Todos significam aparecer, fazer aparecer, todos se referem à fenomenalidade. Unicamente uma fenomenologia radical que estabelece a duplicidade do aparecer pode lhe dar um sentido. *Videre* quer dizer ver no sentido em que nós o entendemos habitualmente, perceber lá fora diante de si o que se torna visível nesse lá fora e por ele. *Videre* designa o aparecer do mundo. *Videor* designa a semelhança, o aparecer em que o ver se revela a si mesmo. *É somente porque o aparecer em que o ver se revela a si mesmo difere no princípio do aparecer em que o ver vê tudo o que vê, que o primeiro pode ser certo quando o segundo é duvidoso.*

Tal é, pois, o conteúdo fenomenológico da problemática do *cogito*: sobre o fundo da dualidade do aparecer, a passagem do ver ek-stático à autorrevelação imanente da Vida. Compreende-se muito bem, afinal de contas, que o primeiro seja reputado problemático, já que é possível imaginar outras verdades além das que se veem e, também, ver de outra maneira e já não intuir as coisas, por exemplo, no espaço ou no tempo. Deus, segundo a afirmação abissal de Descartes, teria podido criar outras verdades eternas, outros sistemas racionais, outra razão, e assim, segundo Leibniz, outros mundos possíveis. Mundos diferentes não somente em seu conteúdo, mas em seu modo de se fazer mundo, de se visibilizar, de se "mundificar" – esses outros mundos, essa série de "pequenos mundos" que Kandinsky simplesmente começou a pintar. Outros universos visíveis, outras maneiras de ver, outros "ver", outras evidências. Antes de serem desviados pelo niilismo, esses grandes temas se tornarão na modernidade o que ela terá tido de melhor.

O ver pode ser problematizado. Mas que aquele que experimenta uma tristeza, uma angústia, uma paixão qualquer, não a experimente, ou que não a experimente tal como a experimenta – eis aí o que já não tem nenhuma significação fenomenológica assinalável. Que Descartes tenha recuado diante de uma definição explícita da *cogitatio* como *páthos*, isso resulta do laço que ele estabelecia entre a afetividade e o corpo. Como, seguindo a Galileu, ele compreendia o corpo como uma coisa material extensa, – *res extensa* –, esse laço da afetividade com o corpo que conferia à primeira uma origem duvidosa, um estatuto ao menos equívoco, tornava difícil sua pertença por princípio à *cogitatio*. Com mais razão ainda, a interpretação decisiva da Afetividade como condição interna de possibilidade da própria *cogitatio* enquanto matéria fenomenológica de sua autorrevelação parecia definitivamente afastada. Como desconhecer, porém, o papel de paradigma desempenhado pela paixão no § 26 das *Paixões da Alma*, quando a *cogitatio* emerge sozinha do nada? Como esquecer, no fim das contas, o tema central das duas primeiras *Meditações*, o afastamento da evidência no processo pelo qual a *cogitatio* captada em sua autorrevelação originária e, assim, em sua autolegitimação chega à condição de fundamento último?

§ 12. *Má interpretação do* cogito *cartesiano por Husserl. Suas consequências: o descrédito da vida singular e sua substituição pela "essência" da vida na virada temática do método fenomenológico.*

Que a evidência defina em Descartes o modo de doação originária do *cogitatio*, que o ver e notadamente um ver claro e distinto nos abra a ele – permitindo-nos conhecê-lo com um conhecimento seguro e suscetível como tal de desempenhar o papel de fundamento – esse é o contrassenso maciço de Husserl. Encontramo-lo formulado desde 1907 nas cinco lições consagradas a uma apresentação sistemática do projeto fenomenológico e de seu método. "Descartes, como os senhores se lembram, após ter estabelecido a evidência da *cogitatio* (...) perguntou-se: o que é então que me assegura desses dados fundamentais? Ora, a *clara et distincta perceptio*". Que essa fundação da *cogitatio*, de sua realidade e de sua existência, se faça na evidência clara e distinta, isso quer dizer que é essa visão clara e distinta que me assegura de toda existência e de toda realidade. E que essa visão clara e distinta tenha desempenhado tal papel de fundamento com respeito à *cogitatio*, isso implica que ela possa e deva desempenhá-lo com respeito a qualquer outra realidade e a qualquer outra existência. "Com Descartes podemos agora dar (...) o seguinte passo: de tudo o que é dado por uma *clara et distincta perceptivo*, tal como o é a *cogitatio* singular, nós podemos dispor igualmente". Tal é, pois, o sentido do *cogito*. "No fundo, isso não quer, por conseguinte, dizer nada além disto: a visão, a captação daquilo que é 'dado-em-pessoa', na medida em que se trata precisamente de uma visão verdadeira (...), aí está o que há de último".[30] Assim se opera uma extraordinária inversão das coisas, a desnaturação completa do *cogito* cartesiano. Quando a *cogitatio* surge como a arquirrevelação de uma autorrevelação que é como tal uma autolegitimação (e, assim, o único fundamento concebível) – autorrevelação à qual não se chega senão nela e por ela, na fenomenalidade que lhe é própria, e isso ao termo do processo pelo qual qualquer outra forma de manifestação, no caso a *clara et distincta perceptio* da evidência, foi desqualificada –, eis que esta, ao contrário, se encarrega doravante, fazendo-a ver claramente, de nos revelar a *cogitatio*. Por um golpe de estado sem precedente, o que foi afastado da autofundação do fundamento, e por ela, toma muito simplesmente seu lugar.

Esse contrassenso, do qual propõe múltiplas formulações, atravessa toda a obra publicada de Husserl, e são tanto mais significativas quanto a capacidade do olhar de desvelar intencionalmente a *cogitatio* em sua presença originária e real é aí afirmada ao mesmo tempo que a identificação dessa *cogitatio* com a vida. "O tipo de ser próprio do vivido implica que o olhar de uma percepção intuitiva possa dirigir-se

---

[30] *L'Idée...*, p. 74-75.

para qualquer vivido real e vivente enquanto presença original." "Basta que eu lance o olhar para a vida que flui em sua presença real e que nesse ato eu me compreenda a mim mesmo como sujeito puro desta vida (...) para que eu possa dizer sem restrição e necessariamente: eu sou, esta vida é, eu vivo: *cogito*".[31]

A inversão de papéis entre a evidência e a *cogitatio* na doação originária desta certamente não é inocente. A visão intencional, cuja evidência é a forma acabada, pertence ao pensamento, ele a define. Confiar ao pensamento o desvelamento da *cogitatio* em sua realidade – e, assim, de qualquer realidade –, é reconhecê-lo como a via de acesso a esta, o método de qualquer conhecimento seguro de si mesmo e capaz de atingir a realidade em si mesma e tal como ela é. Assim se recompõe a identidade maravilhosa do método e de seu objeto, implicada no título grego da fenomenologia. O método é o pensamento intencional, o objeto é esse mesmo pensamento, é a *cogitatio*, cuja revelação é confiada à *clara et distincta perceptio* e reduzida a esta. *Adaequatio rei et intellectus*: a adequação do conhecimento a seu objeto reencontra sua profundidade pré-socrática. "Pensar e ser são a mesma coisa."

Agora, se a vida se oculta no princípio ao ver da intencionalidade, é num fracasso completo que há de dar o método fenomenológico na medida em que pretende fundar-se sobre tal ver tomado como o "que há de último". Método e objeto da fenomenologia se tornaram novamente heterogêneos, irredutíveis um ao outro, porque suas fenomenalidades diferem a ponto de se excluírem, porque a vida vem a si ao abrigo de qualquer olhar, na ausência de "mundo". Desse modo, cada vez que, numa reflexão – trate-se da reflexão fenomenológica transcendental ou de uma simples reflexão natural –, o pensamento se dirige para a vida para tentar captá-la e conhecê-la em seu ver – nesse *sehen und fassen* que lhe pertence por princípio –, não é a realidade da vida em sua "presença originária" o que ela

---

[31] *Ideen* I, p. 146 e 149.

descobre, mas somente o lugar vazio de sua ausência – seu desvanecimento, seu desaparecimento.

Esse desvanecimento da vida sob o olhar da intencionalidade, nós já o encontramos. Segundo a tese de Husserl, toda reflexão supõe uma retenção. Um olhar não pode voltar-se para a vida para tentar vê-la e captá-la sem que a fase desta vida que acaba de submergir no passado imediato seja retida pela retenção, para se oferecer à visão desse olhar e lhe fornecer o dado sem o qual ele nada veria, sem o qual nenhuma reflexão é possível. É esse primeiro ver da retenção, aquele que desliza no primeiro afastamento aberto pela temporalidade (por isso a que Husserl chama de consciência interna do tempo ou, ainda, de forma do fluxo), que procedeu à condenação à morte da vida: essa separação de si na qual a impressão é destruída. Para dizer a verdade, na consciência do agora, porque esta é ela mesma uma intencionalidade, esse esquartejamento da impressão que projeta para todos os lados os fragmentos dispersos e mortos já se tinha produzido. O fluxo temporal das *Lições* de 1905 não era nada além da colheita aleatória desses restos irreais inexoravelmente votados ao nada.

É o que o próprio Husserl constata com extremo desprazer. O fluxo temporal das impressões subjetivas cujo aparecimento estava confiado ao ver intencional da forma do fluxo, onde a vida se autodestrói em vez de se autorrevelar recebe a partir de 1907 o nome mais apropriado de "fluxo heraclíteo": esse desfile de aparecimentos evanescentes, onde nada permanece, onde tudo vai para o nada – que traz para sempre o luto da realidade. Não que esta desapareça aí, propriamente falando, mas porque nunca chegou aí. Falando desses "fenômenos puros" que são as sensações reduzidas à sua doação temporal subjetiva, Husserl lhes recusa a capacidade de constituir uma dimensão de ser específica, isso a que ele chama de "região" ou de "campo". "Nós nos movemos no campo dos fenômenos puros. Mas por que digo campo? É, antes, um perpétuo fluxo heraclíteo dos fenômenos".[32]

---

[32] *L'Idée...*, p. 72-73.

A designação se repete ao longo de toda a obra, notadamente nos textos maiores. O § 20 das *Meditações Cartesianas* declara de modo surpreendente que "a possibilidade de uma fenomenologia da consciência pura parece *a priori* bastante duvidosa", e isso porque os fenômenos subjetivos se apresentam a nós como um "fluxo heraclíteo" onde não há "elementos últimos", de maneira que não é possível captá-los em conceitos fixos, como o fazem, por exemplo, as ciências objetivas para seus objetos próprios.[33] O § 52 da *Krisis* afirma que, mesmo por sua própria conta, um filósofo não pode proceder a nenhuma constatação verdadeira concernente a "esse fluxo incaptável da vida, não pode repetir sem cessar o mesmo conteúdo e adquirir a certeza de seu *quid* e de seu *quod*, de tal sorte que pudesse descrevê-los em enunciados sólidos".[34]

O fracasso maciço do método fenomenológico, a impossibilidade de atingir no ver da intencionalidade a vida real, sua presença originária, explicam dois acontecimentos maiores que vão marcar a filosofia husserliana. O primeiro é o descrédito lançado por ela sobre essa realidade da vida que se mostra incapaz de captar. À vida pertencem traços decisivos que nós reconhecemos, o fato de que toda vida que se experimenta a si mesma numa experiência de si efetiva e, como tal, singular encerra necessariamente em si um Si singular, de maneira que é uma vida singular, a de tal eu particular. E isso vale consequentemente para toda modalidade de vida, desde a impressão mais humilde, pois nenhuma impressão, como dizíamos, poderia ser de ninguém. É precisamente nessa particularidade da vida, na ipseidade singular do eu em que ela se experimenta, que reside sua realidade ou, como se pode dizer ainda, sua existência.

E eis que Husserl nos declara que *a singularidade desta vida, da cogitatio e de sua existência real não têm nenhuma importância*. Pois,

---

[33] *Méditations Cartésiennes.* Trad. francesa G. Peiffer e E. Levinas. Paris, Vrin, 1947, p. 42-43.
[34] *La Crise des Sciences Européennes et la Phénoménologie Transcendantale.* Trad. francesa G. Granel. Paris, Gallimard, 1976, p. 202; designado doravante *Krisis* nas referências.

enfim, a fenomenologia não é um romance que nos queira contar a história de Pedro ou de Ivete. Que o primeiro tenha fome, que a segunda se angustie ao descobrir que tem uma doença grave, nada disso apresenta nenhum interesse para a fenomenologia. A fenomenologia é uma ciência. Não são fatos singulares, ainda que subjetivos e "reduzidos", que podem ter uma significação a seus olhos. Sobre singularidades desse gênero, sobre o que experimentam Pedro ou Ivete, não se podem fundar senão proposições singulares. Ora, a ciência não lida com juízos singulares, mas somente com proposições universais, as únicas capazes de exprimir leis, verdades universais e, como tais, "científicas". Imediatamente após ter constatado a dissolução dos fenômenos subjetivos no fluxo heraclíteo, Husserl declara: "Que enunciados posso fazer aqui? Posso, sem dúvida, olhando, dizer: isto aqui! Isto existe indubitavelmente (...)". Mas acrescenta: "A juízos como: isto aqui existe, etc., que fazemos no quadro de uma visão pura, não atribuímos valor particular (...)". E ainda: "Os juízos fenomenológicos como juízos singulares não têm muito que nos ensinar".[35]

A desqualificação dos juízos singulares por uma ciência cuja validade objetiva implica a universalidade não poderia dissimular esta questão filosoficamente incontornável: *a da possibilidade de tais juízos*. O fato de a fome de Pedro ou a angústia de Ivete não significarem grande coisa para a ciência (ainda que, sob outro olhar, sob o olhar de Cristo, por exemplo, essas vidas singulares possam ser o essencial: "Eu tive fome, e vós me destes de comer", "eu tive sede", etc.) não dispensa a pergunta de como sucede que as modalidades de sua própria vida se revelem a cada vez àquele que as experimenta, de por que e como elas são precisamente as suas, em sua presença originária às vezes esmagadora, em sua existência real e, com efeito, singular. Somente essas "*cogitationes singulares*", uma vez estabelecida sua possibilidade fenomenológica como autorrevelação, podem dar lugar, ao que parece, a

---

[35] *L'Idée...*, p. 72-73.

"juízos singulares", por mais desinteressantes que sejam. A mesma observação vale para a existência real da *cogitatio*: tanto como sua singularidade, sua realidade não poderia ser afastada como desprovida de interesse. Nos textos precitados que confiam à visão pura de um olhar o "isto aqui" da *cogitatio* singular, sua existência ao menos parece mantida: "isto aqui existe". Mas já não é agora senão uma pressuposição sem fundamento, talvez uma impossibilidade. A visão pura da *cogitatio,* a captação intencional da impressão na consciência interna do tempo não reduziu esta a um simples correlato noemático cuja irrealidade Husserl sempre afirma – no caso, a esses aparecimentos evanescentes que, em seu fluir inexorável, o fluxo leva para o nada?

Aqui se produz o segundo acontecimento maior de que falamos e que vai modificar completamente, ainda que de modo dissimulado, o sentido do método fenomenológico. Após o descrédito do que não se pode captar, desta vida singular e real que escapa ao ver (como se fosse preciso comportar-se com respeito a ela como a raposa que declara diante das uvas que não consegue alcançar: "Elas estão demasiado verdes"), é ao pôr fora do jogo puro e simples desta vida singular desprovida de interesse científico que se assiste. Em seu lugar surge um novo objeto, já não esta vida de eventos e variável, mas sua essência, a essência da vida transcendental universal. Tal é a virada temática.

A substituição da existência singular da vida por sua essência apresenta três caracteres. O primeiro, já notado, é que, intervindo na problemática husserliana no momento da constatação por esta do desvanecimento da *cogitatio* na *clara et distincta perceptio* da evidência, ela aparece como um *meio da fazer frente a isso*. Nas *Lições* de 1905 trata-se da substituição do próprio fluxo e seu conteúdo evanescente pela forma do fluxo. A permanência dessa forma, único ponto fixo no fluxo, é a permanência de uma essência, estrutura ek-stática tridimensional da forma do fluxo oposta ao conteúdo sensível que flui e que lhe prescreve *a priori* seu destino.

Nas *Lições* de 1907, em que a questão da temporalidade está ausente, a passagem da *cogitatio* singular à sua essência se torna o tema explícito da análise. Se sua motivação profunda subsiste, a razão invocada é a necessidade para a fenomenologia de se edificar ao modo de uma ciência capaz de explicar os fatos, enunciando suas leis em vez de se limitar à sua simples constatação. No domínio da vida transcendental, essas leis perderam todo caráter indutivo, são leis de essências que supõem a descoberta destas. Do ponto de vista gnosiológico, o aporte do novo objeto do método parece incontestável. Ter em vista a *essência* da *cogitatio*, esse núcleo de inteligibilidade e de ser que faz, em cada *cogitatio*, o que ela é a cada vez, determinando o conjunto das propriedades que lhe pertencem por princípio, instituir desse modo um discurso apodíctico racional suscetível de enunciar *a priori* a validade de tais propriedades, aí está o que substitui vantajosamente a sua leitura incerta, baseada em facticidades incaptáveis.

O desmoronamento fenomenológico e ontológico da *cogitatio* singular no ver da evidência que devia assegurar sua existência, a substituição desta por sua essência, pela essência da vida a partir da qual todas as propriedades essenciais desta vida poderão ser determinadas com segurança – esses dois caracteres da virada temática do método vão de par nos grandes textos. É imediatamente após ter duvidado da "possibilidade de uma fenomenologia da consciência pura", isto é, dos fenômenos subjetivos levados num fluxo heraclíteo, que o § 21 das *Meditações Cartesianas* propõe a solução. A evanescência dos modos subjetivos segundo os quais se dão os objetos pode ser superada porque "esses modos, por mais volúveis que possam ser e por mais incaptáveis que sejam os últimos elementos, não são, no entanto, fortuita e arbitrariamente variáveis. Eles permanecem ligados a uma estrutura típica que é sempre a mesma e que não pode ser rompida, na medida em que deve tratar-se de uma consciência de tal entidade determinada".[36]

---

[36] Op. cit., p. 44.

Tal é o caso, como o vimos, da forma do fluxo quando se trata de fenômenos temporais subjetivos.

Igualmente, após ter constatado que "o filósofo particular" é incapaz de adquirir uma certeza qualquer a respeito da existência e da natureza de suas próprias vivências, o § 52 da *Krisis* acrescenta: "No entanto, a plena factualidade concreta da subjetividade transcendental universal é captável cientificamente em outro sentido (...) pelo fato de ser efetivamente possível e necessário no método eidético propor a seguinte grande tarefa: submeter à investigação a *forma de essência* das prestações transcendentais (...), ou seja, o conjunto da forma de essência da subjetividade transcendental".[37] É, pois, unicamente a partir de sua essência – sua "forma de essência" – que as prestações transcendentais, isto é, as diversas operações de uma subjetividade particular, podem ser conhecidas e analisadas. Em todas as "regiões" do ser e, mais ainda, na região originária (*Ur-region*) da vida transcendental, as propriedades dos fenômenos singulares – aqui, trata-se das propriedades das *cogitationes* singulares consideradas em suas operações de conhecimento – não podem ser decifradas senão sobre o arquétipo das essências, das "formas de essências", das estruturas típicas a que esses fenômenos obedecem a cada vez. O fenômeno, o "fato" não é conhecível senão por sua essência e a partir dela. "O *factum* não é determinável aqui senão como um *factum* de sua própria essência e por sua essência".[38] Assim, vê-se produzir o deslizar dos modos concretos da vida subjetiva individual para a tipologia que os rege no seio mesmo de seu devir fugidio. É nessa substituição das *cogitationes* singulares pelo eidetismo que consiste a virada temática que vai permitir ao método fenomenológico adquirir um conhecimento positivo da vida apesar de sua invisibilidade – em sua ausência.

---

[37] Op. cit., p. 203; grifo nosso.
[38] Ibidem.

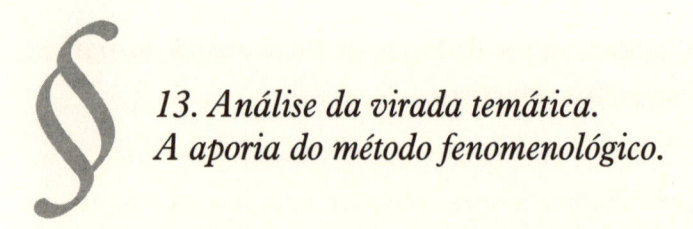

§ 13. Análise da virada temática. A aporia do método fenomenológico.

Convém, portanto, examinar isso de mais perto. À primeira vista, a virada consiste na substituição de um objeto – essas modalidades concretas da vida transcendental que são as *cogitationes* reais e singulares – por outro – o conjunto das essências e das formas de essências que determinam *a priori* suas propriedades. Mas, como o sabemos, os objetos não são precisamente os objetos da fenomenologia, mas o modo de sua doação, seu aparecer. Considerada do ponto de vista fenomenológico, a significação da virada temática muda totalmente. Já não se trata da substituição de um objeto por outro, das *cogitationes* por uma tipologia de suas essências. É o modo de revelação desses objetos que está em jogo, é à substituição de um modo de aparecer por outro que o método fenomenológico procedeu. Tal é o terceiro caráter da substituição da existência singular da vida por sua essência: é a substituição do modo de revelação originária da vida absoluta em que toda vida, toda modalidade da vida, toda *cogitatio* se revela a si mesma – modo de revelação que a fenomenologia ignora – pelo único modo de manifestação que ela conhece, o aparecer do mundo em que o ver se manifesta. A substituição dos objetos não é senão consequência dessa substituição prévia dos modos do aparecer. É porque desconheceu o modo originário de revelação da vida que o método fenomenológico confiou ao ver já não esta vida – que, para sempre, ele é incapaz de ver –, mas um novo objeto que lhe seja apropriado, suscetível de ser visto por ele.

Pois está aí o próprio de uma essência em geral: correlato noemático da intencionalidade que visa a ela, é o objeto de uma visão possível, não à maneira de um objeto sensível que se edifica sobre a base de aparecimentos sensíveis e cuja percepção é complexa, mas numa visão de grau superior: uma visão intelectual, cujo objeto já não é uma existência contingente, mas uma estrutura racional. Conhece-se o esforço de Husserl por estender a esfera do ver para além da experiência sensível: onde quer que uma *clara et distincta perceptio* é possível, descobrem-se para ela novos domínios de objetos – o imenso domínio das essências, das categorias, das significações, dos gêneros, dos objetos ideais, etc. – cuja existência e estruturas típicas são estabelecidas na evidência desta *clara et distincta perceptio* e por ela.

No que concerne à vida transcendental, oferecem-se doravante à análise, em lugar de sua existência, sua essência, suas "formas de essências", suas estruturas fundamentais, que são a intencionalidade, a forma do fluxo, as formas de essências de cada tipo de intencionalidade (percepção, imaginação, ideação, intencionalidade significante, intuição dos gêneros, das essências, etc.). Se a *clara et distincta perceptio* se revelou débil ali mesmo onde se havia acreditado reconhecer seu poder pela primeira vez a propósito da *cogitatio* singular, como subestimar esse poder se ele nos abre a conteúdos racionais rigorosos, não podendo ser outros senão isso que eles são, como no caso exemplar das essências geométricas. Tentem, dizia Malebranche, fazer que os raios de um círculo não sejam iguais...

Resta que a fenomenologia é uma filosofia transcendental, preocupada antes em remontar à possibilidade última de um fenômeno do que em se limitar à sua simples constatação. A problemática da intuição das essências não poderia subtrair-se a essa exigência. Como contentar-nos com a existência de fato de uma intuição da essência da vida e de suas estruturas típicas – intuição que deve sobretudo desvelar-nos o que nós somos na realidade e na verdade, atrás das aparências e no fundo de nós mesmos – sem perguntar como tal intuição é possível? Pois a essência da vida, a essência de sua estrutura temporal ou intencional, a essência de cada tipo de intencionalidade, etc., não poderiam vir ocupar nosso espírito se algum dado prévio não tivesse conduzido este último a formá-las. Como aquele que jamais tivesse visto uma cor poderia intuir sua essência? Como uma instância em si estranha à vida – que seria tudo menos um vivente – poderia perceber a essência desta, captar-lhe a possibilidade mais interior?

Da mesma forma, desde que se propõe a produzir uma teoria das essências, considerada uma das peças mestras do novo método que tem em vista, Husserl sabe que a simples visão factual de uma essência particular não basta: é preciso mostrar como se forma tal visão, a de uma generalidade ideal – de modo que possa advir em nossa experiência. E também por que e como acontece que essa visão seja a de tal essência e não a de tal outra, a da vida e não a de um círculo ou de um cavalo. Pois o fato de "ver", considerado em sua estrutura fenomenológica intencional, não permite determinar o conteúdo particular do que é visto. O aparecer do mundo, o "fora de si" no qual o ver se manifesta jamais dá conta, como dizíamos, do que se encontra manifesto nele.

A teoria da intuição das essências trata desse problema. É sempre a partir de dados singulares que a intuição de uma essência se constrói. Por exemplo, a essência do vermelho – o gênero, a espécie, *o vermelho*. O processo que vai chegar à intuição do "vermelho" apoia-se, com efeito, numa série de percepções particulares que são a cada vez as de objetos particulares: o vermelho do mata-borrão posto sobre minha escrivaninha, o vermelho deste vestido, etc. Deixando então de lado os objetos particulares dessas diversas percepções para já não considerar senão *o que há de comum entre elas*, fixo a atenção neste *universal idêntico* que a visão pode tirar de todas essas percepções, e vejo o vermelho, então, numa visão bem nítida. "Nós o vemos, com efeito, está aí, nós visamos a isto que está aí: esta espécie, *o vermelho*".[39]

---

[39] *L'Idée...*, p. 81; grifo de Husserl.

Tal é o processo de abstração idealizante que, apoiando-se em dados singulares, chega à visão clara e distinta de um elemento idêntico que lhes é comum, que é um novo objeto, de outra ordem, um objeto ideal, ele mesmo dado numa intuição de outra ordem, a intuição de uma generalidade ideal percebida como tal: a intuição da essência.

Apliquemos essa teoria da formação da intuição das essências à intuição da vida (e, do mesmo modo, a todas as essências ou "formas de essências" que lhe são ligadas). Que a essência – a espécie, o gênero, a generalidade – seja vista numa visão bem nítida – e, como tal, assegurada por si mesma – implica, pois, esse processo da abstração idealizante que tem necessariamente seu ponto de partida nos dados singulares e reais. No caso da essência da vida (e de todas as essências que lhe concernem), esses dados são as *cogitationes* singulares reais. É numa multiplicidade de *cogitationes* desse gênero que pode e deve ser lido o que elas têm em comum, o universal idêntico que define propriamente sua essência.

Mas as *cogitationes* singulares e reais, todas as modalidades efetivas da vida – seu conteúdo tanto hilético quanto noético, segundo a linguagem de Husserl: tanto as impressões quanto as operações intencionais – desvanecem sob o olhar do ver que busca captá-las. Estava aí o motivo oculto da virada temática pela qual o método fenomenológico entendia substituir essas *cogitationes* incaptáveis por suas "essências": essas objetividades ideais, exteriores à realidade da consciência, "transcendentes", oferecidas ao olhar da intencionalidade, nela visíveis e intuíveis. Mas é a possibilidade dessas essências intuíveis numa visão clara e distinta que desmorona, se resulta de um processo de ideação que repouse sobre *cogitações* singulares e reais inacessíveis ao ver. Tal é a aporia contra a qual o método fenomenológico vem se chocar.

§ 14. Última tentativa de superar a aporia. A questão do "dado em imagem" da vida invisível.

É com uma paciência admirável que Husserl se esforça por superá-la. Como ter uma visão clara da essência da *cogitatio* quando a realidade desta é invisível? Em que dados singulares da vida, *que não seriam senão os de sua realidade*, o processo de ideação poderia ainda apoiar-se? Em dados que desempenhassem ao menos o papel de representar essas *cogitationes* reais invisíveis: em suas imagens. Pois a imagem é isto: a representação de uma realidade em sua ausência. Formando as imagens de múltiplas percepções, por exemplo, eu poderia reconhecer, em suas imagens, a estrutura comum de todas essas percepções: a essência da percepção. E assim também para a essência da imaginação, da lembrança, do pensamento significante, etc. Não só a livre imaginação de todas as *cogitationes* possíveis – para cada tipo de *cogitatio* – é suscetível de fornecer uma multiplicidade indefinida de dados singulares ao trabalho do ato de abstração idealizante, mas essa livre ficção se revela constitutiva de tal ato e de sua operação. Pois é formando tantos dados singulares quanto se queira (tantas percepções singulares, imaginações singulares, lembranças singulares), conferindo-lhes todos os caracteres possíveis, *imagináveis*, que a ficção traça a linha de separação entre aqueles que são necessários à constituição interna da realidade em questão (a realidade de um ato de percepção, de um ato de imaginação, etc.) e aqueles sem os quais ela ainda é possível, ou seja, entre os caracteres necessários à sua existência e os caracteres acidentais ou contingentes: unicamente os primeiros constituem sua essência. "A ficção", diz Husserl numa proposição célebre, "é o elemento essencial tanto da fenomenologia como de toda ciência eidética em geral". A ficção: no caso, a substituição dos dados singulares da vida real que nos escapam por seus representantes imaginários – por esses dados singulares "em-imagem" cuja imaginação pode fornecer tantos e tão variados exemplares quanto a análise possa desejar. A teoria da análise eidética que repousa sobre a livre ficção das propriedades e de sua variação, tal é o paliativo genial proposto por Husserl para tornar possível, fundando-se exclusivamente sobre a evidência da visão pura, uma ciência rigorosa e precisamente eidética da vida transcendental, ainda que a realidade desta se furte a toda captação desse gênero.

Mas a dificuldade não foi senão deslocada. Duas questões cruciais não podem ser eludidas. A primeira concerne ao valor fenomenológico que se pode atribuir aos *dados em imagem* das *cogitationes* singulares que a ficção substituiu a seus *dados-reais*. O que está em causa é, com efeito, uma prescrição fundamental do método fenomenológico. Este pôs a evidência clara e distinta como critério absoluto de validade: só o que é visto em tal evidência se encontra dado em si mesmo tal como é, "em pessoa", em sua realidade, de maneira que vale a título de "dado absoluto". A imagem de uma *cogitatio* é um dado absoluto desta, o dado de uma *cogitatio em sua realidade?*

Na quinta das *Lições* de 1907, na qual esse problema surge em toda a sua acuidade, Husserl se vê obrigado a dar à visão uma tal extensão tomando subitamente por nada o critério da evidência clara e distinta que ameaça, ao mesmo tempo, todas as distinções fenomenológicas que repousam sobre ele (a distinção entre o real e o imaginado, entre o dado em si mesmo e o "simplesmente visado" ou "visado no vazio", etc.). Basta que algo seja visto para que, qualquer que seja o modo como é visto e desde que se tome tal como é visto, possa servir de dado indiscutível. Assim, o que é "visado" sem ser dado em pessoa – a significação *cão* quando não há nenhum cão –, mesmo um objeto fictício ou absurdo – uma quimera ou um quadrado redondo –, aparece-me ainda de alguma maneira, de modo que essa aparência, desde que me atenha a ela, é um dado indiscutível. Em todas as situações, a visão, mesmo em seus modos declinantes e crepusculares, permanece o critério último. Se algo é visto, "é evidente que um objeto intencional está ali".[40]

Tal é notadamente o caso da imagem, a única que nos interessa aqui na medida em que o *dado em imagem* deve fornecer seu substrato à visão das essências. Em toda imagem, com efeito, algo está presente ao espírito. "Quando na imaginação realizo uma ficção, de maneira que, por exemplo, o cavaleiro São Jorge me aparece matando um dragão – não é evidente que esse fenômeno de imaginação representa precisamente São Jorge (...)?".[41] Que o *dado em imagem* possa servir de suporte à intuição de uma essência pode demonstrar-se com o caso da cor. Se considero uma cor imaginada e já não sentida, ela ainda é algo diante de meu olhar. Basta então "reduzi-la", já não considerá-la como a *cor em imagem* de um mata-borrão ou de um vestido, mas em si mesma, para me encontrar diante do fenômeno "cor em imagem" e tomar esta tal como me aparece. "Ela aparece", diz Husserl, "e aparece em pessoa (*"sie erscheint und erscheint selbst"*) (...); vendo-a em pessoa tal como é representada, posso fazer juízos sobre ela, sobre os momentos que a constituem e sobre suas relações".[42] Mas perceber numa *cor em imagem* os momentos que a constituem e suas relações é perceber a essência da cor, que não é nada além dessa relação necessária de seus momentos. É assim que a intuição da essência da cor se cumpre na ausência de qualquer cor real e de qualquer consideração sobre sua existência.

O mesmo ocorre em relação à intuição das essências das *cogitationes* – da vida e de todas as suas modalidades. Sobre a base dos *dados em imagem* das *cogitationes* singulares, na ausência de sua existência real, é possível ler tanto as propriedades dessas *cogitationes* como o conjunto das relações necessárias que as unem e que constituem suas estruturas típicas – suas essências. Com respeito à vida – como

---

[40] Ibidem, p. 97-98.
[41] Ibidem, p. 103.
[42] Ibidem, p. 94.

a toda e qualquer outra classe de "objetos" ou de "fenômenos" –, a intuição de sua essência é ainda possível na ausência de sua realidade. A possibilidade de uma fenomenologia da vida transcendental que repouse sobre o ver parece assegurada.

Resta uma dificuldade sob a qual se oculta agora a aporia – a aporia inteira! Que a imagem tenha um conteúdo, que este constitua um dado incontestável enquanto nos atenhamos ao que aparece efetivamente nele, isso se concede facilmente – ainda quando se mantivesse alguma dúvida sobre a capacidade da imagem de fornecer um conteúdo claro e distinto no qual se possam perceber clara e distintamente propriedades ou estruturas que serão as da essência. Pois é antes certa "imprecisão" o que caracteriza todo *dado em imagem*, e isso em razão de sua irrealidade de princípio, porque tudo o que ela dá, dá-o na ausência da realidade do que ela dá. Como se sabe, na imagem da fachada de um templo é impossível ler o número de suas colunas.

Mas, enfim, suponhamos que, apesar dessa imprecisão, a multiplicação dos *dados em imagem* na livre ficção permita destacar, a partir delas, propriedades constantes, invariáveis, que definirão a essência investigada. É sobre esse conteúdo do *dado em imagem* que nos convém interrogar mais adiante. Ele está ali, é visto de certo modo, pode-se conceder sua existência – sua existência imaginária. Mas é a questão da possibilidade de tal *conteúdo em imagem* de representar não algo qualquer, mas precisamente uma *cogitatio*, que se coloca. Enquanto nos referirmos a uma possibilidade de fato, esta parece existir: eu posso, com efeito, representar em imagem um susto ou uma tristeza. Com tal constatação, no entanto, não estamos ainda no domínio da filosofia. Tampouco estamos no domínio da filosofia se nos contentamos em alegar o poder que tenho de mover a mão e pegar um objeto. É preciso redizê-lo: a filosofia é por essência transcendental. Sua tarefa é compreender *a priori* como tal ou qual coisa é possível, sua possibilidade transcendental, precisamente. Assim, diante do "fenômeno" mais simples e evidente, a fenomenologia pergunta como tal fenômeno – qualquer fenômeno concebível – é possível em geral. Em razão de seu aparecer. Mas em que consiste esse aparecer em si mesmo, o que é que, nele, lhe permite aparecer, de que é feita sua matéria fenomenológica? Em suma, o que está em jogo é o conjunto de questões cujas múltiplas implicações a fenomenologia da vida se esforça por explorar.

Se lançarmos um olhar retrospectivo para a teoria husserliana da intuição das essências, veremos que ela se decompõe em dois momentos distintos: um momento filosófico e outro que não o é. O primeiro fundamenta-se em se interrogar sobre a possibilidade interna de uma intuição da "essência" em geral, a resposta consiste na análise de um processo de abstração idealizante, tomando por ponto de partida os dados singulares – sendo entendido que esses dados iniciais não têm necessidade de nos entregar uma existência real: podem bastar os *dados em imagem* dessa existência. Assim, para a visão da essência da vida, os *dados em imagem* das *cogitationes* reais tornam possível a leitura, nelas, dos caracteres comuns a qualquer *cogitatio*.

Mas como os *dados em imagem* das *cogitationes* reais são elas mesmas possíveis? Como se poderia ver numa imagem esse conteúdo específico que se chama uma *cogitatio* e cujo próprio é furtar-se a qualquer ver possível e, assim, a qualquer imagem que se queira formar dela – e isso em qualquer sentido em que se tome a palavra *imagem*, pois se trata, em todos os casos, do que se oferece à visão de um ver, de seu correlato objetivo ou noemático? Husserl abandona aqui a interrogação transcendental sobre a possibilidade *apriorística* – acessível e compreensível em si mesma – da formação de uma imagem da *cogitatio* invisível para se ater à afirmação ingênua, pré-crítica e, aliás, altamente problemática, segundo a qual tal imagem existe. É assim que a fenomenologia transcendental (que se diz e se quer transcendental) da subjetividade, isto é, da vida e de suas *cogitationes*, se move num vasto círculo, o do método fenomenológico: querendo compreender essas *cogitationes* num ver, e, não podendo vê-las, substituindo-as por sua própria essência – uma essência noemática, transcendente, que se pode ver, com efeito, numa evidência clara e distinta. Mas a construção dessa essência deve apoiar-se nos dados "em pessoa" das *cogitationes* reais, dados que não existem. Substituem-se então, se tal se pode dizer, esses dados inexistentes por *cogitationes* reais, seus *dados em imagem*. Segunda substituição, na qual se mantém agora a aporia: pois como, a partir de que, formar uma imagem de algo sobre o qual nada se sabe?

Consideremos a *doação em imagem* em si mesma e enquanto tal. É um *pôr em imagem*, um pôr para fora do que constitui como tal a dimensão pura do imaginário – um meio de exterioridade universal e vazio, que não contém ainda nenhuma imagem, mas desenha a forma *a priori* de qualquer imagem concebível, a possibilidade de sua vinda ao aparecer em que ela se dará a ver como uma imagem e na forma de uma imagem. Esse aparecer que dá em imagem, que opera o *pôr em imagem* de que falamos, esse meio de exterioridade pura em que toma forma e se torna visível todo o visível em forma de imagem enquanto imagem, é o aparecer do mundo. Pois o mundo compreendido na nudez de seu aparecer puro, independentemente de qualquer conteúdo, é uma Imago, essa Imagem originária e pura, esse puro Imaginário – *ens imaginarium* – em que tudo o que nele vier a se mostrar tomará forma de imagem.

Ao aparecer do mundo pertencem três traços decisivos que nós reconhecemos. Primeiro: o fato de que é impossível dar conta, a partir dele, do que aparece nele, do conteúdo particular que desvela. Segundo: o fato de que, cumprindo-se esse desvelamento como uma autoexteriorização da exterioridade que coloca qualquer coisa fora de si, despojando-a de sua própria realidade, tudo o que nele se desvela se encontra marcado desde o princípio pelo selo da irrealidade. A interpretação do mundo como *Imago*, como dimensão do imaginário puro em que tudo o que se mostra assume *a priori* a forma de uma imagem, nomeia a seu modo o processo de irrealização em que consiste todo aparecer ek-stático. Terceiro: o fato de que, nesse aparecer que se desdobra como autoexteriorização, algo como uma vida transcendental que nada jamais separa de si – é, a princípio, impossível. Isso porque também a realidade da vida, sua carne patética invisível, jamais se mostra nele.

É nesses caracteres inerentes ao aparecer do mundo, em que o ver se desdobra, que tropeça a cada vez o método fenomenológico em sua tentativa aporética de ver o que não se vê jamais. Assim se explica a incapacidade da *clara et distincta perceptio* de compreender a *cogitatio* em sua realidade. E, ao mesmo tempo, sua incapacidade de explicar o conjunto das propriedades que a *cogitatio* tem dela, de sua autorrevelação na vida, sua ipseidade notadamente, sua incapacidade, enfim, de produzir, por falta dessa realidade da *cogitatio*, ao menos seu *dado em imagem*, se é verdade que, na *Imago* do mundo em que qualquer imagem toma forma, o fato de que esta tenha tal conteúdo particular, que ela seja, por exemplo, a imagem de uma *cogitatio*, nunca é legível.

É em sua *Sexta Meditação*, consagrada a uma teoria transcendental do método fenomenológico – e que Fink considerou bom acrescentar às cinco *Meditações Cartesianas* de Husserl – que a aporia vem completamente à luz. O objetivo do método é dar a ver a vida transcendental, e essa visão se cumpre no pôr fora de si dessa vida, em sua divisão consigo mesma, em sua cisão. É, com efeito, nessa vinda para fora de si e nessa divisão consigo mesma que a vida se dá a ver a um espectador possível – no caso, o próprio fenomenólogo. "No cumprimento da redução, a vida transcendental se põe *fora de si mesma*, produzindo o Espectador, ela cinde-se a si mesma, divide-se. Mas essa divisão é a *condição de possibilidade do advir a si mesma* da subjetividade transcendental."[43] É, pois, emprestando à vida um modo de aparecer incompatível com sua essência que a fenomenologia pretende fundar o advir a si mesma dessa vida, esse acesso a si mesma que constitui precisamente sua essência.

---

[43] E. Fink, *Sixième Méditation Cartésienne. L'Idée d'une Théorie Transcendentale de la Méthode.* Trad. francesa N. Depraz. Paris, Jérome Millon, 1994, p. 76. Grifo de Fink.

§ 15. A autorrevelação originária da vida como fundamento do método fenomenológico. Resposta ao problema filosófico geral concernente à possibilidade de pensar a vida.

Mas que diremos nós mesmos da aporia? Como a fenomenologia radical da vida pretende superá-la? A fenomenologia não é uma filosofia, a filosofia de um pensamento, um pensamento que se cumpre num ver? Segundo uma de nossas observações precedentes, uma obra de filosofia não é senão uma série de intuições ou de evidências que se querem ligadas por encadeamentos necessários e formuladas em proposições cuja doação – a leitura ou a escrita – demanda ao ver, ao Logos grego, sua possibilidade. Se, pois, a vida é invisível, como ter acesso a ela num pensamento, como uma filosofia da vida é ainda possível?

Não há nenhum acesso à vida que tenha seu ponto de partida fora da vida, no "fora de si", que deva a esse fora de si o poder dirigir-se para ela e encontrá-la. Nenhum acesso à vida que a tenha em vista de algum modo, seja diretamente, como um dado absoluto, percebido numa evidência clara e distinta, seja indiretamente, em *dados em imagem* dessa vida, ou ainda em sua essência – uma essência oferecida à visão apodítica do *intueri* de um entendimento puro (*intuitus*), numa inteligibilidade superior, em algum arquétipo ideal visto por ele e subtraído ao devir. Nenhum acesso à vida que se apoie em objetos, em correlatos noemáticos, a partir dos quais fosse possível remontar às intencionalidades que os "constituíram" – em objetos intencionais que servissem de guia para a descrição e a análise das prestações da vida transcendental conferidas pela significação que eles têm para essa vida: serem objetos reais, imaginários, essências, sentidos, *nonsense*, etc. Nenhum acesso à vida que se apoie fora dela e, assim, no que se encontra fora dela, no que é outro, exterior, diferente. Impossível procurar no mundo, entre os mortos, o que decorre da vida – um único vivente.

Acesso à vida não há senão nela, por ela, a partir dela. É somente porque doravante, antes de nós, desde sempre, no começo como esse próprio Começo, uma Vida absoluta (a Vida única e absoluta de Deus, que não é outra senão essa Vida única e absoluta) veio a si experimentando-se a si mesma na experiência patética do Primeiro Si vivente – que é seu Verbo – que, nessa vinda a si da Vida absoluta, na experiência que ela faz de si em seu Verbo, nós viemos a nós mesmos em nós, de modo que somos viventes. Como temos acesso à vida? Tendo acesso a nós mesmos – nessa relação consigo em que se edifica todo Si concebível e a cada vez um Si singular. Mas essa relação consigo – esse acesso a nós mesmos – nos precede, é aquilo de que resultamos: é o processo de nossa geração, uma vez que não viemos a nós mesmos, tornando-nos o Si que somos, senão no processo eterno em que a Vida absoluta vem a si. É somente nesse processo, e por ele, que viventes vêm à Vida.

Viventes, somos seres do invisível. Não somos inteligíveis senão no invisível, a partir dele. Não é, pois, no mundo, em suas estruturas fenomenológicas a que a vida se furta, que se pode compreender nossa verdadeira natureza. Todas essas explicações mundanas do homem, que proliferam hoje, conferem ao homem propriedades que são as das coisas e esquecem sua realidade de vivente. No mundo, o homem ergue sua silhueta frágil e precária, essa silhueta com a qual se identifica ingenuamente, que julga ser a de seu corpo, cuja postura imagina explicar a partir da de outros bípedes, até de quadrúpedes, ou de outros precursores aquáticos. A força que atravessa este corpo, que faz erguer-se esta silhueta é, então, a dos processos físico-químicos que constituem a matéria desse corpo, sua verdadeira substância – um corpo nascido do limo da terra, decididamente. *Como se algo como uma força pudesse existir além dali onde se experimenta a si mesma como uma força* – onde, dada pateticamente a si na autodoação da Vida absoluta, ela sente seu *páthos*. Como se um corpo de homem pudesse ser outra coisa além de uma carne vivente, uma carne invisível, inteligível no invisível da vida e somente a partir dela.

Deixado a seu ver, o pensamento não vê nada disso: seu saber se tornou uma ciência de objetos, que ignora o homem. O ver do pensamento, a visibilidade do horizonte onde seu ver se manifesta, está aí a inteligibilidade de que dispõe. Uma inteligibilidade que nos permite compreender as coisas, com efeito – não só porque estas tão simplesmente se mostram nela, em sua facticidade opaca e incompreensível. Seus arquétipos também se dão a ver, nessa visão de grau superior, nessa Inteligibilidade suprema que nos põe em face do próprio Inteligível, abrindo-nos à luz em que ele resplende. Nessa Inteligibilidade superior não reside somente a salvação do homem, isto é, sua realidade verdadeira – tal como será redito em todas as gnoses platônicas. Como esses Arquétipos são também os das coisas, como sua contemplação serviu de modelo à criação deste mundo que é, ao que parece, o nosso, ela contém, precisamente, a inteligibilidade deste último. Não sua simples constatação, mas precisamente a sede de inteligibilidade que presidiu a sua formação e, como é essa possibilidade que é inteligível (porque nós lemos os Arquétipos na luz que os ilumina), a possibilidade do conhecimento *a priori* do mundo e de tudo o que existe. As teorias do conhecimento que caracterizarão a filosofia moderna conservarão um vestígio dessa ambição mesmo quando, centradas neste mundo, tornadas prosaicas, elas tiverem abandonado qualquer pretensão soteriológica.

Arqui-inteligibilidade designa uma Inteligibilidade de outra ordem, profundamente estranha à de que se acaba de tratar e que se cumpre antes dela, com efeito: antes da visão das coisas, antes da visão dos Arquétipos segundo os quais as coisas são construídas, antes de qualquer visão, antes do acontecimento transcendental de que qualquer visão retira sua possibilidade, antes da vinda para fora do "fora de si", do horizonte de visibilização de qualquer visível concebível, antes do aparecer do mundo – antes de sua criação. A Arqui-inteligibilidade é a da Vida – do Invisível. Na Arqui-inteligibilidade da Vida a própria vida se torna inteligível – o processo de sua autogeração como geração nela do Primeiro Si vivente em que se experimenta a si mesma e assim se revela a si mesma –, a geração de seu Verbo, que, com efeito, vem no início, porque a vida não chega a si e não se experimenta a si mesma senão nele, que não chega a si e não se experimenta a si mesma senão nela. É esse processo de autogeração da vida como sua autorrevelação no Verbo que constitui a Arqui-inteligibilidade de que fala João. Não uma gnose, mas uma Arquignose, porque não deve nada à contemplação da Inteligibilidade, nem a uma contemplação qualquer.

E isso significa notadamente: em sua Arqui-inteligibilidade, a Vida vem a si antes de todo pensamento, tem acesso a si mesma sem pensamento. E é por isso que nenhum pensamento permite chegar a ela. Nenhum pensamento permite viver. Arqui-inteligibilidade quer dizer, então, uma Inteligibilidade que precede a tudo o que, desde a Grécia, ouvimos sob esse termo – que precede a qualquer contemplação, a qualquer abertura de um "espaço" a que um ver possa abrir-se. Uma Inteligibilidade que, tendo-se revelado a si antes de qualquer pensamento e independentemente dele, não lhe deve nada, não deve senão a si mesma o revelar-se a si. Uma Arqui-inteligibilidade que é uma Autointeligibilidade, uma autorrevelação neste sentido radical: a Vida.

Neste livro, no entanto, não nos esforçamos por "pensar" a vida? Ora, nunca é esta, ao que parece, que opera o desvelamento do que é dito, nessa série de evidências e de proposições que formam seu conteúdo. É somente à vista de um ver – e, se possível, numa visão clara e distinta – que proposições, intuições, evidências podem ser dadas. De modo que, como dizíamos contra Husserl, nunca é a realidade da vida que se mostra desse modo, numa visão qualquer, e que, por exemplo, a *clara et distincta perceptio* de uma *cogitatio* é simplesmente impossível. A aporia de Husserl não é a nossa?

Mas, se nenhum pensamento nos permite chegar à vida, à nossa vida, não convém voltar à questão – perguntar: como o pensamento, um só pensamento chega a si? Tal foi precisamente a intuição inaudita de Descartes: precisamente, não é pelo pensamento, num pensamento, que o pensamento chega a si. Não é num ver que o ver é dado a ele mesmo. O aparecer em que o ver é revelado a ele mesmo – a semelhança em que me parece que eu vejo – não é o aparecer em que o ver vê o que ele vê. A *cogitatio* não é atingida na evidência de uma *clara et distincta perceptio*, mas na ausência desta, ao termo da dúvida que desqualificou toda e qualquer evidência. A *cogitatio* se revela em si mesma. Nisso consiste sua essência: no fato de se revelar a si na ausência do mundo e de tudo o que se vê nele. A *cogitatio* é uma autorrevelação.

Descartes, é verdade, não pensou a autorrevelação senão de modo especulativo, negativamente na imensa *démarche* da dúvida, positivamente sob o título de *Ideia*, essa forma de toda *cogitatio* pela percepção imediata da qual temos conhecimento dessa mesma *cogitatio*. Não era senão um primeiro passo, logo esquecido, no questionamento radical das pressuposições gregas. A tarefa de uma fenomenologia da vida é pensar fenomenologicamente a autorrevelação, não captá-la como uma factualidade de grau superior, mas em sua possibilidade mais interior, transcendental, no que a torna efetiva, na matéria fenomenológica de que toda autorrevelação é feita, na qual ela se cumpre e pode cumprir-se – na carne patética da vida.

Se a vida substitui a *cogitatio* como lugar e tema da meditação, se a Arqui-inteligibilidade joanina se perfila atrás de uma palavra latina, os equívocos, as terríveis limitações de uma problemática que ainda se coloca como racional – como devendo seus resultados ao *intueri* de um *intuitus* – são removidos. Os equívocos, primeiramente. Um mesmo termo – pensamento, *cogitatio* – não pode designar, ao mesmo tempo, o ver intencional que se lança para fora de si rumo a um objeto transcendente, e a autorrevelação primeira desse pensamento na ausência de todo ver. A consciência não pode ser "sempre consciência de algo", "*ter consciência de algo*, algo que eu experimento, ou que penso, ou que sinto, ou que quero", em suma, possuir sempre "seu *cogitatum*",[44] e, ao mesmo tempo, pura *hylé*, matéria não intencional, impressão pura, "originária". Nesse segundo caso, é preciso dizer, com efeito, em que consiste a revelação – a revelação da impressão quando ela já não é o fato da intencionalidade – e se ainda há uma.

As terríveis limitações da problemática, em seguida. Ainda que a *cogitatio* seja tomada em seu autêntico sentido cartesiano, como uma autorrevelação independente de qualquer evidência, não pode, porém, ser deixada a si mesma. Que ela se revele a si mesma não é precisamente seu fato. Não é ela que se traz a si mesma nessa condição que é a sua: é somente na autorrevelação da Vida absoluta que ela é uma *cogitatio*. E, do mesmo modo, se em qualquer *cogitatio* nós lemos um ego, é unicamente porque, vinda a si na vinda a si da Vida absoluta na Ipseidade de seu Verbo, ela se encontra marcada em seu nascimento por essa Ipseidade indelével que pertence a toda vinda a si como sua condição, e de que cada efetuação fenomenológica é um Si singular. Longe de o *cogito* ser um ponto de partida e a *cogitatio*, um dado que se basta a si mesmo, um e outro não são senão resultado de uma geração. Aquém do *cogito* – de sua *cogitatio* e de seu ego –, antes dele, muito antes dele como nele, a Vida cumpre a obra eterna em que, engendrando-se a si mesma, engendra todos os viventes. A *cogitatio* mais comum, a impressão mais humilde, não é inteligível senão na Arqui-inteligibilidade joanina.

Mas não vemos tudo isso? Não é num ver, em sua visão bem nítida, que reconhecemos o processo de nosso nascimento, o que vem antes de nós e que João põe no início? O processo de autogeração da Vida absoluta no primeiro Si em que ela se experimenta, se autorrevela e se torna a vida, a implicação desse processo em toda vida e em todo Si vivente, em toda *cogitatio*, o que é, portanto, em nossa reflexão

---

[44] *Krisis*, § 20, p. 96.

filosófica, senão a *intuição da essência* de uma Vida absoluta que se traz a si mesma em si, a *intuição da essência* da imanência, sua imanência a todo vivente, *a intuição na evidência da essência* da ipseidade, da *essência* de um ego como o nosso, que não é possível senão nessa ipseidade que o precede, que diz sem cessar "eu" sem, no entanto, ter trazido a si mesmo a essa condição de ser esse ego que ele é, e sem poder fazê-lo? Mas como todo esse saber e a intuição de todas essas "essências" são possíveis se nenhuma visão, nenhum pensamento jamais vê a vida?

Sucede, porém, que essa visão é uma *cogitatio*. Ela se revela a si mesma, não num ver e como objeto desse ver, mas como toda *cogitatio*: na autorrevelação da vida absoluta em que toda modalidade da vida é dada a ela mesma, se revela a si mesma, se experimenta a si mesma, se sente a si mesma e frui de si – na imediação patética e na certeza dessa fruição de si. Enquanto *cogitatio* – revelada a ela na autorrevelação da vida e não sendo nada além dessa pura experiência de si em sua imediação patética –, a visão é de todo semelhante a uma tristeza, ou a qualquer outra paixão, como dizia Descartes – essa tristeza ou essa paixão que emergiam sozinhas do nada quando o ver e sua evidência tinham sido desqualificados, o mundo e seu aparecer feridos de nulidade.

E a certeza, que surge como o último fundamento no momento mesmo em que a evidência é descartada e graças à sua desqualificação, deve ser claramente compreendida. Ela não é precisamente um fenômeno de pensamento, algum juízo feito por este a propósito da tristeza ou de qualquer outra paixão, ou da visão compreendida em si mesma como uma *cogitatio*. A certeza de uma tristeza é a experiência que esta última faz de si; consiste nessa experiência em que consiste a tristeza, de modo que começa e acaba com ela e de modo que a matéria de que é feita esta certeza não é senão aquela de que é feita a tristeza, seu *páthos*. A certeza é a certeza da vida, a certeza que ela tem de ser vivente, a Parusia triunfal de sua autorrevelação patética em sua fruição de si.

Estamos então diante da inversão da fenomenologia, graças à qual se desfazem suas múltiplas aporias. Essa inversão tem uma condição prévia: o alargamento do conceito de fenomenalidade sobre o qual repousa qualquer empreendimento fenomenológico. Opondo ao aparecer ek-stático do mundo, que domina o desenvolvimento do pensamento ocidental desde a Grécia, um modo de manifestação mais originário – a autorrevelação imanente da vida em seu invisível *páthos* –, a fenomenologia da vida propõe à investigação tarefas inteiramente novas. Não somente a exploração sistemática do invisível, que determina nosso ser profundo e independentemente do qual se torna impossível compreender o que quer que seja do homem ou do conjunto dos problemas que concernem à sua realidade verdadeira. Um desses problemas, notadamente, põe-se com urgência porque resulta imediatamente da dualidade do aparecer ou, como dizemos, de sua duplicidade. Trata-se de tornar inteligível a relação que mantêm entre si esses dois modos decisivos segundo os quais a fenomenalidade se fenomenaliza: o visível e o invisível. É precisamente aí que está a aporia husserliana, que devemos resolver por nossa vez. Como o método fenomenológico é ainda possível, se a questão que se coloca para o pensamento é continuar a análise do que lhe escapa no princípio, compreendê-lo em conceitos adequados, formar as diversas "essências" a que obedece esse invisível misterioso?

A inversão da fenomenologia se escreve então: *não é o pensamento que nos dá acesso à vida, é a vida que permite ao pensamento ter acesso a si*, experimentar-se a si mesmo, enfim, ser o que é a cada vez: a autorrevelação de uma "*cogitatio*". É precisamente porque é a cada vez e necessariamente uma *cogitatio* que o pensamento veio designar indistintamente, sob um mesmo conceito falacioso, dois apareceres tão diferentes quanto o ver intencional e o que permite a este ver advir a si na ausência de todo ver: sua autodoação patética na Vida absoluta.

A Arqui-inteligibilidade não vem, portanto, somente antes de toda inteligibilidade concebível: ela a funda e a torna possível.

Inteligível, compreensível, captável por nós: eis o que nós podemos ver, com uma visão bem nítida. Inteligível: o que se dá ao ver do pensamento, as coisas e, antes de tudo, as essências, os arquétipos sem os quais nós não faríamos senão ver sem saber o que vemos. Antes dessa Inteligibilidade, à qual a modernidade limita seu saber, vem a Arqui-inteligibilidade na qual a Vida absoluta se revela a si e, desse modo, toda vida, toda modalidade da vida e todo vivente concebíveis. Segundo uma palavra muito pouco meditada de Marx, *o pensamento é um modo da vida*. Não há, pois, pensamento senão dado a si mesmo na autodoação da vida absoluta. É unicamente porque, dado a ele na vida, o ver foi posto nele mesmo, coincidindo consigo em sua imanência a si e em seu estreitamento patético consigo, que ele é um ver seguro de si mesmo, seguro de ver e de ver tudo o que vê. É somente nessa certeza do ver de ser um ver e, assim, de ver o que ele vê que a evidência é possível. A certeza, que não deve nada à evidência e que lhe é estranha, é que a funda. Aquele que diz: "Eu não creio senão no que vejo" formula uma proposição absurda, se não há nenhum ver que não deva ser um ver – e assim ver e ver tudo que ele vê – com a certeza invisível de que, em sua autodoação patética, a vida tem de ser a vida – nenhum ver, nenhum fragmento do visível que não requeira o invisível. Nenhuma Inteligibilidade a que desde sempre os homens demandam seu conhecimento e sua ciência que não traga em si o segredo todo-poderoso que não se pode ver, a Arqui-inteligibilidade da Vida absoluta em que todo poder lhes é dado.

Agora, se o pensamento é possível enquanto modo da vida, porque a certeza de seu ver é, na verdade, a da vida, uma questão permanece, a nossa: como adquirir no pensamento um conhecimento dessa vida que dê esse ver a si mesmo sem se mostrar, no entanto, a ele? Em um sentido, nós afastamos a aporia. Sabemos que nunca será num ver que chegaremos à vida, mas somente ali aonde ela chega a si – ali aonde, desde sempre, nós já chegamos a nós mesmos: na

Vida absoluta, segundo a Arqui-inteligibilidade do processo de sua autogeração enquanto autorrevelação. Nunca mais apelaremos ao ver, a um conhecimento qualquer de nossa condição de viventes.

Essa vida invisível que habita nosso ver e o torna possível, nós buscamos vê-la, no entanto, num pensamento que marca com seu traço decisivo todo conhecimento, toda filosofia – e notadamente a fenomenologia. O traço de gênio do método fenomenológico de Husserl às voltas com a aporia – e apesar da pressuposição, sempre mantida, da evidência como doação originária – foi compreender que esse ver já não estaria operante senão com uma condição longamente exposta por nós: a de substituir a realidade invisível da vida por um equivalente objetivo, que se possa ver, esse correlato "noemático" que é a "essência" da vida, uma essência "transcendente", oferecida ao olhar da intuição eidética – objetivo, com efeito. E compreender que esse equivalente objetivo não seria o da vida senão fazendo o sacrifício de sua realidade invisível, renunciando à pretensão de trazê-la em si, de nos oferecer sua "existência" – dando-se a si mesmo expressamente por uma irrealidade, uma irrealidade noemática, no caso, uma "idealidade", uma essência ideal.

Foi somente ao termo desse trajeto extraordinário, tropeçando de novo na aporia de que se julgava desvencilhado, que Husserl não pôde fazer frente à última dificuldade. Como essa essência ideal, ou esses *dados em imagem* a partir dos quais tal essência devia ser construída, podiam ser precisamente os *da vida*, e não de outra coisa ou de qualquer coisa? Como o visível podia deixar perfilar-se nele a sombra do invisível, ainda que de forma indigente, de forma imaginária ou ideal?

A resposta está aí para nós. É porque, na Arqui-inteligibilidade em que a vida absoluta vem em si, nós viemos a nós mesmos em nossa condição de viventes, *de posse desta vida que nos pôs de posse de nós mesmos, conhecendo-a assim do modo como ela se conhece a si mesma* – na Arqui-inteligibilidade de seu *páthos* –, que podemos então formar dela uma re-(a)presentação, lançar para fora de nós sua imagem ou sua "essência", de modo que nessas nunca seja a vida real na realidade de seu *páthos* que nos é dada, mas somente seu duplo, uma cópia, uma imagem, algum equivalente objetivo, com efeito, mas vazio, frágil, *tão incapaz de viver quanto de subsistir por si mesmo*. E é por isso, com efeito, que lhe chamamos imagem. Pois o próprio de qualquer imagem é não poder existir senão sustentada por uma prestação da vida, o ato de imaginação que a forma e a mantém diante de seu olhar, sem o qual ela rui imediatamente no nada.

Não há Arquétipo da vida, nenhum dado visível em que tivéssemos tempo livre para contemplar, numa visão adequada, o que ele "é", sua verdadeira essência. A tese de Fink, segundo a qual é no pôr para fora de si da vida que consistiria seu advir a si mesma, no olhar de um espectador, é um *nonsense*. O invisível precede a todo visível concebível. Em sua certeza invencível, no *páthos* de sua carne sofredora ou de sua Alegria, ele não lhe deve nada. Se se trata nele da Vida, Deus é muito mais seguro do que o mundo. Nós também. Uma fenomenologia da carne agora é possível.

II
Fenomenologia da carne

§ 16. Aparecer e conteúdo do mundo: a questão do "mundo sensível".

A inversão da fenomenologia superou a aporia em que o pensamento tropeça constantemente em seu esforço por ver e compreender nossa vida invisível. Opondo ao aparecer ek-stático do mundo, no qual o ver nunca vê senão o visível, a autorrevelação da Vida absoluta, a fenomenologia da Vida reconheceu nesta a essência originária de qualquer revelação. É porque a vida se revela originariamente a si em sua experiência patética, que não deve nada ao mundo, que todo vivente sabe com um saber absoluto – com esse saber da vida que o engendra dando-lhe o experimentar-se a si mesmo e viver – o que é a vida e ele mesmo. Mas o pensamento se encontra, com respeito à vida, na mesma situação que esse vivente. Ele não pensa primeiro para viver depois. Nunca é ele – partindo de si mesmo de algum modo – que avança para a vida para descobri-la e conhecê-la. *O pensamento não conhece a vida pensando-a.* Conhecer a vida é próprio da vida e unicamente dela. É unicamente porque a vida vem a si nessa vinda patética a si mesma que precede sempre – que algo como a vinda a si mesmo de uma visão, por exemplo, pode cumprir-se – que uma visão, por conseguinte, é possível, bem como tudo o que ela vê. A inversão da fenomenologia é o reconhecimento dessa condição prévia que nos proíbe de relacionar a vida a um pensamento suscetível de torná-la manifesta, mas refere, ao contrário, o pensamento ao processo de autodoação da vida absoluta fora do qual não há nada.

A inversão da fenomenologia é o movimento do pensamento que compreende o que vem antes dele: essa autodoação da Vida absoluta em que ela advém a si mesma em si. A inversão da fenomenologia pensa a primazia da Vida sobre o pensamento. O pensamento da primazia da vida sobre o pensamento pode perfeitamente ser um fato de um pensamento – deste que nós desenvolvemos agora –, mas só é possível porque, na ordem da realidade e, por conseguinte, da própria reflexão filosófica, a vida doravante se revelou a si. No pensamento da primazia da vida sobre o pensamento é, pois, a vida, no seu cumprimento fenomenológico efetivo, a vida sempre já cumprida em que esse pensamento é dado a ele mesmo, que permite a esta: 1º ser um pensamento, uma *cogitatio*; 2º ser, eventualmente, esse pensamento particular, ainda que essencial, que procede à inversão, que se mostra capaz de pensar a primazia da vida sobre o pensamento e como a condição interior deste. É porque, dado a ele na autodoação da vida, o pensamento traz esta em si como sua própria substância e, assim, como aquisição essencial que ele pode representar essa vida, produzir sua imagem ou sua essência. Todo o método fenomenológico que se esforça por pensar a vida repousa sobre essa doação prévia, que não é fato nem da fenomenologia nem do pensamento. É sempre a vida que torna possível sua auto--objetivação no pensamento, como condição interior tanto desse pensamento quanto de seu objeto.

É essa primazia fenomenológica radical da vida que o pensamento esquece constantemente enquanto se toma por princípio de todo conhecimento, de tudo o que podemos conhecer, de tudo o que existe para nós. Esse esquecimento se revela particularmente catastrófico quando se trata de pensar o corpo, ou o que lhe está ligado segundo uma relação invencível, a carne – nossa carne. Só a fenomenologia da vida, cuja possibilidade acabamos de lembrar, permite abordar essa questão do corpo e da carne à luz de pressuposições fenomenológicas inteiramente novas. Somente tais pressuposições são suscetíveis de esclarecer um domínio onde reina desde sempre a mais extrema confusão.

Segundo a fenomenologia da vida, existem dois modos fundamentais e irredutíveis de aparecer: o do mundo e o da vida. Se, pois, trata-se de abordar a questão do corpo e da carne numa perspectiva fenomenológica, torna-se evidente que duas vias se abrem diante da investigação – duas vias por essência fenomenológicas, uma vez que não são senão os dois modos de aparecer de que falamos.

O aparecer do corpo no mundo se confunde com a experiência corrente desse corpo, a ponto de se identificar com ela e defini-la. É essa experiência *mundana* do corpo que o saber tradicional da humanidade a seu respeito exprime. Aos olhos do que se chama "senso comum" que não é, aliás, senão outro modo de chamar a representação habitual que os homens fazem de si mesmos e de seu ambiente, o corpo é, com efeito, isto: um objeto do mundo, mais ou menos semelhante aos outros objetos, acessível como eles no mundo porque se mostra nele. A experiência corrente do corpo pode parecer vaga, aproximativa, sem valor, se relacionada às exigências de um saber verdadeiro. Na medida em que tal corpo se mostre no aparecer do mundo, recebe em verdade deste último *uma determinação fenomenológica e ontológica tão radical quanto rigorosa*. A banalidade das propriedades que ele manifesta não pode, pois, ocultar seu caráter decisivo. Se, enquanto "sinopse", enquanto modos unificantes do fazer-ver, as intuições fenomenológicas puras do espaço e do tempo são, como se notou, modos de aparecer do mundo inerentes à sua estrutura fenomenológica, então todos os corpos que devem a esta o mostrar-se a nós assumem essas determinações, essenciais, com efeito, de ser corpos espaciais e temporais. Se, enquanto re--(a)presentações, as categorias do entendimento são elas mesmas modos de apresentação – mais precisamente modos do "apresentar diante de", do "pôr diante de" – que copertencem a essa estrutura fenomenológica do mundo, então tudo o que é submetido a essas categorias se encontra ligado segundo o jogo de correlações e de regras que elas prescrevem, notadamente a da causalidade.

O aparecer do mundo determina *a priori* a estrutura fenomenológica do corpo mundano, *de tal modo, no entanto, que ainda nenhum corpo real está posto por aí*. A existência deste último, do conjunto dos corpos que formam o conteúdo concreto deste mundo, exige a intervenção da sensação. A tese de Kant não é, como se viu, senão uma ilustração entre outras do que reconhecemos como traço geral e decisivo do aparecer do mundo: sua indigência ontológica, sua incapacidade de pôr por si mesmo o conteúdo a que ele dá o aparecer sem poder por isso, porém, conferir-lhe a existência – sem poder "criá-lo". O fato de essa indigência principial se manifestar agora, a nós, a respeito do corpo – isso nos conduz a esta constatação paradoxal: o corpo – um corpo, qualquer que seja, tanto o nosso quanto o de quem quer que seja –, esse corpo que encontra evidentemente seu lugar no mundo e parece desde sempre pertencer-lhe, não é precisamente o aparecer do mundo que o pode perceber. Esse é o paradoxo: em seu primeiro passo, a elucidação fenomenológica do corpo mundano extrai sua existência do mundo, pondo gravemente em causa a primeira via de aproximação escolhida para circunscrever-lhe a natureza e prosseguir a análise dela.

O corpo real, o corpo mundano considerado em sua existência concreta – o conjunto de corpos que "povoam" o universo, tanto o nosso quanto o dos outros homens e dos animais, ou ainda o corpo inerte das "coisas" –, todos esses corpos são corpos sensíveis. Têm cor, cheiro, sabor, são sonoros ou podem sê-lo se os atingimos, apresentam múltiplas propriedades táteis – doces ao toque, lisos ou rugosos, cortantes, sólidos como uma pedra, moles como a lama, secos ou úmidos, ou ainda fugidios como a água entre os dedos. É pelo conjunto dessas propriedades sensíveis que, desde sempre, os corpos do universo se definem aos olhos dos homens – a seus olhos, mas também a seus ouvidos, a seu nariz, a seu palato, a suas mãos –, não sendo jamais, cada um desses corpos, senão certo agrupamento de qualidades sensíveis que determinam inteiramente nosso comportamento a seu respeito, fazendo deles objetos agradáveis ou perigosos, úteis ou não, dados a nossas mãos ou escapando a elas.

Todavia, nenhuma dessas qualidades sensíveis que constituem os objetos que compõem nosso ambiente deriva, de maneira alguma, do aparecer do mundo. Não que este não seja determinante a seu respeito na medida em que faz deles objetos espaciais ou temporais, ou ainda (e não menos importante) conjuntos coerentes de propriedades sensíveis e de objetos ligados entre si segundo laços necessários e cujas variações correlativas tornam possível nossa ação sobre eles. É assim que o mundo não é apenas um conjunto ordenado, mas uma totalidade prática. O mundo de que falamos agora já não é, porém, o mundo reduzido a seu aparecer, à forma vazia da Ek-stase; é o mundo considerado em seu conteúdo concreto, o mundo dos objetos reais onde os homens vivem e agem, o *mundo sensível*. O mundo que deve esse conteúdo sensível à sensação – à vida. É assim que o levar em conta o caráter sensível do mundo e de seus objetos remete a fenomenologia do mundo a uma fenomenologia da vida.

§ 17. *A crítica radical do mundo sensível. Alcance e limites da redução galileana.*

Antes de empreender essa crítica e de compreender o próprio mundo como "mundo da vida" (*Lebenswelt*) – segundo a expressão de Husserl a que reconheceremos uma significação mais radical do que a que ele lhe dá –, convém abrir um importante parêntese histórico. O mundo sensível é objeto, no início do século XVII, de uma crítica radical, que acarreta, paralelamente, uma mudança repentina da concepção tradicional do corpo. Pois não é nada menos que a natureza sensível tanto deste mundo quanto dos corpos que o compõem que se encontra brutalmente posta em causa e rejeitada. À diferença das modificações que afetam as grandes civilizações e se estendem por longos períodos, resultantes de uma multiplicidade de causas diversas, o acontecimento decisivo que constitui, na história do pensamento humano, a desagregação da concepção ancestral do corpo resulta de uma decisão intelectual. Tomada por Galileu, na aurora dos tempos modernos, podemos considerá-la o ato protofundador da ciência moderna e, na medida em que esta vai a partir de então conduzir o mundo, de toda a modernidade.

A afirmação categórica de Galileu é que este corpo sensível que tomamos por corpo real – este corpo que se pode ver, tocar, sentir, ouvir, que tem cores, cheiros, qualidades táteis, sonoras, etc. – não é senão uma ilusão, e o universo real não é composto de corpos desse gênero. É por isso também que o conhecimento desse universo real não pode ser um conhecimento sensível considerado desde sempre, e ainda pela escolástica, como o solo de todo conhecimento humano. Na verdade, o universo real é formado de corpos materiais extensos, e é precisamente essa matéria extensa que constitui a realidade desses corpos e, ao mesmo tempo, a do universo. O próprio de uma substância material extensa é sua delimitação potencial por figuras que apresentam certas formas. É esse corpo material extenso, provido de formas e de figuras, que cumpre conhecer. Ora, existe uma ciência das figuras e das formas puras – uma ciência adaptada, por conseguinte, ao conhecimento dos corpos materiais extensos que compõem o universo real: é a geometria. A geometria é uma ciência pura que dá lugar a um conhecimento racional das figuras e das formas porque, em vez de descrevê-las em sua facticidade, procede à sua construção ideal, de maneira que suas propriedades se tornam plenamente compreensíveis, necessárias por uma necessidade apriorística, a partir dessa construção que desempenha, com respeito a cada uma delas, o papel de sede de inteligibilidade. Ao conhecimento sensível dos corpos sensíveis isto é, de suas qualidades sensíveis – opõe-se assim o conhecimento racional das figuras e das formas dos corpos reais extensos do universo material na geometria. Enquanto a primeira não dá lugar senão a proposições singulares análogas àquelas cujo pouco interesse a propósito do conhecimento intuitivo (aliás, impossível) das *cogitationes* singulares é denunciado por Husserl, a segunda constrói proposições necessárias, de validade universal e, como tal, científica.

A decisão galileana de instaurar um conhecimento geométrico do universo material não procede somente à fundação da ciência moderna. No plano da realidade, e já não do conhecimento, ela opera a substituição do corpo sensível por um corpo até então desconhecido, *o corpo científico*. Pois o corpo material extenso cujas figuras e formas são compreensíveis geometricamente não é somente o corpo inerte das "coisas", mas o do homem também. E é isso que é novo, que abre uma nova era fundada sobre uma concepção inédita do corpo humano e, consequentemente, do próprio homem. Nasce assim a pretensão de uma ciência geométrica da natureza material que constitua doravante o verdadeiro saber do homem. E, correlativamente, a pretensão de uma nova técnica, ela mesma científica e material, em si estranha ao homem, que forneça a verdadeira aproximação ao homem, que vá buscá-lo no mais íntimo de seu ser, até em seu prazer, no coração de seu sofrimento ou de seu desamparo – de sua vida ou de sua morte. Mas essas observações são prematuras.

Não foi um só homem, certamente, que teve o poder de realizar a extraordinária revolução de que, conscientemente ou não, somos todos filhos. As pressuposições postas em ação por Galileu estavam presentes desde muito tempo atrás. Por um lado, o atomismo de Demócrito voltara à tona em certos círculos da Renascença tardia; por outro, a geometria tinha uma longa história. O gênio de Galileu, dir-se-á, foi o de aplicar a segunda ao primeiro, o de usar a geometria como modo de conhecimento da matéria em vez de limitar seu campo ao das figuras ideais.

Ora, não é somente no plano do conhecimento que a invenção galileana manifesta sua extraordinária fecundidade. Sua análise da realidade é mais surpreendente ainda. Procedendo à livre variação na imaginação das propriedades do que deve ser determinado em sua essência, ela é de todo semelhante a isso que a fenomenologia husserliana chama "análise eidética". Trata-se de saber "o que é" o corpo quando se defrontam, por um lado, a experiência corrente de um corpo sensível e, por outro lado, sua interpretação como substância material extensa, que Galileu quer transformar no tema da nova física. Se a imaginação se mostra capaz de fazer variar as diversas qualidades sensíveis a ponto de poder conceber uma substância material extensa desprovida de todas essas qualidades, ele é, porém, incapaz de conceber essa mesma substância sem representar ao mesmo tempo sua grandeza, sua localização, sua figura, seu movimento. As qualidades sensíveis não pertencem à essência da substância material, que pode existir sem elas; são não essenciais. Limite, lugar, figura, grandeza, movimento, essas propriedades da extensão lhe são, ao contrário, necessariamente ligadas, não podendo ser separadas dela: constituem a invariável que define propriamente sua essência.

Aí está a análise essencial sobre a qual repousam, ao mesmo tempo, a modernidade científica e a modificação radical de nossa concepção do corpo que lhe está ligada. "Eu me sinto obrigado segundo a necessidade", escreve Galileu no *Saggiatore*, "assim que concebo uma matéria ou substância corporal, a conceber ao mesmo tempo que seja delimitada e dotada de tal ou qual figura, que seja, com respeito a outras, grande ou pequena, que esteja em tal ou qual lugar, que se mova ou seja imóvel... *e por nenhum esforço de imaginação posso separá-la dessas condições;* mas que ela deva ser branca ou vermelha, amarga ou doce, sonora ou muda, de cheiro agradável ou desagradável, não posso forçar o espírito a ter de apreendê-la como necessariamente acompanhada de tais condições (...)". Assim, é possível conhecer o ser-verdade da Natureza ou, como diz ainda Galileu, lê-lo no grande Livro do Universo – com a condição de conhecer a língua cujos caracteres são "triângulos, círculos e outras figuras geométricas, meios sem os quais é humanamente impossível compreender qualquer palavra dela".[1]

A nova inteligibilidade promovida por Galileu, que consiste numa leitura geométrica do universo, repousa, como se vê, na análise

---

[1] *Opere*. Ed. Nazionale, respectivamente v. VI, p. 347 (grifo nosso), e v. VII, p. 129.

eidética do corpo. Substituindo o corpo sensível por um objeto material extenso – assimilável, assim ao objeto geométrico, opera uma redução. Qualquer ciência, é verdade, se constitui numa redução pela qual delimita seu campo próprio e define seus objetos. Ao mesmo tempo descarta tudo aquilo com que não se preocupa e que, em razão de suas decisões iniciais, jamais tematizará. É assim que a história que se quer, por exemplo, "história dos indivíduos viventes", não se preocupa com as moléculas químicas que compõem seu corpo, moléculas que, ao contrário, são tema da química. Essa determinação de um domínio de competência – tendo, como correlato, a de um domínio de incompetência, aliás infinitamente mais vasto é inerente à constituição de toda ciência.

No entanto, na época de Galileu, não é uma ciência particular que nasce, e isso por efeito de uma redução particular. É uma ciência que vai rejeitar todos os saberes tradicionais da humanidade e tomar seu lugar, compreendendo-se como a única forma de todo saber possível. Essa ciência, que se pretende à universalidade, constitui-se, também ela, por uma redução – uma redução que já não se dá, no entanto, como delimitação de um domínio específico de objetos, mas como condição de qualquer verdade. Por essa razão, é preciso medir-lhe a amplitude.

O que a redução galileana descarta não é nada menos que o conjunto das qualidades sensíveis e, ao mesmo tempo, os corpos sensíveis, na medida em que estes últimos não são a cada vez senão uma combinação de tais qualidades, sua síntese. Na medida, no entanto, em que estas se mostram a nós a título de "aparecimentos sensíveis", de "fenômenos", não são nada. O que diz Galileu disso? Imediatamente depois de ter declarado que a imaginação pode muito bem conceber corpos reais extensos independentemente das qualidades sensíveis de que são portadores, acrescenta: "Daí fui levado a pensar que esses sabores, essas cores, esses odores, etc., para a parte do sujeito em que nos parece que residem, não são senão puros nomes e só têm residência no corpo sensitivo, de maneira que, se o animal é suprimido, todas essas qualidades são suprimidas ou aniquiladas".² Esses aparecimentos sensíveis que são as qualidades sensíveis não são, assim, senão "aparências". "Aparência" opõe-se a realidade: na medida em que esses aparecimentos são aparências, não pertencem aos corpos reais a título de propriedades reais. O que acaba de mostrar o método das variações permite-nos conceber a existência dos primeiros independentemente da dos segundos.

A redução galileana não se limita, todavia, a excluir as qualidades sensíveis, mas propõe sua explicação: elas dizem respeito à organização biológica desses animais particulares que somos nós. É a contingência dessa organização que determina a daquelas qualidades. Outras espécies ouvem outros sons, veem outras cores, sentem outros cheiros. Algumas delas provavelmente não veem nada ou veem muito mal, não ouvem nada, são providas de outros sentidos. O caráter decisivo da determinação das qualidades sensíveis pela estrutura biológica dos organismos recebe uma formulação radical quando se diz que a supressão destes acarreta o desaparecimento daquelas. Mas a determinação das qualidades sensíveis pelos organismos não é outra senão sua determinação pelos corpos reais de que esses organismos são compostos. A nova ciência geométrica do universo material não só descarta as qualidades sensíveis, os corpos sensíveis, o mundo sensível, mas os retoma em si, tratando-os como efeitos cujas causas ela exibe. É assim que, constituindo-se em sistema, dando conta das coisas materiais mas também da *maneira como as sentimos*, ela se propõe, em seu ato protofundador, como um saber universal a que nada escapa, e o único verdadeiro.

Compreenderemos a plena medida dessa redução de toda forma de saber à ciência geométrica da natureza material se acrescentarmos as seguintes observações. Como o estabeleceu a problemática da

---

² Ibidem, v. VI, p. 347. Federigo Enriquez observa que o termo *nome*, aplicado por Galileu às qualidades sensíveis, retoma o termo *convenção* com que Demócrito as designava. Cf. Descartes et Galilée, in: *Revue de Métaphysique et de Morale*, 1937.

impressão, as qualidades sensíveis dos corpos, as cores exibidas em sua superfície, "noemáticas", e, do mesmo modo, suas qualidades sonoras, táteis – todas essas propriedades que lhes são reportadas, que são percebidas e "sentidas" neles, que recebem a significação de ser suas propriedades e de lhes pertencer, de pertencer à matéria de que esses corpos são feitos, de maneira que nós cremos que são esses corpos que possuem em si mesmos tais qualidades, que são vermelhos ou amarelos, macios ou rugosos, frios ou quentes, de cheiro agradável ou desagradável –, todas essas qualidades atribuídas aos corpos não são senão a projeção nelas de sensações e de impressões que só existem no lugar onde elas se sentem e se experimentam a si mesmas, dadas a elas mesmas na autodoação patética da vida. Essa é a razão por que essas qualidades possuem o caráter tão mal compreendido de ser "sensíveis", isto é, afinal de contas, afetivas: como sua matéria não é a dos corpos materiais – que, na verdade, nada sentem e nada sentiram – mas, precisamente, a matéria fenomenológica pura da vida, essa carne afetiva de que elas não são senão modalidades.

Todavia, se as qualidades sensíveis não têm sua realidade nas coisas, mas na vida, se sua matéria não é aquela de que o universo é feito, mas a matéria fenomenológica impressional da vida, a significação da redução galileana aumenta vertiginosamente. Ela não opera somente uma espécie de depuração do universo, arrancando-lhe essa "camada sensível" paradoxalmente atribuída a corpos insensíveis, descobrindo-o em sua nudez como uma substância material exterior enfim oferecida aos cálculos e às medidas, a parâmetros objetivos cuja determinação ao infinito é tarefa da nova ciência. Precisamente porque essas qualidades sensíveis são, no fundo de si mesmas, modalidades de nossa vida fenomenológica, é a descartar esta que a redução procede. Num primeiro momento, essas modalidades impressionais de nossa vida são assimiladas a simples "aparências" a que nada corresponde na realidade. É toda a nossa vida tal como a experimentamos que se transforma, de um só golpe, em ilusão – nossas sensações, nossas emoções, nossos sentimentos, nossos desejos, nossas esperanças, nossas renúncias, nossos amores.

Mas, como acabamos de ver, a redução galileana não se limita a afastar do novo campo de interesse da ciência verdadeira essas qualidades e essas impressões sensíveis que compunham, ao mesmo tempo, a trama do mundo e a de nossas vidas – esta carne vivente com que nos identificamos, que determina nossas condutas elementares e, através delas, nossas representações e nossa cultura. A redução galileana não as toma somente por aparências ilusórias, mas, buscando a origem destas na estrutura biológica dos organismos isto é, ao fim e ao cabo, nos movimentos e processos materiais que constituem a realidade do universo, dá conta delas. Seguem-se duas consequências, que convém olhar de frente.

Por um lado, nossa vida já não se pertence, já não é algo autônomo que tenha em si seu fundamento, suas razões, suas leis. Suas leis são as de uma realidade estranha – uma realidade cega, que não sente nada e não se sente a si mesma, que não "pensa", que não tem nenhuma relação com a de nossa vida. Tampouco a determina, submetendo-a a regras que ignora. E, assim, o princípio de sua ação, suas modalidades, a significação que ela lhe confere lhe escapam, assim como seus prazeres, sua angústia ou suas penas. O beijo que trocam os amantes não é senão um bombardeio de partículas microfísicas.

Por outro lado, é este mundo cuja vida se retirou, este mundo despojado de qualquer qualidade sensível, estranho a qualquer impressão, que é preciso tentar conceber, pois é ele, doravante, que define ao mesmo tempo nossa realidade verdadeira e nosso destino. Essa concepção parece difícil numa primeira abordagem. Como imaginar esse lugar que escapa totalmente a nossos sentidos, a respeito do qual estes já não têm nada que nos ensinar, esses turbilhões de partículas, essas cargas ou descargas de energia que não conhecem frio nem calor, luz nem sombra, distância nem proximidade, nem destino de nenhuma sorte, bem nem mal, que não têm nenhuma de nossas marcas, nenhum contato entre si, nem atração nem repulsão no sentido que damos a essas palavras, de maneira que tudo o que podemos dizer disso não constituirá jamais outra coisa além de uma rede de metáforas ingênuas e deslocadas. Que não têm, por exemplo, nenhum "peso", nenhuma "massa", nenhuma "velocidade", apesar de todos os parâmetros pelos quais se procura determinar essas "qualidades primeiras", se é verdade, como foi dito, que algo como um peso não advenha nunca senão entre mãos que se esforçam por levantá-lo.

"O silêncio eterno desses espaços infinitos (...)." É preciso, pois, compreender que esse "silêncio" não tem nenhuma relação com o que nós designamos por isso, esse estado bem-aventurado que se apodera de nós quando, ao chegar a um lugar afastado, tendo transposto a porta de um claustro, escapamos por um tempo ao tumulto do mundo. Esse silêncio sustenta uma referência essencial ao universo dos sons de que não é mais do que uma variação privilegiada – esse silêncio é *audível*. No universo da nova ciência, *nenhum som é possível*: jamais houve um som e jamais haverá. Prescrita pela redução fenomenológica, essa ausência de qualquer barulho concebível é uma condição estrutural desse "universo", pertence à sua definição, ao seu estatuto. É por isso que se pode dizer desse silêncio que ele é eterno.

Pascal acrescenta a esse silêncio o pavor que ele produz. E com justiça. Esse silêncio "eterno" é apavorante, não por efeito da sensibilidade atormentada do autor dos *Pensamentos*, mas porque é inumano. Simples nome, afinal de contas, para designar o que não tem nenhum outro nome em nenhuma língua, o que, despojado de toda e qualquer qualidade humana, de toda e qualquer amabilidade, de toda e qualquer afinidade conosco, como um esqueleto o é de sua carne (e até mais), não está aí para ninguém. É o inumano que é apavorante. Por mais apavorante que seja, o inumano, é verdade, não o é jamais em termos absolutos. É para nós, seres humanos, que ele se descobre como tal. Nele mesmo, passado pelo crivo da redução galileana, tornado esse conjunto de corpos materiais insensíveis que não são mais do que o correlato de proposições geométricas, o universo "real" da modernidade é tão estranho ao pavor quanto ao som, tão estranho à luz quanto ao "silêncio": tão afastado de nós, que é um problema saber como podemos ainda formar dele o inconcebível conceito.

Como alcançá-lo, encontrá-lo, abrir-nos a ele? Como retomar uma relação com isso com que aparentemente já não temos nenhuma? A redução galileana traz a resposta à questão que coloca. Esses corpos materiais extensos, estranhos à nossa sensibilidade, às nossas necessidades, indiferentes aos nossos desejos, subtraídos ao nosso olhar bem como às nossas captações, literalmente inaudíveis, fechados para sempre em seu silêncio monstruoso, um conhecimento ele mesmo estranho a todas essas determinações humanas nos conduz direto a eles: o conhecimento geométrico, em perfeita conveniência e adequação às suas formas e às suas figuras. E o faz na evidência clara e distinta de seus teoremas, que nos introduzem no coração do que permanecia oculto no grande Livro até que um descobridor de gênio decifrasse sua língua. Já não pavor, com efeito: a segurança da racionalidade, o *páthos* feliz de uma verdade que não poderia ser outra senão o que ela nos mostra de si na luz de sua evidência.

§ 18. *A contrarredução cartesiana.*

Mas a própria geometria é um problema. Sigamos um instante a extraordinária sequência ideal que se sucede à invenção galileana. As ideias de Galileu se disseminam rapidamente na primeira metade do século XVII. São retomadas por Descartes, que percebe de início as imensas possibilidades que abrem ao saber humano.

A prova da fascinação que exerce a seus olhos a intuição decisiva de pôr a geometria no princípio do conhecimento do universo material, nós a encontramos na famosa análise do pedaço de cera da *Segunda Meditação*. Como não reconhecer isso a que chamamos a análise eidética do corpo a que procedeu o *Saggiatore*? A variação das qualidades sensíveis de um corpo – no caso, o pedaço de cera que Descartes imagina aquecendo-se – torna manifesto o caráter não essencial de suas propriedades, que podem mudar e desaparecer enquanto subsiste o invariante que constitui a essência desse corpo, a saber, sua extensão. "Mas eis que, enquanto eu falo, ele é aproximado do fogo: o que ali restava de sabor se exala, o odor se esvai, sua cor se transforma, sua figura se perde, sua grandeza aumenta, ele torna-se líquido, esquenta, quase não o podemos tocar e, ainda que o atinjamos, já não fará nenhum som. A mesma cera permanece após essa mudança? É preciso confessar que ela permanece e ninguém o pode negar (...)".[3] Descartes, no entanto, não se contenta em retomar a intuição fundadora da física galileana; propõe, graças ao sistema das abscissas e das ordenadas, uma formulação matemática das determinações geométricas dos corpos. O ato protofundador da ciência moderna, o conhecimento geométrico-matemático objetivo do universo material enquanto correlato de tal conhecimento, está cumprido.

O assombroso nessa sequência de ideias que vão determinar a ciência moderna e, através dela, modelar a modernidade é que, de certo modo, Descartes defende o contrário. Galileu reduziu o conteúdo real do mundo a esses corpos materiais extensos de que ciência físico-matemática faz seu novo objeto, conhece na evidência de suas proposições racionais e universalizáveis. Quanto às aparências sensíveis, aos corpos ou ao universo sensível, à sensibilidade, à subjetividade em geral, ele as colocou fora do campo de investigação da nova ciência, confiando a esta no máximo o cuidado de produzir sua explicação causal.

---

[3] *A. T.,* IX, p. 23.

Descartes opera uma contrarredução. Apesar de seguir Galileu em sua obra de fundação da nova ciência e de rematá-la no projeto de sua matematização generalizada, nem por isso considera os aparecimentos subjetivos, as impressões, as volições, a afetividade como ilusões. O que pode significar, ademais, tomar uma tristeza por uma ilusão? Na medida em que eu a experimento e tal como eu a experimento – mais exatamente: na medida em que ela se experimenta a si mesma tal como ela se experimenta –, uma revelação originária e incontestável se cumpre nela, a da tristeza, infinitamente mais certa do que o aparecimento do mundo. O § 26 das *Paixões da Alma* não mostrou que essa autorrevelação da tristeza se produz na ausência do mundo e de sua evidência considerada enganadora? Tal é a significação radical da contrarredução cartesiana: *tudo o que a redução galileana tinha afastado do conhecimento racional do universo real, a título de "aparência" ou de "ilusão", de "nome" ou de "convenção", a contrarredução recolhe para fazer dela o que é mais certo e mais essencial que a realidade do universo: cogitationes*, cristais de certeza absoluta. Muito mais do que isso: as *cogitationes*, que a redução galileana pretendia excluir do conhecimento do universo real, se tornam, por uma virada decisiva, a condição incontornável desse conhecimento e seu fundamento.

A análise eidética do corpo que se propõe a nós na *Segunda Meditação*, quando Descartes aquece seu pedaço de cera, não repete apenas a redução galileana: dela difere por um matiz que modifica seu sentido a ponto de invertê-lo. Galileu, físico, trabalha para determinar o objeto de sua ciência, separando-o da aparência que dissimula a verdadeira natureza dele. É porque esta, posta a nu pela eliminação das qualidades sensíveis, é uma substância material extensa que a geometria se impõe como o modo adequado de seu conhecimento. Inversamente, segundo uma observação pertinente de Ferdinand Alquié,[4] quando a análise do pedaço de cera intervém na

---

[4] Descartes, Œuvres Philosophiques, ed. de F. Alquié. Paris, Garnier, 1967, t. II, p. 425, n. 2 e 3.

Segunda Meditação, o conjunto de corpos que compõem o conteúdo do mundo é considerado duvidoso, a mesmo título que tudo o que vejo. Não é, pois, da natureza desses corpos, que talvez não existam, que se trata, mas da possibilidade de conhecê-los, do modo de seu conhecimento – no caso de eles existirem.

A análise cartesiana é uma análise fenomenológica. Ela não pode compreender-se senão remetida a seu lugar na problemática do *cogito*, à qual pertence. Abandonando as coisas, interrogando-se sobre o modo de seu aparecer, pressupondo a duplicidade deste último, ela se situa desde o início na dimensão das *cogitationes*: é no interior desta que trabalha. Por um lado – e é nisso que Descartes segue antes de tudo a Galileu –, as qualidades sensíveis não têm sua sede no corpo; é na alma que residem: são *cogitationes*. Quando, afastadas por essa razão do conhecimento do pedaço de cera, as qualidades sensíveis são substituídas pela intuição geométrica da extensão e de suas figuras, essa intuição se refere certamente a uma exterioridade, é precisamente a intuição desta, de uma *res extensa*. Mas, por outro lado, como esquecer a teoria mais radical do *cogito* na qual insistimos longamente? O *intueri*, o ver do entendimento que conhece a *res extensa* e suas propriedades – aquela, por exemplo, de infinitamente receber figuras, é, em si mesmo, uma *cogitatio*; é dado a si mesmo já não num ver, mas do mesmo modo que uma sensação, uma tristeza ou qualquer outra paixão na autodoação da vida absoluta. Sensação, sentimento, visão intuitiva do entendimento não estabelecem entre as *cogitationes* senão uma hierarquia, aliás muito relativa, pois se trata somente de avaliar sua aptidão respectiva para conhecer essa natureza simples particular que é a *res extensa*.

Com se vê, em Descartes o corpo – o corpo compreendido segundo Galileu, como *res extensa* – não deve sua certeza a sua pertença ao mundo, mas ao conhecimento que tenho dele. É somente porque minha percepção do corpo, isto é, a intuição intelectual de sua extensão é certa que o corpo poderá ele mesmo ser dado como certo.

Mas a intuição intelectual da extensão não é ela mesma certa senão porque é uma *cogitatio*. Tal é a significação da contrarredução operada por Descartes quando ele retoma por sua conta a invenção galileana: a verdade do corpo não afasta a da impressão e a da subjetividade em geral; ao contrário, a certeza absoluta da percepção subjetiva do corpo, enquanto *cogitatio* certa, é que será suscetível de fundar a do universo e de seu conhecimento. As condições de uma inversão da perspectiva aberta por Galileu e que será a da ciência moderna e da modernidade inteira estão doravante postas.

§ 19. A crítica husserliana da redução galileana em Krisis.

Coube a Husserl, em seu último grande trabalho publicado, *Krisis*, dar pleno desenvolvimento à redução galileana. Como Descartes, Husserl não duvidava da fecundidade do pressuposto galileano, cujos resultados impressionantes ele tinha, aliás, sob os olhos, três séculos depois. Como Descartes (na verdade, seguindo-o), ele percebe que tal pressuposto implica outros que limitam singularmente seu alcance. Ora, essas pressuposições últimas sem as quais a construção galileana da ciência moderna se revela impossível nunca são, todavia, levadas em consideração por esta. Nisto consiste a crítica fenomenológica da redução galileana: não na contestação da amplitude ou do valor dos conhecimentos que a ciência não cessa de produzir, mas na denúncia do esquecimento de seu fundamento último. Sucede que a tomada de consciência deste último nos reconduz ineluctavelmente ao que Galileu pensava poder afastar: as qualidades sensíveis, a sensibilidade, a subjetividade em geral.

O que Husserl reprocha no universo galileano da ciência moderna é, portanto, o considerar-se absoluto – um universo que, de algum modo, seria verdadeiro em si, cuja verdade viria apenas de si mesmo. Ora, basta refletir sobre a análise do universo a que procede a redução para imediatamente reconhecer a que ponto essa pretensão à autonomia é vã. O universo, diz-nos Galileu, é um Livro escrito numa língua cujos caracteres são figuras geométricas. Mas nenhuma dessas figuras existe no mundo real. No mundo real não há linhas, círculos, triângulos ou quadrados, mas somente circularidades, traçados vagos como a margem de um caminho ou de um rio, a secção de uma tábua, o rebordo de uma mesa e outros traços aproximativos *que são todos, ademais, aparecimentos sensíveis, com suas "formas" em si mesmas sensíveis*. Algo como uma linha ou um círculo, no sentido da geometria, é uma entidade ideal cuja existência, que não se encontra em lugar algum do universo material, procede a cada vez de uma operação da consciência – operação que se chama, a justo título, transcendental, na medida em que não é nada além da condição de possibilidade da formação dessa linha, desse círculo, de qualquer entidade ideal em geral. O conjunto de figuras geométricas e, do mesmo modo, suas formulações matemáticas supõe uma quantidade correspondente de "prestações" da consciência transcendental, sem as quais elas não seriam. Mas essas prestações têm seu lugar na subjetividade da vida transcendental, das quais não são senão modalidades diversas. Ao contrário de a redução que conduz à ciência moderna, à delimitação de seu domínio e à definição de seus procedimentos poder fazer abstração da subjetividade, ela permanece pendente desta e a pressupõe constantemente.

As idealidades que formam o conteúdo das teorias científicas não procedem somente das operações constitutivas da consciência transcendental: elas não podem passar mais sem esse mundo sensível que Galileu descartou, vendo nele, no máximo, um tecido de aparências de que a ciência daria conta. As idealidades científicas seguramente não pertencem a esse mundo, mas decorrem de uma atividade intelectual do espírito a que devem, consequentemente, tanto sua natureza quanto sua existência. Em que consiste essa atividade? Trata-se de um processo de ideação que já vimos em ação na teoria da constituição de essências e da intuição eidética a que o método fenomenológico, presa da aporia, pedia sua última possibilidade. Limitemo-nos a lembrar que a atividade de ideação tem seu ponto de partida nos dados singulares que são, no caso, as formas sensíveis da percepção corrente. É a partir destas – deixando de lado seu caráter sensível, singular, vago e aproximativo (por exemplo, a espessura, a cor, as irregularidades de uma "reta" traçada com giz na lousa pelo professor por ocasião de uma demonstração), não retendo senão o princípio intelectual que presidiu a construção de tal linha (sua definição geométrica) – que o processo de ideação produz as figuras puras e ideais da geometria. Conquanto não pertençam ao mundo da sensibilidade, as idealidades geométricas não deixam de ter relação essencial tanto com ele como com o lugar de sua origem.

É precisamente porque as idealidades geométricas trazem em si essa referência ao mundo sensível (de onde elas provêm) que a intuição galileana de seu poder de inteligibilidade com respeito a este mundo foi tornada possível. É por isso também que essa intuição se encontra fundada em última instância. Não somente as idealidades da ciência galileana remetem ao mundo sensível a partir do qual são construídas, mas elas não têm sentido senão com respeito a ele. É a referência dessas idealidades a este mundo como princípios explicativos de sua realidade – e também de suas aparências sensíveis – que justifica o conjunto de teorias científicas galileanas.

A teoria da luz, por exemplo. A subestrutura físico-matemática que ela exibe tem outro objetivo além do de dar conta dos fenômenos luminosos enquanto fenômenos sensíveis? E isso não porque o domínio ou a manipulação destes últimos apresentassem uma utilidade evidente para o homem, mas em função de sua finalidade propriamente teórica – do desejo imanente a todo espírito de explicar e de conhecer. No próprio plano teórico, no entanto, o levar em consideração esses fenômenos luminosos se limita verdadeiramente a um interesse geral de conhecimento? Sua intervenção já não está implicada na própria construção da teoria, como momento sempre presente de uma *verificação* independentemente da qual a teoria não é senão um sonho, ainda que matemático? Quando a teoria se apresenta como um conjunto coerente e abstrato, sua pretensão à verdade se baseia em outra coisa além de num fenômeno sensível, no aparecimento ou não de um raio luminoso numa tela? É, pois, toda a subestrutura físico-matemática da teoria que aparece suspensa em um dado sensível (e, finalmente, no conjunto de fenômenos sensíveis que a ciência pretende explicar). Como se esses fenômenos não fossem somente o ponto de partida da ciência, mas sua referência insuperável, sua significação e sua legitimação últimas.

Tal é, portanto, o duplo limite da redução galileana. Por um lado, a subjetividade transcendental que não é possível afastar, na medida em que a nova ciência tem dela seu conteúdo propriamente teórico. Por outro, o mundo sensível, ao qual esse conteúdo se refere inevitavelmente. Já nos referimos ao caráter inumano de um mundo despojado de toda e qualquer qualidade sensível – seu caráter apavorante. Um mundo em que os gestos humanos, tanto os mais ternos como os mais comuns, se reduziriam a processos materiais inertes homogêneos que a física estuda – a bombardeios de partículas. Vemos agora que tal mundo de partículas *insensíveis* – em que não haveria nem frescor, nem odor, nem luz, nem sombra, nem som, nem cor, nem doçura, nem encanto – não seria somente um mundo invisível: ele seria *impossível*, se é verdade que um mundo não pode existir para nós sem que ele mantenha uma relação última conosco, ainda que esta se reduza a uma eflorescência sensível, a uma sensação. É preciso, pois, retornar do *mundo da ciência*, que não é senão um mundo abstrato, incapaz de subsistir por si mesmo, ou, se preferirmos, de existir para nós, para o mundo sensível que o *mundo da ciência* pressupõe e a que se refere a todos os respeitos. A análise ontológica do corpo em que consiste a redução galileana e que abriu o espaço da ciência moderna é inseparável de uma análise fenomenológica aos olhos da qual a aparência tomada por ilusão permanece o α e o ω, um incontornável fundamento.

Uma última observação sublinhará os limites da redução galileana. Coloquemo-nos uma última vez no interior de seu olhar, não vendo senão o que ela vê, supondo a totalidade dos conhecimentos que ela torna possível. O Deus galileano onisciente, sabendo tudo do universo material e, consequentemente da organização a que chamamos (ainda hoje, de modo obsoleto) "biológica" das diversas espécies animais – organização de que decorrem, segundo Galileu, todas as séries de sensações suscetíveis de ser experimentadas por elas –, esse Deus não conheceria nenhuma dessas sensações, não teria nenhuma ideia do vermelho, do preto, do amarelo, de nenhuma cor, nenhuma ideia do som ou da música, do odor, dos perfumes, do que é agradável ou desagradável, amável ou detestável. Não teria nenhuma ideia e não poderia ter. Estranho Deus, na verdade, ou seja, igualmente estranha Ciência, essa que se apresenta hoje desde a escola como o único saber verdadeiro e que, para dizer a verdade, ao termo de seu prodigioso desenvolvimento, sabe ainda muito menos que a criança mais atrasada ou que o primitivo mais primitivo. Para dizê-lo ao modo de Descartes, há uma criação de verdades sensíveis das quais uma ciência circunscrita ao campo da natureza material nada poderia saber.

§ *20. Volta à análise do corpo sensível mundano.*
A remissão do corpo sentido ao corpo
transcendental que o sente.
A ambivalência do conceito de "sensível".

Fechemos então o parêntese galileano, a identificação falaciosa do corpo em geral, da essência do corpo material extenso, da *res extensa*, e voltemos ao mundo sensível que é aquele onde vivem os homens. No mundo sensível há o corpo sensível. Esse ponto de partida de nossa reflexão não é tão simples quanto parece. A inversão da fenomenologia a que acabamos de proceder na primeira parte deste ensaio nos obriga a operar, a partir de agora, uma decomposição do corpo sensível, imediatamente implicado na do "mundo sensível". "Mundo" significa um aparecer, a vinda para fora do Fora, o "fora de si" do horizonte temporal no qual se torna visível tudo o que se mostra a nós desse modo. A tal aparecer puro do mundo – que, como foi mostrado, é incapaz de pôr por si mesmo seu conteúdo – se opõe, portanto, este último, no caso o corpo sensível. Já não é precisamente ao aparecer do mundo que o corpo sensível deve sua existência, mas à sensibilidade. Ele se propõe em primeiro lugar, com efeito, como um corpo sentido, um corpo que é visto, que pode ser tocado, emitir um som se o atingimos, que tem um cheiro, esse doce cheiro de mel do pedaço de cera, que é liso ou rugoso, frio ou quente, seco ou úmido, duro ou mole. O senso comum e, em seguida, a maior parte das teorias do corpo se limitam a esse corpo sentido que é também um objeto do mundo. É precisamente no mundo que vemos esse corpo, é no mundo que o atingimos, a fim de ver, por exemplo, se se trata de vidro ou de cristal, é no mundo que ouvimos o som surdo ou leve que ele emite, é no mundo que a superfície de um corpo parece lisa ou rugosa, é em torno dele, no mundo ainda, que flutua seu odor.

Enquanto o corpo sensível for considerado um corpo sentido, sua pertença ao mundo não é claramente posto em causa. Assim como é no mundo que se estende a substância real desse corpo – e isso, em verdade, tanto para a percepção corrente quanto para os antigos ou os modernos –, assim também é nele, numa espécie de extensão, que se dis-põem, se estendem ou irradiam suas "qualidades sensíveis". O mundo – e por isso entendemos sempre seu aparecer, o Ek-stase de sua exterioridade – não recobra então em si, não "contém" precisamente esse "conteúdo sensível" que se mostra nos objetos e se ex-põe neles, desdobrando-se como eles, com eles, no desdobramento do horizonte no qual o mundo se exterioriza e nos aparece?

A ilusão segundo a qual o mundo sensível constituiria uma realidade autônoma – e isso porque a qualidade sensível encontraria nele a condição fenomenológica de seu aparecimento enquanto qualidade sensível exterior que tem, pois, esse aparecimento de sua exterioridade: eis aí o paralogismo disso a que é preciso chamar realismo grosseiro. Ora, este último não é próprio do senso comum: habita todos os pensamentos que, de modo confesso ou não, consideram o corpo um *objeto sensível mundano*, ou, para dizê-lo de outra forma, consideram que o conteúdo sensível do mundo é um em-si. Há, portanto, um Sensível puro, algo que ao mesmo tempo possui uma textura impressional – é vermelho, escuro, sonoro, doloroso, nauseabundo... – e cujo aparecer não é menos o "lá fora" do mundo. A análise essencial de Galileu no que ela tem de verdadeiro e de inalterável, tal como foi retomada por Descartes na problemática do *cogito* – denunciou essa ilusão. Um corpo mundano reduzido ao que deve ao mundo, um corpo exterior reduzido à sua exterioridade, um corpo extenso não possui, enquanto tal, nenhuma matéria impressional, nenhuma qualidade sensível, com efeito; não é mais vermelho, doloroso, nauseabundo ou irritante. O estrato sensível, axiológico, afetivo do mundo não lhe vem mais de sua estrutura ek-stática do que o conteúdo impressional do fluxo husserliano lhe vem de sua forma de fluxo.

Já não é mais possível, pois, afastar essa evidência. Todo corpo sentido pressupõe outro corpo que o sente; todo corpo visto pressupõe um poder de visão e um "pôr em ação" esse poder, sua operação ou, como o dizemos, sua prestação; todo corpo sonoro pressupõe um poder de ouvir, a operação, a prestação de tal poder; todo corpo tocado, apalpado, percorrido pela mão que o toca pressupõe o poder de tocar, o pô-lo em ação, *mas também o poder de mover esse poder de tocar – o pôr em ação da mão que toca, a operação, as prestações tanto desse segundo poder quanto do primeiro*. E assim também em relação ao odor, em relação a tudo o que é suscetível de ser sentido e cujo ser-sentido implica, a cada vez, um poder de sentir sem o qual ele não seria.

Assim, somos remetidos inelutavelmente de um corpo sensível mundano, objeto do mundo, a um corpo de outra ordem: um corpo transcendental provido desses poderes fundamentais de ver, sentir, tocar, ouvir, mover e mover-se, e definido por eles. Corpo "transcendental" porque condição de possibilidade do corpo sentido, mundano. Corpo que sente e já não sentido, que dá e já não é dado, um corpo que dá o mundo e o conjunto dos corpos nele sentidos – nosso próprio corpo, consequentemente, como corpo que também é sentido no mundo, entre os outros corpos mundanos. Um corpo-sujeito, oposto a um corpo-objeto de que é condição. Um "corpo subjetivo" *a priori*, diferente do corpo objetivo no sentido de que aparece como seu fundamento. Um corpo subjetivo transcendental, que dá e sente o corpo sentido e dado por ele – todo e qualquer corpo objetivo mundano. É a teoria desse corpo originário e fundador que é requerida em primeiríssimo lugar.

Esta nos põe diante de problemas difíceis, cada um dos quais deve ser claramente percebido e tratado por si mesmo. A dificuldade, no entanto, não resulta somente da pluralidade das questões levantadas, tais como a essência do corpo originário, sua relação com o corpo mundano, o princípio da diferença que se instaura entre os corpos mundanos em meio aos corpos da natureza e um corpo tal como o nosso – a saber, nosso corpo transcendental que, também ele, aparece com o aspecto de um corpo mundano; ou ainda a relação entre nosso próprio corpo e o corpo de outro (tanto transcendentais quanto mundanos), etc. A tudo isso se acrescenta a questão da relação entre as qualidades sensíveis e as impressões, entre estas e os poderes fundamentais (visão, audição, etc.) que coconstituem o corpo originário a que o corpo objetivo deve sua natureza e suas propriedades. E a lista não está encerrada.

A dificuldade reside antes de tudo na ordem segundo a qual convém abordar essas múltiplas questões. É verdade que, a esse respeito, já dispomos de indicações decisivas. A ordem de uma investigação é também o método que ela deve seguir para chegar a seu objeto. Segundo as pressuposições da fenomenologia, é seu próprio objeto que funda seu método, é o aparecer puro que constitui, como dizíamos, a via de acesso que conduz até ele. Essas pressuposições gerais da fenomenologia assumem uma significação rigorosa depois que a análise da fenomenalidade fez explodir a unidade ilusória de seu conceito. Assim, dissociamos dois modos fundamentais segundo os quais se fenomenaliza a fenomenalidade pura – opondo à interpretação monótona do *phainomenon* grego a dualidade fundamental do aparecer, sua "duplicidade". É esta que deve guiar nossa *démarche*, regrar a ordem das questões que tem por tarefa elaborar. Não reconhecemos, com efeito, que duas vias se propõem *a priori* à análise do corpo, segundo ela confie o aparecer deste último ao Ek--stase do mundo ou ao *páthos* da vida?

Seguindo a primeira via, encontramos naturalmente o corpo mundano, o corpo que se mostra a nós no mundo e, ao mesmo tempo, parece constituir seu conteúdo. O caráter sensível desse corpo (que a redução galileana não chega a eliminar) fez surgir uma primeira dificuldade: ele é inexplicável a partir do mundo e de seu aparecer. Assim, encontrávamo-nos remetidos inelutavelmente do corpo sensível, enquanto corpo sentido, a um corpo que o sente: *um corpo que já não é objeto da experiência, mas seu princípio*. Esse corpo princípio da experiência, condição de sua possibilidade – esse corpo transcendental –, é composto, como dizíamos, de um conjunto de poderes fundamentais. Estes não são senão os *sentidos tradicionais. Ora, a estrutura de cada um desses sentidos é uma estrutura ek-stática.* Cada sentido é um "sentido do longínquo". A visão, por exemplo, leva ao longe: passa pelas primeiras casas que margeiam o rio, segue através do campo, chega ao cume da colina, às árvores que a cobrem e vai além, alcança o céu e as últimas estrelas. Os objetos mais próximos, aqueles que nos circundam, estão na mesma lonjura. A distância que nos separa não é antes de tudo uma distância espacial, que pode ser maior ou menor, com efeito: é a exterioridade transcendental do mundo cuja estrutura é o horizonte tridimensional do tempo que precede, tornando-a possível, a intuição do espaço e não poderia depender dela. É essa exterioridade originária que não pode ser abolida sem que, ao mesmo tempo, seja abolida a própria possibilidade da visão. Assim também para cada um de nossos sentidos: todos nos lançam para fora, de modo que tudo o que é sentido por nós o é sempre fora de nós, diferentemente do poder que o sente, na medida em que tal poder é o do afastamento, o Ek-stase do mundo. É assim que todo som ressoa no mundo, o cheiro flutua em torno da flor, o perfume em torno do rosto, em torno de nós. Não podemos, no entanto, tocar um objeto num contato imediato, bater com o dedo em sua superfície? É verdade: o que tocamos, então, nesse contato, o que está contra nós, completamente contra, é o próprio exterior – a madeira desta mesa, esta parede, meu próprio corpo na medida em que faço dele objeto de um de meus sentidos, mas que, ao mesmo tempo, se torna para mim algo exterior.

Mas, se todos os nossos sentidos são sentidos do "longínquo", se a estrutura de cada um dos poderes que compõem nosso corpo transcendental é uma estrutura ek-stática, de maneira que tudo o que sentimos nos é exterior, essa consequência paradoxal não nos pode escapar: ao contrário de ser incapaz de fundar o caráter sensível do corpo e, assim, do conteúdo ao qual ele dá o aparecer, o aparecer do mundo seria sua condição. Quereríamos interrogar-nos sobre a subjetividade desse corpo transcendental que já não é um objeto de experiência, mas seu princípio. Reconhecemos sem dificuldade o verdadeiro nome dessa subjetividade que toma sua fenomenalidade da subjetividade do mundo e lhe é idêntica: é a intencionalidade, o ultrapassamento para fora de si que se faz ver na luz desse "fora de si" que é o mundo. Ao mesmo tempo, se encontra desmascarado o sofisma que consiste em atribuir aos sentidos do corpo transcendental o caráter sensível do que eles nos dão a sentir como exterior a nós: o que eles explicam em sua transcendência é o caráter exterior – de nenhum modo o caráter sensível do que é sentido: essa matéria impressional do vermelho, do frio ou do quente, esse ressoar afetivo de um som ou de um cheiro de que já não sabemos se estão em nós ou nas coisas.

O que é exigido aqui é uma *análise eidética já não do corpo material, mas da sensibilidade*, cujo conceito permanece tradicionalmente submerso numa obscuridade quase completa. Consideremos, então, de novo, essas prestações do corpo transcendental que nos abrem, com efeito, às coisas, dando-as a nós dessa maneira muito particular que consiste em senti-las, que são as prestações de nossos sentidos, da visão, da audição, do tato. Em um sentido incontestável, essas prestações são intencionais: elas se erguem para o mundo. Nesse movimento de ultrapassamento para o lá-fora fazem ver aquilo de que esse lá-fora assegura a visibilização. Esta pode cumprir-se como uma visão propriamente dita, como uma audição, como o ato de aspirar o cheiro, de saborear um prato ou de tocar um objeto: seja como for, é a cada vez nessa vinda para fora que a experiência de sentir encontra sua possibilidade. Ver no sentido da fenomenologia, como sinônimo de captar – *sehen und fassen* –, refere-se a essa iluminação transcendental que não é a luz do sol nem a da eletricidade e na qual, no entanto, independentemente de toda iluminação natural ou artificial, as coisas já nos aparecem. No escuro de meu quarto, "vejo" esse escuro, toco a mesinha de cabeceira, ouço o silêncio *que me circunda*.

Se ver, tocar, ouvir, trazem cada vez em si uma intencionalidade, já não é possível explicar o primeiro pelo olho, o segundo pelo tato, o terceiro pelo ouvido – por estruturas e processos inertes em si, desprovidos de toda e qualquer intencionalidade. O conjunto de prestações transcendentais de nossos sentidos, nossas sensações, as qualidades sensíveis que elas nos fazem conhecer não poderiam resultar da organização biológica dessas espécies de animais que somos nós. A explicação de Galileu é posta de lado e, com ela, toda forma de materialismo, seja a do senso comum, seja a do cientificismo. Do ponto de vista filosófico, é sempre absurdo explicar uma condição de possibilidade pelo que ela torna possível – no caso, o corpo que sente a partir daquele que é sentido.

§ 21. *A tentativa de superar a oposição entre o corpo que sente e o corpo sentido: a problemática do último Merleau-Ponty e a absolutização do Sensível.*

Essa dualidade insuperável dos dois corpos – um, princípio de experiência, e o outro, seu objeto – nos põe pela primeira vez diante da extrema ambiguidade do conceito de sensibilidade. Esta se reveste, com efeito, de duas significações totalmente diferentes quando se fala, como se faz habitualmente, do "corpo sensível". Trata-se, por um lado, do corpo sentido, e, por outro, do corpo que o sente – o primeiro, o corpo inerte da natureza material, em si mesmo opaco, cego, desprovido precisamente do poder de sentir que define a essência do segundo, o qual constitui a condição de possibilidade do primeiro, fazendo dele o que ele é. "Sensível" designa então, ao mesmo tempo, a capacidade de sentir e o que se encontra privado disso para sempre. *O fato extraordinário de que nosso próprio corpo possa ser considerado e descrito desses dois pontos de vista originariamente diferentes e incompatíveis, que pareça, antes, reuni-los em si a ponto de se compreender a partir dessa dualidade*, não contribuiu pouco para a confusão de que falamos.

Ao levar em consideração nosso próprio corpo, em lugar de um corpo natural qualquer, a dificuldade, é verdade, perde algo sua evidência. Nosso próprio corpo não é, com efeito, isto: um corpo que sente ao mesmo tempo que é sentido – e sentido por si mesmo? "Sensível", pois, segundo as duas acepções que queríamos dissociar. A "confusão" do sensível não nos remeteria, nesse caso, à natureza verdadeira deste último, permitindo-nos percebê-lo enfim? "Sensível": o par sentinte/sentido, os dois tomados em conjunto, indissoluvelmente. "Visível", num sentido tão radical quanto imprevisto: que porta em si o Vidente que o vê, esse Vidente esmagado no que vê, retomado por ele, iluminando o que não se torna visível senão por ter absorvido o Vidente em si, não formando, doravante, senão algo uno com ele: essa matéria fluorescente que forma o tecido do mundo, esses aparecimentos sem solução de continuidade; esse Sensível e esse Visível puros, confundidos, tal como em si mesmos enfim reconhecidos – essa carne do mundo, essa carne luminosa cuja luz é o aparecer do mundo.

E tudo isso – esse absurdo de uma carne sempre semelhante à dos esfolados vivos, como o fauno Mársias ou São Bartolomeu –, essa carne ek-stática, arrancada de si, separada de si, colocada fora de si, evadindo-se de si mesma no horizonte, essa carne para sempre longínqua, mundana, que ignora o peso de ser si mesma e de ser um Si inexoravelmente ligado a si, designada à residência em si mesma, esmagada contra si no sofrer irrompível de seu *páthos* infrangível – ignorando o sofrimento e a alegria –, essa carne translúcida, transparente, reduzida a uma película sem espessura, que não seria a carne de ninguém, mas somente a do mundo: tudo isso, esse feixe de paradoxos que despojam nossa carne de tudo o que faz dela uma carne, não seria tão absurdo se pudéssemos descobrir-lhe o princípio e o lugar em nosso corpo.

Pode-se fazê-lo na medida em que se reduz este à relação tocante/tocado (tocante/tangível), que se pode escrever também vidente/visível já que se trata – por trás dessas designações que se referem, sucessivamente, a nossos diferentes sentidos – da relação geral do poder de sentir com o que ele sente, do corpo transcendental com o corpo sentido, da estrutura ainda incompreendida da sensibilidade. Reduzir nosso corpo próprio a tal relação é fazer desta um absoluto, é dar conta desse corpo que é o nosso, de sua relação com o mundo sensível e deste último sem que seja necessário recorrer a nenhuma outra instância.

Ponhamos em ação tal relação, como o faz o último Merleau-Ponty em *O Visível e o Invisível*. Minha mão direita – o tocante – toca minha mão esquerda – o tocado. De maneira incontestável, a estrutura dessa relação é uma estrutura oposicional entre um corpo transcendental capaz de sentir, um corpo constituinte, e o que não é sentido senão por ele, constituído como tal. Mas essa relação é reversível. É a mão esquerda agora que toca a mão direita. Sua condição muda totalmente: ela se eleva ao domínio que pertence ao constituinte, tornou-se o tocante, o poder de sentir – enquanto a mão direita sofre um destino contrário: abandonando o domínio do constituinte, tomou lugar no meio do constituído, por assim dizer, entre as coisas. Nessa inversão de papéis entre as duas mãos, a estrutura no interior da qual ela se produz (tocante/tocado) não é abolida, mas mantida. Contra toda lógica, Merleau-Ponty lê aí, no entanto, a desqualificação dessa estrutura oposicional entre o que constitui e o que é constituído. E isso porque, de modo sub-reptício, mas também completamente ilegítimo, procedeu à *extensão ao mundo inteiro dessa relação tocante/tocado, característica do corpo próprio e que não se produz jamais senão nele.*

Se a mão direita que tocava perdeu seu domínio de tocante, isso quer dizer não simplesmente que ela se tornou uma parte tocada do corpo próprio, mas uma parte do mundo em geral, consequentemente homogênea a ele. É, pois, o poder transcendental de sentir que, inserindo-se no mundo, testemunha a possibilidade permanente para ele de se tornar uma coisa entre as outras e semelhante a elas. Inversamente, quando a mão esquerda tocada, situada neste mundo, se faz, por sua vez, mão tocante, é o mundo inteiro – cuja condição ela compartilhava até então que ela instala consigo no novo registro que é agora o seu, o de um corpo transcendental, que constitui e que toca. Dessa dupla possibilidade inerente ao corpo transcendental de se fazer mundo – de, tocante, se fazer tocado – e, ao mundo, de se fazer corpo transcendental – de, tocado, se fazer tocante – resulta o Sensível merleau-pontyano: sentinte/sentido, tocante/tocado, vidente/visível, tudo de uma só vez e uniformemente, o entrelaçamento, essa entidade tão eclética quanto inconcebível que pretende definir a única realidade, a do mundo – aparecer e conteúdo confundidos –, o mundo sensível, a carne do mundo.

E não se trata de dois momentos homogêneos o Vidente "encarnando-se" no visível, e este "enrolando-se em torno do Vidente" mas de um só, o da realidade, de maneira que, inicialmente, o ser que vê o visível e o ser-visível do Vidente formam algo uno. "Aquele que vê não pode possuir o visível sem ser possuído por ele, sem ser dele, sem, por princípio (...), ser um dos visíveis, capaz, por um singular retorno, de vê-los, ele que é um entre eles." "O corpo nos une diretamente às coisas por sua própria ontogênese, soldando uma à outra (...), a massa sensível que ele é e a massa do sensível onde ele nasce por segregação e à qual, como vidente, permanece aberto." "De maneira que, estando o vidente tomado naquilo que vê, é ainda a si mesmo que ele vê: há um narcisismo fundamental de toda visão." Corpo, enfim, "é a Visibilidade ora errante, ora agrupada",[5] isto é, em conjunto, o desfile dos corpos visíveis, as *visibilia* e o poder transcendental que os vê. O poder transcendental de constituição, cuja elucidação sistemática a fenomenologia husserliana perseguiu e cujas estruturas fundadoras ela teve tanta dificuldade para alcançar, é, assim, esmagado no constituído, reduzido a este último, confundido com ele, identificado com ele – perdido, escamoteado. E isso não por acaso, mas por razões essenciais: porque o estatuto fenomenológico do poder de constituição permanece impensado. Absorvida no constituído, a teoria da constituição dá lugar a uma descrição literária que reencontra perigosamente a do realismo ingênuo. Como Bergson antes dele, Merleau-Ponty não terá sido

---

[5] *Le Visible et l'Invisible*. Paris, Gallimard, 1964; respectivamente, p. 177-79, 183, 181.

vítima de sua fascinante escrita, a ponto de substituir a análise filosófica por sistemas de metáforas?

§ 22. Desdobramento do corpo transcendental. A corporeidade originária imanente encontra sua essência na vida.

Antes de mostrar por que é impossível estender ao universo a estrutura oposicional tocante/tocado – entendida em sua reversibilidade principial, característica de nosso corpo próprio, e que encontra seu lugar de emergência e de exercício nele e somente nele (nunca se viu uma pedra tocada por minha mão pôr-se, por sua vez, a tocar esta, a apalpá-la, a acariciá-la...) –, convém refletir mais profundamente sobre tal estrutura. Como aceitá-la ingenuamente vendo-a em ação na experiência mais corrente: quando uma de nossas mãos toca a outra, ou se encontra tocada por ela? Nesse caso como em outros, não é porque fazemos tal coisa que demos conta filosoficamente da possibilidade transcendental e *apriorística* de tal ato. Ora, essa possibilidade não concerne somente ao tato, mas também à visão, à audição, ao paladar, ao olfato – trata-se da possibilidade do conjunto de nossos sentidos, a de nosso próprio corpo transcendental.

É então que a questão dessa possibilidade transcendental de nosso próprio corpo – ao qual nós próprios chamamos corpo transcendental, originário, constituinte – estranhamente se desdobra. Definido pelo conjunto de nossos sentidos, e sua atividade beneficiando-se em múltiplas prestações do ver, do tocar, do ouvir, do sentir em todas as suas formas, nosso próprio corpo é transcendental precisamente no sentido em que torna possível tudo que é visto, ouvido, tocado por ele, o conjunto de qualidades e de objetos sensíveis que compõem a realidade de nosso mundo – um mundo sensível, com efeito. Do fato de que essa realidade sensível seja precisamente a de um mundo resulta que esses sentidos são sentidos do longínquo: *o modo segundo o qual eles dão a sentir de diversos modos é a intencionalidade – esse fazer-aparecer na luz do horizonte ek-stático de visibilização para o qual a intencionalidade se lança a cada vez.*

Mas, como a inversão da fenomenologia no-lo ensinou, a intencionalidade – a intencionalidade do corpo transcendental, que torna possíveis os corpos sensíveis e, por conseguinte, o universo sensível em geral – não constitui jamais em si sua própria condição de possibilidade: abrindo-nos ao mundo, tornando-o manifesto, ela é incapaz de assegurar a obra da manifestação com respeito a si mesma, de se revelar a si mesma a si. Assim, somos remetidos invencivelmente da possibilidade transcendental do mundo sensível, a qual reside no corpo transcendental intencional que o dá a sentir, à possibilidade transcendental desse próprio corpo intencional – à *autorrevelação da intencionalidade na vida.*

Essa referência de uma possibilidade transcendental a outra é decisiva porque é a segunda que funda a primeira. Cada uma das prestações transcendentais intencionais de nossos diversos sentidos não pode cumprir-se, dar-nos o que ela dá – a visão, o que é visto; a audição, o que é ouvido; o toque, o que ele toca; o sabor, o que ele saboreia; o cheiro, o que ele aspira –, sem que *ela se revele originariamente a si na efetuação fenomenológica da doação que cumpre enquanto doadora.* É assim, como dizíamos seguindo Descartes, que uma visão que não se sentisse a si mesma vidente,[6] numa autorrevelação diferente, por natureza, do aparecer em que a ela se revela o que ela vê, seria para sempre incapaz de ver o que quer que fosse. Assim também para cada uma das intencionalidades constitutivas de nossos diversos sentidos. O corpo transcendental que nos abre ao corpo sentido, trate-se do nosso ou do das coisas, repousa sobre

---

[6] "*Sentimus nos videre*", diz a famosa carta a Plempius de 3 de outubro de 1637, que opõe nossa própria visão enquanto visão fenomenológica efetiva à dos animais, que precisamente não veem – o que implica a imanência, no próprio ver, de um sentir mais antigo que ele e de outra ordem, de um autossentir, sem o qual o ver não veria. Cf. *A.T.,* IX, p. 28.

uma corporeidade muito mais originária, transcendental num sentido último, não intencional, não sensível, cuja essência é a vida.

Aqui se abre a via nova, uma via real ainda que não tenha sido tomada pela filosofia senão raramente, a de compreender o corpo já não a partir do mundo, mas da vida. É a radicalidade dessa nova abordagem que cumpre, antes de tudo, preservar. As análises do corpo a que procedemos até agora – duas delas, notadamente: a crítica da redução galileana, a remissão do corpo sentido ao corpo transcendental que o sente – pertencem ainda à primeira via, encontrando-se uma e outra sob a iluminação do mundo. Isso é evidente para a redução galileana, que opera à sua maneira uma substituição do sensível pelo inteligível sem pôr em causa o modo de aparecer que faz a inteligibilidade do inteligível – a mesmo título, aliás, que a do próprio sensível. Em contrapartida, a questão do corpo transcendental sentinte no corpo sentido diz respeito à relação que se instaura entre eles – de tal modo que essa relação é a intencionalidade. Tomada como evidente, esta não introduz, como o sabemos, nenhum modo de aparecer novo, diferente daquele do mundo. Muito pelo contrário: é no Ek-stase deste último que ela dá a ver e a sentir tudo o que advém em nossa experiência *a título de objeto sentido fora de nós*, vibrando e ressoando num mundo. Assim se divide o sensível entre um corpo-sujeito – *um corpo subjetivo* – e um corpo-objeto.

A fenomenologia moderna contribuiu para a descoberta desse corpo subjetivo, em vez de se ater à consideração tradicional do corpo como simples objeto. Certamente, já não se trata de pôr na origem nossa experiência, já não é o "eu penso" formal e vazio de Kant, mas um sujeito que é um corpo, um sujeito encarnado, como o faz o "primeiro" Merleau-Ponty, da *Fenomenologia da Percepção*. O mundo a que temos acesso é muito diferente segundo seja conhecido por uma geometria ideal – como acreditava Galileu –, pela intuição intelectual de um entendimento puro – como pensaram, depois dele, Descartes e a filosofia clássica –, ou se trate, ao contrário, de um mundo originalmente sensível resultante, a cada instante, das prestações concretas de nossos diversos sentidos.

A renovação da questão do corpo e, por isso mesmo, do mundo – na medida em que é o primeiro que modela agora o segundo – permanece, no entanto, muito relativa: ao contrário de se subtrair às pressuposições que determinam o conceito grego de fenômeno, a pretensa renovação mantém-se no interior do horizonte que essas pressuposições desenham e lhes permanece submissa. E isso de modo tão instante que, ao contrário de ser abalada, a interpretação do corpo a partir da visibilidade do mundo se encontra reforçada, estendida ao novo corpo transcendental – ao sujeito encarnado que se encarrega de nossa experiência. Este, com efeito, é um corpo intencional, *submetido ao mundo nesse sentido original de que ele nos abre a si*. É precisamente porque o corpo transcendental que sente com todos os seus sentidos nos abre ao mundo que tudo o que ele dá a sentir – e, assim, a si mesmo enquanto corpo sentindo, mas suscetível igualmente de ser, por si mesmo, sentido – toma lugar nesse mundo a título de objeto sentido. *O "fora de si" determina tanto o corpo enquanto novo sujeito do mundo sensível quanto o corpo tradicional situado nesse mundo a título de objeto e nele sentido*. O novo corpo transcendental não é, assim, senão a condição do antigo, a ponto de poder deslizar ele próprio para essa posição antiga, tal como vemos no último Merleau-Ponty. Com essa identificação dos dois corpos, o antigo e o novo, com esse mito do Sensível como Sentinte/Sentido, Vidente/Visível, não nos encontramos somente diante de uma aberração: esta resulta antes da passagem ao limite das pressuposições que constituem o monismo fenomenológico, e deve compreender-se como sua última consequência.

Numa análise fenomenológica rigorosa, a oposição entre um "corpo-sujeito" e um "corpo-objeto" se reduz, então, a uma oposição encontrada por essa análise em seu primeiro passo: a oposição entre o aparecer e o que aparece nele. Tal oposição não é propriamente fenomenológica no sentido de que se instaure entre dois modos de aparecer que seriam diferentes e, assim, "opostos" um ao outro. Ao contrário: na estrutura fenomenológica que opõe o aparecer e o que aparece nele, é um só e mesmo aparecer que está em ação e cumpre seu poder de manifestação. É precisamente porque este único aparecer é o "fora de si" que ele coloca lá fora, num mundo, tudo isso a que dá o aparecer, que uma oposição se institui entre esse aparecer e o que aparece nele. Eis a razão pela qual o corpo--sujeito o corpo transcendental que dá a sentir fora de si o que é assim sentido por ele lá fora reina absoluto sobre o sentido, mas também sobre si mesmo, uma vez que se trate, para ele, de aparecer. Ele não poderá fazê-lo senão levando-se a si mesmo para fora de si, de modo a ser sentido por ele. A reversibilidade do tocante e do tocado não significa nada mais que esse reino de um único aparecer que se ocupa sucessivamente do que ele dá fora de si – do sentido – e, depois, de si mesmo, que dá esse sentido mas não se dá, todavia, a si mesmo senão nesse fora de si, como sentido ele também. De maneira que jamais há senão o sentido, e que o poder de sentir, para ser a cada vez deslocado de uma instância a outra, de uma mão a outra, *é sempre pressuposto em lugar distinto desse em que não advém ao aparecer senão na forma do que é sentido*. Semelhante ao "sujeito" da filosofia clássica, esse "lugar distinto" permanece "um eterno ausente". Despojado de toda efetividade fenomenológica, tornada doravante misteriosa a efetuação de cada um desses poderes, esse corpo transcendental que julgamos nos abrir ao mundo sensível, ao corpo-sentido, trate-se do nosso ou de um corpo qualquer não é mais que uma hipótese inútil. São as pressuposições da fenomenologia que ruem quando a condição de todos os fenômenos deve renunciar, ela mesma, a toda pretensão à fenomenalidade. O corpo--objeto da tradição e do senso comum permanece, de fato, o que era desde sempre, um corpo-objeto, com efeito, não devendo sua manifestação senão a seu estatuto de ob-jeto – *ao fato de ser "lançado aí diante de um mundo"*, na ausência de qualquer outra legitimação, sem que nenhuma questão filosófica concernente a essa legitimidade deva ainda ser posta.

§ 23. A geração da carne na Vida absoluta. Caracteres fenomenológicos originários da carne decorrente dessa geração.

A transformação radical da concepção do corpo não se produz senão quando seu modo de aparecer é explicitamente posto em causa, quando a via de acesso ao corpo – ao nosso, em primeiro lugar – já não é o Ek-stase do mundo, mas a vida. É então a totalidade das propriedades fenomenológicas que o corpo tradicional recebe do mundo que devem ser anuladas. Não somente nosso corpo já não se apresenta com o aspecto de um corpo exterior sentido por nós, coisa entre as coisas, objeto entre os objetos. Se se trata de pensá-lo já não como objeto de experiência, mas como princípio de experiência, como poder de doação que torna manifesto, então é o corpo transcendental intencional que sente toda e qualquer coisa e a si mesmo fora de si enquanto corpo sentido que deve, ele também, ser descartado. Nem o sentir nem o sentido, nem sua estrutura oposicional, nem o quiasma Tocante/Tocado, Vidente/Visível – seja ainda compreendido como quiasma, como estrutura oposicional ou, ao contrário, como um entrelaçamento, como a identificação inconcebível entre o constituinte e o constituído e como sua confusão –, nada disso intervém no que deve agora ser pensado. Pois se é a vida que se encarrega da revelação do corpo, não há precisamente nela estrutura oposicional nem intencionalidade, nem Ek-stase de nenhum tipo – nada visível. E o poder originário da visibilização, a vinda "fora de si" do mundo, a exteriorização primitiva da exterioridade tampouco está em ação aqui, nessa revelação de nossa corporeidade originária, na medida em que esta é confiada à vida. *Uma corporeidade originária invisível*, portanto, despojada tanto de todo caráter mundano quanto do poder de doação num mundo – provida, ao contrário, de todas as propriedades fenomenológicas que tem de sua fenomenalização na vida.

Que propriedades nossa corporeidade originária tem da vida? Isso é o mesmo que perguntar: como a vida revela e o que ela revela – de modo que o que se encontra revelado por ela seja, no caso, o conjunto das propriedades constitutivas dessa corporeidade originária de que falamos e que é a nossa? Nossa pergunta remete então ao que sabemos. A vida revela de tal modo, que o que revela jamais está fora dela – não sendo jamais nada exterior a ela, diverso, diferente, mas ela mesma, precisamente. De maneira que a revelação da vida é uma autorrevelação, esse "experimentar-se a si mesmo" originário e puro em que o que experimenta e o que é experimentado constituem algo uno. Mas isso não é possível senão porque o modo fenomenológico de revelação em que a vida consiste é um *páthos*, esse estreitamento sem afastamento e sem olhar de um sofrer e de um fruir cuja matéria fenomenológica é, com efeito, a afetividade pura, uma impressionalidade pura, essa autoafeição radicalmente imanente que não é senão nossa carne.

A transformação radical da concepção tradicional do corpo, quando o aparecer deste é confiado à vida e já não ao mundo, não consiste somente na substituição de um modo de aparecer por outro; essa transformação afeta, ao mesmo tempo, o conteúdo do que é revelado cada vez: não o corpo que compreendemos desde sempre como um corpo exterior, mas o que difere dele totalmente, uma carne precisamente, uma carne tal como a nossa e que não advém jamais em nenhum lugar senão na vida.

Mas é essa diferença que deve ser pensada até o fim. Quando o corpo se mostra a nós no mundo, deve ao modo de aparecer deste último certo número de caracteres fenomenológicos que derivam todos da exterioridade – *jamais sua existência*. Assim, é preciso reconhecer, com respeito ao conjunto dos corpos que se revelam no mundo –trate-se de nosso próprio corpo ou de um corpo qualquer –, que *eles existem antes dessa revelação e independentemente dela*. Quando a vida revela a carne, ao contrário, ela não se limita a revelá-la como se nós estivéssemos ali ainda diante de dois termos, um que revela e o outro que é revelado. E é por isso que dizemos que o primeiro não se limita a revelar o segundo, ao modo como o mundo desvela um corpo que não cria. *A vida revela a carne engendrando-a, como o que nasce nela, formando-se e edificando-se nela, extraindo sua substância, sua substância fenomenológica pura, da própria substância da vida. Uma carne impressional e afetiva, cuja impressionalidade e afetividade não provêm jamais de outra coisa senão da impressionalidade e da afetividade da própria vida.*

Na primeira abordagem, com efeito, quando encontramos a carne sob o nome de "impressão", esta se deixou descrever como uma carne afetiva não sendo senão isto: uma carne vivente que se sente e experimenta a si mesma numa impressionalidade e numa afetividade consubstanciais à sua essência. Mas essa impressionalidade e essa afetividade não são as suas. Impressional e afetiva, a carne não o é senão de sua vinda a si numa vinda originária a si mesma que não é o próprio seu, mas o da Vida. É unicamente porque aí onde se cumpre toda vinda a si e toda vida concebível pela potência da Vida absoluta que se traz a si mesma em si, *essa vinda originária a si mesma que se cumpre no* páthos *originário de sua pura fruição de si – no Arqui-*Páthos *de uma Arqui-Carne –, que em todos os lugares e, necessariamente, em todos os lugares onde uma vida vier a si, essa vinda será identicamente a de uma carne, a vinda a si dessa carne na Arqui--Carne da Vida.* A carne é justamente o modo como a vida se faz Vida. Não há Vida sem uma carne, mas não há carne sem Vida. Sucede porém que essa conexão originária e essa reciprocidade, essa interioridade recíproca da Carne e da Vida, não concerne a uma vida como a nossa senão porque, antes do tempo, antes de todo o mundo concebível, ela se estabeleceu na Vida absoluta como modo fenomenológico segundo o qual essa Vida vem eternamente a si no Arqui-*Páthos* de sua Arqui-Carne.

Seguindo o ensinamento de Cristo, João compreende a Deus como a Vida. O Antigo Testamento já dizia do Deus de Abraão, de Isaac e de Jacó que ele é o Deus dos Viventes. Com essa Vida, trata-se da

Vida absoluta que se traz a si mesma em si. Como o reconhece por sua vez Cirilo de Alexandria: "De Deus unicamente pode ser dito que é naturalmente Vida". Em que consiste essa natureza? Chamemos Arquipassibilidade à possibilidade *apriorística* de se experimentar a si mesmo no Arqui-*Páthos* de uma Arqui-Carne: então vemos muito claramente que essa Arquipassibilidade pertence à Vida absoluta como sua própria "natureza", como matéria fenomenológica em que sua vinda originária a si mesma se cumpre. Não que Deus obedeça a alguma determinação prévia, a alguma Razão a que ele mesmo não pudesse subtrair-se, mas porque ele é a Vida e, assim, o Deus dos viventes. Não há vivente sem a Vida, mas não há Vida sem a Arquipassibilidade de sua Arquirrevelação. Como tudo isso deve ser compreendido dinamicamente, a possibilidade *apriorística* da Vida nunca é uma "pura possibilidade": sempre a vida já veio a si mesma, ela é a eterna vinda a si na Arquipassibilidade em que se experimenta sem cessar a si mesma e frui de si no amor infinito com que se ama eternamente a si mesma.

O Deus cristão não é, portanto, o deus grego. Os Padres da Igreja, apesar de sua dificuldade em pensar diferentemente dos gregos, não se enganaram. Jamais imaginaram que o Deus que eles adoravam pudesse ser um deus "impassível", estranho aos assuntos dos homens, indiferente à sua sorte – indiferente à adoração que eles lhe fazem e que, em contrapartida, ou antes de tudo, não os tivesse amado ele mesmo. E eles pensavam isso não por efeito de um antropomorfismo ingênuo, mas por uma razão inversa. *Eles se experimentavam fenomenologicamente a si mesmos como viventes, experimentavam passivamente sua própria vida como uma vida que vinha a eles sem seu concurso ou seu assentimento, que não era sua e que se tornava, no entanto, sua. Uma vida em que sofriam e da qual extraíam a imensa felicidade de viver. Dados a eles mesmos nessa vida, amando-se a si mesmos nela, eles experimentaram que ela os amava necessariamente e que estava ali seu amor: dá-los a eles mesmos na embriaguez de sua própria alegria, fazer-se assim conhecer por eles – por eles, que se experimentavam a si próprios na embriaguez de sua alegria nela*. Eles rezavam então com Tertuliano, pedindo a Deus que não mais amassem a si mesmos nele, mas que o amassem a ele neles – a ele unicamente. É com furor que o mestre de Tertuliano denuncia o deus grego, esse deus longínquo, inabitado, reduzido a um conceito vazio, privado de qualquer significação. Um deus que não teria chegado ao nosso conhecimento ali onde nós chegamos ao seu – separado de nossa vida e de seu destino. Como vítimas desse Deus exangue, estranho aos homens e aos assuntos humanos, é que os heréticos imaginaram acima do "verdadeiro Deus (...) que insuflou em nós um sopro de vida (...) um grande Deus que ninguém pode conhecer, que não se comunica com o gênero humano e não administra os assuntos terrestre: é com certeza o Deus de Epicuro que eles encontraram, um Deus que não serve de nada para si mesmo nem para os outros".[7]

O que convém entender no cristianismo sob o termo *Transcendência* se coloca, pois, sob nosso olhar. Não, à maneira da fenomenologia contemporânea, a vinda para fora do mundo ou do que se mostra nele, o correlato objetivo em direção ao qual "se ultrapassa" a intencionalidade. Tampouco o Deus da tradição filosófica ou o Arquiteto do universo. Nem sequer o Criador que teria lançado para fora de si sua criação, e a nós com ela, na medida em que faríamos parte dela, deixando-nos no máximo o cuidado de decifrar o vestígio que ele teria querido inscrever em sua obra. Em um sentido radical e no único aceitável, caso se trate, com efeito, do absoluto, *Transcendência designa a imanência da Vida em cada vivente*. Como essa imanência concerne à autorrevelação de cada vivente enquanto se cumpre na autorrevelação da vida absoluta, ela encontra sua possibilidade fenomenológica – e, assim, sua efetuação concreta na Arquipassibilidade em que a Vida absoluta se revela originariamente a si. *Transcendência* não é senão uma palavra ainda indeterminada para essa essência.

---

[7] Irénée de Lyon, *Contre les Hérésies*. Paris, Le Cerf, 1991, p. 396.

Na medida em que não se experimenta a si mesmo senão na Arquipassibilidade da Vida absoluta, no Arqui-*Páthos* de sua Arqui-Carne, todo vivente tem uma carne, ou melhor, é carne. Eis por que o dualismo da alma e do corpo não lhe concerne de modo algum, não concerne de nenhum modo ao homem originariamente compreendido como vivente: porque num vivente não há nenhum dualismo desse gênero, mas somente a Vida e ele mesmo, enquanto dado a ele nessa Vida. A doação do vivente na Vida é um fato unicamente da Vida – a doação em que o aparecer do mundo não tem parte, de maneira que não há nela fora nem corpo no sentido que nós atribuímos a essa palavra. A doação do vivente na Vida se refere ao eterno processo da Vida que vem a si experimentando-se a si mesma na Ipseidade do Primeiro Si vivente, em que ela se revela originariamente a si. Como a Arquipassibilidade é o modo fenomenológico segundo o qual se cumpre a Arquirrevelação da Vida em seu Arqui-Si, este traz em si a Arqui-Carne em que toda carne será possível doravante. É somente em sua relação com a geração eterna da Arqui-Carne do Arqui-Si, na autogeração da Vida absoluta como sua autorrevelação na Arqui-Passibilidade, que pertence a todo viver concebível e antes de tudo ao viver da Vida absoluta, que a geração de uma carne como a nossa se torna possível e, ao mesmo tempo inteligível, na Arqui-inteligibilidade da Vida e nela somente.

Essa nova evidência fere, então, nosso olhar. A geração da carne que é a nossa é estritamente paralela à de nosso Si transcendental que faz a cada vez de nós esse "eu" ou esse "ego" que nós somos. Ou antes, trata-se aí de uma única e mesma geração. A geração do vivente na Vida absoluta – em seu Verbo – e, identicamente, a de nossa própria carne na Arqui-Carne desse Verbo.

A evidência é, pois, esta: como ela designa a efetuação fenomenológica da autorrevelação da Vida na Ipseidade em que cada Si transcendental tem sua possibilidade, como ela não é nada diferente da *matéria fenomenológica da revelação a si que faz de todo Si um Si,* a carne está ligada àquele como sua condição fenomenológica de possibilidade mais interior a ponto de se identificar com ele. Não há Si (não há eu, não há ego, não há "homem") sem uma carne – mas não há carne que não traga em si um Si. Não há um Si que, na possibilidade de sua efetuação fenomenológica carnal, não seja este ou aquele, o teu ou o meu. Não há carne, consequentemente, que não seja a de um Si particular – a carne de ninguém, a do mundo –, uma carne anônima e impessoal, inconsciente, que não sente nada e não se sente a si mesma, uma carne impassível! De maneira que, esfolando Mársias ou Bartolomeu, não se faria mal a ninguém – não suscitando senão um acontecimento mundano, uma modificação do Visível entre todos os *visibilia* que compõem, juntos, este espetáculo inabitado que se chama o mundo: um mundo vazio que não seria senão o eco do mutismo.

A carne não se acrescenta, pois, ao eu como um atributo contingente e incompreensível, uma espécie de adjunção sintética a nosso ser que vem cindi-lo em duas instâncias opostas e inconciliáveis. Como a carne não é nada diferente da possibilidade mais interior de nosso Si, este é um Si unitário. O homem ignora o dualismo. O Si pensa ali onde ele age, onde ele deseja, onde ele sofre, ali onde ele é um Si: em sua carne. Como era o caso no judeu-cristianismo, Eu e Carne não constituem senão algo uno. Se Eu e Carne não constituem senão algo uno, é porque eles provêm, um e outro, da Vida, não sendo nada além das modalidades fenomenológicas originárias e essenciais segundo as quais a vida vem a si e é a vida.

Vir à vida enquanto Si transcendental vivente, experimentando-se a si mesmo em sua carne do modo como se experimenta toda carne, é nascer. Nascer não significa então, como se imagina ingenuamente, vir ao mundo na forma de um corpo-objeto, porque então jamais haveria nenhum *indivíduo vivente*, no máximo o aparecimento de uma coisa, de um corpo mundano submetido às leis do mundo, tendo suas propriedades fenomenológicas – sua espacialidade, sua temporalidade, suas relações de causalidade com o conjunto dos corpos – do aparecer do mundo; desprovido, no entanto, no princípio do que não advém jamais senão na vida: essa possibilidade originária e transcendental de se experimentar pateticamente a si mesmo numa carne. Tal possibilidade está na Arquipassibilidade da Vida absoluta. Nascer significa vir a uma carne ali onde toda carne vem a si, na Arqui-Carne da Vida. É assim que a fenomenologia da carne remete invencivelmente a uma fenomenologia da Encarnação.

Não sendo compreensível algo como uma "carne" senão a partir de sua vinda a si na vinda a si da Vida absoluta – e isso como modo fenomenológico segundo o qual essa vinda originária a si mesmo se produz –, a fenomenologia da Encarnação deveria logicamente preceder à da carne. Se seguimos a ordem inversa, é por duas razões. A primeira é que, estando a fenomenologia da Encarnação ligada à concepção cristã da salvação (de que constitui a possibilidade fundadora), trataremos essas duas questões juntas na última parte deste livro. A segunda razão é que a fenomenologia da carne não remete somente para trás de si mesma, se se pode dizer isso à fenomenologia da Encarnação como sua pressuposição última; ela torna possível o corpo transcendental intencional que nos abre ao mundo no sentir e, assim, a tudo o que é sentido – ao corpo mundano que serve de modelo exclusivo à compreensão ordinária do corpo pelo senso comum. A relação da carne com o corpo é então uma questão incontornável. Mas é mais simples abordá-la a partir unicamente da fenomenologia da carne, deixando provisoriamente de lado os temas mais difíceis da fenomenologia da Encarnação. Esta, *a relação da Arqui-Carne com a carne* inscrita na palavra joanina – "E o Verbo se fez carne" –, cumpre-se, com efeito, no interior da Vida, longe do mundo, antes dele, independentemente de seu aparecer, com respeito à qual o pensamento tem tanta dificuldade enquanto a inversão da fenomenologia não é efetuada nem compreendida.

§ 24. Da concepção helênica do corpo à fenomenologia da carne. As problemáticas fundamentais de Irineu e de Tertuliano.

A fenomenologia da carne nos pôs diante de duas correlações essenciais: a da carne e da Vida, por um lado, e a da carne e do nascimento, por outro. Vamos continuar o aprofundamento dessa dupla relação no momento em que ela surge na história do pensamento humano com uma singularidade inaudita. Estabelecer um laço entre a carne e a Vida, ou, do mesmo modo, entre a carne e o nascimento, é, pois, tão extraordinário? Sem dúvida, enquanto nos ativermos a uma compreensão ingênua da vida, identificada com um ente particular dotado de propriedades específicas (motilidade, nutrição, reprodução, etc.) e *mostrando-se a nós no mundo*. É quando a vida já não é um ente, algo, *o que aparece*, mas *o próprio aparecer puro* – e um aparecer que já não é precisamente o do mundo, mas o exclui invencivelmente –, que a dupla correlação Vida/carne, carne/nascimento se torna tão original, tão difícil de pensar. Não é preciso então dissociar o que desde sempre vai junto, *separar a carne do corpo, arrancar a ideia que nós fazemos do nascimento à influência do mundo?* O momento em que era preciso proceder a essas inversões radicais, a essas revisões dilacerantes, foi precisamente aquele em que a palavra de João ressoou no mundo antigo para abalar seus fundamentos. Fundamentos que não suportam somente o universo teórico do conhecimento, mas as coisas mais triviais e mais ordinárias da existência, as que concernem a todos os viventes, "as simples": o nascimento, a carne, isso a que eles próprios chamam vida, sua vida.

A violência do enfrentamento entre *a concepção grega do corpo* e *a concepção cristã da carne* vai, pois, explodir desde a primeira difusão no mundo antigo da religião nova, cujo teor essencial é a afirmação da vinda de Deus à condição humana na forma de sua encarnação.

Não estamos novamente remetidos a esta, a fenomenologia da carne posta em relação com uma problemática teológica, contaminada por esta? De modo algum, se é verdade que, aos olhos dos Padres, a carne de Cristo é semelhante à de todos os homens. Essa é, lembremo-lo, a tese defendida vigorosamente contra a heresia. Quando, pois, os Padres se esforçam por compreender a natureza da carne de Cristo, não têm em vista uma carne diferente da nossa: é uma teoria da carne em geral o que eles constroem. No meio de extraordinárias dificuldades, é verdade, pois se trata para eles de explicar a intuição judeu-cristã da carne à luz da concepção grega do corpo. Ao menos o que deve ser pensado como o próprio do homem – e, consequentemente, do próprio Cristo tomando a condição de homem – é doravante apreendido de modo hebraico e já não grego: como uma carne. Assim, a dupla e essencial correlação que esta sustenta com a Vida, por um lado, e com o nascimento, por outro, se encontra trazida ao primeiro plano.

"Não há nascimento sem carne nem carne sem nascimento", diz Tertuliano. Do ponto de vista filosófico, deve-se reconhecer que a correlação, posta de modo categórico no princípio da análise do *De Carne Christi*, fica totalmente indeterminada enquanto não se sabe o que é a carne nem o que é o nascimento. No máximo se pode pensar que a natureza de uma depende da natureza do outro. Ou, mais radicalmente, que uma e outra são ligadas na medida em que se recortam sobre um mesmo horizonte de compreensão, que se lhes assinala um mesmo fundamento. Tertuliano o sabe muito bem. O que ele reprova precisamente à heresia no caso, a Valentino e aos que o seguiram é "reconhecer a carne e o nascimento, mas *dar-lhes outro sentido*".[8]

Deixando aí o debate com os valentinianos para ir direto ao essencial, perguntamos: *a partir de que pressuposto fenomenológico, e por conseguinte ontológico, Tertuliano compreende o nascimento, a carne, sua*

---

[8] Op. cit., p. 213; grifo nosso.

necessária correlação? Sem esquecer que, no horizonte histórico em que se desdobra a problemática dos Padres da Igreja, a correlação carne/nascimento desperta diferentes temas sobre os quais plana, certamente, a sombra de Cristo. Todos, no entanto, têm uma significação e uma validade filosóficas incontestáveis, e nós os examinaremos desse ponto de vista. Todos também se referem à questão central da carne.

O primeiro propõe a solidariedade entre o nascimento e a morte: a segunda está necessariamente ligada ao primeiro. "O nascimento tem uma dívida com relação à morte." Se Cristo nasceu, é porque sua missão era morrer pela salvação do mundo. Era preciso então que a carne que ele assumiu em seu nascimento fosse uma carne mortal. É nisso, justamente, que ela é uma carne semelhante à nossa, "uma carne que é votada à morte". Que carne é votada à morte? Que nascimento nos põe nessa carne mortal? É uma carne que é feita do limo da terra, da matéria do mundo, uma "carne terrestre".[9] E nascer, se se trata de nascer para a morte, não pode significar senão isto: vir numa carne terrestre no caso, na carne de uma mulher, em suas entranhas. É porque, nascido nas entranhas de uma mulher, Cristo tem dela sua carne, uma carne terrestre e humana, que ele viveu ao modo dos humanos, tendo de alimentar-se, sentir cansaço, dormir; em suma: compartilhar o destino dos homens – a fim de poder cumprir o seu, que era ser crucificado, morrer, ser sepultado e então – e só então – ressuscitar.

Designando a origem da carne, a correlação entre esta e seu nascimento revela, pois, sem equívoco a natureza verdadeira dessa carne, uma carne terrestre como a da mulher de quem toda carne provém, da qual ela é inicialmente uma parte. Daí decorrem os dois caracteres que interessam aos Padres: o caráter mortal dessa carne – na medida em que Cristo deve morrer –, seu caráter humano – na medida em que é assumindo essa carne que Cristo toma

---

[9] Ibidem, respectivamente p. 237, 241, 253.

a condição de homem. Assim, encontra-se rejeitada a heresia que pretende assinalar para o nascimento de Cristo um lugar diferente do ventre de uma mulher, uma carne de origem "celeste", "astral", "psíquica", "espiritual" ou outra – e, desse modo, uma natureza menos indigna de sua condição divina.

É o verdadeiro motivo da rejeição da heresia o que deve, no entanto, reter nossa atenção. O que está em questão aos olhos de Tertuliano e dos Padres é a realidade da encarnação de Cristo e, consequentemente, a da carne que ele assumiu. Se a origem e a natureza da carne de Cristo não são idênticas à origem e à natureza de nossa carne, então, encarnando, ele não tomou realmente nossa própria condição, não compartilhou realmente nossa existência, não padeceu realmente o peso de uma carne finita como a nossa, consequentemente com suas necessidades, sua sede, sua fome, sua precariedade, com sua morte inscrita nela desde o nascimento; ele não morreu realmente, tampouco ressuscitou, em suma: é todo o processo cristão da identificação real do Verbo com o homem como condição da identificação real do homem com Deus que se encontra reduzido a uma série de aparências e, ao mesmo tempo, a uma espécie de mistificação.

Uma mistificação que seria, antes, o próprio do mesmo Cristo e de todo o seu ensinamento – ele, que nos convida a aceitar a injustiça e os males que nos são feitos, incluídas as feridas de nosso corpo, a suportá-los na paciência e na humildade, com uma espécie de ingenuidade, tal como os suportam os pequenos e os simples deste mundo. Como ele próprio os suportou, no jejum do deserto, no meio de suas tribulações e durante sua paixão, enquanto os brutos o golpeavam e o flagelavam, afundavam a coroa de espinhos em sua fronte ferida, perfuravam sua carne com os pregos e a lança. Mas, para suportar tudo isso, é preciso justamente uma carne, uma carne real, que possa ser golpeada, flagelada, perfurada, escarnecida depois de ter suportado a fome, a sede, o frio, a fadiga durante sua existência terrestre. E, se essa carne não é real, nada disso tampouco o é: é uma aparência de fome, uma fome que não tem fome, uma sede que não tem sede, uma queimadura que não queima, um rebentar de carne onde não há rebentar nem carne. O Mestre da humildade e da doçura, aquele que nunca replicou a seus inimigos, que tudo suportou em silêncio, que "sofreu sua paixão", nada sofreu e nada suportou se ele não tinha senão uma aparência de carne. O Mestre é um impostor. Ele enganou grosseiramente não apenas seus contemporâneos, mas também a todos aqueles que deviam crer nele através dos séculos, praticar a *imitatio Christi*, dedicando-se ao ascetismo, recusando o prazer, superando o egoísmo, acolhendo a injustiça ou a calúnia por causa de Cristo e de seu nome, entrando por sua vez na paixão, numa dessas múltiplas formas de paixão de que o mundo é tão pródigo, aceitando, enfim, o sacrifício e o martírio. As palavras aterradoras de Irineu ressoam até nós. "Assim como ele enganou os homens de então parecendo ser o que não era, assim também ele nos engana, exortando-nos a suportar o que ele próprio não suportou. Estaremos até acima do Mestre quando sofrermos e suportarmos o que este pretenso Mestre não sofreu nem suportou".[10]

O argumento proposto contra a gnose, repercutido através do pensamento dos Padres, é sempre o mesmo, muito claramente formulado: é a afirmação categórica da *realidade da carne de Cristo*. Ora, tal afirmação não pode permanecer em si, por mais categórica que seja. Ela imediatamente remete a uma interrogação decisiva, que é justamente a nossa: *em que consiste a realidade da carne, o que é que nos permite falar de uma carne real?* Como não ver, ainda que nos limitando provisoriamente aos textos de Tertuliano e de Irineu evocados até agora, *a modificação tão radical quão insensível que se produz inexoravelmente neles?* Quando, em sua polêmica furiosa contra Marcião, Tertuliano analisa essa realidade da carne descrevendo-a no momento do nascimento de modo tão cru quanto possível, acumulando os detalhes suscetíveis de suscitar asco, quando, de

---

[10] Irineu, p. 365.

maneira geral, interpretando sempre a carne a partir de seu nascimento, ele lhe assinala como origem o limo da terra, o horizonte fenomenológico e ontológico que preside a essa concepção da carne, de seu nascimento, de sua realidade é o aparecer do mundo. E isso em duplo sentido: por um lado, a carne é compreendida como conteúdo deste mundo, como sua matéria; por outro, é precisamente no fora de si do mundo que tal conteúdo se mostra a nós como corpo exterior precisamente, como conjunto de determinações objetivas e contingentes, estranhas à natureza de nosso espírito, incompreensíveis por ele, mais ou menos repulsivas, com efeito.

Não deixaremos de observar que as metáforas com ajuda das quais Tertuliano empreende estabelecer contra a heresia a realidade da carne são de origem hebraica; remetem antes ao texto do Gênesis que a qualquer tratado grego. Mas elas não valem precisamente senão como metáforas. É sobre a medicina grega, sobre o saber grego, sobre a herança grega que repousa, ao contrário, a descrição extremamente precisa, quase objetiva, do parto nas invectivas endereçadas a Marcião. Um texto de Tertuliano – "os músculos semelhantes aos torrões de gleba"[11] – indica, aliás, claramente, a assimilação que se fazia em seu espírito entre a herança grega, com seus conhecimentos objetivos pré-científicos, e as metáforas bíblicas: umas e outras remetem ao conteúdo deste mundo, esse conteúdo remete a seu aparecer, à exterioridade primitiva da natureza e da criação em que se mostra a nós, fora de nós, tanto a terra e seu limo quanto os processos asquerosos que se cumprem no ventre das mulheres. Assim, desdobra-se diante do olhar dos homens o conjunto dos corpos que compõem a realidade do mundo, de maneira que, não vendo senão a ele, eles o percebem, com efeito, como o lugar e a fonte de toda realidade.

No universo dos corpos materiais objetivos que compõem seu conteúdo real, há a terra, que não é senão outro nome para esse conteúdo, o

---

[11] Op. cit., p. 253.

limo e a lama, e tudo o que se pode fabricar com eles, o conjunto dos processos e dos fenômenos que nos preocupamos em conhecer melhor e sobre os quais agimos, os processos do parto notadamente – *mas jamais os sentimentos que eles inspiram a Tertuliano ou a Marcião, nenhum sentimento em geral, aliás, nem nenhuma impressão:* nem fome, nem fadiga, nem piedade, nem angústia, nem alegria, nem sofrimento. Nenhum sofrimento, com efeito, *nenhum desses sofrimentos pelos quais tanto Irineu como Tertuliano vão agora definir a realidade da carne de Cristo, e igualmente a realidade de nossa própria carne.*

Então se opera na problemática dos Padres a viragem decisiva pela qual as determinações objetivas do corpo material que se mostram a nós no mundo cedem lugar às determinações impressionais e afetivas que se revelam no *páthos* da vida. Ora, são essas determinações impressionais e afetivas que constituem a matéria fenomenológica de que a carne é feita, a carne desta carne, sua substância verdadeira, sua realidade. É verdade que a natureza da carne depende de seu nascimento. Mas o que significa nascer? Nascer, como o vimos, quer dizer vir ao aparecer. Como o aparecer é duplo, há dois modos de vir a ele: no "fora de si" do mundo, e no *páthos* da vida. No fora de si da exterioridade pura, nada toca a si, nada se sente nem se experimenta de nenhum modo. Vir ao mundo quer dizer mostrar-se à maneira de um corpo exterior *insensível*. No mundo, não há nenhuma carne, nenhum nascimento, se nascer quer dizer vir numa carne. É somente na vida que uma carne é possível, uma carne real cuja realidade é a materialidade fenomenológica impressional e patética da própria vida. *Com a substituição das determinações objetivas pelas determinações impressionais, opera-se, na problemática cristã, a dissociação insuperável do corpo e da carne e, assim, sua impossível confusão, o primeiro dado ao mundo de tal modo que jamais é uma carne, a segunda dada à vida de tal modo que, em si mesma, nunca é um corpo.*

Em Tertuliano, a dissociação é tão brutal que não dá lugar a nenhuma tomada de consciência explícita. Trata-se, na enumeração das propriedades da carne, da passagem espontânea das determinações objetivas do corpo material às propriedades subjetivas patéticas da carne, e à mais significativa delas, o sofrimento. Pois, para dizê-lo desde agora, o sofrimento não é um dado que nos deveríamos limitar a constatar sem compreender, um conteúdo contingente, "empírico", segundo a linguagem que será a da filosofia clássica. Tendo sua possibilidade do sofrer primitivo que marca a experiência pura do viver em que *páthos* e Ipseidade advêm conjuntamente como sua efetuação fenomenológica originária, o sofrimento define uma das tonalidades afetivas fundamentais pelas quais a vida toca seu próprio Fundo. Não é um acaso que na afirmação da realidade da carne seu sofrimento seja posto em primeiro plano. Em seu sofrimento, a carne não exprime uma modalidade afetiva qualquer de nossa vida; sua verdade não é nada psicológica; não tem que ver somente com o que tal modalidade tem de incontestável, com o fato de que o sofrimento é uma *cogitatio*. O sofrimento remete à verdade absoluta, ao processo oculto em que a vida advém originalmente a si em seu sofrer primitivo, na Arqui-Carne e no Arqui-*Páthos* de sua Arqui-Revelação.

E não é, portanto, por acaso que a realidade da carne é estabelecida a partir da realidade do sofrimento, mas porque este, dizemos nós, não é uma realidade corrente, uma espécie de facticidade que afete, não se sabe por que, a condição humana. Porque o sofrimento pertence à edificação interior de toda realidade, à realidade absoluta de que procede e em que se inscreve por alguma razão de essência. Porque carne e *páthos*, a Arqui-Carne e o Arqui-*Páthos* que elas implicam em todo caso são consubstanciais ao processo em que a vida absoluta vem a si como matéria fenomenológica originária onde essa Arqui-Revelação se cumpre.

Não é por acaso, enfim, que a conexão entre realidade, carne e sofrimento remeta imediatamente, em Tertuliano e nos outros Padres, à Paixão de Cristo. Em um sentido, certamente, é o acontecimento da Paixão que conduz aqueles que esperam dele a salvação a refletir indefinidamente sobre esse paradoxo inconcebível, sobre as questões abissais que ele suscita. Um Deus impassível pode sofrer? Um Deus inteligível pode ter uma carne sensível? Se tiver, essa carne pode ser semelhante à nossa? Um Deus eterno pode morrer – e morrer precisamente porque tomou um corpo terrestre votado à corrupção?

Sendo estas interrogações ininteligíveis num horizonte grego, este é condenado à morte. Em um primeiro tempo, Tertuliano, que se desdobra para demonstrar a realidade da carne – realidade sem a qual a encarnação e a paixão de Cristo não têm nenhum sentido –, deve então dispor de uma carne cuja realidade é evidente, de um corpo cujo conceito ele toma da experiência corrente sustentado tanto pelo pensamento grego quanto pelo nosso. Assim, a carne é assimilada ao corpo material que se mostra no mundo, cujas propriedades e estruturas objetivas oferecidas à evidência são indubitáveis – "Uma carne como a nossa, *irrigada pelo sangue, sustentada pelos ossos, sulcada pelas veias*".[12] É sem transição filosófica, sem nenhuma justificação conceitual, que a essa concepção do corpo objetivo, cuja realidade é a matéria do mundo, se justapõe a pressuposição de uma carne radicalmente diferente, de outra ordem – *uma carne sofredora cuja realidade do sofrimento provém de sua fenomenalização patética na vida*. É da realidade de uma carne definida por seu sofrimento que a Encarnação de Cristo e, de modo exemplar, sua paixão recebem agora sua realidade e sua verdade.

Essa modificação decisiva da concepção do corpo – de um corpo objetivo material tornado carne sofredora – explode na polêmica contra Marcião. Negando a realidade verdadeira do corpo de Cristo, o que Marcião ataca é essa carne: é a realidade do sofrimento, a realidade da paixão que ele toma por aparência. É o ser de Cristo, definido por essa carne sofredora, que ele esvazia de realidade, reduzindo-o a um fantasma. É o que diz o contexto, *com uma violência inaudita:* "Não terias tu justamente negligenciado riscar os sofrimentos de Cristo porque *seu fantasma era oco demais para*

---

[12] Op. cit., p. 229; grifo nosso.

senti-los (...)? Deus não foi realmente crucificado? Ó tu, o mais celerado dos homens (...), tu, que pões fora de questão os assassinos de Deus. Pois o Cristo não sofreu nada de suas mãos *se nada de seus sofrimentos era real*".[13]

§ 25. *A interpretação radical da carne como matéria fenomenológica da vida e como sua autorrevelação. O* cogito *cristão de Irineu.*

A definição da realidade da carne já não pela matéria do mundo, mas pelo sofrimento – e, assim pela matéria fenomenológica da vida –, eis o tema explícito da problemática fundamental de Irineu. O que confere significação decisiva a essa substituição da vida do mundo como lugar de revelação da carne – compreendido doravante a partir dessa revelação – é que a vida de que se trata já não é aquela que conhecem os gregos, o *bíos* de sua biologia: é a vida fenomenológica transcendental, a autorrevelação patética de que a carne tem seu *páthos*, sua realidade enquanto realidade fenomenológica pura, enquanto realidade patética.

Que seja assim, eis o que é mostrado à evidência pelo contexto em que se inscreve tanto o pensamento de Irineu como o dos outros Padres. O que deve ser pensado, segundo eles, é a Encarnação do Verbo em sua formulação joanina. Trata-se, pois, *da correlação originária entre a carne, a vinda na carne e a autorrevelação da vida absoluta em seu Verbo*. E que essa carne, essa carne que vem ao *páthos* da vida, não seja a carne da heresia, como, por exemplo, a carne astral de Apela – que vem direto do estoicismo –, mas, precisamente, a nossa própria carne, essa carne bem real que se experimenta a si mesma em cada uma de nossas impressões, as mais humildes ou as mais elementares, é o que já sabemos. O que foi, portanto,

---

[13] Ibidem; grifo nosso.

mostrado pela problemática da impressão,[14] senão que, lançada ao mundo no Ek-stase do tempo, tornada "imediatamente passado", isto é, completamente passado, reduzida ao correlato noemático de uma intencionalidade, toda impressão oscila na irrealidade, perdendo, ao mesmo tempo que sua efetuação fenomenológica impressional, sua carne real, sua condição de Impressão?

É à verdadeira inversão das posições da gnose que assistimos então. A gnose não queria para Cristo uma carne real como a nossa, uma carne terrestre, material, demasiado trivial para seu gosto. Ela a preferia menos opaca, mais leve, transparente ao olhar do espírito: inteligível. Mas é no mundo, precisamente, que toda carne é uma irrealidade – uma idealidade –, uma simples aparência de carne. Se é uma carne desencarnada que responde a seus votos, a gnose bem teria podido deixá-la no mundo. É aí que, lançada fora de si, desembaraçada de si mesma de algum modo, descarregada de seu próprio peso, do peso do sofrimento ou da fadiga, privada, enfim, da possibilidade fenomenológica do sofrer e do fruir constitutivos de sua verdadeira substância, ela perdeu esta, com efeito. É preciso, pois, perguntar com todo o rigor fenomenológico: onde a carne não é senão uma aparência? No mundo. É o aparecer do mundo que despoja toda carne de sua realidade. E isso concerne tanto à nossa carne quanto à de Cristo, quanto à do Verbo.

A atribuição incondicional da carne à Vida, de que ela tem sua efetuação patética, encontra em Irineu um aprofundamento extraordinário. Todo o contexto da problemática prova, em primeiro lugar, que a vida de que se trata é a Vida fenomenológica absoluta. É essa vida, a Vida de Deus autorrevelada em seu Verbo, que se faz carne. À questão dos gnósticos de saber de onde procede a carne de Cristo – questão a que, por não compreenderem seu princípio na essência fenomenológica da própria Vida, eles respondem de modo aleatório, dando livre curso à sua imaginação, alimentada de cultura e de

---

[14] Cf. *supra*, § 7, 8, 9, 10.

conceitos gregos –, Irineu conhece a resposta inscrita na Palavra que, mais que qualquer outra, o fascina. A carne em que vem o Verbo vem do próprio Verbo, isto é, da Vida.

Se, pois, a carne vem da Vida, trata-se de compreender como se faz essa vinda. Nós o sabemos: a Vida vem numa carne vinda a si – no "experimentar-se a si mesma" de que a materialidade fenomenológica pura é um *páthos*. Irineu considera a questão diferentemente. Ele pergunta se a carne é capaz de receber a vida – a única Vida que existe. Por que interrogar a possibilidade para a carne de receber a Vida antes que a da Vida de se fazer carne? Pois o horizonte de seu pensamento permanece parcialmente tributário da Grécia. "Somos um corpo tirado da terra." Cristo tinha, portanto, um corpo desse tipo, "senão ele não teria tomado os alimentos tirados da terra pelos quais se nutre o corpo tirado da terra". Como o sugerimos, a manutenção dessas teses é facilitada por seu acordo, ao menos aparente, com o texto do Gênesis. O corpo material e mundano dos gregos é semelhante a esse pedaço de terra que se torna carne sob o sopro divino – que é o sopro da Vida. Mas, quando o corpo é transformado em carne pela operação da Vida, sua condição de carne não vem senão da Vida que lhe dá o experimentar-se a si mesmo nela e tornar-se carne desse modo – e de modo algum de um corpo material em si mesmo desprovido do poder de sentir ou de experimentar o que quer que seja, para sempre incapaz de ser uma carne.

A inversão da gnose funda-se em duas proposições fundamentais que exprimiremos como se segue: *longe de a vida ser incapaz de tomar carne, ela é a condição de possibilidade desta. Longe de ser incapaz de receber a vida, a carne é sua efetuação fenomenológica.* Na linguagem de Irineu: "Deus pode vivificar a carne" – unicamente Deus, acrescentaremos nós. "A carne pode ser vivificada por Deus" – e não pode ser vivificada senão por ele, acrescentaremos nós. "Se ele não vivificasse o que está morto, Deus deixaria de ser poderoso." O que está morto é o corpo inerte de que Deus faz uma carne comunicando-lhe a vida –

sua Vida, a única que existe. E é por isso que a doação da primeira carne ao primeiro homem prefigura sua salvação. "Aquele que fez no início (...) o que não era poderá, se quiser, restabelecer na vida o que existiu" – ressuscitar a carne que jamais tem sua condição de carne senão de sua própria vida.

Derivada da primeira, a segunda proposição é mais que inteligível – é Arqui-Inteligível. Como, precisamente, a Vida é a condição de possibilidade da carne, a carne, toda carne é possível nela, e não é possível senão nela. A carne pode receber a Vida como isso mesmo que faz dela uma carne e sem o que ela não seria – como aquilo mesmo que ela é. "A carne", diz Irineu numa proposição fundamental, "se verá capaz de receber e de conter o poder de Deus".[15]

A imanência da Vida na carne não funda somente a substância fenomenológica de toda carne concebível e, assim, sua realidade: ela torna possível ao mesmo tempo a de cada uma das estruturas fenomenológicas fundamentais disso a que chamamos nossa corporeidade originária. Assim, reencontramos a crítica da fenomenologia contemporânea no ponto onde a havíamos deixado. A remissão do corpo sentido ao corpo transcendental que o sente tinha desvelado, neste, as estruturas de que falamos e que não eram ainda percebidas senão em sua intencionalidade: a visão referida ao que ela vê, a audição ao que ela ouve, etc. Assim surgia o problema do estatuto fenomenológico dessas prestações intencionais de nossos diversos sentidos, na medida em que, dadas a elas mesmas na autodoação da vida, a fenomenalidade de seu cumprimento imanente é estranha à do Ek-stase.

É impressionante o fato de que Irineu reconhece imediatamente, em cada uma das estruturas do corpo transcendental, a imanência da vida absoluta como constitutiva de sua realidade fenomenológica e, ao mesmo tempo, da possibilidade para ela de exercer seu poder. Como a capacidade da carne de receber a vida aparece

---

[15] Irineu, p. 383, 384, 576, 577, 577.

como definição de sua realidade, ela se estende ao mesmo tempo aos diversos elementos que a compõem. Restituída em sua integralidade, a proposição precedentemente citada se escreve: "A carne se verá capaz de receber e de conter o poder de Deus, pois no início ela recebeu a arte de Deus e, assim, uma parte dela mesma se tornou o olho que vê, outra o ouvido que ouve, outra a mão que apalpa e trabalha (...). Ora, o que participa da arte e da sabedoria de Deus participa também de seu poder. A carne não é, pois, excluída da arte, da sabedoria, do poder de Deus, mas o poder de Deus, que provê a vida, se desdobra na fraqueza da carne".[16] Que esse poder da carne se chame também fraqueza quer dizer: a vida em que nossa carne encontra sua realidade, na qual ela lhe é dada e posta em condição de agir – essa vida não é nada por si mesma. Ela não tem de si a realidade de sua própria carne – não lhe sendo dada senão na autodoação da Vida absoluta, na Arqui-Carne do Arqui-Si.

Com a imanência na carne da Vida que constitui sua realidade, é a Arqui-Inteligibilidade da Vida que lhe é comunicada. Desse modo, propõe-se uma das teses mais inauditas formuladas pelo pensamento humano, *a interpretação da carne como trazendo inelutavelmente em si uma Arqui-Inteligibilidade,* a da Vida em que ela lhe é dada, em que ela é feita carne. Não há carne senão se autoafirmando e se autolegitimando quanto à sua existência pelo fato de ela ser carne, ou antes, carne vivente, trazendo em si a Vida, essa Arqui-Inteligibilidade que faz dela um fundamento inabalável. A afirmação inaudita de Irineu – implicada aliás na Palavra joanina – é o *cogito* da carne ou, se se preferir, o *cogito* cristão.

Naturalmente, tal afirmação deve ser compreendida como convém, diferente, a princípio, de proposições com que se compõem os textos filosóficos: *não é o pensamento que a formula, mas precisamente a carne; formula-a em sua carne, numa Palavra que é a Palavra da carne,*

---
[16] Ibidem, p. 577.

mais exatamente a da Vida. Se a carne nunca mente, é porque ela lhe é dada na Parusia do absoluto, porque a Parusia do absoluto se cumpre numa Arqui-Carne de que nenhuma carne é separada.

No texto de Irineu – como em todo texto filosófico –, a palavra da carne cede lugar à palavra do pensamento, que não tem, todavia, tudo o que ela diz senão da palavra da Vida: no caso, da palavra da carne que é aqui a *cogitatio* original. Esta fornece ao desenvolvimento de Irineu suas premissas: *nada do que é vivente que não ateste em sua vida que ele é vivente. Nada do que é carne que não ateste em sua carne que ele é carne*. É à luz da *cogitatio* carnal que a tese da gnose é invertida. Esta pretende que *a carne seja incapaz de receber a vida* – a única Vida que existe, a Vida absoluta. Desse modo, aqueles que pretendem que a carne seja incapaz de receber a vida imanente em toda carne, dando-a a ela mesma e fazendo dela uma carne, devem dizer que eles não são viventes, que eles não têm carne – e isso enquanto eles vivam e cumpram todas as atividades da carne. O vivente deve dizer que ele não é vivente, e que a carne não é uma carne.

"Que nos digam eles, esses que pretendem que a carne é incapaz de receber a vida que Deus dá, se afirmam tudo isso sendo atualmente viventes e fazendo parte da vida, ou se reconhecem não ter absolutamente nada de vivente, estar presentemente mortos. Mas, se eles estão mortos, como podem mover-se, falar e cumprir todas as outras ações que são o próprio não dos mortos, mas dos viventes? E, se eles vivem presentemente, se *todo o seu corpo faz parte da vida*, como ousam dizer que a carne é incapaz de fazer parte da vida quando reconhecem ter presentemente a vida?".[17]

Estar-se-ia errado pensar que essa sequência de absurdos que Irineu denuncia seja própria da gnose e de suas teses específicas. Reconhecemo-la em todos as partes onde a revelação da carne não é atribuída à revelação da vida, onde a revelação da vida não é atribuída

---

[17] Ibidem, p. 578; grifo nosso.

à própria vida, compreendida como sua autorrevelação. Em todas as partes, portanto, onde o aparecer da carne e da vida é reportado ao do mundo, confundido e identificado com ele. É absurda, por exemplo, esta afirmação de Heidegger: "A vida é um gênero de ser particular, mas por essência não é acessível senão no *Dasein*".[18] Vê-se: é o horizonte do monismo fenomenológico, no interior do qual é construída a quase totalidade das filosofias do corpo e da carne, que deve ser aqui afastado.

Em Irineu, a denúncia polêmica das contradições próprias às teses gnósticas que ele tem em vista – "(...) essas pessoas certamente vivem, se glorificam de trazer a vida em seus membros; depois, pondo-se em contradição consigo mesmas, pretendem que seus membros sejam incapazes de receber a vida" – não é senão o inverso de uma fenomenologia positiva. Que a Vida esteja presente em toda carne como o que revela esta a ela mesma, fazendo dela uma carne e dando-lhe a Vida, eis o que atesta, em toda carne, a Vida na autoatestação radical de sua autorrevelação absoluta. Tal é o conteúdo do extraordinário *cogito* da carne, próprio ao cristianismo, que Irineu formula numa proposição demasiado densa: "Que a carne seja capaz de receber a Vida, *isso se prova por esta mesma Vida de que ela* (a carne) *já vive presentemente*".[19]

§ 26. Analítica do "eu posso". O poder-se-mover como condição do poder-tocar e de todo poder atribuído ao corpo. Condillac e Maine de Biran.

Trata-se, agora, de perceber tudo o que essa fenomenologia da carne como peça essencial de uma fenomenologia da Vida permite, ainda, compreender no que concerne à própria carne, por um

---

[18] *Sein und Zeit*, p. 50.
[19] Ibidem; grifo nosso.

lado, e à sua relação com o corpo, por outro. Sucede precisamente que essa *relação da carne com o corpo não é inteligível senão a partir da carne e não a partir do corpo*. É aqui que a segunda via – a interpretação da carne a partir do aparecer da Vida – afirma sua primazia sobre a primeira, que se atém ao aparecer do mundo. Que essa primazia seja decisiva não resulta somente da impossibilidade de compreender a carne a partir do corpo mundano. O que está estabelecido de encontro às interpretações tradicionais, incluindo a da fenomenologia contemporânea, é que *o corpo mundano não é possível senão uma vez pressuposta uma carne doravante revelada a si mesma como carne vivente na autorrevelação patética da vida*. O que é aqui exigido, portanto, é o pensamento de um modo de doação diferente daquele do mundo, se algo como uma carne, como nossa carne, não pode permanecer no estado de pressuposição infundada.

Ponhamos novamente o olhar sobre o corpo transcendental que nos abre ao mundo, que sente o corpo sentido relacionando-se intencionalmente com ele de modo que possa vê-lo, ouvi-lo, tocá-lo... – estando identificado o sentir em geral com essa relação intencional, com os sentidos ek-státicos enquanto "sentido do longínquo". Examinemos com mais atenção o quiasma tocante/tocado sobre o qual se crê poder ler a estrutura de nossa carne original. Em vez de propôr essa estrutura como totalidade autossuficiente, avancemos mais um pouco e interroguemos cada um dos termos que ela põe em jogo. Sabemos que a possibilidade do tocante não se esgota absolutamente em sua relação intencional com o tocado. É precisamente da possibilidade fenomenológica radical da intencionalidade que se trata – essa possibilidade de cuja própria intencionalidade ela jamais dá conta porque reside numa essência profundamente estranha à sua: sua autoafecção patética na vida. É essa possibilidade originária e fundamental que é escamoteada quando o tocante já não é considerado senão em sua relação com o que ele toca, quando o quiasma é elevado ao absoluto.

Há mais. Comportar-se à maneira de um "tocante", "tocar" no sentido de um ato que toca, não tem nada que ver precisamente com um "comportamento", com uma facticidade qualquer, ainda que fosse ativa em vez de passiva. Tocar no sentido de uma ação efetiva decorre necessariamente de um poder, de um poder-tocar de que o "tocando" – o fato de tocar – não é senão a efetivação, a atualização. Mas esse poder-tocar não é, por sua vez, uma simples facticidade, a qualidade de um ser provido de tal propriedade. *Poder-tocar significa encontrar-se em posse de tal poder, ser previamente posto nele, coincidir com ele, identificar-se com ele e, desse modo e apenas desse modo, poder o que ele pode.* Todo poder decorre de uma imanência essencial; é nessa imanência que ele desdobra sua força, que ele é um poder efetivo, e não o simples conceito de um poder.

Onde e como se cumpre essa imanência a si de todo poder? Na Vida, do modo como a Vida vem pateticamente a si. A possibilidade de todo poder é sua vinda a si mesmo na forma de uma carne. Se a corporeidade é o conjunto de nossos poderes, é na carne, como carne, que essa corporeidade é possível. A carne não resulta do quiasma tocante/tocado e não pode ser descrita corretamente por ele. A carne vem antes do quiasma como condição do poder--tocar e, assim, do tocante enquanto tal. Ela vem antes do próprio poder-tocar como o que instala esse poder em si mesmo, fazendo dele um poder efetivo. Mas, nós o vimos e voltaremos a isto, a carne não vem a si senão na vinda a si da Vida absoluta, na Arqui-Carne de um Arqui-Poder.

A imanência da Vida em todo poder, fazendo da corporeidade originária em que esses poderes são congregados uma corporeidade carnal, surge com mais evidência se, entre todos esses poderes, se retém um a que não foi feita senão uma breve alusão. Pois o tocar não traz somente em si um poder-tocar cuja possibilidade fenomenológica reside em sua carne; habita-o outro poder que deve ser analisado à parte. Trata-se do poder de se mover em que o poder--tocar se move a si mesmo de modo que possa tocar tudo o que está em condições de tocar. Enquanto o poder-tocar não for considerado senão em sua relação com o que permite tocar, a imanência carnal que o põe previamente em posse de si é facilmente ocultada. Essa escamotagem da condição carnal de todo poder já não é possível se o poder-se-mover não se relaciona originariamente e em si com nenhum correlato intencional, se ele permanece interior ao poder--tocar, pertencendo como ele à imanência carnal de que extrai sua força. Separado desse poder originário de se mover a si mesmo no sentido do que se move e do que é movido indissoluvelmente –, incapaz, então, de se mover, o poder-tocar não tocaria quase mais nada – como esses importantes personagens convidados a uma caça oficial e que, instalados em sua poltrona, não atiram senão num animalzinho posto diante deles por batedores diligentes.

Pôr em evidência o *poder-se-mover* – imanente ao *poder-tocar* e sem o qual este seria destituído de todo poder –, eis a aquisição, rapidamente esquecida, de uma sequência tão breve quanto decisiva do pensamento moderno. Trata-se da crítica dirigida por Maine de Biran a Condillac. Este foi um dos primeiros a colocar explicitamente a questão do conhecimento do próprio corpo. Para resolvê-la, procedeu a uma série de reduções fenomenológicas das mais admiráveis. Antes de tudo, reduziu nossa subjetividade a si mesma e a suas impressões puras. Essa subjetividade impressional reduzida, Condillac a chama de estátua. As impressões que ela experimenta nos vêm de seus sentidos, do mundo, mas – eis a primeira redução – ela não sabe nada disso, limitando-se a experimentá-las tais como as experimenta e nada mais. "Se nós lhe apresentarmos uma rosa, ela será com respeito a nós uma estátua que cheira uma rosa: mas, com respeito a ela, não será senão o próprio cheiro dessa flor. Será então cheiro de rosa, de cravo, de jasmim, de violeta (...). Em resumo, os cheiros não são com respeito a ela senão suas próprias modificações ou maneiras de ser; e ela não poderia crer-se outra coisa, pois são as únicas sensações de que é suscetível."[20]

---

[20] *Traité des Sensations*. Paris, Fayard, 1984, p. 15.

À subjetividade impressional pura reduzida a suas impressões olfativas, deixou-se, no entanto – mas ela nada sabe sobre isso –, o sentido do olfato. Condillac procede então a uma nova série de reduções fenomenológicas entrecruzadas que consideram, sucessivamente, a estátua "limitada" às impressões que correspondem a cada um dos sentidos considerado isoladamente e, depois, às associações de vários sentidos, segundo as diversas combinações concebíveis (paladar junto com audição ou com olfato, visão junto com olfato...). Em todas essas situações fenomenológicas livremente imaginadas pela aplicação de uma verdadeira "análise eidética", a subjetividade impressional reduzida a suas impressões puras não pode, apesar da diversidade destas, fazer a mínima ideia de um corpo exterior. Donde a questão de Condillac: como passamos de nossas sensações ao conhecimento dos corpos – trate-se de um corpo exterior qualquer ou do nosso?

Como homem do século XVIII, Condillac confia à "natureza", que não é aqui senão outro nome da vida,[21] o cuidado de resolver o problema. Como as impressões não são indiferentes – umas são prazerosas, outras são desagradáveis –, fazem-se espontaneamente movimentos na estátua, pelos quais se entrega à sensação que desfruta e recusa a que a fere. Ao longo desses movimentos mais ou menos desordenados e "mecânicos" (sempre no sentido do século XVIII, de movimentos cumpridos espontaneamente na ausência de todo pensamento refletido), ocorre que a estátua põe a mão sobre seu próprio corpo: ela experimenta então uma sensação de solidez. À diferença das outras sensações que a estátua percebe como suas próprias modificações e em que "ela não encontra senão a si", a sensação de solidez lhe dá a ideia de impenetrabilidade do corpo que toca; ela o percebe então como um corpo diferente. Assim se opera uma primeira distinção entre a subjetividade pura da estátua e a realidade dos corpos que lhe são exteriores.

---

[21] Como mostrou com profundidade Paul Audi a respeito de Rousseau: cf. *Rousseau, Éthique et Passion*. Paris, PUF, 1997.

Ora, enquanto se desenrola a experiência pelo tocar de um corpo situado para além da sensação pura, vai-se produzir um segundo corte decisivo segundo o corpo tocado pertença ou não à estátua. Quando a mãe da estátua encontra seu próprio corpo e toca, por exemplo, seu peito, a sensação de solidez que mão e peito "se enviam mutuamente (...) os põe necessariamente um fora do outro". No mesmo momento, no entanto, em que a estátua distinga o peito de sua mão, ela "reencontrará seu eu em um e na outra, porque ela se sente igualmente em ambos". Semelhante relação em que a mão da estátua se distingue de seu peito encontrando-se nele vale, evidentemente, para cada uma das partes do próprio corpo sobre a qual ela se estabelece.

Suponhamos agora que a mão encontre um corpo estranho, o eu que habita a mão e se sente modificado na sensação de solidez que experimenta no contato de tal corpo não se experimenta e não se encontra neste último, "não se sente modificado nele". Ou, como diz ainda Condillac, "o eu que se respondia, cessa de se responder". Assim se opera a segunda diferenciação de que falamos, a separação decisiva entre o corpo próprio e o corpo estranho. Condillac a exprime num texto de rara densidade: "Quando muitas sensações distintas e coexistentes são circunscritas pelo tocar nos limites em que o eu se responde a si mesmo, ela [a estátua] toma conhecimento de seu corpo; quando várias sensações distintas coexistentes são circunscritas pelo tocar nos limites em que o eu não se responde, ela tem a ideia de um corpo diferente do seu. No primeiro caso, essas sensações continuam a ser qualidades suas; no segundo, tornam-se qualidades de um objeto completamente diferente".

Por mais admirável que seja a problemática condillaquiana do *Traité*, ela apresenta, do ponto de vista fenomenológico, certo número de incertezas que convém assinalar. Não é esquisito chamar estátua à subjetividade pura, identificando-a assim com um corpo objetivo estranho do qual se trata precisamente de fundar o conhecimento? É sem dúvida para significar a ausência de toda relação com uma exterioridade qualquer que a imagem da estátua foi escolhida. "Nós supusemos (...) que o exterior todo de mármore não lhe permitiria o uso de nenhum de seus sentidos".[22] A estátua isolada do mundo é uma figura da redução fenomenológica: delimita uma esfera de imanência absoluta em que as impressões se atêm às formas como se experimentam a si mesmas, independentemente de qualquer ideia ou qualquer interpretação vinda de fora. No entanto, levanta-se uma primeira e grave dificuldade: quando o prazer ou o desagrado das sensações experimentadas suscitam os movimentos espontâneos destinados a produzir a vinda das primeiras e a rejeição das segundas, *onde reside a possibilidade de cumprir tais movimentos*? Nas próprias impressões? Seria preciso mostrá-lo, o que não parece possível enquanto as sensações forem consideradas dados psicológicos, modalidades passivas de nossa alma na vinda das quais esta não está presente para nada.

Ora, a desestabilização da esfera passiva das impressões subjetivas pelo surgimento, nela, de movimentos espontâneos se revela decisivo. Por um lado, esses movimentos asseguram o equilíbrio interior e toda a economia afetiva da estátua, garantindo seu prazer, poupando-lhe o peso de dores intoleráveis. Por outro lado, são esses movimentos que devem explicar a passagem das sensações subjetivas ao conhecimento dos corpos exteriores – resolver o problema do conhecimento na problemática do *Traité*. Como então não perceber suas aporias ou suas enormes lacunas?

A estátua não era senão uma figura da subjetividade pura. Mas eis que ela age. Seus movimentos se tornaram os de sua mão, de um órgão objetivo pondo-se sobre outros corpos objetivos exteriores, tocando-os e experimentando, nesse contato, uma série de sensações. O movimento que nascia na esfera das sensações, produzido por estas de certo modo, é agora o que as produz, o que as desperta na medida em que, movida por ele, a mão toca os corpos que encontra e cujas formas percorre. Aparecido na esfera da subjetividade pura reduzida, o movimento deveria ser subjetivo como ela, num sentido

---

[22] *Traité*, respectivamente p. 104, 105, 106, 11.

radical. Tornado o movimento de um órgão objetivo, a mão, ele deveria ser objetivo como ela. É dessa maneira somente, aliás, que ele poderia cumprir o papel que Condillac lhe confia: pôr em contato a mão com os corpos exteriores, suscitar nesse contato sensações de solidez – essas sensações que ele espera que deem à estátua a ideia de um corpo impenetrável, exterior a ela. A sensação de solidez que deve ser produzida pela ideia da exterioridade repousa sobre esta, sobre a exterioridade prévia de uma mão objetiva em contato objetivo com corpos objetivos.

Como o movimento subjetivo nascido na subjetividade impressional reduzida se relaciona com o deslocamento objetivo da mão? Como estamos em condições de pôr em ação a um e a outro? E, antes de tudo, o primeiro, o movimento subjetivo, pois que é ele que move a mão da estátua, que a desloca? A pressuposição impensada de toda a análise de Condillac se revela para nós. O deslocamento da mão sobre as diferentes partes do corpo nos revela, através da sensação de solidez, a realidade desse corpo e de suas formas. Mas *nossa corporeidade originária não é esse corpo cujas partes são circunscritas pelo deslocamento sobre elas de nossa mão: é essa própria mão, enquanto se desloca sobre nosso próprio corpo para tocá-lo e delimitar-lhe os contornos, que o é.* Daí as duas questões abissais contra as quais veio romper-se a problemática de Condillac. A mão é o instrumento de nosso conhecimento do corpo, "mas", pergunta Maine de Biran, "*como esse instrumento foi conhecido inicialmente?*". De modo que pudesse ser movido e dirigido como convém: "*Como um órgão móvel qualquer foi constantemente dirigido sem ser conhecido?*".[23]

Elucidação radical dessa dupla pressuposição, a fenomenologia da Vida nos permite apresentar uma crítica sistemática que, para além do pensamento de Condillac, concerne a todas as teorias mundanas do corpo. As observações que se seguem têm, portanto, alcance geral.

---

[23] Maine de Biran, *Mémoire sur la Décomposition de la Pensée*, edição Tisserand. Paris, Alcan, 1932, t. IV, p. 6, 7 (grifo nosso).

Considerada como órgão objetivo, partindo do corpo mundano, a mão é incapaz de tocar e de sentir o que quer que seja, nem "outra mão" nem outra parte do corpo ou um corpo qualquer. Tocar e sentir, só o pode fazer o poder subjetivo de tocar. Por um lado, este se relaciona intencionalmente com o que ele toca. Por outro, essa relação intencional não é possível senão dado a ele mesmo na autodoação patética da Vida. É somente desse modo, posto previamente em si mesmo e, assim, em posse de si mesmo, que ele é capaz, na Vida e enquanto poder vivente, de se desdobrar e agir, de tocar o que nunca é tocado senão por ele, por um poder tal como ele.

Mas, como dizíamos, nessa relação intencional com o que ele toca, o poder-tocar jamais é percebido, por assim dizer, no que faz dele um poder, nessa imanência patética a si fora da qual nenhum poder é possível. Nessa imanência radical da Vida, posta por ela em posse do si, o poder-tocar não só encontra a possibilidade de seu próprio poder: é nela também e antes de tudo que reside o poder de se mover independentemente do qual, incapaz de se mover, o poder-tocar seria impotente. Como se encontra na Vida, o "mover-se" do poder-tocar é um movimento imanente – é o movimento que permanece em si em seu próprio movimento e se leva a si mesmo *consigo, que se move a si mesmo em si mesmo – o automovimento que não se separa de si e não se abandona a si mesmo, não deixando nenhuma parcela de si mesmo destacar-se de si, perder-se fora dele, numa exterioridade qualquer, na exterioridade do mundo.* É assim que, na superação intencional do tocar em direção ao que ele toca, a intencionalidade dessa superação jamais se encontra em outro lugar senão ali onde ela lhe é dada na autodoação da vida.

Afirmemos isso num plano geral. O que a filosofia chama de processo de objetivação, o que desempenha papel tão grande em muitos de seus desenvolvimentos, nunca é possível no sentido em que ela o entende. Trate-se do "Espírito", da "razão", da subjetividade, da consciência ou de qualquer outra instância fundadora, esse processo de objetivação é interpretado como se o poder que opera a objetivação se objetivasse a si mesmo nesta, pondo-se a si próprio diante de si, tornando-se assim, ele próprio, o outro, o exterior, o diferente – o "em-face" ou o "ob-jeto". Que nada advenha jamais dessa maneira, que jamais a objetivação seja uma auto-objetivação, eis o que a análise da atividade corporal mais simples e mais concreta basta para estabelecer. A "objetivação" que se efetua em cada um de nossos sentidos – quando a visão enxerga ao longe, quando o tato toca um objeto, quando o olfato aspira o perfume de uma flor, quando a audição percebe um som que ressoa no mundo –, essa objetivação significa a cada vez a vinda para fora de um lá fora, o ultrapassamento de uma intencionalidade que se levanta para seus horizontes de transcendência. Mas esse movimento de superação permanece em si e se move em si mesmo: é o automovimento da Vida que se leva consigo na autoafecção patética de sua carne irrompível.

Aqui se apresenta para nós uma conexão decisiva entre Afetividade e Poder. Se não há poder senão dado a ele mesmo na autodoação patética da Vida, então todo poder é afetivo não por efeito de circunstâncias que seriam estranhas à sua própria essência, mas porque esta reside nesta autoafecção patética que, instalando-o em si mesmo, lhe dá a possibilidade de se exercer – de ser esse poder que ele é. Assim, reina em todo poder de nosso corpo o poder prévio de uma Afetividade transcendental, esse poder da Afetividade de se dar a si e, assim, de dar a si tudo o que não se dá a si senão nela – a essência da Vida. Remetendo ao poder da Afetividade que põe toda prestação corporal nela mesma, esta, pois, não é possível senão apoiada sobre esse fundamento; toda força é nela mesma patética, e é o que exprime no fundo, sem o saber, o conceito de pulsão.

Ora, na imanência patética de todo poder, ocorre não somente que este é dado a si mesmo e, como tal, é suscetível de agir. Como em tal imanência nada vai para fora de si nem difere de si, o poder nela situado não é apenas dado a ele mesmo, mas constantemente dado, sem nenhuma descontinuidade. Muito mais: não somente é continuamente dado, mas não pode fazer que ele não seja ou que já não seja. Daí resulta um dos traços mais admiráveis de nossa corporeidade original, na qual se reúne e se une o conjunto dos poderes que a compõem. Autodoação patética de cada um deles, ela é propriamente a carne de cada um. E é assim que, situada nele como sua possibilidade mais interior, ela pode pô-lo em ação quando quer. Ora, essa possibilidade não é abstrata. Como é uma carne – e, assim, sempre determinada pateticamente –, é essa determinação patética interior a cada um de nossos poderes que o põe em jogo. Aqui se reconhece facilmente e se torna inteligível a pressuposição infundada de toda a análise de Condillac: *a origem de todos os movimentos da estátua em sua subjetividade impressional pura segundo o jogo de suas impressões.*

Ao mesmo tempo, é também a segunda pressuposição infundada da análise de Condillac que se torna transparente. Maine de Biran perguntava a Condillac como um órgão móvel pode ser constantemente dirigido sem ser conhecido. Só a pressuposição fenomenológica inicialmente assumida por Condillac, mas rapidamente perdida – a redução a uma subjetividade impressional radicalmente imanente –, permite pôr o problema de modo que se afaste a aporia. O "órgão móvel" que deve ser constantemente dirigido e conhecido não é precisamente a mão enquanto parte objetiva de nosso corpo objetivo – assim como tampouco seu movimento é um deslocamento objetivo no espaço. Descrita em sua subjetividade pura e reduzida a esta, a "mão" não é outra coisa senão o poder subjetivo de tocar e de pegar, esse poder dado a ele mesmo e posto em posse de si mesmo na autodoação patética da Vida – na carne de nossa corporeidade original. O "estar em posse de si" de tal poder não é, pois, diferente de seu ser-conhecido, dessa autodoação patética de que falamos. A carne encerra em si, ao mesmo tempo, a possibilidade de agir de cada um de nossos poderes e sua revelação; nela se cumpre conjuntamente a efetuação fenomenológica tanto de uma como da outra. Assim também para o movimento desse "órgão móvel" que é a "mão" da "estátua": o "mover-se" desse poder subjetivo de preensão é o movimento que se move em si mesmo e permanece em posse de si na imanência de nossa corporeidade originária – o automovimento da Vida em sua autorrevelação carnal.

"Eu posso" não significa que, agora, eu esteja em condições de fazer tal movimento. A realidade de um movimento não se esgota em sua efetuação fenomenológica singular: reside no poder de cumpri-lo. Esse poder, por sua vez, não se reduz à soma de suas atualizações potenciais. É uma possibilidade principial e *apriorístico* que domina todas as suas "atualizações", que domina passado, presente e futuro e que não pode ser-me tirado: a de desdobrar todos os poderes de meu corpo. Todos esses poderes são indefinidamente repetíveis. Todos, porque não há nenhum que não permaneça em posse de si mesmo na autodoação da Vida. Nenhum que me pertença porque, na autodoação que o dá a ele mesmo, a ipseidade deste Si singular que eu sou já se edificou de maneira que ele não é dado senão em mim, como um poder que é meu. De maneira que todos esses poderes estão em mim como um só corpo, isto é, uma só carne – em mim, que tenho o poder de exercê-los a todos na medida em que é em mim, revelado a ele em minha própria carne, que cada um deles se encontra preparado para agir. É assim que eu os conheço antes de todo pensamento e independentemente dele, antes de todo o mundo concebível, ali onde advenho a mim mesmo e do modo como advenho a mim mesmo. É assim que ajo: na imanência patética de minha carne.

§ 27. *A carne, memória imemorial do mundo.*

Essa imanência em minha carne de todos os seus poderes faz dela o lugar de uma memória original. Que o homem seja memória quer dizer, no pensamento clássico, que a memória é um pensamento, a capacidade da consciência de representar acontecimentos ou sentimentos desaparecidos. É, pois, a representação, uma intencionalidade que no-los dá conferindo-lhes essa significação de terem passado. Se pus outrora sobre minha mesa de trabalho uma estatueta ganha de presente e se me acontece, para experimentar novamente a sua beleza, pegá-la entre as mãos, posso representar cada um desses atos (ou, ao menos, alguns deles) que se destacam no curso uniforme do tempo. Essa memória, com sua clareza e suas lacunas, esconde outra, mais profunda. *É a memória de um corpo que se lembra, a cada vez, da maneira de pegar a estatueta, de se mover para ela a fim de apanhá-la.* Esse movimento não é o deslocamento de um órgão objetivo, não é dado a nenhuma "lembrança" propriamente dita, a nenhuma representação, a nenhum pensamento: é o automovimento de um poder de preensão que lhe é revelado na autodoação patética de minha corporeidade originária. Assim, leva-o ela e o guarda em sua carne a título de possibilidade principial de que nunca se separou, de que nunca perde a memória, não sendo senão esta.

Esse deslocamento da memória do domínio do pensamento para o da carne, essa memória corporal – de que Maine de Biran teve uma intuição inaudita – desdobra-se segundo a consideremos em ação nas prestações de nossos sentidos ou em sua imanência, antes de qualquer intervenção da intencionalidade. No primeiro caso, o do tocar, por exemplo, cada movimento que me uniu a um corpo particular, que lhe seguiu os contornos e cujas formas desposou, fornecendo-me assim, em seu movimento e unicamente por ele, a ocasião de conhecê-lo, esse mesmo movimento, repetindo-se, aplicando-se ao mesmo sólido, a suas formas e a suas diversas qualidades, me permitirá reconhecê-lo, sem que esse reconhecimento tenha outra condição além desse próprio movimento, que doravante será "o signo" dele. "Haverá então uma verdadeira memória de formas tangíveis."[24]

---

[24] *Essai sur les Fondements de la Psychologie et sur Ses Rapports avec l'Étude de la Nature*, edição Tisserand, op. cit., t. VIII, p. 408.

Dessa memória inscrita em minha corporeidade originária como possibilidade principial de desdobrar cada um de seus poderes decorre um traço decisivo do mundo das coisas a que estas nos conduzem. Como, constantemente dado a ele em minha carne, cada um desses poderes é indefinivelmente reproduzível, o acesso ao mundo sensível que ele administra é um *a priori*. As coisas do mundo nunca estão presentes a nosso corpo numa experiência que traria em si esse caráter de dever ser único; elas sempre se oferecem a nós como o que se verá duas vezes, como esse sólido cujas formas sempre se poderá novamente percorrer, que se reencontrarão tal como são, de que se guardará a memória – essa memória que não é nada além da possibilidade consubstancial à minha carne de se mover até elas. Se o mundo não cede em nenhum lugar, se a trama do sensível é contínua, sem defeito nem lacuna, e não se rompe em nenhum ponto, se cada fibra ou cada grão que a compõem é indefinidamente evocável, é porque cada um dos poderes que me levam até eles é o de uma carne que nada separa de si, sempre presente a si em sua memória sem afastamento, sem pensamento, sem passado, sem memória – em sua memória imemorial. É minha carne que é irrompível.

A unidade do mundo é, portanto, uma unidade imanente, é na Parusia de minha carne que ela se encontra. Que a experiência do mundo percebido segundo o traço decisivo de sua interação indefinida peça sua possibilidade última a uma consciência sem mundo, a uma carne acósmica: essa é a verdade sem idade que brilha numa passagem do *Essai* de Maine de Biran, que reconduz a análise de Condillac à sua pressuposição fenomenológica inicial impensada: "Todos os movimentos executados pela mão, todas as posições que esta tomou percorrendo o sólido, *podem ser repetidos voluntariamente na ausência desse sólido*".[25]

Convém distinguir essa memória imemorial de uma carne que guarda em si todos os seus poderes da memória em sentido corrente, que

---

[25] Ibidem; grifo nosso.

consiste na capacidade de formar representações tanto desses poderes quanto de coisas a que eles nos unem. Como uma relação de dependência se estabelece entre as segundas e os primeiros, a lembrança das coisas é invencivelmente ligada por nós à dos encaminhamentos que nos conduziram a elas, à lembrança de nossos esforços para pegá-las ou afastá-las, ou levantá-las, modificar suas formas, trabalhá-las de algum modo. E essa lembrança não é em si mesma senão o livre despertar no pensamento de possibilidades que dizemos adormecidas neste, mas que são de outra ordem, para dizer a verdade são estranhas ao pensamento, a qualquer representação, a qualquer lembrança – que são os poderes imemoriais de minha carne patética. "A lembrança de um ato", diz Maine de Biran num texto de profundidade infinita, "encerra o sentimento do poder de repeti-lo".[26]

§ 28. A carne, lugar de doação de um corpo desconhecido – dado antes da sensação e antes do mundo. Estruturação e propriedades do "corpo orgânico".

Se a unidade do mundo remete à possibilidade fundamental, inscrita em minha carne, de cumprir todos os movimentos de que sou capaz, sobre o que, então, agem estes últimos? Nossa primeira resposta é que esses movimentos agem sobre si mesmos. Não são movimentos de que haveria por constatar, ingenuamente, apenas o desenrolar; cada um deles é um automovimento, posto em si mesmo em nossa carne e suscetível, desse modo, a se exercer a qualquer momento. Quando esse movimento já não é considerado na imanência de sua possibilidade última, quando memória de formas tangíveis das coisas, por exemplo ele nos dá estas, e como ele as dá? Em seu movimento e por ele, certamente. Mas esse movimento não nos entrega agora outra coisa além de si próprio? Como ele faz, como age sobre o que nos dá de diferente dele?

---

[26] Ibidem, p. 605, nota.

A questão desvela sua urgência e sua acuidade quando se reconhece, nela, a aporia em que veio tropeçar a maioria das teorias da ação humana: como uma instância subjetiva e, como tal, sem extensão ("alma", "consciência", "psique" ou qualquer outro nome que se queira dar-lhe) poderia agir sobre um corpo extenso, pô-lo em movimento? Uma vez reconhecida a contradição maciça da "glândula pineal" de Descartes, os grandes cartesianos não puderam senão fugir da aporia, confiar a construções especulativas gratuitas – ocasionalismo de Malebranche, paralelismo de Espinosa, harmonia preestabelecida de Leibniz – a possibilidade dessa ação da alma sobre o corpo sem poder fundá-la de maneira alguma – sem se perguntar se a suposta correspondência entre a série subjetiva de volições e de desejos, por um lado, e a dos processos materiais extensos, por outro, tem somente um sentido.

A genialidade de Maine de Biran foi a de radicalizar a redução fenomenológica inicial de Condillac, a de nunca se pôr fora da estátua para descrever do exterior os movimentos de sua mão, tornados deslocamentos objetivos de um órgão móvel sobre corpos situados no espaço do mundo. Ele compreendeu que é a posição cartesiana da questão o que a torna insolúvel, que esta é uma falsa questão, que a alma não age sobre o corpo extenso. É no interior do movimento que se experimenta a si mesmo e se move em si mesmo que deve ser circunscrita uma experiência que não advém senão a ele: a experiência de algo no qual ele vem esbarrar, de um termo que resiste a seu esforço e a que Maine de Biran chama "contínuo resistente". Trata-se de "algo" que não se dá senão ao movimento e, assim, na ausência de toda intencionalidade representativa, na ausência também de cada um dos sentidos tradicionais, que são a visão, a audição, o tato, o olfato e o paladar.

Na ausência do tato? É aqui que a distinção estabelecida entre a especificidade de cada um de nossos sentidos e o automovimento em que consiste seu exercício deixa transparecer seu caráter decisivo. Quando se confia ao tato o cuidado de nos fazer conhecer a realidade dos corpos exteriores, ambos se confundem: as sensações devidas ao tato – impressão de rugosidade, de dureza, de maciez, de suavidade, de calor, etc. – e, por outro lado (completamente diferente), o sentimento de resistência experimentado durante a sucessão dessas impressões táteis. As primeiras decorrem, com efeito, do sentido do tato; o próprio termo que resiste não resiste senão ao movimento. A "sensação de solidez" de Condillac expõe com plena clareza essa confusão, que aliás é própria a quase todas as teorias que põem o tato no coração de nossa experiência do mundo.

A importância de tal confusão – a das sensações próprias a cada sentido e do movimento que preside a seu desenrolar – deve ser medida por suas consequências. As sensações do tato são apreendidas como pertencentes aos corpos exteriores, as sensações visuais às coisas que se veem, as sensações sonoras às que se ouvem – que se podem, eventualmente, perceber ao mesmo tempo. Igualmente, as sensações do olfato são identificadas com o perfume de uma flor, com o mau cheiro de uma criação de porcos. E o corpo – o corpo exterior a que essas sensações são reportadas – é um corpo do mundo, desse mundo espontaneamente identificado pelo senso comum com a realidade. O mesmo ocorre em relação a nosso próprio corpo, a seu cheiro, à suavidade de uma pele, à coloração de um rosto. Assim, nosso corpo próprio, ou o de outro homem, toma lugar, de início, nesse mundo onde nos aparecem todos os objetos, quaisquer que sejam. São nossos diferentes sentidos, através de suas diversas sensações, que nos abrem a esse mundo de corpos. E isso – convém não esquecer – na medida em que uma intencionalidade os habita, fazendo cada vez de suas sensações específicas sensações "representativas", "qualidades sensíveis" que pertencem aos objetos, tanto a nossos próprios corpos-objetos quanto aos outros. O corpo-sujeito que é o princípio dessa experiência – a sede de sensações que experimentamos como atos intencionais que os "animam" – é posto diretamente em relação com o corpo-objeto, com o conteúdo do universo.

Se, ao contrário, no seio de nossa corporeidade originária é o automovimento desta em seu cumprimento imanente que vem esbarrar num termo que lhe resiste continuamente, *então a realidade mudou*. É esse *continuum* resistente que a torna manifesta, que define a primeira oposição, a primeira exterioridade encontrada por nós no desdobramento interior de nossos poderes – *é um novo corpo que se descobre dessa maneira, e somente dessa maneira*. É, pois, a esse corpo, até então inexplorado, que Maine de Biran chamou "corpo orgânico". A análise deste acaba justamente de ser feita. Consiste na descrição fenomenológica rigorosa de seu modo de doação. Como tal modo exclui os sentidos tradicionais – tanto as sensações que eles nos fornecem quanto a intencionalidade representativa que os atravessa –, o corpo que ele nos revela não deve nada às primeiras nem à segunda: *é um corpo antes da sensação, antes do mundo. Um corpo invisível a mesmo título que nossa corporeidade originária, cujo movimento vem se chocar contra ele*, contra esse *continuum* que resiste continuamente a nosso esforço mesmo quando este, apoiando-se e, por assim dizer, "arcobotando-se" sobre si mesmo, busca e encontra sua maior força.

Propriedades singulares podem, pois, desse modo, ser reconhecidas no corpo orgânico. Porque escapa a nossos sentidos, ele não pode ser tocado, visto ou ouvido, não tem odor nem sabor – se é que é mesmo dele que se trata. Pois, nada verdade, ele não é nada além disto: o que resiste ao "eu posso" de minha corporeidade originária, o que se revela a ele e unicamente a ele desse modo que consiste em resistir-lhe. Todo o ser daquilo que resiste está, portanto, na força a que ele resiste. O modo como ele resiste é o modo como essa força se experimenta. O modo como ele se revela é o modo como ela se revela a si mesma como entravada, inibida, não podendo desdobrar-se livremente segundo seu próprio querer. O contínuo resistente está para a força assim como a figura espacial está para o espaço. Assim como a figura espacial se recorta no espaço e jamais existe noutro lugar além dele, também o contínuo resistente permanece interior ao "eu posso" cuja potência ele mede. Se quisermos ainda falar aqui de exterioridade, será de uma exterioridade profundamente estranha à do mundo, na medida em que a experiência em que ela advém exclui de si qualquer elemento representativo, qualquer *theoria*, qualquer intuição *a priori* do espaço – no sentido da *Estética Transcendental* de Kant – ou do tempo, todo horizonte ek-stático que torna possível algo como um "ver". Saber se a relação do "eu posso" com o termo que lhe resiste continuamente pode ainda ser descrita em termos de intencionalidade de intencionalidade motriz, por exemplo – é um problema. E isso porque toda intencionalidade no sentido da fenomenologia é uma *Sinngebung*, uma doação de sentido, conquanto nessa experiência pura do *continuum* resistente no automovimento imanente do "eu posso" nenhuma significação, nenhuma idealidade intervenha.

Convém, portanto, analisar essa experiência de modo mais preciso. Enquanto ela se desenrola, uma diferenciação tão decisiva quanto incontestável aparece. Ora o contínuo resistente opõe à colocação em ação de nossos poderes uma resistência absoluta, não lhe cedendo em parte alguma, em ponto algum – de maneira que nenhuma falha, nenhuma passagem se abre no muro contra o qual o movimento vem se chocar, ora, ao contrário, o contínuo resistente cede ao esforço de nosso movimento. Esse modo de ceder não pode ser significado senão nesses termos, reduzindo-se toda a nossa experiência então à de uma força sob o empuxo da qual algo efetivamente se dobra, verga, cede, abandonando ao poder desse empuxo uma espécie de "extensão interior" de que não há, dizemos nós, nenhuma intuição, sensível ou outra – que não é nada além *daquilo que se dobra por efeito da força e se encontra impelido por ela.*

É assim que se instaura a diferenciação decisiva de que falamos: quando o contínuo resistente opõe aos poderes de nossa corporeidade originária uma resistência absoluta, esse contínuo define a realidade dos corpos que compõem o universo "real". Quando, ao contrário, ele cede a esses poderes, é a realidade de nosso corpo orgânico que se revela nele. É nessa submissão aos poderes que compõem em conjunto nosso "eu posso" carnal que o corpo orgânico se designa como nosso, como nos pertencendo, à diferença dos corpos que nos resistem absolutamente e que são os corpos estranhos. Em um caso e no outro, no entanto – trate-se de um corpo real do universo ou de nosso próprio corpo orgânico –, *a realidade do corpo* não tem nada que ver com o que nós representamos habitualmente sob esse termo. Com efeito, chamamos *real* ao corpo que nos aparece na exterioridade do mundo – desse mundo cujo aparecer é a exterioridade como tal. Como, a mesmo título que nosso próprio corpo orgânico, os corpos do universo não se dão originariamente senão aos poderes imanentes de nossa corporeidade, sendo experimentados por eles segundo as modalidades da resistência que eles lhe opõem, então é preciso dizer isto (por mais estranho que pareça): a realidade desses corpos – tanto dos nossos como dos corpos estranhos – é uma realidade estranha ao mundo e a seu aparecer, uma realidade invisível, a mesmo título que a de nossa carne.

Consideremos de mais perto nosso corpo orgânico – esse corpo antes da sensação, antes do mundo, diferente dos corpos do universo por não opor ao "eu posso" senão uma resistência relativa. Essa condição fenomenológica que é a sua define um meio homogêneo cuja homogeneidade deixa, no entanto, aparecer nela novas diferenciações que vão revelar-se essenciais. *Estas exprimem os diferentes modos como ele cedeu a meu esforço.* Suponhamos, por exemplo, que, sob a direção de um cinesioterapeuta, eu produza um ato de inspiração voluntário: em mim se incha algo que chamo de meu peito mas que, originalmente, não tem nada que ver com uma parte do corpo objetivo. Pois, para nos atermos ao que é realmente dado, se trata tão somente de algo que cede interiormente a meu esforço, que se eleva em mim até uma espécie de limite que eu me esforço em vão por ultrapassar, que se aplaca quando cessa esse esforço, para suceder-lhe o ato de expiração que então me é pedido. Assim, essa "extensão orgânica" que constitui o *continuum* do contínuo resistente se desdobra entre dois limites. E que tal extensão não seja o espaço do mundo, o da percepção dos objetos exteriores, vê-se pelo fato de que *seus limites não são precisamente limites espaciais, mas os de nosso esforço, limites práticos*, refratários a toda representação e, notadamente, à de um espaço intuitivo.

Ora, o que acaba de ser dito de nossa "respiração" vale para o conjunto dos poderes constitutivos de nossa corporeidade originária. À colocação em ação de cada um deles corresponde uma espécie de desdobramento interior que vai ao limite do que ele pode e que, uma vez atingido esse limite e enquanto não cessa seu esforço, volta ao que nós chamaremos, de modo sempre metafórico, de seu "ponto de partida". Este não é nenhum ponto do espaço, nenhum ponto da extensão orgânica, ela própria estranha ao espaço. *O ponto de partida é nossa carne, a autodoação primitiva em que cada um desses poderes encontra a possibilidade de agir.*

Como esses poderes são diferentes, a cada um corresponde um modo particular de se desdobrar entre seu "ponto de partida" carnal e o termo movente de seu esforço. Assim se constroem *sistemas fenomenológicos puros*, zonas de resistência que obedecem imediatamente a nossos movimentos e de que cada qual é um órgão. Nosso corpo orgânico é o conjunto de nossos órgãos *assim entendidos*. Tais órgãos diferem das estruturas anatômicas que a ciência toma por objeto. Eles não se dis-põem nem se ex-põem *partes extra partes*, mas são mantidos em conjunto e como que sustentados fora do nada pelo "eu posso" de nossa corporeidade originária. É por isso que também a unidade de todos esses órgãos, a unidade de nosso corpo orgânico, não é uma unidade situada fora de nós: é a unidade dos poderes a que eles são submissos e cujos limites eles marcam a cada vez. Essa unidade de todos os poderes reside em sua autodoação patética. Ou seja, ela não é senão a de nossa carne.

§ 29. *A possibilidade originária da ação como pulsão carnal do corpo orgânico. A realidade prática invisível do conteúdo do mundo. Constituição e estatuto do corpo próprio objetivo.*

A aporia em que vieram dar as teorias clássicas da ação humana uniformemente compreendida como ação da alma sobre o corpo, como passagem do "interior" ao "exterior", como "objetivação" – como processo ao termo do qual nossa vida transcendental se transformaria, ela mesma, numa coisa: essa aporia está, com efeito, eliminada. Se não é jamais sobre um corpo do mundo que nossa ação opera, seu resultado não poderia ser uma modificação desse corpo mundano, nenhum fenômeno ou deslocamento objetivo. *Nossa ação é a de nossa corporeidade originária e de seus poderes, é a pulsão que se move em si mesma e verga "órgãos" que cedem a seu poder. Nossa ação no mundo se produz ao termo desse desdobramento orgânico, ali onde, diretamente atingido por este como seu próprio fundo, o mundo lhe opõe sua resistência absoluta. Pois ali está a realidade de seu conteúdo: não em seu aparecer, mas nesse limite de meu esforço, dado dessa maneira ao movimento de minha vida.* Como, em minha carne, sou a vida de meu corpo orgânico, sou também a vida do mundo. É nesse sentido original, radical, que o mundo é o "mundo da vida", uma *Lebenswelt*.

Nossa mão, no entanto, não transpõe um espaço objetivo para pegar o livro posto sobre a mesa, para separar com seus dedos as folhas? Nossos pés, solidamente plantados na terra ou deslocando-se no caminho, não ferem as pedras – as pedras *situadas umas ao lado das outras*, nessa *res extensa* de que falam Galileu ou Descartes? Longe de restringir o domínio de competência da fenomenologia, essas observações nos ajudam a explorar sua extensão. Se é verdade, segundo as pressuposições de uma fenomenologia da vida, que há para as coisas dois modos originais e fundamentais de manifestação, então uma mesma realidade – no caso, nosso próprio corpo – deve poder aparecer-nos de dois modos diferentes. *Nosso corpo nos propõe a experiência crucial em que é atestada, de modo decisivo, a dualidade do aparecer.* Só esta nos permite compreender como esse corpo é, com efeito, uma realidade dupla, manifestando-se do exterior, no fora de si do mundo, e, por outro lado, interiormente vivida por nós na autorrevelação patética da Vida. Assim, nosso próprio corpo é, em sua duplicidade, ao mesmo tempo o efeito da duplicidade do aparecer e sua prova irrefutável. É essa situação paradoxal tornada, no entanto, plenamente inteligível, Arqui-Inteligível – que legitima a escolha metodológica das duas vias tomadas pela problemática, a do mundo e a da vida. Disso resulta a evidenciação da existência de dois corpos que pertencem, um, ao reino do visível, o outro, ao do invisível. Tal distinção basta para dar conta da relação que se institui necessariamente entre eles?

Consideremos a última dificuldade evocada, *o deslocamento no espaço do mundo de nossa mão sobre o corpo objetivo*: pode-se perguntar se ela está realmente posta. De acordo com a duplicidade do aparecer, há certamente dois corpos, um vivente, o outro mundano; mas como o primeiro encontra o segundo de maneira que se apodere dele, se desloque nele, lhe modifique eventualmente as formas, a posição, as qualidades – em suma, de maneira que "aja" sobre ele? Onde se situa, com todo o rigor, tal "deslocamento"? A aporia clássica não continua aí? Não, se a ação é tida pelo que ela é, inteiramente subjetiva: essa força vivente que dobra sob seu esforço o corpo orgânico e desdobra-o até o limite em que já não cede, que lhe resiste absolutamente, que é o conteúdo real do mundo. *Ora, é esse processo inteiro de nossa ação radicalmente imanente que encerra em si tanto nosso corpo orgânico quanto o corpo real do universo que se encontra percebido do exterior no aparecer do mundo.* Não há, portanto, dois processos, mas um só, o de nossa corporeidade carnal. É esse único processo que nos aparece de outro modo, em outro aparecer, descobrindo-se então a nós no "lá fora" do mundo na forma de um processo objetivo. Portanto, nossa ação não se desenrola inicialmente em nós para surgir subitamente fora de nós. Vivente, ela pertence à vida desde sempre e não a deixa. Objetiva, ela o é também desde sempre, sob o aspecto, por exemplo, do deslocamento objetivo de nossa mão – uma mão ela mesma objetiva como nosso corpo objetivo, do qual é uma parte. Corporeidade vivente, e corpo objetivo mundano são *a priori*. Esses dois *a priori* da experiência de nosso corpo que não são, eles mesmos, senão a expressão da duplicidade do aparecer, a qual é um Arquifato, que nada explica, mas que deve ser compreendido a partir de si mesmo segundo a regra que a fenomenologia da vida se impõe.

Essa questão, no entanto, não pode ser evitada. Se, de acordo com a duplicidade do aparecer, nosso corpo se desdobra, é a realidade desse corpo que nos aparece sob uma aparência dupla? *Nosso corpo mundano a traz em si, a mesmo título que nossa carne patética?* Não vimos que o aparecer do mundo despoja toda realidade de sua própria substância? Essa situação fenomenológica decisiva não se revelou a propósito da vida, precisamente? Ora, todos os caracteres de nosso corpo próprio se referem à vida: nenhum deve ao aparecer do mundo ser o que ele é. Constituído pelo conjunto de nossos sentidos, nosso próprio corpo nos fornece sensações específicas. Mas todas essas sensações, incluídas aquelas que vinculamos aos objetos, não são, como o vimos, senão impressões subjetivas neles projetadas. Tanto as mais longínquas quanto as mais próximas não se experimentam, na verdade, senão na vida. Impressões e sensações cuja matéria impressional é a matéria fenomenológica pura da vida, que são modalidades de sua carne. E a própria intencionalidade, que as lança para fora e dá a cada um de nossos sentidos o abrir-nos ao mundo, não é posta em posse de si senão na vida. Está, portanto, no mais profundo de nossa corporeidade o poder originário de se mover a si mesmo e tudo o que se dá nele, o contínuo orgânico com suas diferenciações internas, que escapam ao aparecer do mundo. Nosso corpo objetivo não é senão uma concha vazia?

A experiência mais corrente mostra o contrário. Consideremos o corpo objetivo de outra pessoa. Se ele se opõe, a nossos olhos, aos corpos inertes do universo material, é porque *nós o percebemos como habitado por uma carne*. Ser habitado por uma carne quer dizer experimentar sensações diferentes daquelas que, referidas às coisas, aparecem como suas próprias qualidades objetivas, tais como a cor de um tecido ou a claridade de uma lâmpada. Certamente, também o corpo objetivo do outro é revestido de tais qualidades: ele tem olhos azuis, uma cabeleira negra, tez pálida, etc. Mas é igualmente *sensível* num sentido completamente diverso: à diferença dos corpos estranhos, eu o apreendo como experimentando interiormente e de modo contínuo uma sucessão de sensações que formam a substância de sua própria carne e, desse modo, percebo esta como modificada sem cessar por tais sensações.

Ora, o corpo do outro não é somente habitado por uma carne impressional semelhante à minha, mas é provido dos mesmos sentidos que eu. É assim que seu corpo me aparece como um corpo capaz de sentir e que, através do exercício de seus diversos sentidos, se abre ao mundo, e ao mesmo mundo que o meu. Sua mão jamais é um objeto propriamente dito, um órgão "biológico" descrito pelo anatomista ou examinado pelo médico. Tampouco seus olhos ou seus ouvidos. Esses olhos, como diz Husserl, são "olhos que veem", essas mãos são "mãos que tocam". O corpo do outro é assim atravessado por múltiplas intencionalidades, ele é a sede de movimentos incessantes que não apreendo somente nem antes de tudo como deslocamentos objetivos, mas como movimentos vividos por ele, tão subjetivos quanto os meus. É assim que, segundo as análises admiráveis de Scheler,[27] quando olho o rosto do outro, não vejo nunca um olho, mas seu olhar, vejo que ele me olha e, eventualmente, que ele olha de modo que eu não vejo que me olha, vejo que ele desvia o olhar, ou ainda que meu próprio olhar lhe desagrada, etc. Precisamente porque seus movimentos são percebidos como experimentados ou queridos por ele, seu fundo afetivo, as tonalidades afetivas em que são dados a

---

[27] Cf. notadamente Max Scheler, *Nature et Formes de la Sympathie*. Paris, Payot, coleção Petite Biliothèque, n. 173.

eles mesmos e que presidem assim a seu cumprimento – esforço, lassidão, desejo, prazer, desprazer, incômodo – estão ali, de certo modo, para mim. Longe de ser inerte, insensível – identificável, portanto, a qualquer corpo material –, o corpo do outro, apesar de sua objetividade, oferece-se a mim como corpo vivo, já que todos os caracteres que acabamos de listar – e que são os de uma carne – se deixam reconhecer nele.

A *realidade* da carne seria então suscetível de nos aparecer no mundo? A problemática da impressão não mostrou que, assim que esta é separada de si no primeiro afastamento do tempo, sua realidade desaparece, deixando lugar a uma irrealidade de princípio? Esse destino irrevogável da impressão não é em si o da vida, a qual não permanece em si senão na imanência de seu *páthos* invisível de onde toda exterioridade é para sempre banida? *Esvaziar-se de sua substância na exterioridade de um "fora", tal é o próprio de toda carne concebível. A mesmo título que o meu, o corpo objetivo do outro é isto: a irrealização de uma carne no aparecer do mundo e por ele.*

Como o aparecer do mundo irrealiza, nós o sabemos. A experiência crucial da linguagem no-lo ensinou. O poema de Trakl *dá as coisas em sua ausência*. Ele *significa* a neve que se vê cair através do vidro quando não há janela nem neve, o som do sino quando não há som nem sino. Tal é a essência de uma significação em geral: produzida na doação de sentido de uma intencionalidade, ela dá um "conteúdo de pensamento" (um "noema") sem dar, no entanto, a realidade significada por ele. Assim também quanto à significação "cão" enunciada na ausência de qualquer cão real. O corpo objetivo do outro, ou o meu, é constituído pelo conjunto das significações que visam a uma carne e definem sua realidade – *na ausência desta, todavia, de toda e qualquer carne real.*

Se, por exemplo, olho meu rosto no espelho, não vejo certamente uma coisa sem nome, uma massa de matéria inerte qualquer. Vejo um rosto, precisamente o meu, vejo um olhar, um olhar que me olha e que me diz talvez: "Como este olhar é triste!". Tento sorrir para mim, e isso não é a deformação de algo privado de sentido, é um sorrir precisamente o que vejo. No entanto, *ali onde esse olhar me olha, ali onde sua tristeza me aparece, onde esse sorrir me sorri, na superfície lisa do espelho, não há nenhuma visão real, nenhuma tristeza real, nenhum movimento que se mova em si mesmo*, nenhuma carne que se autoimpressione a si mesma na efetuação de uma vida singular. Se, pois, meu próprio corpo que observo no espelho – assim como o corpo objetivo de outra pessoa, que vejo perfeitamente bem, é constituído de significações tais como "olhar", "sofrer", "mover--se", é unicamente porque tais significações são tomadas de uma carne vivente. Somente esta torna possível a constituição em nossa experiência de algo como um corpo "habitado por uma carne".

Aqui se revela, numa claridade cegante, o paralogismo que consiste em dar conta de nosso corpo próprio (e, antes de tudo, de nosso corpo vivente) a partir de um processo de constituição intencional e como produto deste – embora somente uma corporeidade originária e vivente, originariamente revelada a ela na vida, seja suscetível de fundar tal processo: o paralogismo que pretende dar conta de nossa carne numa fenomenologia da constituição, isto é, afinal de contas, no aparecer do mundo. As descrições do corpo constituído não têm nada de originário: são antes cegas no que concerne ao originário. E o são porque são cegas com respeito à essência originária da revelação, isto é, da vida.

Ora, a remissão das significações constitutivas do corpo próprio objetivo a uma realidade que nunca se ex-põe a si mesma na objetividade não é pontual. Enquanto me olho no espelho e vejo o olhar que me olha, sua tristeza, etc., esse olhar, essa tristeza não cessam de se estreitar em minha noite. Nelas se estreita também a intencionalidade que delas se apodera para, a partir delas, produzir as significações constitutivas do corpo objetivo e sem as quais esse corpo já não seria um corpo humano, nem sequer um cadáver. Minha carne não é, portanto, somente o princípio da constituição de meu corpo próprio objetivo, mas oculta em si sua substância invisível. Tal é a estranha condição desse objeto a que chamamos nosso corpo: ele absolutamente não consiste nessas espécies visíveis a que o reduzimos desde sempre; na sua realidade, precisamente, ele é invisível. Ninguém nunca viu um homem, mas tampouco ninguém jamais viu seu corpo, se por "corpo" entenda-se seu corpo real.

Põe-se, então, a questão de saber o que é a constituição do corpo próprio objetivo do outro, na medida em que a vida que o sustenta já não é a minha. Eu não deveria ter acesso antes de tudo e diretamente à sua própria vida, à sua própria carne, na efetuação singular de sua autoimpressionalidade patética a fim de compreender as expressões de seu corpo nas quais me esforço para ler sua alegria, seu prazer, seu tédio ou sua vergonha?

Reconhece-se o problema geral da experiência do outro, curiosamente abandonado pelo pensamento clássico. Quando ele se torna, na fenomenologia do século XX, o tema de uma investigação explícita, esta, apesar dos esforços admiráveis de Husserl e de Scheler, não parece ter superado todas as dificuldades, em verdade extraordinárias, que encontra. Antes de o abordarmos à luz de pressuposições de uma fenomenologia da vida em nossa terceira parte, em ligação com a problemática cristã da salvação, algumas observações complementares se impõem.

§ 30. A teoria da constituição do corpo próprio do capítulo III de Ideen II. A tripla ocultação da possibilidade transcendental do "eu posso", da existência do corpo orgânico, da localização nele de nossas impressões.

A primeira é que uma teoria da constituição do corpo próprio deveria ter em vista não dois elementos – o corpo constituinte e o corpo constituído –, mas três, sendo o terceiro a carne originária sobre a qual se concentrou toda a nossa reflexão. Considerada em sua originariedade, com efeito, nossa carne não é constituinte nem constituída; estranha a todo elemento intencional, é pura *hylé* no sentido em que nós o entendemos, não como dado bruto mas como arquirrevelação da Vida. Desse modo, descobre-se a imensa lacuna de uma teoria da constituição do corpo próprio interpretado de início como produto de uma constituição: a carne originariamente não constituída lhe escapa. Essa lacuna passa a ser uma completa ocultação quando a elucidação da correlação corpo constituinte/corpo constituído se reduz a uma descrição deste último. Antes de ter determinado a problemática do último Merleau-Ponty, tal situação se oferece a nós no capítulo III de *Ideen* II.[28]

A significação da distinção tida como essencial na fenomenologia entre o corpo de uma coisa, o corpo "côisico", e o "corpo da carne", um corpo tal como o nosso, habitado por uma carne, aparece muito rapidamente limitado: assim como o primeiro, o segundo é percebido do exterior. Ambos são corpos mundanos. Por essa razão, nosso corpo próprio apresenta, ele também, partes visíveis e partes tangíveis. Algumas dessas partes escapam, é verdade, à minha visão, mas permanecem acessíveis ao tato. Saída de uma longa tradição, a diferenciação entre o corpo "côisico" e o corpo próprio se faz na experiência pela qual minha mão toca seja o corpo de uma coisa, seja seu próprio corpo.

No primeiro caso, se eu passar a mão sobre uma mesa, experimento sensações que ou se referem à mesa, são apreendidas sobre ela como suas propriedades físicas – tais como o liso, o rugoso, o duro, etc. –, ou presto atenção às sensações experimentadas pela mão enquanto ela desliza sobre a mesa, sensações que se referem, então, à mão, que pertencem ao corpo próprio. As sensações da mão faltam ao corpo físico ("côisico") e, assim, ao corpo próprio considerado

---

[28] Husserl, *Idées Directrices pour une Phénoménologie et une Philosophie Phénoménologique Pures*, t. II, *Recherches Phénoménologiques pour la Constitution*. Trad. francesa Éliane Escoubas. Paris, PUF, 1982, p. 205-227; designado doravante *Ideen* II nas referências.

enquanto coisa física. São, ao contrário, sensações do corpo próprio, da "coisa corpo próprio".

Muito justamente, Husserl observa que a localização desses dois tipos de sensações é diferente. As sensações "côisicas" se estendem sobre a superfície espacial da coisa de que elas aparecem como determinações materiais. As sensações da mão recebem na mão uma espécie de "propagação" em virtude da qual elas se dão como próprias da mão. Ocorre ainda que a sensação apreendida como qualidade material da coisa, a cor da "coisa-mão", muda – se viro a mão, exponho-a à luz, etc.–, de maneira que essas modificações luminosas anunciam uma propriedade objetiva da coisa, funcionando assim como "esboços" dessa qualidade objetiva. Inversamente, as sensações da mão não são "nada que seja dado por esboços": são impressões que decorrem de minha alma.

Sejam essas sensações referidas ao corpo da coisa ou ao nosso corpo próprio, à nossa mão, é uma intencionalidade o que lhes confere essa significação, o que as percebe como qualidades da coisa ou como qualidades do corpo próprio, de nosso "corpo de carne". A própria "alma" ou o corpo de carne, a carne, não são compreendidos em si mesmos, mas como constituídos eles também; são percebidos como uma alma, como algo "psicológico", como uma carne pertencente a um ego, a algo que recebe, ele mesmo, esse sentido de ser um ego e o meu. Alma, carne, ego, tais como se revelam originariamente na imanência da vida, independentemente de qualquer intencionalidade, de qualquer significação, independentemente de nossos sentidos: eis o que não constitui problema.

A mesma situação se reproduz no segundo caso, quando a mão já não toca uma coisa, mas outra parte do corpo próprio – quando, por exemplo, a mão direita toca a mão esquerda. As sensações experimentadas pela mão que toca se repartem em duas séries: umas relacionadas à mão tocada considerada como coisa e percebidas, por conseguinte, como qualidades objetivas dessa coisa – a mão é lisa, fria, etc.; as outras relacionadas à mão que toca e apreendidas como suas próprias sensações, como sensações de movimento, notadamente. Quanto à mão tocada, ela também tem sensações táteis, nela localizadas não como num corpo material, mas nela que as sente precisamente, que as apreende como suas, como sensações do corpo próprio. Aqui ainda tudo é constituído, é um feixe de intencionalidades que governa todas essas apreensões, conferindo a cada vez sua significação ao que é "percebido como", "tido por" uma propriedade da mão que toca, ou da que é tocada, ou da mão considerada como coisa.

Não é apenas o estatuto fenomenológico da impressão antes de sua compreensão intencional – antes dessa estranha "animação" que a lança fora da vida na irrealidade – que fica em suspenso; nem somente o estatuto fenomenológico da intencionalidade, sempre entregue a seu anonimato; é uma última pressuposição – a mesma que a tese de Condillac sustentava – que permanece impensada em todas essas análises no momento em que as funda a todas, igualmente. Trata-se da possibilidade de uma carne originária de se mover a si mesma em si, de mover do interior seus órgãos e, ali onde eles já não cedem a ela, de se encontrar em posse direta de um corpo real dado à sua prática, levantado, torcido, trabalhado por ela – no invisível. Aqui, ao contrário, como no pensamento clássico, tudo é confiado à representação, à mão tratada como coisa visível que traz em si sensações cuja possibilidade última é escamoteada – sensações irrealizadas na objetividade dessa mão, ao passo que, órgão objetivo de um corpo próprio ele mesmo objetivo, esta se presta à ação sobre ela do ego transcendental que a atinge e a move não se sabe como.

O § 38 declara do corpo próprio considerado como campo de localização de minhas sensações que "ele é órgão do querer, é o único objeto que pode ser posto em movimento de maneira espontânea e imediata pelo querer do ego puro que é o meu". E ainda, sempre desse corpo próprio que pertence a um sujeito-ego, que este "tem a 'faculdade' ('eu posso') de mover livremente esse corpo e, por conseguinte, os órgãos em que esse corpo se articula, e, por seu meio, de perceber o mundo exterior".[29] O imenso problema da possibilidade fenomenológica transcendental da ação de um "ego" sobre seu próprio corpo e, "por conseguinte", sobre o mundo exterior é objeto de uma designação ela mesma exterior e em que tudo é evidente, reduzido a um enunciado de senso comum.

Essa desnaturação do corpo próprio identificado com um corpo constituído, misteriosamente compreendido como "órgão do querer" e "suporte do movimento livre", acarreta uma série de consequências. É antes de tudo a redução do órgão movido interiormente por nossa carne originária – móvel por sua condição mesma, que é ceder a seu movimento imanente – a um órgão parte do corpo extenso, representado ou representável como ele, que nenhuma moção subjetiva está doravante em condições de encontrar e de mover.

Ora, tal redução não oculta somente nosso corpo próprio enquanto corpo orgânico, essa espécie de *continuum* interno prático que se dobra sob o empuxo de nossa pulsão invisível e nunca é dado senão nela; essa redução impede também que se compreendam as condições verdadeiras a que obedece o processo de localização de nossas sensações no corpo próprio. Convém lembrar aqui a distinção feita entre as sensações específicas que correspondem a cada um de nossos sentidos – a saber, as sensações visuais, táteis, auditivas, etc. – e, por outro lado, as impressões relativas aos movimentos de nossa corporeidade originária. Sem esquecer o fato de que o exercício de nossos sentidos implica, a cada vez, a colocação em ação desses movimentos, daqueles, por exemplo, que procedem à sua orientação. É assim que impressões de movimentos são ligadas no princípio às sensações de nossos diversos sentidos, às impressões de movimentos de nossos "globos oculares", por exemplo, às sensações visuais. De modo que podemos, ao que parece, dar-nos as segundas a partir das primeiras, a partir de nossas "cinesteses". Mas há aí uma ilusão dupla. Por um

---

[29] *Ideen* II, respectivamente p. 215 e 216.

lado, essas cinesteses estão localizadas no corpo orgânico e não no corpo próprio objetivo; por outro, não são essas sensações cinestésicas constituídas que provocam nossas sensações visuais (elas, no máximo, as acompanham) – são impressões originárias em que os próprios movimentos originários de nossa carne se autoimpressionam em sua efetuação.

Consideradas em si mesmas, essas diversas impressões pertencem todas, portanto, à nossa carne originária, anteriormente a qualquer processo intencional de constituição ou de localização. Elas não apresentam entre si diferenças que decorram de seu conteúdo fenomenológico próprio – uma cor impressional, um sabor que se distinga por si mesmo de uma "impressão de movimento". É por essa razão que, quando tais impressões cada vez diferentes estiverem submetidas a uma intencionalidade constituinte, a significação que elas receberão não será senão a mira "no vazio" do conteúdo fenomenológico próprio de cada uma delas: tratar-se-á da significação "cor", ou "sabor", ou ainda "movimento". Assim se confirma uma tese decisiva da fenomenologia da vida. Não é a intencionalidade que está no princípio de nossa experiência, não é uma rede intencional que, ao mesmo tempo que sua significação, confere seu estatuto às impressões de nossa carne: são estas, em sua autorrevelação originária, que precedem, regulam e determinam o processo de sua inserção e de sua disposição no corpo próprio.

Não é evidente, portanto, que esse processo de constituição e de localização fica necessariamente submisso ao que o precede, à natureza das impressões originárias, por um lado, e à do corpo próprio, por outro? Do lado das impressões, distinguimos as sensações dos sentidos e as impressões de nossos movimentos. Do lado do corpo próprio, o corpo próprio objetivo a que se atém a tradição, por um lado, e o corpo orgânico, estranho a qualquer objetividade e dependente unicamente do movimento, por outro. As impressões sensoriais estão inseridas no corpo próprio objetivo (à exceção das que são referidas à coisa física), e as impressões de movimentos, no corpo orgânico. A "localização" dessas últimas é assim tributária de uma organização movente, mas rigorosamente determinada por sua submissão imediata aos poderes de nossa carne. É assim que essas impressões, que não são originariamente nada além da realidade fenomenológica de nossos movimentos, se dispõem em nosso corpo orgânico em função de sua estruturação prática. Nisso consiste sua constituição, a significação que lhe é atribuída como expressão de seu próprio *páthos* e de seu dinamismo também, na medida em que a inserção orgânica e não espacial dessas impressões, agora apreendidas enquanto "sensações cinestésicas", se conforma aos diferentes modos segundo os quais esse dinamismo se desdobra – à estruturação prática do contínuo resistente.

§ *31. Volta ao quiasma. O que quer dizer "ser-tocado". Fenomenologia da pele como finalização da teoria da constituição do corpo próprio.*

Reflitamos, pois, novamente sobre o quiasma tocante/tocado. Acabamos de elucidar tudo o que está implicado no "tocante" e que se encontra sob silêncio quando este último é tomado como evidente. Como não observar, agora, que os estratos superpostos implicados a título de condições essenciais da possibilidade do "tocante" – Vida, carne originária, afetividade, força, movimento, corpo orgânico, corpo real não objetivo – se encontram pressupostos do mesmo modo, se algo como "ser-tocado", no sentido fenomenológico de uma experiência efetiva, deve poder advir à e na nossa carne?

Nossas análises anteriores nos põem diante deste paradoxo aparente: o "tocado" originário – o "ser tocado" – não é tocado pelo sentido do tato, pelo "tocante" entendido como exercício desse sentido. O "tocado" é o contínuo resistente ao movimento em que, na efetuação do poder que o move, ele se torna subitamente impossível de mover. *Esse momento é aquele em que, em mim, meu corpo orgânico se faz corpo "côisico"*. Aqui é traçada, na minha própria carne e por ela, a fronteira prática que a separa de seu próprio corpo enquanto estrangeiro em si mesmo a toda carne – de seu próprio corpo "côisico". É aí, na verdade, que, de modo tão irrepresentável quanto incontestável, ela age sobre ele, movendo-o ainda, já não como parte dela mesma em que ela insere sensações que são suas (por exemplo, as sensações de seu próprio movimento), mas como massa opaca e inerte em que já não há nada dela mesma, já nada vivente.

Vê-se então como *essa relação interior prática de minha carne com seu próprio corpo "côisico" define sua relação com qualquer corpo "côisico" concebível, tanto com um corpo qualquer do universo quanto com o corpo "côisico" de outra pessoa.* Se eu quisesse, por exemplo, exercer uma pressão tão forte quanto possível sobre o corpo de outro – como um médico no decorrer de um exame ou um carrasco numa seção de tortura –, essa pressão se chocaria, *no interior de seu próprio empuxo*, com o que já não é habitado por esta nem pelas sensações que seriam as suas, mas com uma "coisa" precisamente, em si mesma estranha tanto a essa pulsão quanto a essas sensações. Uma coisa "real", um "corpo côisico" sobre o qual ela já não está em condições de agir mantendo-se nele, desdobrando-o do interior, mas somente do exterior. "Do exterior" não significa, então, que esse corpo esteja na exterioridade do mundo, ali onde nossa carne jamais terá nenhum contato com ele, onde nenhum *contato fenomenológico vivido como tal* é possível. A carne age "do exterior" sobre seu próprio corpo "côisico" *no interior do empuxo que ela exerce sobre seu próprio corpo orgânico* quando, este já não cedendo a ela, ela vem se chocar com ele como com um muro intransponível, cego e sem fissura – com esse corpo impenetrável *no interior do qual ela jamais penetrará porque ele não tem nenhum interior e jamais o terá*. Eis por que a ação da carne sobre seu próprio corpo "côisico" é o paradigma de toda ação humana – da relação primordial do homem com o universo. Tal relação não é uma relação ek-stática com o mundo, mas uma relação prática com o conteúdo desse mundo – relação subtraída a seu aparecer, não se cumprindo e não se revelando a si senão em nossa carne invisível. Como, ainda quando se esforce por construir e edificar, essa ação não se ocupa senão do impenetrável, ela assume necessariamente a forma da violência, obrigada a modificar, quebrar, moer, amassar, destruir ou, ao menos, alterar o que cessou de obedecer-lhe e, já não lhe estando submisso de nenhum modo, permanece para ela, num sentido radical, o estranho.

O que é tocado em mim por mim no limite de meu esforço enquanto corpo "côisico" continuamente resistente não o é, portanto, senão no desdobramento dos poderes de minha carne. Assim como o "tocante", o "tocado", o fato de ser tocado não pertence senão a ela. Vemos então muito claramente que a possibilidade de "ser-tocado" reproduz a de ser "tocante" a ponto de lhe ser idêntica. No caso de meu próprio corpo "côisico", é precisamente o mesmo processo, que move o contínuo resistente, que é tocado por ele, isto é, que experimenta imediatamente sua resistência. Assim, o contínuo resistente não é tocado senão por uma carne, enquanto ela o move do interior onde, mais precisamente, ela já não o pode fazer. Nele mesmo, a mesmo título que um corpo "côisico" estranho ou que o corpo "côisico" de outro, meu próprio corpo "côisico" não é mais tocado do que tocante.

Consideremos agora com mais atenção o caso em que eu toco meu próprio corpo. O que é tocado não se reduz a um corpo "côisico" que não sente nada. Meu corpo "côisico" objetivo, que não sente nada, não é senão o aparecimento exterior do contínuo resistente atingido interiormente por minha carne como limite de seu poder. À minha carne somente, entendida na autoimpressionabilidade de seu automovimento, pertence o ser e o poder ser tocada. É a mesma carne originária que é tocante e tocada ao mesmo tempo. É então completamente inexato afirmar com Merleau-Ponty que, quando minha mão direita que tocava minha mão esquerda se deixa, ao contrário, tocar por esta, ela abandona ao mesmo tempo seu domínio, sua condição de tocante, para se encontrar absorvida no tocado compreendido no sentido de um tangível qualquer, de um sensível qualquer análogo a todos os corpos "côisicos" do universo. É o exato contrário que é verdadeiro: quando a mão tocante se deixa tocar pela outra mão, se torna uma mão tocada, *ela guarda em si sua condição de carne originária*, essa autoimpressionabilidade que pode ser impressionada, "tocada" pelo que quer que seja. E o modo como ela é tocada, impressionada, não tem nada que ver com a representação ingênua desse fenômeno na forma de um contato objetivo entre dois corpos "côisicos" tão incapazes de "tocar" quanto de "ser tocados".

Como, pois, uma carne é "tocada" e já não "tocante"? É "tocada" ali onde ela é "tocante", e do mesmo modo. Aproximadamente isto: quando o contínuo resistente cede até sua imobilização "côisica" sob o empuxo da carne originária, é o *continuum* orgânico prático que para, mantém ou repele agora a pulsão, transformando-se esta então no *páthos* de um constrangimento que ela sofre. À *ação* dos poderes originários de nossa carne "tocante" se sucede uma *passividade*, o "ser-tocado" cuja matéria fenomenológica pura é a mesma que a da ação. Atividade e passividade são duas modalidades fenomenológicas diferentes e opostas, mas são duas modalidades de uma mesma carne; seu estatuto fenomenológico é o mesmo, o dessa carne precisamente. Uma carne que se experimenta tanto na felicidade de desdobrar livremente seus poderes quanto no constrangimento que ressente por seu impedimento. Essas tonalidades afetivas próprias do dinamismo de nossa carne originária, ativas ou passivas, são, pois, identicamente as de nosso próprio corpo orgânico; elas definem as modalidades fenomenológicas em que ele é vivido por nós.

Sobre o contínuo resistente do corpo orgânico se constituem múltiplas impressões. Convém manter aqui a distinção essencial entre as impressões originárias e as impressões constituídas. Só as primeiras são reais. Quando são constituídas, referidas a nosso corpo próprio objetivo – recebendo, por exemplo, a significação de ser das sensações do rosto ou do pé –, é somente uma sensação irreal, representada, que se encontra localizada desse modo, apreendida *como* sensação do pé, enquanto, em sua realidade impressional, ela não cessa de se autoimpressionar na vida.

Mas queremos falar da constituição de nossas impressões sobre o corpo orgânico. É agora a dualidade do aparecer que convém invocar na medida em que ela desempenha um papel decisivo nessa constituição. O corpo "côisico" em que se transforma o contínuo orgânico quando ele se erige em obstáculo absoluto ao empuxo da carne não é ainda, nesta, senão uma determinação prática invisível. *É esse mesmo "muro" intransponível que nos aparece no aparecer do mundo a título de corpo "côisico" objetivo, análogo aos outros corpos do universo.* Com a diferença de que nos aparece como sendo nosso, como nosso próprio corpo "côisico", por oposição aos corpos "côisicos" que nos são estranhos. Essa significação de ser nosso, ele não a tem de seu aparecimento mundano, mas de nossa carne originária, que o experimenta como limite de seu poder. Mas essa significação de ser vivido interiormente por uma carne, ele a recebe precisamente e a traz em si; ele é constituído como tal, *como corpo "côisico" mundano provido, no entanto, de um "interior"*. Essa significação de ter um "interior", de ser "habitado" por uma carne, faz dele o que ele é para nós na experiência global que temos dele – um corpo duplo, com efeito, mostrando-se a mim do exterior no mundo, mas vivido, no entanto, do interior como meu próprio corpo carnal oposto a todos os outros. Vê-se então muito claramente que a constituição do corpo próprio, que lhe confere a significação de trazer em si uma carne, pressupõe a realidade desta, sua autoimpressionabilidade originária na Ipseidade patética da vida, longe de poder explicá-la.

Prossigamos o estudo da constituição de nossas impressões no corpo orgânico. As análises precedentes mostram que este último se diferencia na verdade em três elementos: 1º: nosso próprio corpo orgânico submetido ao empuxo interior de nossa carne originária; 2º: esse corpo orgânico opondo-se a ele, fazendo-se corpo "côisico" no limite desse empuxo; 3º: esse mesmo corpo "côisico" *já não experimentado como tal no empuxo carnal, mas mostrando-se a nós do exterior no mundo.* É essa tripla diferenciação, conforme à duplicidade do aparecer e determinada por ela, que serve de princípio à constituição do conjunto de nossas impressões.

Trata-se, portanto, de sensações constituídas, se bem que pressupondo, a cada vez, uma impressão originária correspondente. Assim, estamos diante de uma dupla série de impressões, pertencendo uma à nossa carne, outras ao nosso corpo – e o modo desta pertença difere essencialmente, porque se trata de uma pertença real, no primeiro caso, e irreal, no segundo. É assim que às modalidades patéticas de nossa carne originária respondem tantas sensações de nosso corpo, que as significam no vazio. A essas moções originárias respondem "sensações cinestésicas" ou "cinesteses". Umas, referidas globalmente ao corpo orgânico, representam seu dinamismo segundo as duas modalidades – ativa ou passiva – de seu cumprimento. Outras são reportadas no limite desse corpo orgânico quando, opondo-se ao empuxo carnal e repelindo-se, ele se transforma em nosso próprio corpo "côisico". Ora, sabemos que este não só é experimentado em nós no limite de nosso poder, mas nos aparece também do exterior no mundo. Na face exterior de nosso próprio corpo "côisico" vem então se enxertar outro grupo de sensações, que provêm de nossos sentidos. Essa fronteira entre o universo invisível de nossa carne, ao qual pertence nosso próprio corpo "côisico", e a este mesmo corpo percebido do exterior – essa linha visível e invisível sobre a qual vêm enlaçar-se tanto nossas sensações cinestésicas quanto as que provêm de nossos sentidos – é o que chamamos nossa pele. Estamos, pois, em condições de apresentar sua análise fenomenológica rigorosa.

Examinemos antes de tudo as sensações de nossos sentidos. Em si mesmas, elas são impressões originárias. Mas são constituídas, reportadas a nosso próprio corpo "côisico" enquanto corpo "côisico" que nos aparece do exterior no mundo. Elas se estendem, então, em sua superfície de maneira idêntica à empregada sobre quaisquer corpos côisicos. Trata-se de aparecimentos sensíveis, visíveis, táteis, odorantes, etc., que servem de esboços para a constituição das qualidades sensíveis objetivas da coisa – da "coisa-mão" a mesmo título que da "coisa-mesa". Mas, como acabamos de lembrá-lo, conforme à duplicidade do aparecer, nosso corpo "côisico" tem dupla face. Ele não ex-põe somente por fora essa super-fície sobre a qual os aparecimentos sensíveis são expostos como propriedades ou qualidades sensíveis dessa coisa sob o aspecto da qual ele nos aparece muito evidentemente – nosso corpo "côisico" também tem um "interior", sua revelação dinâmica em nossa carne. *Essa duplicidade fenomenológica radical de nosso próprio corpo "côisico" é a de nossa pele*. É essa duplicidade que faz que as impressões de nossos sentidos não se disponham somente na superfície visível de nosso corpo "côisico", por exemplo, como zonas de cores, zonas tatilmente sensíveis, zonas erógenas, ou ainda odorantes, dando lugar a qualidades sensíveis da coisa, como as da cera de Descartes. Pois essa duplicidade é um *a priori*, e assim, por seu efeito, tais impressões são reportadas a esse interior que pertence à nossa pele *enquanto limite prático de nosso corpo orgânico*. Assim se junta, à constituição de nossas impressões sensíveis na face externa de nosso corpo "côisico", uma segunda constituição: a dessas mesmas impressões no interior dos "órgãos" que esse corpo "côisico" oculta em si como sua realidade dinâmica e vivente, como sua carne.

As impressões sensíveis interiores à pele são, então, como réplicas de sensações "côisicas". Ao frio da mesa corresponde o frio da mão, ao caráter rugoso de sua superfície corresponde a impressão de rugosidade experimentada na mão. Que essas impressões experimentadas pela mão estejam situadas nela como suas – isso quer dizer que, em vez de se oferecer sobre a pele à luz, mudando com esta, elas estão referidas à sua face interna invisível, no limite do corpo orgânico. Essa é a razão pela qual sua disposição orgânica difere, tal como o havia observado Husserl, de sua extensão sobre a pele. Tal disposição não poderia ser descrita, no entanto, como uma "propagação", uma "difusão", *uma diferença na maneira de se estender*. Ela remete a *uma diferença originária na maneira de aparecer*, à duplicidade deste. A constituição das impressões sensíveis "na mão", "sob a pele", supõe que à ex-posição ek-stática desta se oponha de modo tão incontestável quanto enigmático sua revelação invisível em nossa carne.

Do mesmo modo, outro grupo de sensações cinestésicas que marcam os limites de nossos movimentos se situa "na" mão, "sob" a pele. Assim se unem, já não de uma e outra parte da pele, mas nela, no interior de nossos órgãos, duas séries de sensações: as sensações dos sentidos constituídas em nós como contrapartida das qualidades sensíveis dos corpos "côisicos", por um lado, e as sensações cinestésicas, por outro. Nossa pele é, assim, o lugar onde se entrelaçam, se comutam e se modificam constantemente múltiplas sensações que, apesar de sua multiplicidade e de suas mudanças, recebem a cada vez uma significação e uma localização rigorosas no processo geral da constituição de nosso corpo próprio. É assim que as estruturas fenomenológicas puras que reconhecemos como as de nossa corporeidade originária – carne, corpo orgânico, corpo próprio "côisico" em sua oposição ao corpo "côisico" estranho – aparecem "repletas" de um fluxo de sensações diversas e cambiantes. Só o processo de sua constituição permite estabelecer entre elas uma ordem rigorosa. Esta não é somente uma ordem temporal – é a ordem hierárquica das estruturas fenomenológicas puras postas em evidência na fenomenologia da carne e que acabamos de lembrar. É em sua referência a tais estruturas que nossas sensações recebem o lugar que ocupam em nosso corpo e, ao mesmo tempo, a significação que têm para ele. A teoria de sua constituição não é outra senão a teoria dessa referência. Mede-se então a que ponto a constituição do corpo próprio se revela dependente da análise fenomenológica prévia de nossa carne originária, mesmo quando a oculta ou a desnatura.

Esse último ponto requer uma última observação. No processo de sua constituição, nossas impressões se referem, umas, à nossa carne originária; outras, ao corpo orgânico; e outras, ainda, a nosso corpo próprio "côisico". Como todas essas impressões são constituídas, os termos a que são reportadas também o são. Nossa carne originária se duplica de uma carne constituída; nosso corpo orgânico, de um corpo orgânico constituído; nosso próprio corpo "côisico", de um corpo próprio "côisico" constituído. É preciso tomar cuidado para não confundir essas realidades diferentes – por exemplo, nosso corpo orgânico constituído com o corpo orgânico originário. Quando falamos da "quase extensão" do corpo orgânico, da "difusão" ou da "propagação" nele de nossas sensações, é o corpo orgânico constituído que é visado. É por isso que temos tanta dificuldade em conceber o elemento orgânico originário na experiência primordial de nossa carne. O corpo orgânico constituído já é um corpo representado. O corpo orgânico originário não é constituído nem representado. Assim também é a relação de nossa carne originária, e dizemos que nosso corpo próprio (enquanto *Leibkörper*) "é habitado por ela". Ou ainda de nossa pele, do "interior" do qual ela é o "limite".

Quando essas realidades originárias são pensadas pela reflexão fenomenológica, como o fazemos agora, não se trata evidentemente senão de "conteúdos de pensamento", de significações essencialmente diferentes das realidades originárias visadas por elas, mesmo quando provêm delas. A relação destes "conteúdos de pensamento" com a realidade originária da carne não é senão um caso particular da relação geral do pensamento e da vida tal como o elucidamos em nossa primeira parte. Aqui, como em todas as partes, não é o pensamento que nos permite chegar à vida: é a própria vida que chega a si, não sendo nada além desse movimento originário de chegar eternamente a si mesmo. Quanto ao pensamento, como se mostrou suficientemente, ele não deve senão à vida o chegar ele também a si, ser uma *cogitatio*. Essa situação fenomenológica encontra na carne sua revelação mais decisiva. Não somente nenhuma carne – o conjunto de suas estruturas e de suas modalidades originárias – chega a si senão na vida, mas, como *páthos* e na efetuação deste, ela define o modo fenomenológico segundo o qual essa vinda a si da vida se cumpre. A teoria de uma constituição intencional de nossa carne – como se fosse um pensamento que procedesse a *essa instalação primitiva em nós mesmos que é nossa carne,* decidindo de certo modo a existência tanto de nosso Si quanto da substância fenomenológica de que é feito – é uma forma de loucura.

§ *32. Volta à tese de Condillac. O autoerotismo da estátua: a carne como lugar de perdição. Passagem necessária de uma fenomenologia da carne a uma fenomenologia da Encarnação.*

Agora temos os meios de voltar à tese inicial de Condillac segundo a qual a estátua age em si mesma em função das impressões que experimenta, a fim de afastar aquelas que a ferem e de acolher e favorecer aquelas de que goza. Percebe-se de início a importância dessa análise, a amplitude do campo aberto por ela. Não se trata de nada menos, com efeito, que da ação humana em geral. Que esta aja sobre o mundo ou diretamente sobre o corpo próprio do indivíduo, é sempre em vista de suscitar certas sensações a partir de sensações que ele já experimenta – e isso em vista de modificá-las, de fazer crescer sua intensidade ou de suprimi-las – que essa ação se produz. É para satisfazer sua fome e sua sede, proteger-se do frio, etc., que, desde que está na face da Terra, o homem recorre a esta para tirar dela todos os bens de que tem necessidade, para suscitar, afinal de contas, as sensações agradáveis ou tranquilizadoras que devem sempre substituir seu mal-estar inicial ou insuportável. Toda a atividade econômica e social e toda a formação de civilizações e de suas culturas têm por motivação o equilíbrio fenomenológico emocional da estátua e de suas exigências incontornáveis.

Quanto à ação da estátua sobre seu próprio corpo – ao deslocamento de sua mão sobre suas diversas partes para reconhecer suas formas e experimentar sua solidez –, é de todo preciso que obedeça a um simples interesse de conhecimento. Como, precisamente, trata-se de impressões sensíveis específicas de prazer ou de desprazer o que está na origem desses movimentos, é a uma teologia sensível, sensual, que eles ficam inevitavelmente submetidos. Se um deles, movendo-se sobre o próprio corpo da estátua, encontra prazer, é sobre ele que se fixará; é em vista de produzi-lo ou de reproduzi-lo que se reproduzirá. O princípio do comportamento erótico – no caso, autoerótico – do homem, da humanidade inteira, seu pecado original, o de Onã, não está pressuposto na inocente estátua de Condillac? Não somente seu comportamento autoerótico inicial, mas também o comportamento heteroerótico, todo comportamento erótico possível (e parece que o erotismo que enche a paisagem da "civilização" contemporânea, por exemplo, não é senão um autoerotismo a dois)?

Quanto mais significativa se revela para nós a fábula da estátua (na medida em que cobre o campo inteiro de exploração pelo homem tanto da natureza quanto das possibilidades sensíveis ou eróticas de seu próprio corpo), tanto mais graves aparecem suas lacunas. A fenomenologia da carne conseguiu preenchê-las?

Em seu esforço por remontar à essência de uma carne originária, isto é, à sua última possibilidade, a fenomenologia da carne não cessou de fazer empréstimos confessos a uma fenomenologia da Encarnação, cuja elaboração sistemática não foi postergada senão por razões propedêuticas. Uma carne impressional não pode, com efeito, ser objeto de uma simples constatação. Desde o início de nossas investigações, impunha-se a evidência de que uma vinda à carne precede toda carne concebível. Não se trata de uma precedência formal, mas da geração de uma substância. A fenomenologia da impressão, peça mestra da inversão da fenomenologia, já nos tinha persuadido de que a impressão mais humilde traz em si uma revelação do Absoluto. Toda a crítica de Maine de Biran a Condillac remete a um "dentro" da sensação de cujo sensualismo jamais dá conta. Quanto à impressão husserliana, que renasce eternamente de suas cinzas, mostramos que esse caráter estupefaciente não é senão o invólucro de uma pressuposição absoluta, a autogeração da Vida.

Nossa última alusão à descrição de Condillac de uma subjetividade impressional que se esforça por produzir em seu corpo sensações de prazer encontra o fato primário do autoerotismo, imediatamente interpretado no Antigo Testamento como idolatria e, assim, como pecado. No Novo Testamento, temos essa mesma significação – o pecado que a carne recebe –, e de modo tão constante que o desprezo pela carne e pelo corpo se tornará lugar-comum da crítica do cristianismo e, a partir de Nietzsche, a reprovação mais veemente que lhe será dirigida.

Fazendo-se carne, no entanto – segundo a palavra joanina que fascinou os Padres, arrancando-os do horizonte de pensamento onde banhava o mundo antigo –, o Verbo traz aos homens a salvação. Tomando uma carne semelhante à sua e identificando-se assim com eles, esse Verbo vai permitir-lhes identificar-se com ele, tornar-se Deus como ele. Como a carne pode ser ao mesmo tempo o lugar da perdição e o da salvação? A fenomenologia da carne encontra aqui seu limite: somente uma fenomenologia da Encarnação está em condições de nos esclarecer.

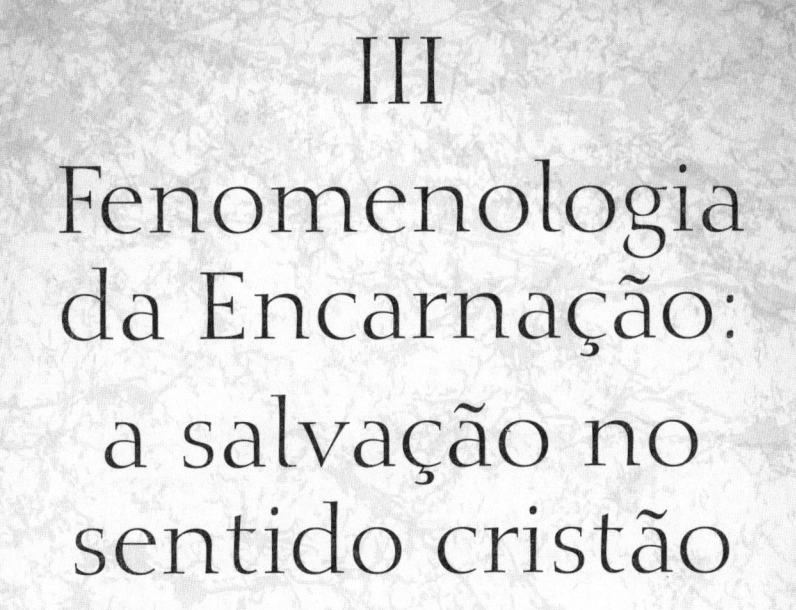

III
Fenomenologia da Encarnação: a salvação no sentido cristão

§ 33. Recapitulação dos resultados obtidos ao termo da inversão da fenomenologia e da análise fenomenológica da carne.

A inversão da fenomenologia retirou da intencionalidade do pensamento – mais fundamentalmente da Ek-stase do mundo – a capacidade de revelar a modalidade mais simples da vida: a impressão. No primeiro afastamento da temporalidade, a realidade da impressão é abolida. A revelação da impressão só pode, no entanto, ser confiada à própria impressão, a revelação da dor à dor, se a impressão trouxer em si a autorrevelação da vida. É porque essa autorrevelação se cumpre como um *páthos*, na autoimpressionalidade de uma carne, que toda vida assume uma forma impressional. É assim que a fenomenologia da impressão nos remeteu a uma fenomenologia da carne, a qual encontra sua própria possibilidade na vida. Tal é o sentido final da inversão: substituir o aparecer do mundo onde os corpos se mostram a nós pelo aparecer da vida, na afetividade transcendental pela qual toda carne é possível.

Tanto quanto a impressão, portanto, nossa própria carne não é suscetível de se trazer a si mesma em si. Se é unicamente na autorrevelação patética da vida e como matéria fenomenológica pura de sua autoimpressionalidade que uma carne é concebível – não sendo nada além dela –, é a análise da vida que tem de prosseguir. Ora, essa análise nos obriga a uma última remissão. Assim que é interpretada, em sua significação fenomenológica radical, como modo originário segundo o qual se fenomenaliza a fenomenalidade, a vida que se revela na autoimpressionalidade de sua carne patética traz ainda em si um traço decisivo. Não é precisamente essa vida que vem a si experimentando-se em sua carne que cumpre essa vinda. Se ela se difunde através de nós e faz de nós viventes – sem que, de modo algum, o sejamos por nós mesmos, independentemente de nosso poder e de nosso querer já que sempre, antes que por um só instante nos tenha permitido virar-nos para ela para acolhê-la ou rejeitá-la, para dizer-lhe sim ou não, a vida está em nós e nós, nela, nessa passividade radical que afeta a impressão, mas também nossa vida inteira – é, portanto, precisamente dessa vida (que nos precede no próprio íntimo de nosso ser e não é somente nossa) que se trata.

É assim que todos os caracteres reconhecidos à impressão – sua matéria como matéria fenomenológica dotada do poder de se autoimpressionar e, assim, de se revelar a si em sua impressionalidade mesma, sua capacidade de definir a realidade em sua oposição a qualquer aparecimento noemático mundano, sua pertença de direito a alguém e, assim, a irrecusável "presença" nela de um "eu" – não apelam à simples existência de uma vida artificial, ainda que esta fosse entendida em sua fenomenalidade pura e específica. É de uma vida absoluta que a fenomenologia da carne tomava de início cada um de seus caracteres; é a partir dela que se esforçava por compreendê-los. O mais significativo deles, o fato de que sem cessar nasce em nós uma nova impressão, de maneira que "de novo, continuamente uma impressão está ali", exprime outra coisa além da eterna vinda a si dessa Vida?

Ora, a eterna vinda a si da Vida absoluta – no processo pelo qual ela se autogera autorrevelando-se na Parusia que não tem começo nem fim – não explica somente a interação enigmática e a repetição sem fim das impressões originárias em nossa carne: é desta que ela dá conta antes de tudo. É *o modo como a Vida absoluta vem a si* numa Arquipassibilidade própria da autoafecção patética de todo "viver" concebível, é o Arqui-*páthos* dessa Arquicarne o que se encontra pressuposto em toda fenomenalização da vida e, assim, em todo vivente – na medida em que este não tem precisamente capacidade de se trazer a si mesmo à vida. A despeito de sua finitude ou, antes, por causa dela, esse vivente não deve passar pelas condições da vida? O fato de ele próprio não deter a Arquipassibilidade, *isto é, a capacidade originária de se trazer a si mesmo em si no modo de uma efetuação fenomenológica patética*, aí está o que não o separa dela em nenhum momento. É na Arquipassibilidade da vida absoluta que toda carne é passível, e é nela que ela é possível. Uma carne, para dizer a verdade, que não é nada além disto: *a possibilidade de uma vida finita que encontra sua possibilidade na Arquipassibilidade da vida infinita*. Se algo como uma carne não é concebível senão a partir dessa vinda originária numa carne, vinda em que a própria carne não desempenha nenhum papel, é porque a fenomenologia da carne remete, com efeito, a uma fenomenologia da En-carnação.

Em sua referência ao Antes da En-carnação – e, assim, à Arquipassibilidade da Vida absoluta, a carne manifesta uma estranha afinidade com as outras determinações essenciais do vivente. Ela cessa de se propor como uma adição contingente à sua condição de vivente, uma espécie de apêndice empírico, para se integrar a uma rede de propriedades que decorre de um *a priori* mais antigo que o do conhecimento. Como não observar, com efeito, que esta situação segunda da carne com respeito à Arquipassibilidade da Vida é estritamente paralela à do ego, do vivente em geral? Em todo caso, a inteligência do que está em questão – o vivente, sua ipseidade, sua carne – implica que nos coloquemos de qualquer modo antes deles, numa dimensão de origem. *Esta é precisamente a mesma para cada uma das realidades consideradas*. De cada uma ele retira a pretensão que é ordinariamente sua de constituir um princípio ou um início, alguma entidade autônoma ou específica.

Assim, há um "Antes do ego" que impede este último de se pôr como último fundamento, como naturante último, esse "ego absolutamente único que funciona em última instância".[1] Antes do ego – ainda que considerado como ponto-fonte das prestações transcendentais em que se constituem tanto o mundo quanto o

---

[1] *Krisis*, § 55, p. 212.

próprio ego –, o que opera em última instância não é precisamente ele, mas a Ipseidade absolutamente originária em que a Vida absoluta vem a si no Si de seu Verbo. Igualmente, antes da carne, ali onde ela está unida a si no *páthos* da Vida, há a Arquicarne, a Arquipassibilidade sem a qual nenhum "viver" é concebível. Eis por que o "Antes do ego" e o "Antes da carne" não constituem senão algo uno: é um mesmo estreitamento patético que faz da carne uma carne e do ego um ego, *a autoimpressionalidade da primeira e a Ipseidade do segundo.*

Assim se torna inteligível, Arqui-Inteligível, a pertença principial de um ego a cada carne, de uma carne a cada ego. Assim se afirma o progresso decisivo cumprido pela fenomenologia da En-carnação, quando a correlação ipseidade/carne já não é decifrada sobre uma vida artificial, mas no próprio interior do processo de autogeração da vida. É nesse processo que o "Antes do ego" e o "Antes da carne" constituem, em conjunto, o antecedente de todo vivente, conferindo-lhe *a priori* as determinações fenomenológicas fundamentais, fazendo dele esse *Si carnal vivente* que define nossa condição.

Essa referência das estruturas fenomenológicas fundamentais do Si vivente à vinda originária da Vida reconduz à questão, posta desde nossa introdução, da copossibilidade das duas palavras joaninas que vão determinar o conteúdo dogmático do cristianismo. A primeira – "No início era o Verbo" – refere-se precisamente a esse processo imanente da Vida absoluta. Para João, trata-se da essência de Deus. Nela se revela a originalidade do monoteísmo cristão, que não se poderia reduzir à afirmação formal e conceitual de um Deus único. Afirmação formal na medida em que unicamente a afirmação desse Deus é posta – um Deus de quem não se sabe nada além de que existe. Mas, se não se sabe nada além disso a seu respeito, como saber ao menos que existe? A afirmação dessa existência não se torna totalmente arbitrária? Iniciado por Cristo, João diz, ao contrário, o que é Deus: a Vida. Ora, a Vida não é um simples conceito, *mas é posta como uma existência absoluta na medida em que um só vivente viva, na medida em que eu viva.*

Como eu, que vivo, não me trouxe a mim mesmo à vida – tampouco a esse Si que sou, tampouco à minha carne, não sendo dado a mim mesmo senão nela –, então esse vivente, esse Si, essa carne não vêm, com efeito, a eles senão no processo da Vida absoluta que vem a si em seu Verbo, experimentando-se nele, que se experimenta nela, na interioridade fenomenológica recíproca que é seu Espírito comum. É assim que, em oposição ao Deus formal do monoteísmo, o Deus trinitário do cristianismo é o Deus real que vive em cada Si vivente, sem o qual nenhum vivente viveria, e que cada vivente testemunha em sua própria condição de vivente.

O processo da Vida em sua arquirrevelação patética no Verbo – é, pois, aí que se enuncia a primeira proposição de João. Como, na Arquipassibilidade de sua Arquicarne, esse processo traz em si a possibilidade de toda carne, a segunda proposição joanina – "E o Verbo se fez carne" – está ligada à primeira. Ambas falam do Verbo, a primeira relacionando-o à Vida e a segunda, à carne. Agora, se toda carne vem à vida, então a segunda proposição, que trata explicitamente da vinda do Verbo numa carne, aparece como consequência da primeira. Que espécie de implicação está em jogo aqui – eis o que a fenomenologia da Encarnação se propõe a estabelecer com todo o rigor.

A questão da En-carnação é uma das mais pesadas, pois põe em causa, ao mesmo tempo, a natureza da relação do homem com Deus, a de Cristo e a possibilidade, enfim, da salvação. Mas também a possibilidade de erro e de perdição. Essa ambiguidade da carne – suscetível de significar para o homem tanto a salvação como a perdição – foi revelada pelos primeiros pensadores cristãos e explicitamente formulada por eles. É com uma força e uma clareza singulares que Irineu afirma essa dupla potencialidade: "Em seus membros, portanto, nos quais perecemos pelo fato de cumprirmos as obras da corrupção, *nesses mesmos membros* somos vivificados desde que cumpramos as obras do Espírito". A continuação imediata do texto não é menos categórica: "Pois, assim como a carne é capaz de corrupção, assim também o é de incorruptibilidade, e assim como é capaz de morte, assim também o é de vida".[2] Ora, esses não são propósitos isolados decorrentes da meditação exclusiva de Irineu. Que eles pertençam, ao contrário, ao que se já pode chamar de tradição e à sua fonte iniciática, vê-se pelo fato de que a *razão* dessa ambivalência está presente numa das primeiras redações que nos chegaram, a qual se dirigia precisamente àqueles que eram os menos preparados para recebê-las: os gregos! "Não o sabeis? Vosso corpo é o templo do Espírito Santo (...)".[3] É na Epístola aos Romanos que Paulo expõe, em termos retomados por Irineu em sua polêmica contra os gnósticos, a imanência da vida em toda carne, que explica por que cada estrutura fenomenológica da carne, cada um de seus poderes – cada "membro do corpo" – é suscetível de trazer em si tanto a visão idólatra como a possibilidade da salvação. "Não entregueis vossos membros, como armas de injustiça, ao pecado; pelo contrário, oferecei-vos a Deus (...) e oferecei vossos membros como armas de justiça a serviço de Deus".[4]

É, pois, ao que vem no início, antes da carne, que convém remontar, diante da dupla potencialidade inscrita em cada um dos membros de nosso corpo. É a palavra em que se enuncia essa vinda do Verbo numa carne, sua En-carnação, que se trata de devolver à sua arqui--inteligibilidade, se o destino da carne, que é também o do homem, deve ser arrancado de uma obscuridade insuportável.

A ordem da análise nesta terceira parte será então a seguinte: 1º – a possibilidade original do pecado; 2º – a natureza de Cristo compreendida como Encarnação do Verbo; 3º – a salvação no sentido cristão.

---

[2] Op. cit., p. 599; grifo nosso.

[3] 1 Coríntios 6,19.

[4] Romanos 6,13.

§ 34. A questão do "eu posso" numa fenomenologia da Encarnação.

A fenomenologia da carne nos reconduziu de nossa abertura ao mundo nas prestações transcendentais de nossos diferentes sentidos à autoimpressionalidade destas na carne da vida. É somente em razão dessa autodoação patética que nossos sentidos pertencem a uma carne, e que tudo o que é dado neles – o conteúdo sensível de nossa experiência, que nós reportamos às coisas enquanto suas qualidades próprias – se encontra originariamente e em si composto de "impressões". Ora, essa autodoação patética de nossos sentidos na vida tem outra significação decisiva: a de fazer de cada um deles um poder. Este não se limita à produção em nós de um *continuum* de impressões originárias estaticamente reportadas às coisas: *trata-se antes de tudo do poder de se exercer*. Eu posso abrir os olhos para o espetáculo do universo, direcionar o ouvido para um barulho longínquo, pôr a mão sobre uma superfície lisa ou uma forma bem moldada – "eu posso" fazer tudo isso e muitas outras coisas. Mas todos esses poderes diferenciados e específicos dos quais nossa vida quotidiana exprime o exercício imediato e contínuo trazem em si, a título de pressuposição incontornável, um poder mais antigo, o de se pôr em jogo, passar ao ato e poder fazê-lo constantemente. Assim, é preciso reconhecer em cada um deles, implicado por ele apesar de indiferente à sua especificidade, o reino desse "eu posso" original sem o qual nenhum poder em geral, nenhum dos poderes de nosso corpo, seria possível.

Por um lado, esse "eu posso" aparece como um "eu posso" absoluto: é o poder como tal, o fato de poder, a possibilidade de poder autoatestando-se e autolegitimando-se em seu próprio exercício. É, portanto, sobre o fundo desse "eu posso" original – e, por assim dizer, único – que cada um dos poderes de nossos sentidos e de nossa corporeidade em geral é ele mesmo vivido como um "eu posso", como a possibilidade principial de abrir os olhos, de sentir, de pegar, etc. – e, assim, de fazer surgir essas séries de impressões que compõem a substância mutável e sem ruptura de nossa carne.

Por outro lado, a retrorreferência de uma fenomenologia da carne a uma fenomenologia da En-carnação reconduz a um "Antes da carne" que precede, gerando-as, cada uma das determinações fenomenológicas essenciais desta: sua autoimpressionalidade, sua ipseidade, esse poder, enfim, a respeito do qual nos interrogamos agora. É somente posto em posse de si mesmo por esse "eu posso" original que cada poder corporal específico se torna capaz de se exercer – de se tornar um poder: em sua carne e por ela. Mas, assim como essa carne – que não é senão uma colocação autoimpressional em si mesma e, desse modo, em posse de si – nada desempenha nessa autoimpressionalidade, não sendo jamais senão uma autoimpressionalidade naturada e não naturante, assim também ocorre com o "eu posso" original de que falamos. Ele mesmo não é senão uma impressão vivida em sua autoimpressionalidade; ele mesmo não é senão a modalidade de uma carne. Tal como esta, ele não tem o poder de se trazer a si mesmo em si. Nunca o teve nem nunca o terá. *Todo poder esbarra em si mesmo contra isso a respeito do que nada pode: num não poder absoluto.* Todo poder traz o estigma de uma impotência radical.

É a essa intuição decisiva de um não poder mais antigo que todo poder – e inerente a ele – que uma fenomenologia da En-carnação conduz inexoravelmente. Ora, uma "fenomenologia da encarnação" não é ainda senão um modo de designar na linguagem conceitual da filosofia o que está implicado em todo poder efetivo e real: não um conceito precisamente, mas a autodoação da Vida absoluta na efetuação patética de sua Ipseidade no Arqui-Si do Primeiro Vivente. Não é, portanto, um acaso que o próprio Cristo se encarregue de dizer o que é todo poder humano – e, notadamente, o poder político –, e isso no momento mesmo em que, para levá-lo a falar, Pilatos exibe seu poder de perdê-lo ou de salvá-lo: "Não sabes que eu tenho poder para te libertar e poder para te crucificar?". A resposta brutal de Cristo – "Não terias poder algum sobre mim, se não te fosse dado do alto"[5] – desqualifica de maneira radical não somente a ideia que fazemos espontaneamente de um "poder", mas a de todo poder real e do nosso em particular, esvaziando-o de sua substância, da capacidade que o define, a de poder precisamente, qualquer que seja a especificidade deste, seu objeto, sua maneira de se exercer. "Nenhum poder"... Nenhum poder que seja um poder, pois *não há poder verdadeiro além daquele que tem seu poder de si mesmo e não é um poder senão a esse título.*

"Um louco que se toma por rei é um louco", dizia Lacan. "Um rei que se toma por rei não é menos louco." Mas aqui não se trata do poder de um rei, do imperador ou do prefeito romano, mas de todo e qualquer poder em geral, e antes de tudo desses poderes elementares que a fenomenologia da carne reconheceu como constitutivos de nossa corporeidade originária e cujo exercício reiterado assegura a manutenção e o desenvolvimento de toda existência humana. Condenar um homem à crucifixão supõe outros homens, esbirros, soldados, verdugos, assassinos e, em cada um deles, a capacidade de tomar, de se apoderar de um objeto ou de um corpo, de golpear, de cravar, de levantar – capacidade sem a qual nenhuma crucifixão jamais teria ocorrido. São todos esses poderes indistintamente, apesar da hierarquia, do desprezo ou do prestígio de que eles se ataviam aos olhos dos homens, que são desprovidos de qualquer poder verdadeiro, na medida em que nenhum deles extrai seu poder de si mesmo, mas somente de uma doação com respeito à qual não há nenhum poder, nem sequer, como se viu, o de aceitá-la ou recusá-la.

De onde vem essa doação? Do alto, diz Cristo. E isso quer dizer, antes de tudo, que nenhum homem, com efeito, detém nenhum

---

[5] João 19,10-11.

poder, uma vez que não é nunca de si mesmo que o recebe. Nenhum poder aqui embaixo, nenhum Reino deste mundo, nenhum reino verdadeiro, pois o que reina se estende a si mesmo a partir de si e não deve seu reino senão a si mesmo. Mas é essa situação decisiva que se trata de compreender em seu fundo. *Por que nenhum poder é possível no mundo?* É o que a fenomenologia da carne, fazendo-se, em seu próprio progresso, fenomenologia da En-carnação, mostrou. É porque o poder mais elementar de nossa corporeidade originária – seja ele intencional como o de um sentido ou radicalmente imanente como o é o "mover-se a si mesmo" que lhe pertence a princípio – não é dado a si senão na autodoação da vida absoluta que, posto por ela nele mesmo, ele está em posse de si mesmo e em condições de agir. Tal é a doação do alto, presente no que é mais baixo, no ato de apertar os dedos, de pregar um cravo, de cuspir.

Nenhum poder é do mundo: porque – posto fora de si no fora de si deste mundo, separado de si como a alma o está de seu corpo reduzido a objeto no dualismo tradicional – estaria na impossibilidade de se reunir a si mesmo, de se mover a si mesmo em si e, assim, se desdobrar. Mas, antes de tudo, por esta razão mais original, indicada por Cristo: porque esse poder imanente, o único suscetível de agir, deve previamente ser posto nele, o que não lhe advém senão na vida.

Em que consiste a doação do alto, quem a dá, como, o que dá, a quem? A fenomenologia da Encarnação respondeu a essas questões. É na vinda originária da Vida na Ipseidade do Primeiro Si que se cumpre toda doação no sentido de uma autodoação e, assim, toda doação de um Si vivente – toda doação que este implica nela, a doação de qualquer poder, por conseguinte. Não é, pois, somente "na Vida", mas na Ipseidade do Primeiro Si em que ele está unido a si, que todo poder, por sua vez, é possível, dado a ele no Si de que ele se torna poder. É o que diz de modo velado Cristo a Pilatos: "Então, tu és rei? Pergunta este (...) – Tu o dizes: eu sou rei (...)".

E, diretamente a seus discípulos: "Sem mim, nada podeis fazer (...)".[6] O que não quer dizer: vós não podeis fazer nada de bom, mas, sim: vós não podeis fazer absolutamente nada.

A referência afirmada por Cristo de todo poder à "doação do alto" não se limita, portanto, de modo algum, ao domínio da ética, ainda que, como o veremos em seguida, ela desempenhe aqui papel decisivo. Ainda menos visaria ela ao poder político enquanto tal. Se "todo poder vem de Deus", então o poder político pode prevalecer-se, ele também, de uma intuição metafísica que não estabelece, todavia, nenhuma hierarquia entre os diferentes tipos possíveis de poderes e não confere a nenhum deles nenhum privilégio. A esse respeito, o uso que se fará da tese da origem divina de todo poder pelos teóricos da monarquia de direito divino no século XVII não é somente uma recuperação arbitrária, mas a desnaturação completa de palavras fundadoras que não se ocupam mais de reis ou de imperadores que de assembleias democráticas constituintes ou legisladoras. O que elas apresentam é *uma definição universal da condição humana tomada em sua possibilidade original, a saber, a Vida absoluta*. É porque o único poder que existe, o hiperpoder de se trazer a si mesmo à Vida e, assim, viver, não pertence senão a essa Vida única de que todo vivente recebe, junto com a vida, o conjunto de poderes. Que esses poderes não tenham nada que ver com uma instância política é o que ressalta do contexto imediato em que se afirma que a Realeza de que eles procedem "não vem deste mundo". Não se trata, portanto, dos poderes dos poderosos, dos "grandes deste mundo", mas dos poderes dos mais desprovidos, daqueles que não têm, no limite, nada além de seu próprio corpo e de seus poderes mais triviais mas cuja possibilidade remete a questões abissais.

Como esses poderes mais comuns são dados na Vida absoluta, seu dom apresenta um caráter singular. Em um dom tal como o entendemos habitualmente, há aquilo que se dá, aquele que dá e aquele

---

[6] João 18,37 e 15,5.

a quem é dado, de maneira que se instala, de início, uma exterioridade entre três termos. Caso se trate de um presente, aquele que o recebe se torna seu possuidor, pode guardá-lo para si ou, por sua vez, dá-lo de presente. É assim que no Japão existem "presentes flutuantes": mediante uma mudança de embalagem e de etiqueta, circulam indefinidamente, de maneira que um indivíduo pode encontrar-se em posse de um objeto que ele mesmo deu alguns meses antes. Mas o presente dado pela Vida ao vivente – sua vida, seu Si, sua carne, cada um dos poderes que a compõem – não é nada de que ele possa separar-se. Essa impossibilidade é dupla. Inscrito na doação, dado a si na autodoação da vida absoluta, gerado em seu Si na Arqui-Ipseidade desta, passível em sua Arquipassibilidade, cada um de seus poderes se desdobra no seio de um Arquipoder: o dom da vida que se edifica interiormente nesta não subsiste senão nela.

É essa impossibilidade originária para o vivente de se separar da vida o que funda sua própria impotência para se separar de si. Assim, o vivente não pode cortar-se de si mesmo, de seu Si, de sua dor ou de seu sofrimento. Se, no fora de si do mundo – que é o lugar da separação – nosso próprio corpo não pode, todavia, pôr-se fora de si ainda que ele seja extenso e que suas partes sejam exteriores umas às outras, é porque esse corpo, longe de definir nosso corpo verdadeiro – nossa carne invisível e indivisível –, não é senão sua representação exterior. De maneira análoga, no plano econômico, ali onde reina a "alienação", ali onde o trabalhador aluga e vende seu trabalho como a prostituta vende seu corpo – fazendo dele uma "mercadoria" que passa de mão em mão –, é ele mesmo, não seu corpo objetivo, mas sua atividade, seu "trabalho real, subjetivo, individual e vivente", o que ele aluga ou vende. Como diz Marx, "o trabalhador vai para a usina" assim como a prostituta vai para a cama.

A impotência de todo poder com respeito ao poder absoluto que o pôs nele mesmo e contra o qual ele nada pode, a impossibilidade em que se encontra de se desfazer de si, *essa dupla impotência tem isto de extraordinário: é ela que confere a todo poder o que faz dele um poder*. Assim se cumpre uma singular inversão por efeito da qual o não poder – que traz em si todo poder e contra o qual este vem se chocar – se descobre como sua própria condição de possibilidade. "*Cum impotens tunc potens sum*", diz Paulo ("Pois quando sou fraco, então é que sou forte"). E ainda: "Nós nos gloriamos também nas tribulações".[7]

Dessa relação paradoxal entre a impotência e a potência – e que quer que a primeira seja, se não causa da segunda, ao menos a ocasião de sua irrupção –, Paulo propõe mais frequentemente uma interpretação ética. É a fraqueza do homem manifestando-se na falta e da qual ele toma, nesta, uma consciência aguda e dolorosa que atesta que, não sendo nada por ele mesmo senão este homem pecador, ele não pode ter sua salvação senão da intervenção de uma potência superior e soberana. É por um dom gratuito que esta lhe conferirá a confiança e, antes de tudo, a força de que ele é por si mesmo tão desprovido. Tal situação é suscetível de receber diversas formulações, uma das quais se revelará decisiva para a compreensão da temporalidade de nossa existência: ao desnudamento e à tribulação nas quais se encontra e contra os quais precisamente não tem poder, o homem não escapará senão por uma brusca ruptura – a que Kierkegaard chama "o salto". Trata-se do salto para a fé. O salto, desse modo, já não pode ser compreendido como a simples passagem de um estado psicológico a outro: é uma condição que está a cada vez em jogo, a de um homem perdido no pecado e determinado por ele, à qual sucede uma condição inteiramente nova, que se designará provisoriamente e de modo global como salvação. É, portanto, de um problema ou de um processo ético, ou melhor, religioso, que se trata.

Mas, ético ou religioso, o salto deve ser possível. Que ele seja inexplicável pela psicologia ou por qualquer outra disciplina teórica, que, como Kierkegaard gosta de repetir, ele se pressuponha a si

---

[7] Respectivamente, 2 Coríntios 12,10 e Romanos 5,3.

mesmo – isso não afasta em nada a questão da possibilidade última. Estranha ao saber teórico e a seu domínio, esta não nos reconduziria antes à realidade – a essa relação paradoxal que quer que todo poder tropece em si mesmo numa impotência de que recebe, no entanto, a cada instante, o que faz dele um poder? Descobrindo-lhe o nada de sua própria condição, a falta revela, ao mesmo tempo, ao pecador que nenhum vivente poderia viver de uma vida que não é nada, que, silenciosamente, desde sempre, se difunde nele essa Vida que o faz viver a despeito de seu nada, e que é nessa Vida única e absoluta que repousa, para o próprio pecador – mais que para qualquer outro – toda possibilidade de salvação.

Uma vida que não é nada, que por si mesma não viveria – incapaz de se trazer por si mesma a si, desprovida desse poder originário e, ao mesmo tempo, de todo poder verdadeiro – é uma vida finita. A Vida que se traz em si no Primeiro Si Vivente em que se experimenta a si mesma e goza de si é a Vida infinita de Deus. Nenhuma vida finita existe como tal. Ela não vive se não for dada a ela mesma na autodoação da Vida infinita. Pela mesma razão, ela não tem nenhum poder, já que é para sempre incapaz de dá-lo a si mesma. Na falta, aquele que a comete faz a experiência trágica da impotência que fere em sua raiz sua vida inteira na medida em que, privado de todo poder verdadeiro, ao mesmo tempo não consegue fazer o que ela quer. Ela quer o que é bom e faz o que é mau.

Quando, na experiência de sua falta, uma vida finita descobre que não tem o poder de fazer o que queria – nem, antes de tudo, o de viver –, se ela vive é preciso que esteja nela uma Vida que lhe conceda viver até em sua falta. A emoção sem limites do filho pródigo com seus farrapos é a revelação abrupta de que ele não está vivo senão na Vida, e essa revelação é a autorrevelação da Vida infinita revelando-se a ele em sua emoção. Toda finitude é tecida de infinito, mesclada a ele, inseparável dele, e tem dele tudo o que ela é, foi e será. O poder mais elementar, o gesto mais precário repousa no Arquipoder. Como diz Paulo: "É nele que temos a vida, o ser e o movimento".

Essa Vida em que tudo é dado – aquele que não tinha direito nem poder sobre ela, ao reclamar sua parte da herança reivindicou-a, pois, como seu bem próprio. Somente quando ele foi despojado de tudo o que experimentara subitamente em si como o que, em seu próprio desnudamento, não cessava de lhe fazer esse dom da vida, é que, submerso por ela, ele desmoronará, proferindo a palavra de Cristo: "*Abba!*". Donde pode nascer a ilusão de possuir a vida, de esgotar todos os seus poderes, para aquele que não tem nenhum? Como os filhos esqueceram que são os filhos? Antes de determinar a ética, essa interrogação concerne à realidade de nossa condição de vivente. É o que diz ainda Paulo: "Que possuis que não tenhas recebido? E, se recebeste, por que haverias de te ensoberbecer como se não o tivesses recebido?".[8]

§ 35. *Ilusão e realidade do "eu posso".*

A ambivalência do "eu posso" nos mergulha na incerteza: expõe ao mesmo tempo seu caráter ilusório e sua realidade. Se não é dado a ele mesmo senão na autodoação da Vida absoluta – tal como o estabeleceu a fenomenologia da Encarnação e como acaba de no-lo lembrar Paulo seguindo a Cristo –, ele decorre dessa Vida única e absoluta, e unicamente dela. Mas, como cada um dos poderes de nossa carne não é suscetível de se mover a si mesmo em si e de agir senão na medida em que encerra em si esse "eu posso" – o qual, por sua vez, não é dado a si mesmo senão na Vida –, é preciso dizer, de cada um desses poderes, que eles não são, na verdade, poderes. O "eu posso" tende a aparecer como propriedade exclusiva dessa Vida que atravessa todo vivente, o qual já não é senão um *modo* desta. Um modo, isto é, algo que não

---

[8] 1 Coríntios 4,7.

tem nenhuma consistência por si mesmo, mas somente como manifestação, modificação ou peripécia de uma realidade diferente dele e sem a qual ele sucumbe no nada. Já não se trata somente da capacidade de cada um de seus poderes de se desdobrar e de se exercer: a própria carne em sua singularidade encontra-se destituída da possibilidade de constituir ela mesma e por si mesma uma existência efetiva e autônoma.

Ora, essa consequência ruinosa – que põe em questão toda realidade singular porque lhe retira a capacidade de subsistir por si mesma, mas somente *in alio*, em algo outro, que, operando nela à maneira de um fundamento, lhe permite ao mesmo tempo ser compreendida e existir – não atinge todo pensamento da imanência? A fenomenologia da Vida não é uma interpretação desse gênero? Não é a imanência da vida em todo vivente o que constitui seu argumento maior? Com essa imanência, nele, de uma Vida sem a qual ele se desvanece, o vivente não é privado do que dá seu valor à sua condição de vivente: o sentimento de ter uma vida própria, livre, independente, uma vida dele e que não é, com efeito, de mais ninguém? Essa felicidade de viver, de respirar, de caminhar, de ir aonde se quer, de pensar ao sabor de seus pensamentos, de deixar vagar sua imaginação como um navio que desliza sobre sua esteira, ou como Rousseau entregando-se a seu devaneio e lançando um vago olhar para as plantas do caminho entrevistas através de sua miopia – todas essas epifanias que resplandecem em seu aparecimento irrecusável não perdem o brilho quando a teoria suspicaz vem pousar sobre elas seu olhar triste, negando-lhes o direito de se bastar a si mesmas?

No início do século XIX, a vida por muito tempo rechaçada invade os domínios da filosofia, da literatura, da poesia, da arte em geral. Sua presença em todo vivente conduz ao panteísmo, e este introduz na cultura europeia uma sensibilidade nova. Contestando a visão estreita de um racionalismo que se esgota no conhecimento objetivo de entidades materiais e encerra o homem em seu horizonte limitado, ela abre ao infinito. À universalidade abstrata e conceitual da ciência e de suas verdades indiferentes sucede um universo de forças concretas, e todas essas forças constituem algo uno. Tudo é mudado fora de nós e em nós. Fora de nós porque uma coleção de objetos discretos e inertes dá lugar ao desdobramento das grandes forças cósmicas. Em nós porque a única pulsão que move a todas – que não fazem senão exprimir segundo aparências diversas a que nos atravessa a nós também – nos ergue e nos leva, formidável pulsação de que nada nos distingue, rio sem margens no fluxo do qual, semelhantemente à imersão de um batismo iniciático, uma experiência sem limites nos concede que mergulhemos e nos fundamos.

É o estatuto fenomenológico rigoroso de tal experiência que deve, no entanto, ser produzido. Tanto no romantismo do século XIX como no das outras épocas, no panteísmo mas também nas diversas formas de experiência que pretendem unir-nos ao absoluto, a fusão identificadora se acompanha da dissolução da individualidade. É essa individualidade, precisamente, que deve ser destruída para que a abertura ao absoluto se produza. E deve ser destruída porque se encontra pensada a partir de seus "limites". Por que limites pertencem no princípio à individualidade e assim a todo indivíduo? Porque o princípio que individualiza – o *principium individuationis* – é o próprio mundo, compreendido fenomenologicamente como constituído por suas estruturas fenomenológicas, que são o espaço, o tempo e o conceito. Cada coisa é marcada com o selo da individualidade na medida em que é situada aqui ou ali no espaço – com, em torno dela, todo o espaço do espaço –, agora, ou antes, ou depois no tempo – perdida a cada vez na imensidade deste tempo –, na medida em que é isto ou aquilo enfim, uma árvore, uma poltrona ou um homem – uma coisa particular com exclusão de todas as outras. Na medida em que a possibilidade do indivíduo está no mundo – no aparecer do mundo –, esse indivíduo é limitado pelo próprio modo como chega à sua condição de indivíduo – esse "modo" que é seu aparecimento num mundo.

Onde, quando e como semelhante indivíduo deixará seus limites se estes são constitutivos de sua individualidade? Na vida, dir-se-á, nesse rio da vida indiferente aos indivíduos que ele atravessa, "à natureza das rodas que ele faz girar", segundo a expressão de Hegel. "Indiferente" é dizer pouco ou de mais. Se a vida é estranha ao mundo e a suas categorias fenomenológicas de que resulta toda individualidade concebível, então a vida não é somente indiferente aos indivíduos, mas lhes é estranha – radicalmente estranha. Na vida, nenhum indivíduo é possível. É, então, a própria possibilidade para este último de se abrir à Vida entendida como absoluto o que constitui problema. O que significa a experiência do Todo se ela deve poder dispensar o indivíduo? Que instância ainda está aí para fazer a experiência dele? A experiência do absoluto não é, portanto, a de ninguém? Se se trata, afinal de contas, de se aniquilar no Todo, *qual é a realidade fenomenológica dessa "aniquilação"*? Se não há nenhuma, a proposição que a formula é algo mais que um *flatus vocis*? A fusão do indivíduo com o absoluto no sentido de sua dissolução e de seu desaparecimento nele pode até ser afirmada especulativamente, mas já não tem, do ponto de vista fenomenológico, nenhum sentido.

Mas o que é, então, a própria fenomenalidade da Vida? Como ela se fenomenaliza em sua irredutibilidade a toda individuação possível? Aqui se produz um dos acontecimentos cruciais que marcarão o mundo moderno e o determinarão inteiramente. É com Schopenhauer e sua rejeição grandiosa do pensamento clássico que se dá, no início do século XIX, a volta da vida à cena europeia, a invasão de nossa cultura por ela, que lhe fornecerá outras referências ou, mais exatamente, lhe retirará todas as que tinha laboriosamente adquirido. Por um lado, Schopenhauer reativa o *principium individuationis* da tradição referindo-o às estruturas fenomenológicas do mundo tomado, seguindo a Kant, como "representação". Por outro, ele opõe a esta, percebida em sua estrutura fenomenológica unitária que lhe é, com efeito, irredutível, isso a que ele chama Vontade ou Querer-viver e que não é senão outro nome para a vida. *Na medida em que o querer-viver escapa em si mesmo ao mundo, o princípio de individuação já não atua nele: a dimensão metafísica nova e essencial aberta pela Vontade é uma dimensão anônima e impessoal.* Antes de definir, como no romantismo que lhe é contemporâneo, uma espécie de programa ético, a dissolução do indivíduo no rio sem limites do querer é prescrita pela natureza deste – na medida em que, estranho em si mesmo ao mundo, ele o é, ao mesmo tempo, ao princípio que individualiza.

Contestando a concepção da experiência do absoluto como dissolução do indivíduo na vida – porque então, para este em todo caso, essa dissolução não é fenomenologicamente nada e, portanto, não é nada –, nós perguntávamos: mas o que é, pois, a vida, sua fenomenalidade? *Escapando à representação individualizante, tornada impessoal e anônima, a vida se encontra privada ao mesmo tempo da fenomenalidade; ela se cumpre na inconsciência.* Uma vida impessoal, anônima, inconsciente, cega – cega e inconsciente porque impessoal, separada do que constitui a individualidade do indivíduo: eis a intuição devastadora de Schopenhauer, que vai arruinar, com efeito, a cultura moderna e conferir-lhe seu destino trágico. Pois a vida é um movimento – não, antes de tudo, o movimento anterior à consciência "que vai sempre de um agora para diante de outro agora", como diz Husserl, uma vida que deveria seu esclarecimento à intencionalidade de uma protensão, mas a vida originária que não deve sua revelação senão a si mesma. Desse modo, desprovido de toda fenomenalidade, o movimento da vida já não é senão uma força cega, uma "pulsão" de que já não se sabe muito bem, como no freudismo, se se trata de uma noção "psíquica" ou de um processo biológico, isto é, material, físico-químico, afinal de contas. Mesmo essa diferença entre o que é propriamente psíquico e o que é puramente biológico tende a se apagar para o pensamento moderno, na medida em que, esmagando o primeiro sobre o segundo, o psíquico sobre o biológico, ela propõe uma explicação da realidade humana que vai identificá-la, como no cognitivismo, a seu potencial neuronal e genético. O tempo dos médicos nazistas não está longe.

A intuição devastadora de Schopenhauer – que não reintroduz a vida no pensamento ocidental a título de fundamento senão lhe retirando a fenomenalidade e, ao mesmo tempo, a individualidade – não é, por essa razão, senão um efeito tardio do pressuposto grego que reserva a obra da fenomenalidade, sua "luz", à exterioridade de um mundo. É claro, neste caso, que tudo o que não deve aparecer a este mundo já é presa do inconsciente. É no contraponto desse horizonte que convém tomar a medida da identificação cristã da Verdade com a Vida. Conduzida à sua elucidação radical, essa identificação designa a autorrevelação da Vida (= a Revelação de Deus) na Ipseidade de um Si originário como modo fenomenológico de seu cumprimento. Que tal Ipseidade advenha por princípio na vinda a si da Vida, aí está o que inicia o conceito de uma vida inconsciente, cega, anônima, impessoal – biológica, química, psíquica, material – e a marca *a priori* com o selo do absurdo.[9]

A imanência da Vida em todo vivente já não significa, portanto, a dissolução da realidade deste último e, ao mesmo tempo, a de sua individualidade quando, numa interpretação fenomenológica tão decisiva quanto inovadora, o processo imanente da Vida absoluta gera em si a Ipseidade de um Si originário como condição interna de sua autorrevelação – como condição interna de sua própria vida e, assim, de toda vida concebível. Desse modo, um Si pertence a todo vivente, e todo vivente se edifica à maneira de um "indivíduo".

---

[9] É preciso dizer novamente que tal interpretação não é, absolutamente, a da ciência: decorre das ideologias pseudofilosóficas que não cessam de se enxertar nela na medida em que não chegam à "origem" (galileana) e, assim, a uma verdadeira compreensão dessa própria ciência. Entregue à filosofia, a intuição de Galileu, que funda a ciência moderna, é, afinal, a de Descartes: que nenhuma determinação "subjetiva" pertença a um processo material enquanto tal, que o muro já não seja tão "branco" quanto é "doloroso" ou "perverso". Nada mais, nada menos: de quantas bobagens não nos livraríamos se nos puséssemos à escuta dessas proposições elementares?

Que ele não seja nada por si mesmo – nem um vivente nem um indivíduo – e não viva senão nesse processo de autogeração da Vida, *aí está o que, longe de lhe retirar a efetividade de uma realidade singular, ao contrário, lhe confere essa realidade.* Dado a ele mesmo na Ipseidade da Vida absoluta, unido a si e experimentando-se a si mesmo nela, na experiência de si dessa vida absoluta e na Ipseidade de seu Si originário, ele se encontra a si mesmo gerado como um Si, como esse Si singular que ele é para sempre.

Ser um Si, com efeito, não é senão isto: ser dado a si mesmo sem que esta autodoação seja seu fato. *Na medida em que a autodoação da Vida absoluta em que ele é dado a si se cumpre efetivamente nele, todo Si é, ao mesmo tempo, um Si real.* Ele se experimenta a si mesmo na certeza e na irredutibilidade dessa experiência de si que o une a si mesmo e faz dele esse Si que ele é. Experimentando-se a si mesmo, ele está em posse de si, tomou lugar em si, repousa em si mesmo como num solo em que pode ter apoio, tomou a si mesmo, por assim dizer, por base. Tendo tomado lugar em si, ele habita uma Morada que, sem ser construída pelas mãos de homens, não é menos sua e de que ninguém, doravante, poderá privá-lo.

Mas, como o mostrou a problemática, a geração do Si transcendental na Vida absoluta é identicamente a de uma carne que lhe pertence no princípio. E isso porque a autodoação da Vida em que o Si é dado a si mesmo encontra sua matéria fenomenológica num *páthos* cuja autoimpressionalidade não é diferente dessa carne que o une a si. Na carne, no entanto, todo poder é dado impressionalmente a ele mesmo, posto em posse de si mesmo e, assim, em condições de se exercer e de agir. A imanência da vida em todo vivente não somente confere a este a determinação fenomenológica originária e essencial de ser um Si carnal, mas faz dele um "eu posso" efetivo e real. Esse "eu posso" que pode pôr-se em ação e mover-se a si mesmo em si, que habita cada um dos poderes de nossa carne, fazendo dele, por sua vez, um poder real, capaz de se exercer quando e tão frequentemente quanto quiser: livre. Pois a liberdade não é uma "libertação", uma deriva qualquer subjetiva de nossos pensamentos, de nossas imagens ou de nossos fantasmas ao sabor de forças desconhecidas, de nossos desejos ou de nossas pulsões inconscientes – menos ainda uma libertação do indivíduo em relação a seu ser próprio, uma dissolução de toda realidade singular que não pode conduzir senão ao nada. A liberdade é um poder, esse poder sempre em posse de si e dispondo assim de si – esse poder permanente, incontestável, irredutível, invencível, de que nossa corporeidade originária dá testemunho em cada um de seus atos ou movimentos, do mais humilde e mais elementar ao mais complexo e mais difícil.

A carne não mente. Isso, portanto, não quer dizer somente que cada uma de suas impressões é "verdadeira", experimentando-se tal como é. Que a carne não minta, *não se minta jamais a si mesma*, significa ainda, no que concerne a cada um de seus poderes, que ele é algo real, verdadeiro e verídico, que ele se exerce a partir de si mesmo, de um Poder original que habita em si e que o dá constantemente a si mesmo de maneira que se exerce quando quer e tão frequentemente quanto quer; que ele é livre, com efeito. Que ele se experimente a si mesmo em sua ação enquanto ela se desenvolve da maneira como uma dor se experimenta em sua dor, da maneira de uma *cogitatio* – isso não é tudo. Ao mesmo tempo que sua ação, ele experimenta esta *como estando em seu poder, ele se experimenta a si mesmo como esse poder – radical, incontestável e, de certo modo, absoluto – não somente de cumpri-lo, mas de poder cumpri-lo e, assim, de poder cumpri-lo sempre de novo.*

A liberdade não é uma afirmação metafísica, especulativa, sempre contestável e sempre contestada – hoje mais que nunca pela ciência, diz-se. A liberdade tem uma significação fenomenológica, é o sentimento de um poder em exercício experimentando-se a si mesmo neste e, a esse título, irrefutável. Do ponto de vista fenomenológico, no entanto, tal definição não basta. Pode-se sempre pretender que a experiência subjetiva da liberdade não é senão a inconsciência objetiva de um determinismo. Mas a liberdade absolutamente não se reduz ao dado factício de um movimento em seu desenrolar – ainda que este seja entendido em sua doação patética e, assim, como um sentimento. *A liberdade é o sentimento do Si de poder pôr ele mesmo em ação cada um dos poderes que pertencem à sua carne.* Ora, esse poder originário que habita e torna possível todo poder concreto não é adventício, separável idealmente do próprio Si: *ele pertence ao modo como o Si vem em sua própria carne, é gerado nessa vinda ao mesmo tempo em que eles, é-lhes consubstancial.* Um "eu posso" consubstancial a esse Si carnal e vivente, instalado em seu próprio poder, livre, desse modo, para desdobrá-lo a partir de si – tão incontestável em seu poder e em sua liberdade quanto esse Si e essa carne a que pertence.

"Se conhecesses o dom de Deus": a doação da Vida ao vivente enquanto doação de seu Si, de sua carne e de seu poder, não é uma pseudodoação, a doação de um pretenso Si, de uma aparência de carne, de um poder ilusório. A palavra reiterada que determinou o judaísmo e encontrou seu cumprimento no cristianismo – "Deus criou o homem à sua imagem" – encontra uma explicação radical na fenomenologia da vida. Pois se vê bem aqui, pela primeira vez, o que quer dizer "criar" quando não se trata do mundo, mas do homem e sua vida. Criar já não significa, então, pôr fora de si uma entidade exterior que goze, a esse título, de uma existência separada e, como tal, autônoma. Desembaraçado das ideias de exterioridade, de exteriorização, de objetivação – de mundo –, o conceito de criação significa agora geração, geração na autogeração da Vida absoluta do que não advém a si senão em sua vinda a ela e na medida em que ela não cessa de vir a ele. A liberdade, a autonomia, o movimento, o ser, o poder, a ipseidade, a singularidade, a carne, não é a exterioridade que as dá, mas a imanência a si da Vida. Com o conceito cristão de imanência como imanência da Vida em cada vivente, toda forma de panteísmo é ferida de morte.

§ 36. O esquecimento da vida e sua lembrança no páthos *da* práxis *cotidiana.*

Se, a mesmo título que nosso Si e que sua carne, o "eu posso" não é dado a ele mesmo senão na autodoação da vida absoluta, então nossa questão recobra atualidade: como ele pode esquecer essa doação originária que, pondo-o em posse de si mesmo, lhe dá a capacidade de se desdobrar livremente a partir de si, fazendo dele um poder verdadeiro, que encontra em si mesmo seu próprio poder – um "poder poder"? Ora, é precisamente porque a doação da vida é real e efetiva, porque a vida se dá totalmente e sem divisão, *porque seu dom é a autodoação em que todo poder se recebe a si mesmo e se encontra, desse modo, investido de si mesmo*, que o "eu posso" chegou a esquecer esse dom mais original da vida. Aqui se cumpre *fenomenologicamente* a inversão de que falamos, a inversão da impotência em potência: o fato de que o não poder de todo poder com respeito a si mesmo se muda na experiência constante e irrefutável de seu livre exercício.

O traço mais admirável de toda a nossa vida prática é agir em toda e qualquer circunstância com tal facilidade, com uma liberdade tão grande, que ela não presta nenhuma atenção à condição transcendental das múltiplas ações que ela mesma não cessa de realizar espontaneamente. E isso porque estas não lhe causam, com efeito, nenhum problema. Assim, eu me levanto e caminho, pego um objeto, volto o olhar para um barulho inesperado, aspiro o ar da manhã, vou trabalhar, comer, executo uma multidão de gestos extremamente precisos, todos adaptados e eficazes, sem pensar neles. Se sucede que se represente essa atividade mais banal e mais cotidiana, referindo-a então ao corpo objetivo, é a este que se atribuem todos esses movimentos e deslocamentos diversos, captados doravante como seus. Essa espécie de penumbra em que eles estão assim que aparecem na luz do mundo, nós a identificamos pelo caráter inconsciente dos processos fisiológicos, biológicos, materiais, afinal de contas, que se produzem nos órgãos. Essa atividade multiforme é doravante sua, e sua facilidade, sua perfeição instintiva, o silêncio de seu cumprimento são o que se chama saúde – é "o silêncio dos órgãos". A saúde é esquecida, tão esquecida quanto a vida.

Quando intervém na problemática um conceito tão decisivo quanto o do esquecimento, é a categorias fenomenológicas fundamentais que deve reportá-lo quem quiser produzir uma elucidação radical.[10] *O esquecimento deve, portanto, compreender-se a partir da duplicidade do aparecer.* No plano do pensamento, o esquecimento consiste precisamente em já não pensar numa coisa, que se encontra, dessa maneira, "esquecida". Ela se transforma, então, numa lembrança inconsciente. No princípio, a despeito de obstáculos múltiplos, isso em que já não se pensa pode tornar-se novamente objeto de um pensamento atual: então, produz-se a "lembrança da lembrança". Todo pensamento, toda representação no sentido mais geral traz assim, em si, a dupla possibilidade do esquecimento e da lembrança. Entre essas duas possibilidades, no entanto, que contraste! Enquanto a quase totalidade do conteúdo de nossas representações permanece em estado dito inconsciente, só uma parte ínfima desse conteúdo virtualmente infinito toma lugar sob o olhar da consciência, mais amiúde numa zona marginal deste, aliás. No caso mais favorável, mas também menos frequente, ela constitui o objeto de "uma visão clara e distinta", mostrando-se então "em si mesma e tal como é", "na plena luz da evidência", segundo o voto da fenomenologia husserliana que é também, como se viu, seu *télos* metodológico.

Ora, essa finitude – essa finitude extraordinária e, para dizer a verdade, inverossímil, que reduziria nossa existência a sobras de

---

[10] É assim que nós procedemos constantemente – a propósito da linguagem, por exemplo, e mais geralmente a propósito do corpo e da carne que constituem o tema desta obra, com resultados que cabe ao próprio leitor apreciar segundo o imperativo fenomenológico: reportando-os *aos fenômenos de sua própria vida tais como lhe são dados nessa vida e por ela.*

realidade, a fragmentos de ser descontínuos e insignificantes, enquanto a quase totalidade deste nos escaparia permanentemente –, essa finitude não decorre senão secundariamente do pensamento. É o meio fenomenológico onde este se move, o horizonte transcendental aberto estaticamente pelo tempo, estruturado e limitado por ele, é esse vão de luz que é finito. Somente tal finitude, fenomenológica em seu princípio, explica por que a totalidade indeterminada do ente transborda por todas as partes esse lugar circunscrito e fechado do esclarecimento do mundo, essa "clareira" perdida na escuridão da floresta. Assim se opera a cisão entre a precariedade de uma presença a cada vez irrisória e a imensidade de um esquecimento que atinge a quase totalidade do que é.

Reportada à vida e já não ao aparecer do mundo, a significação do conceito de esquecimento muda totalmente, a ponto de que uma nova terminologia seria aqui necessária. Não é senão ao olhar do pensamento que a vida pode ser dita "esquecimento". Ela é "esquecimento" na medida em que, não se abrindo nenhum espaço em sua imanência radical, não vindo rompê-la nenhuma deiscência, não há lugar nela para nenhum pensamento. Desse modo, tudo o que decorre deste desapareceu: nenhum esquecimento, isto é, precisamente nenhum pensamento desviando-se de seu conteúdo para abandoná-lo à condição de "lembrança inconsciente". Nenhuma lembrança deste, tampouco, sendo essa lembrança, ela mesma, um ato pensado. Nenhum esquecimento, nenhuma lembrança, nenhuma memória no sentido de uma faculdade representativa, nenhuma memória do mundo que se apoie sobre seu desvelamento e o pressuponha.

Excluindo em sua realidade a possibilidade mesma de uma memória e, assim, de uma memória que lhe concerne, a vida escapa a esta no princípio. No fundo, toda a problemática husserliana do método fenomenológico, longamente analisada em nossa primeira parte, enfrenta a questão de uma possível memorização da vida transcendental inicialmente perdida em seu anonimato.

Tratava-se de saber como o esquecimento da vida transcendental, que caracteriza a existência natural intencionalmente orientada para o mundo e absorvida em seus objetos, podia ser superada por um ato desse mesmo pensamento que lhe permitisse reencontrar-se a si mesmo no processo complexo e sem cessar remanejado da redução fenomenológica.

O malogro do método, a aporia que ele se esforçava em vão por contornar, nós os compreendemos melhor agora: um e outro nos fazem entender o que significa o esquecimento quando é reportado à Vida. Como esta se furta ao olhar do pensamento, não há dela esquecimento – no sentido de seu abandono ao *sheol* da não fenomenalidade –, nem lembrança suscetível, arrancando-a do nada da inconsciência, de entregá-la à existência: nenhuma memória possível, com efeito. A vida se engolfa num Esquecimento radical com respeito à sua própria essência. Esse esquecimento não é, portanto, um estado acidental ou provisório, ao qual sucederia uma eventual lembrança – a volta à consciência, na luz bem-aventurada do mundo, de um conteúdo perdido por um tempo indeterminado numa espécie de noite cósmica. *Se a vida escapa a qualquer memória ainda que não nos deixe nunca*, é porque uma memória sem memória nos uniu a ela desde sempre e para sempre. Desde sempre ela já cumpriu sua obra, desde sempre já nos colocou em nossa condição de viventes. Essa memória imemorial da vida que pode, ela somente, unir-nos à Vida é a própria vida em seu *páthos*: é nossa carne.

É somente à luz dessa pressuposição fenomenológica decisiva que pode ser elucidada a questão do esquecimento pelo "eu posso" da Vida que lhe dá seu poder. Esse esquecimento é o próprio do pensamento, de modo algum o do "eu posso" mesmo. É por isso que ele não muda nada da condição deste, de seu estatuto fenomenológico, do poder que tem desse estatuto. O esquecimento pelo pensamento da doação a si em que se edifica o "eu posso" mostra somente que o pensamento é estranho a este último, que sua ausência nele, longe de contrariar seu desdobramento e, assim, o de todos os poderes de nossa carne, é sua contradição. Tal é a razão por que toda a nossa vida prática se efetua com essa facilidade, com essa liberdade que se atribui a um "instinto" misterioso ou ao mecanismo de processos fisiológicos inconscientes. Esse "silêncio dos órgãos" não é senão o nome de uma imanência radical onde o "eu posso" encontra seu primeiro poder, esse poder-poder que permite a cada um dos poderes de nossa carne ativar-se, nesses movimentos mais lentos ou os mais rápidos, com a subitaneidade do relâmpago.

Damo-nos conta de que o silêncio fenomenológico de nossa *práxis* vivente em seu cumprimento imediato seja irredutível ao mutismo das coisas por isto: *esse silêncio, sendo o do* páthos, *é pesado de carregar*. Mesmo quando nossa atividade cotidiana se liga ao prazer, nessa facilidade feliz que caracteriza habitualmente toda forma de espontaneidade, nunca é, todavia, sob o título de atividade, de espontaneidade, de liberdade, de "ato" que convém descrevê-la. Na medida em que toda ação humana traz em si, como sua possibilidade mais interior, um "eu posso" dado passivamente a ele na autodoação patética da vida, é de um *sentimento de ação* que se trata a cada vez. Mas seria, ainda, uma visão superficial interpretar o prazer que nos proporciona frequentemente o simples fato de agir como uma modalidade do sentimento entre outras possíveis, como a pena ou o sofrimento. Como a ação de um poder qualquer pressupõe em si a do "eu posso", então é essa capacidade original de poder que deve inicialmente pôr-se em ação a partir de si, "arcobotada" sobre si como sobre seu próprio solo, arrancar-se a essa passividade radical em que ela é dada na autodoação da vida absoluta: *todo sentimento de* ação é, *na verdade*, segundo a intuição inaudita de Maine de Biran, *um sentimento de esforço*, e esse esforço não é precisamente uma modalidade qualquer de nossa afetividade. Em seu *páthos* específico, o esforço marca como, reconduzida à sua fonte sua capacidade original de agir, em lugar de sua geração na vida absoluta, o "eu posso", dado pateticamente a ele nesta, se encontra, nesse *páthos* e por ele, capaz de desdobrar livremente – a si mesmo, a partir de si mesmo, por sua própria força, à sua custa de qualquer modo – o poder e a força de que acaba de ser investido. Esse *páthos* originário que libera uma força e lhe confere a força de se exercer a partir de si mesma segundo sua própria força – mais exatamente, exercendo-se nessas condições e desse modo a experiência de tal força: aí está o sentimento do esforço.

É claro, então, que a afetividade desse sentimento já não é a de uma modalidade qualquer de nossa vida. Ela se edifica na intercessão da Afetividade transcendental e da Força, ali onde, unindo-a a si mesma, a primeira confere à segunda essa capacidade de se pôr em ação a partir de si que faz dela uma força verdadeira, imanente a si nessa Afetividade e por ela. Essa Afetividade transcendental que precede todo sentimento concebível é a da Vida. Antes de fundar a multiplicidade de nossos sentimentos, de nossas emoções, de nossas sensações, ela se autoafeta segundo as duas tonalidades fenomenológicas do sofrer e do gozar em que cada vida vem a si. É essa Afetividade – essa Afetividade originária em suas tonalidades fenomenológicas fundamentais e já não contingentes – que gera nela toda a força, comunicando essas tonalidades puras em que se revela inevitavelmente como uma força sofredora ou feliz, elevando-se a partir de seu sofrimento no esforço em que ela se desdobra necessariamente e sem o qual nenhuma força se põe em movimento.

Vê-se então como a vida escapa ao esquecimento em sua *práxis* mais elementar e mais cotidiana, em nossos gestos mais simples, mais habituais e mais humildes: porque nenhum deles é suscetível de se cumprir sem recorrer ao "eu posso", assim como este não está em condições de começar senão nas tonalidades fenomenológicas originárias do sofrer e do gozar em que é posto em posse de si no *páthos* da Vida absoluta.

Consideremos, pois, essa atividade cotidiana dos homens como se faz habitualmente: no mundo e à sua luz. É então o imenso domínio da atividade social, da "*práxis* social", que se descobre para nós, domínio que não é senão o conteúdo da sociedade – seu conteúdo econômico. Precisamente porque se mostra no mundo, ele é interpretado de início como um conteúdo objetivo composto de uma pluralidade de "objetos econômicos" cujas propriedades e leis se procura determinar com a ajuda de parâmetros mais ou menos arbitrários. Mas não se pode fazer que todos esses "objetos" não remetam, a despeito de sua objetividade ou de sua idealidade, ao trabalho dos homens, o qual, segundo a afirmação já citada de Marx, é uma "trabalho real, subjetivo, individual e vivente" – esse "eu posso" carnal, que se esforça e sofre cuja voz nenhuma teoria, nenhuma ideologia, nenhum pensamento poderia calar. *Não é portanto a um pensamento que, em sua* práxis *cotidiana, a vida pede que supere seu esquecimento: ela própria se encarrega disso, em seu próprio* páthos.

Este não assume, aliás, somente a expressão do sofrimento ou da tristeza, como nos grandes fenômenos sociais – isto é, individuais – da fome, da miséria, da exploração cínica do trabalho, do desamparo humano em todas suas formas. Para quem se esforce por remontar à possibilidade transcendental de qualquer ação em vez de se ater ingenuamente à sua simples efetuação – mais ingenuamente ainda no comportamento objetivo sob o aspecto do qual ela se mostra no mundo –, é precisamente essa possibilidade transcendental, é o poder-poder do "eu posso" carnal que convém analisar. Realizar um movimento qualquer como o fazemos constantemente na existência cotidiana *com o sentimento de poder realizá-lo*, aí está o que é, antes de tudo, tranquilizador. Tal é sem dúvida a fonte do prazer que, segundo Aristóteles, acompanha naturalmente o ato. Entretanto, a essa capacidade de poder inerente a todo poder se liga outra tonalidade, talvez tão essencial à vida quanto o sofrer ou o gozar sua autorrevelação e suscetível, como eles, de arrancá-la do esquecimento: a angústia.

§ 37. O esquecimento da vida e sua lembrança patética na angústia.

A genialidade de Kierkegaard foi ter ligado, de início, o conceito de angústia[11] ao de possibilidade ou de poder. Graças a tal conexão, não é somente uma tonalidade afetiva fundamental – a mesmo título que as do Sofrer e do Gozar, ou ainda, para ficar no quadro da problemática kierkegaardiana, do Desespero – que é levada ao centro da reflexão filosófica. É, ao mesmo tempo, o *páthos* em geral que recebe nesta um lugar que nunca tinha ocupado. Todavia, tal precedência reconhecida à Afetividade de modo algum a isola. Ligada ao poder, a Afetividade se encontra interpretada como princípio da ação de modo que esta já não pode ser compreendida senão em sua motivação real, que é precisamente uma motivação afetiva. Antes, a Afetividade não só fornece à ação sua verdadeira motivação, mas constitui propriamente sua essência, e isso porque constitui a essência da própria realidade. Ligando angústia e possibilidade, Kierkegaard nos convida a pôr na experiência nossa própria tese segundo a qual é uma Afetividade transcendental o que constitui a possibilidade interior de qualquer força concebível, de qualquer poder, porque é somente nela que este é posto em posse de si, tornando-se assim uma força verdadeira.

É, pois, essa relação entre angústia e possibilidade que convém esclarecer. Que o seja em primeiro lugar pelo pensamento, à luz de concepções que são suas, aí está algo que já não nos espantará. Para o pensamento, a possibilidade se reporta sem dúvida à ação, mas a precede, pertence antes de tudo ao próprio pensamento, como quer que seja. O pensamento pro-jeta a ação diante de si, a dis-põe diante de seu olhar na dupla forma de um projeto precisamente, o qual

---

[11] *Le Concept de l'Angoisse*. Trad. francesa de K. Ferlov e J. Gateau. Paris, Gallimard, 1935.

se oferece ao mesmo tempo sob o aspecto de um comportamento objetivo potencial. Esse é, então, objeto de uma reflexão que lhe fixa a finalidade e avalia seus meios. Em suma, trata-se de *uma representação da ação* de tal modo que tanto essa representação prévia como o comportamento que se julga realizar obedecem às leis da representação, isto é, às estruturas fenomenológicas constitutivas do aparecer do mundo, afinal de contas. Encontramo-nos diante de questões como estas: como cumprir esta tarefa? Que instrumentos utilizar? Onde pô-los em ação? Por quanto tempo? etc. É assim que, para esse pensamento previdente e avaliador, o possível decorre de seu domínio e de sua competência: é ele, projetando-se em sua direção, que o faz surgir, assim como é ele que responde às questões que sua apresentação objetiva suscita, trate-se de "realizá-lo" ou, eventualmente, de afastá-lo.

Mas eis outra espécie de ação. Saindo com companheiros para uma escalada cuja dificuldade subestimaram, um homem se detém no cimo que separa dois abismos, tomado de vertigem. A possibilidade de uma queda o paralisa, a angústia o invade. Onde está essa possibilidade: dos lados? No fundo do abismo para o qual ele se sente irresistivelmente atraído e do qual se esforça por se desviar? Onde está a angústia que o oprime? Em que consistem essa possibilidade e essa angústia? Outro homem – ou será o mesmo? – espera na plataforma do metrô. O trem chega e uma angústia semelhante o invade. Ao preço de um esforço intenso, ele aferra-se à grandíssima possibilidade que se abre diante dele, refugia-se no banco da estação e, fechando os olhos, a ele se agarra. São seres "psicologicamente frágeis".

Eis outros dois, mais normais. Ele deixou a sala de dança, e de uma grande varanda contígua contempla a noite. Mais tarde chega uma de suas parceiras e, como ele, pousa a mão na balaustrada. Foi do calor sufocante do cômodo, do barulho da música, de toda essa agitação que eles quiseram fugir? Ou se tratará daquela angústia – para eles também? Ela se apodera deles na varanda e não os deixa mais.

A intuição decisiva de Kierkegaard – que faz dele, a mesmo título que Descartes ou Maine de Biran, o inventor de uma fenomenologia radical – foi eliminar com um traço todas essas circunstâncias objetivas pelas quais nossas explicações se dispersam. A eliminação inicial de qualquer objetividade, sua redução não parcial, mas completa, Kierkegaard a opera começando sua análise da angústia pela da inocência. Pois, diz ele, "inocência é ignorância".[12] Ignorância total que não afeta somente o conhecimento das circunstâncias exteriores. Aliás, não é que estas desapareçam: sucede somente que doravante não contam para nada.

Observemos, de passagem, que é esse afastamento das condições objetivas em que se produz a angústia que suscita, no § 5, a distinção decisiva e que se tornou famosa entre a angústia e o temor, com o qual a primeira era amiúde confundida. O temor e todos os sentimentos similares remetem a um fato preciso, a alguma ameaça cuja aproximação – ou, ao menos, sua probabilidade – é perceptível. Como a inocência é em si mesma ignorância – encontrando-se em unidade imediata consigo e como que absorvida nessa imediação – não é somente com respeito a esse mundo de causas e de efeitos, mas antes com respeito à ética e suas determinações fundamentais, o bem e o mal, que a inocência se encontra privada de discernimento. É por isso que Kierkegaard diz que Adão, por se encontrar ainda nesse estado de inocência no momento em que a proibição lhe é dirigida, não compreende nada desta.

Desde Adão, é verdade, muitas coisas se passaram; já não é precisamente a inocência o que reina em nossas sociedades. Quaisquer que sejam os motivos pelos quais o homem e a mulher de que falamos se encontram na varanda, nem um nem outro absolutamente os ignoram. Eles "saíram", ambos, como a jovem de *Le Bel Été* [O Belo Verão], de Pavese, que também saiu à rua simplesmente para tomar ar, caminhar, relaxar. Quanto a eles, sabem

---

[12] Op. cit., p. 61.

sem dúvida um pouco mais desse encontro. Que este se tenha produzido porque, no fundo, foi mais ou menos buscado, aí está o que obedece mais à marcha corrente dos assuntos e das intrigas humanas do que a um feliz acaso.

E o que pode acontecer agora? O *possível* em suspenso, não é o pensamento que o mede? Quem avalia com um olhar o espaço verdadeiramente estreito que separa as mãos postas lado a lado na balaustrada? O que pode acontecer – isso em que pensam um e outro – é que, deslocando ligeiramente sua mão, o homem a pousa sobre a da jovem. Esta retirará a sua? Irá se contentar com "aniquilá-la" ao modo de uma heroína sartriana, agindo como se essa mão não fosse nada mais, não sentisse nada, não fosse a sua – deixando aberta a via que leva ao grande jogo do prazer, ao jogo do possível?

Sucede, porém, que o possível que conduz esse jogo – impropriamente denominado *amor* – não se identifica absolutamente com um conteúdo desdobrado diante do olhar do pensamento e que não escapa, seguramente, aos protagonistas de uma aventura pré-programada. Tal é o sentido da redução da objetividade operada por Kierkegaard quando faz da inocência o antecedente da análise da angústia: *situar o possível que vai ser posto no princípio desta já não no campo do pensamento, mas na imanência radical da vida, imanência de que a inocência fornece um* páthos *exemplar*. Antes de mensurar a importância de tal deslocamento para a compreensão do possível próprio da angústia, impõe-se uma observação concernente ao estatuto da inocência na problemática kierkegaardiana.

Precisamente porque seu *páthos* assume uma significação exemplar, isto é, universal, a inocência é um estado de que nenhuma existência humana descobre a estrutura. "Como o pecado entrou no mundo", diz Kierkegaard numa proposição muito pesada, "cada um de nós nunca o compreende senão por si mesmo".[13] Sucede, porém, que o pecado se caracteriza em primeiro lugar pela perda da inocência. É preciso, então, traduzir que cada um aprende por si mesmo como perdeu a inocência. Antes de ter sido perdida, a inocência, é verdade, não sabe nada de si mesma. É somente no momento em que se perde que toma consciência do que era. Nós, fenomenólogos da vida, compreendemos imediatamente como tais proposições devem ser interpretadas. Quando dizemos que, antes do pecado, a inocência não sabe nada de si mesma, o saber de que ela está privada é o do pensamento. A inocência *não se percebe enquanto inocência*. O saber da inocência, que não lhe advém senão quando é perdida, é o de uma impressão que caiu no passado, cuja realidade é destruída, reduzida a uma irrealidade noemática. Mas a inocência em si mesma não é nada irreal e nada inconsciente; não é designada desse modo senão pelo pensamento que crê abandonado ao nada, perdido, com efeito, tudo o que escapa à sua representação atual. Subtraída ao saber do pensamento, a inocência não cessa, na verdade, de fazer a experiência de si em seu próprio *páthos*. *É somente desse modo, aliás, dado em sua imediação patética, não se preocupando em ver nem em ser visto, que algo como a inocência é possível.*

Essa inocência absorvida em si, que nenhum olhar perturba, é, por exemplo, a da carne – mais ainda: *é o que faz dela uma carne*. Toda carne é inocente. É assim, como dizíamos, que os gestos cotidianos em que se desdobram espontaneamente seus poderes sem que ela lhes dê atenção se desenrolam com tal facilidade, que a representação comum os toma inabilmente por atos "instintivos", cegos, semelhantes a processos inertes. Em sua imediatez, a inocência parece esquecer-se de si mesma, tal como a carne, precisamente. Basta, todavia, que o traço mais constante da *práxis* se faça sentir por nós – o esforço, o sentimento do esforço, o que ele tem

---

[13] Ibidem, p. 75.

de penoso, todos os graus em que ele se intensifica até se tornar insuportável – para que a ilusão cesse.

A fenomenologia da carne repousa sobre a distinção essencial que ela estabeleceu entre, por um lado, os poderes factícios cujo desenvolvimento espontâneo (ver, ouvir, mover-se) é expresso pela vida cotidiana e, por outro lado, a possibilidade transcendental de pô-los em ação num "eu posso" capaz de se exercer a partir de si – essa possibilidade de poder idêntica à nossa liberdade. *É essa possibilidade radical de poder que se revela brutalmente a nós na angústia*, e tal é a intuição fulgurante de Kierkegaard: "a angustiante possibilidade de poder".[14]

Como essa possibilidade abissal suporta cada um dos poderes elementares de nossa carne, cada sequência de nossa atividade mais habitual, o ato mais ingênuo e o prazer ligado a este não são tão simples quanto a facilidade de seu desenrolar faria pensar. *Por mais inocente que seja a inocência, uma angústia secreta a habita.* Que ela seja inocente porque é ignorância e não sabe nada do mundo, que a angústia ligada à possibilidade de poder seja, segundo outra palavra decisiva de Kierkegaard, uma angústia diante de "nada", não a afasta da presença, nela, dessa possibilidade de poder nem da angústia em que se experimenta, muito pelo contrário. Ao nada saber do que ela pode, a possibilidade de poder se exacerba, a angústia penetra a inocência completamente. Ela lhe confere o *páthos* que lhe é próprio, essa mistura de atração e de repulsão diante do desconhecido, esse estado instável que quer que, não sendo culpável porque ainda não fez nada e não sabe nada do que pode fazer – nada do bem nem do mal –, ela já se encontra invadida pela possibilidade de fazê-lo, submetida a ela, submersa pela angústia dessa "liberdade vertiginosa".

Angústia secreta, dizemos nós, porque subtraída ao olhar – porque o segredo é o domínio do *páthos*. Afastado do mundo, nessa espécie

---

[14] Ibidem, p. 66.

de incógnito que lhe é consubstancial, o sentimento se experimenta mais fortemente e se acresce de si mesmo, aumenta. Entregue a si mesma, a possibilidade de poder se angustia a respeito de si mesma. A inocência tinha, antes de tudo, sentido sua angústia como um sentimento novo, uma busca de aventura, com uma espécie de complacência, ao modo das crianças. Pois, como diz Kierkegaard, "a angústia pertence tão essencialmente à criança, que esta não quer ficar sem ela; ainda que a inquiete, ela a encanta, todavia, por sua doce inquietação".

Há um prazer da angústia, mas, nesse mesmo prazer, a angústia sofre ao mesmo tempo a lei do *páthos* e a vertigem da liberdade. Ela se encarrega de si mesma, dobra-se sob seu próprio fardo, a ponto de já não poder suportar-se. Fugir de si mesma, livrar-se de si, é isso o que agora, no coração de sua angústia que queima nela como um fogo devorador, ela projeta. Fugir de si mesma, livrar-se de si, aí está também o que, no coração desse braseiro, ela já não pode fazer. A impossibilidade de se livrar de si se exaspera no momento em que a possibilidade de poder vem tropeçar, nela, no não poder mais antigo que ela e que a dá a ela mesma, nessa impotência de que, como se mostrou, ela é a fonte de potência. É então que, levada a seu paroxismo, a angústia cresce vertiginosamente: quando, querendo fugir de si mesma e tropeçando em si na impossibilidade de fazê-lo, acuada em si, a possibilidade de poder se encontra lançada para ela mesma, *isto é, ao mesmo tempo, para o poder que ela torna possível*. Ela se lança então nele, como para a única saída, para a única possibilidade que lhe resta, e passa ao ato.

Esse estranho processo da angústia que se desenrola no coração da ação humana – que diferencia esta para sempre de todo processo material e que basta para tornar sua confusão absurda – é o que se cumpriu no cimo vertiginoso da montanha, na plataforma da estação, na varanda de nossos dançarinos. Objetar-se-á que, tendo perdido sua inocência, estes últimos sem dúvida não atravessaram os transes que nós descrevemos. Eles vieram apenas buscar o prazer de uma saída, de um encontro, de uma aventura. *E se o prazer fosse o da angústia* – o único que, em nosso mundo tornado desértico por seu anonimato, poderia romper seu insuportável tédio –, ou seja, *entregar o Si a si mesmo?* Pois a angústia não é senão a expressão paroxística da essência do Si, do *páthos* em que, unido a si e tornado assim esse Si que ele é, ele se encontra investido para sempre dessa possibilidade de poder que é sua liberdade infinita.

Kierkegaard não desconheceu, absolutamente, a evolução das sociedades; ele apresentou uma concepção poderosamente original da história como história das gerações e, ao mesmo tempo, da relação do indivíduo com essa história. De geração em geração – e, por conseguinte, de sua repetição indefinida –, a angústia se presta a uma acumulação quantitativa (a "angústia objetiva"), produzindo, assim, um agravamento das condições em que o pecado se torna possível. Entre essas condições e o próprio pecado, nenhuma "passagem" pode ser descrita ou analisada, porque não há nenhuma, com efeito, mas somente um "salto", a posição absoluta de uma "qualidade" nova, irredutível a qualquer condição e, consequentemente, a qualquer explicação. Esse salto é o pecado, o próprio ato. Donde esta proposição decisiva, já citada, segundo a qual "o pecado se pressupõe a si mesmo".[15] O ato procede assim de uma liberdade radical conferida ao indivíduo no próprio processo de sua geração na Vida absoluta, a título de Si transcendental ao qual sua liberdade é, assim, consubstancial.

É por isso que cada geração (no sentido de geração natural e já não transcendental, no sentido da história) se encontra diante da mesma tarefa, que cada indivíduo recomeça a história do mundo, isto é, a de Adão. Cada uma das determinações fenomenológicas constitutivas do Si transcendental lhe pertence e não poderia ser

---

[15] Ibidem, respectivamente p. 62, 90, 63, 47.

dissociada dele. Em sua varanda, nossos dançarinos conheceram, eles também, a inocência, e eles também a perderam. A idade em que um indivíduo perde a inocência depende somente do grau de corrupção da sociedade a que ele pertence. Tampouco a angústia se deixa esquecer. Em sua varanda, nossos dois dançarinos que perderam a inocência não estão livres da angústia. Talvez estejam ali para reencontrá-la.

Nas sociedades mais depravadas, quando são abolidas todas as regras da moral, todos os "tabus", quando as múltiplas formas de perversão são acolhidas com um imenso favor, fornecendo ao fim e ao cabo, no ceticismo ou no cinismo generalizados, o único tema suscetível de despertar um resto de interesse, a angústia desapareceu tão pouco que é ela que se instala no comando. Ela se anuncia através de duas séries de fenômenos de aparência contraditória. Por um lado, uma redução sistemática à objetividade por meio das ciências objetivas, das técnicas que elas propõem, das interpretações que elas impõem (por exemplo, a redução da carne ao corpo, de nossa vida transcendental a processos materiais, etc.) – objetividade de que se espera inconscientemente que diminua ou oculte tudo o que o homem tem de propriamente humano, a angústia notadamente, os fenômenos ligados a ele, a morte, por exemplo. A isso corresponde simetricamente, por outro lado, a fabricação sistemática de objetos, de condições, de condutas suscetíveis de produzi-la – de produzir a violência, a indignidade, a infâmia, a ignomínia em todas as suas formas, até essa espécie de prostituição a que se poderia chamar artificial na medida em que já não se trata de se prostituir pelo dinheiro, mas pelo prazer de se prostituir – pela angústia que propicia toda forma de aviltamento. Se a angústia atesta no homem que ele é esse Si transcendental – e incapaz, como tal, de se livrar de si –, como se livrar dela, com efeito?

O leitor do extraordinário ensaio de Kierkegaard – do qual algumas linhas bastam para pôr em debandada todo o hegelianismo, e, para além dele, parcelas inteiras do pensamento objetivista moderno – não pode dissimular sua surpresa. Desde o parágrafo 5, apresenta-se uma "explicação" completamente diferente da angústia, que já não a remete à estrutura fenomenológica interna do Si transcendental: é do mundo que, subitamente, ela parece provir.

§ 38. A duplicidade do aparecer e o redobramento da angústia.

Imediatamente depois da rejeição de toda exterioridade e de todo conhecimento de objeto na redução à inocência e à sua ignorância que precede à análise da angústia, é a esta exterioridade que cabe agora fazer surgir em nós a angústia. É o momento em que esta é posta em relação com uma definição do homem como "síntese de alma e corpo". Que o corpo de que se trata aqui seja o corpo exterior da tradição em sua oposição à alma, oposição que consiste nesta própria exterioridade, vê-se pelo fato de que essa síntese é chamada "inimaginável". Em outros termos, a síntese de alma e corpo é – como, aliás, a designará Kierkegaard – um "paradoxo" a ser colocado no mesmo plano que a relação entre o tempo e a eternidade e propondo, como esta, uma concepção enigmática da condição humana.

Todavia, na medida em que a angústia surge da síntese da alma e do corpo, tal síntese, por mais inimaginável e paradoxal que seja, deve ser possível. Essa possibilidade, Kierkegaard a confia a um terceiro elemento em que os dois primeiros se unem, e "esse terceiro é o espírito". Sobre tal situação, que quer que o espírito, síntese de dois termos inconciliáveis, seja ele mesmo paradoxo, *O Conceito de Angústia* constrói uma dialética segundo a qual nenhum dos termos pode subsistir em seu estado – nem o corpo como simples corpo, como animalidade brutal, nem o espírito repousar e permanecer em si ("estar quite consigo mesmo", "captar-se") enquanto "ele tiver seu eu fora de si" em razão de sua relação paradoxal com um corpo exterior que é o seu. É essa relação equívoca do homem com o espírito ou do espírito consigo mesmo que está no coração da angústia.[16]

Reconhecemos sem dificuldade o teor fenomenológico dessa "síntese da alma e do corpo" cuja possibilidade é o "espírito" – aqui interpretado por Kierkegaard num sistema de pensamento ainda clássico, pois é o do dualismo moderno atribuído a Descartes: *é a duplicidade do aparecer*. Como esta, a alma, isto é, nossa carne vivente – o conjunto de nossas impressões, prestações de nossos sentidos e de nossos diversos poderes –, percebe o exterior sob o aspecto de um corpo objetivo cujas configurações, partes, membros, órgãos, múltiplas particularidades, *não tendo nada de comum com o que ela experimenta originariamente, não podem aparecer-lhe senão como determinações incompreensíveis e, ao fim e ao cabo, absurdas*.

Aqui se descobre uma primeira forma de contingência que diz respeito ao fato de que esse corpo objetivo, com sua organização e suas estruturas elas mesmas objetivas, é objeto de uma constatação empírica sem que nenhuma explicação verdadeiramente racional seja suscetível de dar conta dele. Podemos, diante de uma diversidade de órgãos estranhos, esforçar-nos por atenuar seu caráter insólito, alegando uma diversidade correspondente de "funções" das quais cada uma aparecerá como um modo de realização – e, talvez, como modo de realização particularmente engenhoso ou adequado. Procedendo assim, não fazemos, todavia, senão recuar o problema. A textura admirável de um pulmão torna certamente possível a respiração, mas por que é preciso que algo como a respiração exista?[17] Por que esta é necessária para um organismo vivente em tais condições? Sucede que a resposta da ciência (resposta programática) *ainda não é senão a formulação da questão kierkegaardiana: por que é preciso que o espírito esteja ligado a um corpo dessa natureza – a um corpo em geral?*

---

[16] Op. cit., p. 64-65.

[17] "Ele morreu", dirá Giraudoux de um de seus heróis, "porque respirar o aborrecia".

Vê-se: não é o aspecto singular de nosso corpo objetivo, com seus próprios caracteres singulares, que faz dele uma realidade contingente. Não é porque a ciência seria, afinal de contas, incapaz de explicá-lo que ele seria absurdo: ele só o é aos olhos do espírito, na medida em que, entre, por um lado, o que esse corpo é em si mesmo, com suas funções – a nutrição, a excreção, etc. – e seu destino – sua formação laboriosa, sua maturidade fugidia, seu declínio inevitável –, e, por outro lado, o que o espírito é em si mesmo – trate-se de sua visão inteligível das verdades eternas ou da alegria de se experimentar a si mesmo e de viver –, há um abismo que esse próprio espírito nunca pôde transpor. Sucede, porém, que é precisamente nesse abismo – nesse lugar de uma heterogeneidade radical, nesse lugar de elementos "inimagináveis" – que reside o que o define, a ele que não é senão tal laço, uma "síntese de alma e corpo". Não é, portanto, *diante* desse sistema objetivo inverossímil, com suas funções pouco apetitosas, seus montes de moléculas ou de processos quânticos cegos, que o espírito se angustia, mas por *ser* isso.[18]

Se quisermos medir a violência dessa angústia que decorre de um novo tipo de explicação, devemos considerar com mais atenção o conteúdo objetivo diante do qual ela se produz. Por um lado, as propriedades do corpo objetivo sob o aspecto do qual se mostra a nós nossa carne invisível são homogêneas entre si: são todas propriedades objetivas, precisamente. Estão todas ali diante de um olhar possível (o nosso ou o de um terceiro, caso se trate de partes de nosso corpo que não podemos ver imediatamente). Entre essas propriedades, apesar de seu estatuto fenomenológico comum, desvela-se uma diferença, tão mais surpreendente para quem faz pela primeira vez a descoberta de si mesmo: trata-se de um corpo de homem ou de mulher. É significativo o fato de que, qualquer quer seja o momento em que tal descoberta intervenha, esse momento é o da angústia. Não somente o espírito se percebe sob o aspecto

---

[18] Na extraordinária novela *A Metamorfose*, Kafka expôs com grande rigor e muito conscientemente o paradoxo kierkegaardiano da angústia.

de um corpo objetivo com suas determinações a que unicamente o hábito nos permite que nos habituemos, mas eis que uma delas parece mais incompreensível e mais contingente do que todas as outras: a determinação sexual que o marca, todavia, no fundo de seu ser ao mesmo tempo que o diferencia radicalmente, inserindo-o numa categoria específica de indivíduos, machos e fêmeas, definindo-o por uma função – a de "gerador" ou a de "mãe", de "mãe grávida", eventualmente – com a qual ele não tem, enquanto espírito, nada que ver. É uma nova intuição fulgurante de Kierkegaard: *"O sexual exprime essa contradição monstruosa que é o espírito eterno posto como* genus".[19]

"Intuição" não quer dizer aqui compreensão, evidência – evidência sensível ou intelectual. Apesar de o sexual nos ser dado num ver, não é dele, mas da contradição enorme que ele exprime, que se trata. E essa contradição não nos é dada num "ver", nem muito menos em nosso "espírito", no sentido em que se entende habitualmente: *sua revelação se faz no* páthos *da vida, e é a angústia*. Tal é o segundo princípio explicativo da angústia, que o enraíza já não na capacidade vertiginosa de poder próprio do Si, mas na relação paradoxal dos dois modos de aparecer.

Situando o laço, a relação, a "síntese" no *páthos* de que a angústia é aqui o modo de cumprimento, Kierkegaard se encontra em posse de uma dialética até então desconhecida, uma dialética patética cujas implicações tão impressionantes quanto inovadoras ele desenvolve espontaneamente.[20] A primeira consiste em interpretar a situação respectiva dos termos inconciliáveis postos em relação no "espírito" não como passagem do primeiro ao segundo, mas como

---

[19] Op. cit., p. 102; grifo nosso.
[20] Nós mesmos tentamos uma elucidação fenomenológica dessa dialética que, enquanto afetiva, é a própria dialética da vida. Cf. *L'Essence de la Manifestation*. Paris, PUF, §70. Que tal dialética difira inteiramente da de Hegel, que Kierkegaard tenha compreendido de início a profunda originalidade de sua própria concepção, é o que mostra com toda a evidência a terrível crítica da dialética hegeliana sobre a qual se abre *O Conceito de Angústia*; cf. a introdução.

crescimento simultâneo e vertiginoso dos dois elementos presentes. Crescimento que não é senão o de sua relação antagônica no "espírito", ou seja, o crescimento qualitativo da própria angústia.

Sigamos essa espécie de "história" que não se desenrola no mundo, mas advém como uma modificação qualitativa do próprio *páthos* para desembocar no "salto" para o pecado. Como a descoberta do corpo próprio como corpo objetivo – e, mais ainda, como corpo objetivo marcado pela diferença sexual – é, identicamente, uma disposição afetiva, é no início que a pertença ao espírito de tal corpo se experimenta em forma de angústia. No estado de inocência, a angústia, como se viu, já está presente. Está presente não apenas porque a inocência traz em si essa capacidade de poder – ainda que não saiba o que quer, ainda que seja angústia diante de "nada". Está presente porque, em sua própria ignorância, a inocência é essa síntese de alma e de corpo constitutivo do "espírito" de que nunca está separada. É essa disposição afetiva latente que é despertada no pudor quando, sem ser necessária aqui a intervenção de um olhar estranho, "o espírito é levado ao extremo da diferença da síntese"[21] – dessa diferença "enorme", monstruosa que se estabelece, nele, entre ele mesmo e seu corpo sexuado.

A essas análises prestigiosas, a fenomenologia da vida está em condições de acrescentar duas observações. Pode-se perguntar, com efeito, por que a síntese entre o "espírito" (a vida transcendental) e nosso corpo objetivo é paradoxal a ponto de suscitar a angústia, da qual o pudor é uma fase transitória. Pois é esse corpo objetivo como tal, com seus órgãos estranhos, que é inexplicável e, ao fim e ao cabo, absurdo – ou ainda as funções cujos meios são esses órgãos. Kierkegaard, no entanto, jamais considera esse corpo objetivo em si mesmo, mas somente em sua relação sintética com a alma, no espírito. É ao olhar deste último, dizemos nós (ainda que não haja aí nenhum olhar), que o corpo,

---

[21] Op. cit., p. 101.

com suas configurações surpreendentes e sua diferença sexual, é absurdo. O que supõe certamente que esse corpo "difira" do espírito, e ainda que, por seu lado, em si mesmo, *o espírito não seja nada absurdo, mas seu contrário: o domínio de uma justificação e de uma legitimação absoluta, de uma autolegitimação*. Essa condição última, somente a designação do espírito como vida no-la permitirá compreender.

Nossa segunda observação é uma pergunta. Se duas explicações se propõem sucessivamente na análise da angústia, não convém perguntar se estas são verdadeiramente heterogêneas a mesmo título que os dois modos fundamentais de fenomenalização a que fazem referência? Como compreender, em todo caso, sua relação? Por que esta desembocaria num "redobramento" da angústia? Se, como o declara Kierkegaard ao fim de sua investigação, "o possível é a mais pesada das categorias"– e, ainda, "na possibilidade tudo é possível"[22] –, não seria porque essas duas tentativas de explicação se recobrem de algum modo, remetem a um mesmo "possível", de modo que a angústia ligada a este se redobre, com efeito, a ponto de se intensificar até esse estado paroxístico de onde surge o irreprimível desejo que vai conduzir ao erro – a que Kierkegaard chama salto para o pecado?

§ 39. *O desejo e o "salto para o pecado".*

Que nosso próprio corpo objetivo não exista jamais em estado separado, mas somente no interior dessa síntese com a alma que é o espírito: aí está o que implica, reciprocamente, que o espírito habita cada um dos termos dessa síntese que ele próprio é: não apenas

---

[22] Op. cit., p. 224-25.

nossa alma, mas também nosso corpo objetivo. É com essa única condição que ele pode unir em si cada um dos dois termos irredutíveis e inconciliáveis da síntese – com a condição de ser, neles, o elemento comum em que se unem. A questão é, pois, saber o que significa exatamente essa presença do espírito em nosso próprio corpo quando este é definido por um conjunto de propriedades objetivas e, singularmente, pela diferença sexual.

Nós o compreenderemos melhor se não esquecermos o verdadeiro nome desse "espírito": vida transcendental. O esclarecimento pedido à fenomenologia da vida não se volta, antes, contra ela? Sua tese principal não é de que não há vida senão na Vida, em sua autorrevelação patética, jamais no aparecer do mundo? Como então nosso corpo objetivo poderia conter em si a Vida que escapa, no princípio, a tal aparecer?

A fenomenologia da carne respondeu com precisão a essa pergunta. Nosso corpo objetivo mundano é animado de significações que fazem dele, precisamente, esse corpo vivente (*Leibkörper*) cujos olhos são olhos que veem, cujos ouvidos são ouvidos que ouvem, cujos membros são membros móveis que se movem por si mesmos livremente – todas significações tomadas de nossa carne originária, na realidade da qual, unicamente, as operações visadas através dessas diversas significações encontram sua realidade. Tal corpo é visto no mundo, as significações que lhe conferem seu caráter de ser vivente são, também elas, visadas – mas a título de correlatas noemáticas irreais. Mas a realidade a que elas remetem, a de nossa carne vivente com todas as suas operações reais – ver, mover-se etc. –, essa realidade pertence à esfera de imanência absoluta da vida transcendental e, como ela, é invisível.

Assim, como dizíamos, o homem que se olha num espelho não vê seu rosto, sua tristeza, o movimento de seus lábios senão na medida em que, juntamente com essa percepção, se atualiza fenomenologicamente, nele, a capacidade de experimentar sensações ou de realizar movimentos. Nosso corpo mundano não remete somente a uma subjetividade invisível: sob suas espécies visíveis se oculta, sempre presente e sempre vivente, uma carne que não cessa de se autoimpressionar no *páthos* de sua noite.

E isso, acrescentávamos nós, vale tanto para o corpo objetivo de outrem quanto para o nosso. Esse corpo também esconde, em si, uma capacidade de sentir, de se mover, de sofrer e de gozar que se oculta, é verdade, de mim ao mesmo tempo em que se apresenta como investido dessa dupla potencialidade patética e dinâmica. Está aí, dir-se-á, a diferença que separa o conhecimento que tenho de mim mesmo e de meu próprio corpo do conhecimento que tenho de outrem e de seu corpo. Enquanto percebo meu próprio corpo no mundo, *sou essa carne oculta*, que sente, se move e sofre, que confere a meu corpo objetivo os caracteres que tem tanto para mim quanto para os outros. O corpo objetivo de outrem traz igualmente em si esses poderes invisíveis de seus sentidos e de seus movimentos – mais profundamente, essa carne originária em que todos esses poderes são dados a eles mesmos no "eu posso" que esse outro é tanto quanto eu mesmo. *Para mim*, é verdade, esse "eu posso", essa carne que lhe pertence não é senão uma significação irreal que diferencia seu corpo objetivo de um corpo qualquer. Não importa: esse "eu posso", essa carne, essa Vida originária estão realmente nele. É unicamente porque essa Vida vive efetivamente nele que tais significações são "verdadeiras" e significam uma vida real, uma carne real – que seu corpo objetivo é e pode ser, tanto para ele quanto para mim, um corpo "vivente".

Como o corpo próprio objetivo – trate-se do de outrem ou do meu – traz e oculta ao mesmo tempo – através da declinação de seus aparecimentos mundanos – uma carne vivente, *ele se encontra* a priori *constituído como objeto mágico* – um objeto duplo, visível e invisível, inerte e móvel, insensível e sensível. Por um lado, coisa opaca, cega, "material", suscetível de ser esclarecida de fora pela luz, jamais de acolhê-la e recebê-la em si, de ser iluminada interiormente por ela, de se tornar ela mesma luz, sede de inteligibilidade, puro cristal de aparecer. Por outro lado, uma coisa cuja essência toda é autoaparecer-se à maneira como uma autorrevelação é possível: no *páthos* da vida.

Reconhecemos sem dificuldade a ambiguidade do "sensível" encontrada desde o início de nossa investigação: sensível no sentido de que nós podemos sentir – o liso deste tecido –, mas de que ele próprio não sente nada; sensível no sentido do que possui essa capacidade de sentir e se encontra definido por ela. Nosso corpo objetivo recebe a significação de poder sentir; mas em si mesmo, reduzido à sua condição de "coisa", a seu caráter "côisico", ele não sente nada. O olho não vê. Somente nossa carne – nossa "alma", dizia Descartes – vê. Na experiência corrente, os dois sentidos de "sensível" são constantemente superpostos e confundidos. Sendo nosso corpo "côisico", ao contrário, explicitamente intuído como uma carne, investido como tal da capacidade de sentir, então se produz uma modificação essencial: *o sensível se torna o sensual, a sensibilidade se nomeia doravante sensualidade.*

Porque nosso corpo objetivo é um objeto mágico, constitutivamente duplo, e porque sob sua superfície oferecida à luz, sob a área visível de sua pele, colada a ela e inseparável dela, se desdobra o invisível de nosso corpo orgânico, ele mesmo tido no "eu posso" de nossa carne originária que não cessa de habitá-lo, de retê-lo e de movê-lo, então esse corpo objetivo que é o nosso nunca é um corpo sensível: é completamente determinado por *uma sensualidade primordial* cuja realidade e cuja essência verdadeira não são senão nossa carne originária, não são senão a vida.

É assim que se cumpre a síntese kierkegaardiana da alma e do corpo no espírito, de modo que este está presente naquela, a vida invisível em nosso corpo objetivo. De maneira que *nosso corpo objetivo não é um corpo "côisico" cujo caráter de ser vivente se reduziria a uma rede de significações intencionais que lhe conferisse a capacidade ideal de sentir e de se mover, senão que ele é isso na verdade* – ele leva realmente em si essa capacidade real de poder e esses poderes reais.

Disso decorre que nesse corpo – capaz de experimentar sensações, que pode sofrer e gozar se eu o toco ou se mover sob efeito dessas sensações – surge, naquele que tem a experiência já não sensível, mas sensual, uma formidável angústia. É a angústia daquele que já não toca uma coisa, um corpo semelhante a uma coisa, mas um corpo de carne, habitado por uma vida real. E que pode, com efeito, produzir nesse corpo – no corpo sensual de outrem, por exemplo – o prazer ou a dor e, assim, o conjunto dos movimentos que disso resultarão muito verossimilmente. Que pode acariciar a pele de outrem de tal modo que aquele que acaricia não experimentará somente, em sua própria mão enquanto ela se desloca, a impressão de liso, de frescor ou de tepidez que lhe comunicará essa pele. Nesta, também, deslocando sobre ela a mão, ele provocará uma série de impressões – de frescor, de tepidez, de prazer ou de pavor. *Sobre essa pele do outro, isto é, sob ela*, nesse limite movente do corpo orgânico do outro enquanto, respirando mais lentamente, este erga, imobilize ou retenha a mão no "eu posso" de sua carne originária. Esse corpo sensual, movendo-se, sofrendo ou gozando em si mesmo, é o corpo do outro *na medida em que leva em si seu espírito*. É essa síntese inconcebível de um corpo e de um espírito que toma lugar diante do olhar, *sob a mão*, daquele que se interroga: ele vai estender a mão, com efeito, para o objeto mágico, colocá-la sobre essa carne vivente que está ali ao lado dele e parece oferecer-se, *tentar senti-la ali onde ela própria se sente*, onde sua sensualidade é a mais viva, em sua diferença sexual – "tomá-la", tê-la em seu poder?

Sua angústia, desse modo, aumenta vertiginosamente. Esse poder de atingir o "espírito" do outro em seu corpo não é somente o de estender a mão até ele, de tocá-lo ali onde sua sensualidade está mais acessível – e à espera, talvez. O que a fenomenologia da carne estabeleceu é que tal poder não é um simples poder factício, que toda carne experimente em si a cada momento. *O que ela experimenta constantemente na realidade é a capacidade de poder*, de poder pôr em ação em si mesma, por si mesma, a partir de si mesma seu poder de tocar e de pegar – é a possibilidade de poder, seu poder-poder. É dessa possibilidade de poder, como no-lo ensinou Kierkegaard, que se eleva a formidável angústia daquele que *poderia* lançar-se no abismo, sob as rodas de um trem, pegar a mão da jovem posta perto da sua. Ora, *se o poder de estender a mão, de fechá-la sobre a de outro, não é ainda senão um possível irreal, um "objeto de pensamento"* – aquilo em que pensa, com efeito, nosso dançarino –, *a possibilidade de poder é uma possibilidade real e sempre efetiva*, é constitutiva do Si transcendental na ipseidade da qual nossa carne é posta em si mesma, em cada um dos poderes que são doravante seus – na possibilidade de poder exercê-los. A angústia se eleva desse Si, que, num instante consigo mesmo, pergunta-se "se vai fazê-lo". Mas a pergunta que ele se dirige a si mesmo não é um ato de pensamento, não tem sujeito nem objeto, não concerne ao poder de estender a mão, o qual nunca concerniu ao pensamento e, desde sempre, "é evidente". A questão se eleva da possibilidade abissal de poder, possibilidade constitutiva da realidade do Si e inseparável dela: é sua revelação na angústia, a angústia de sua liberdade. "O possível da liberdade", diz Kierkegaard, "anuncia-se na angústia".[23]

É então que se produz o redobramento da angústia: quando as duas "explicações" que a problemática propôs, sucessivamente, com seu surgimento, se recuperam. Quando, no plano da realidade, as duas fontes da angústia se encontram como duas torrentes que misturam suas águas num só fluxo que vai submergir tudo. Quando a angústia saída da contradição enorme do espírito posto como corpo com sua especificidade sexual se acresce desmedidamente da angústia saída da possibilidade de poder tocar o primeiro no segundo – esse espírito nesse corpo, ali onde eles se unem

---

[23] Op. cit., p. 109.

um ao outro, nessa inimaginável síntese em que o espírito parece acessível nesse corpo sexuado que é seu estar-aí. Aí onde tocar este corpo, este sexo, quereria dizer tocar o próprio espírito aí onde está o espírito, tocar a vida aí onde ela se experimenta a si mesma em seu próprio Si irredutível a qualquer outro.

O momento do redobramento da angústia é o do nascimento do desejo. O desejo não tem nada que ver com um fenômeno natural, com nenhum processo material – biológico ou químico. O desejo não é possível senão na angústia. O mundo do desejo é o mundo da angústia. Os caracteres, as motivações, a história, o destino do desejo são as motivações e o destino da angústia. Se a angústia nasce diante da presença enlouquecedora do espírito no estar-aí de um objeto sensual, provido de todos os seus atributos sexuais que levam essa sensualidade a seu limite, de maneira que se poderia tocar cada um deles aí onde ele é suscetível não apenas de ser-tocado, de ser sentido, mas de ele mesmo sentir – e se essa angústia se redobra na angústia que se eleva da possibilidade vertiginosa de poder cumprir todos esses gestos, todos esses toques e todas essas carícias –, não é preciso perguntar então: o desejo é outra coisa além do desejo de fazer tudo isso?

Ao desejo não basta, todavia, desejar, ainda quando aquele que faz sua experiência possa retirar dela algum prazer (pois a angústia inerente a todo desejo não está, ela própria, isenta de encanto). Esse desejo ainda não é senão desejo, um "estado" real, certamente – modalidade efetiva da vida, tonalidade fundamental da carne –, mas não traz sua satisfação em si mesmo.[24] Como o desejo, não contente de ser desejo, quer e pode satisfazer-se – como, em outros termos, a angústia sucumbe ao pecado – eis, segundo Kierkegaard,

---

[24] Assim como a angústia ainda não é senão angústia; na linguagem de Kierkegaard ela própria ainda não cumpriu e nunca cumpre o "salto" que faria dela o pecado. Em si mesma a angústia não é culpada – isso se bem na inocência em que está e que nem por isso perdeu sua inocência, no pudor que, sob um olhar de malícia, pode se transformar numa vergonha intolerável, mesmo quando não há, nessa inocência, nenhum movimento em direção ao sexo oposto, nenhum desejo.

o que nunca é possível explicar. Pelo menos o cumprimento do desejo, o salto para o pecado devem ser possíveis. E a fenomenologia da vida – sem pretender dar conta, de modo algum, de cada ato particular em que advém a falta – está em condições de esclarecer sua possibilidade. *A relação ao termo da qual angústia e desejo vão incorrer na falta, tornando esta efetiva, não é, com efeito, senão um caso particular da relação absolutamente geral e essencial que liga, no princípio, Afetividade e Ação. Tal relação não é além de nossa própria carne.* A fenomenologia da carne falou muito disso. As problemáticas da angústia, do desejo, do "salto" são suas partes integrantes. Eis, pois, o que sabemos.

Quando uma modalidade qualquer de nossa vida – sempre dada a si em seu próprio *páthos*, experimentando-se e suportando-se a si mesma nele – se experimenta subitamente como pesada demais para carregar e, assim, já não se suporta (e as diversas tonalidades de nossa vida não são, para dizer a verdade, senão os diversos modos de se suportar ou de já não se suportar), surge então, nesse insuportável, o querer irreprimível de se desembaraçar dele. Ora, tal poder não é nada abstrato: dado a si no *páthos* da angústia e do desejo, posto em posse de si mesmo nesse *páthos* que é o de nossa própria carne, de nossa carne sofredora e desejosa, ele é um poder desta; mais ainda, é sua capacidade de poder, o "eu posso" originário que lhe vem da vida. Porque, dando-a a si mesma, a Afetividade é a essência da Força, suas diversas tonalidades afetivas – essa angústia, esse desejo – não são somente os motivos de todas as ações que nossa carne é suscetível de cumprir: levam em si e constituem identicamente a possibilidade originária de poder cumpri-las e, assim, a realidade de todas essas ações.

Quando, portanto, diante do corpo mágico do outro, o desejo angustiado de encontrar a vida nele desperta a angustiante possibilidade de poder fazê-lo, os dois rios negros da angústia reuniram seus fluxos, com efeito. Sua força varre tudo, elimina toda referência. A angústia assume então sua forma feminina, a da fraqueza: ainda que provenha do Si, ela o aniquila, o deixa sem poder, à deriva nessa angústia onde naufraga. O "salto" o livrará dela, crê-se. "O cume, aqui, é essa coisa terrível de *a angústia do pecado produzir o pecado*".[25]

A esse mundo angustiante do desejo e da falta dá-se frequentemente o nome de erotismo. Ora, o erotismo é complexo: sua elucidação exige novas análises.

§ *40. As duas carnes transcendentais da relação erótica. O ego da descrição.*

O salto, a falta não livram da angústia, muito pelo contrário. E isso por duas razões. Em primeiro lugar, sua origem – ou, digamos mais precisamente, o *agente* da falta, o Si e seus constituintes, sua capacidade de poder, sua liberdade, pois a angústia dela se eleva, precisamente – está sempre ali. Consequentemente, uma vez cumprido o ato real, esse real se apresenta novamente como possibilidade sob a figura do futuro: eu o poderia cumprir novamente e sempre novamente, pois a capacidade de cumpri-lo, esse eu-posso fundamental que sou, permanece em mim. E, com a liberdade vertiginosa dessa capacidade de poder, a angústia, que suscita inexoravelmente. A esse respeito, pode-se dizer que o sexual, entendido aqui como pecado, criou o tempo. Que o tempo verdadeiro existe doravante como tempo do possível, da possibilidade da repetição da falta. E vê-se bem que, em vez de ter sido suprimida, a angústia ligada ao possível, a essa capacidade real de poder, cresce na história de cada um como cresceu na história do mundo, de geração em geração, desde a falta de Adão. E trata-se de um crescimento quantitativo disso a que Kierkegaard chama angústia objetiva, não porque a angústia seja em si mesma algo

---

[25] Op. cit., p. 108; grifo de Kierkegaard.

objetivo, mas porque está implicada nessa temporalidade mundana, na objetividade nova que ela criou.

E eis a segunda razão pela qual, em vez de pôr um fim à angústia, a falta a prolonga e exaspera: essa modificação da objetividade, de nosso próprio corpo objetivo, cuja sensualidade latente não cessa de aumentar seu poder de fascinação. De certa maneira nosso corpo é sempre marcado pela diferença sexual; todavia, por razões profundas a que voltaremos longamente, essa marca fica implícita por muito tempo: na inocência, por exemplo, a diferença é vivida na ignorância. Por mais que nosso corpo sensível tenha sido determinado pela sensualidade primordial de uma carne suscetível de sentir, pelo ter em vista essa sensualidade enquanto tal e por si mesma, mais ainda, por sua utilização a fim de produzir num corpo objetivo, este ou outro, certas sensações ou certos movimentos, como, por exemplo, sensações ou moções sexuais, estas não estão presentes de início para o espírito. É esse pôr em ação, essa utilização espontânea ou refletida da sensualidade o que se produz no pecado, de maneira que a sensualidade, que não é primitivamente senão a expressão fenomenológica da síntese desse corpo com a alma no espírito, sofre uma alteração radical que faz dela o que Kierkegaard chama "pecabilidade". "Nós não dizemos que a sensualidade seja a pecabilidade, senão que o pecado faz dela a pecabilidade".[26]

A pecabilidade não é o pecado; tampouco é sua possibilidade imediata e real, a qual reside no ato da liberdade, isto é, no próprio pecado, em sua autoposição. Mas criou esse "meio histórico" que se constituiu desde Adão até atingir um estado paroxístico em que a repetição do pecado desenvolve condições gerais, uma "pecabilidade" de princípio que torna a incitação ao pecado onipresente. Este, desse modo, parece pertencer à objetividade deste meio, a ponto de se tornar ele próprio algo objetivo, um comportamento natural cuja

---

[26] Op. cit., p. 109.

designação sob o título de "pecado" ou de "falta" já não decorreria senão de preconceitos caducos.

Antes de voltar ao devir da sensualidade, da pecabilidade, do pecado – do que chamamos, globalmente e na mais extrema confusão, "sexualidade" – no mundo de hoje, convém aprofundar o estudo do erotismo tal como acaba de ser captado na angústia do desejo e, notadamente, na transformação da sensualidade que ele suscita. É a sensualidade do outro, isto é, de seu corpo objetivo, que servirá momentaneamente de fio condutor para nossa investigação, já que, tanto na filosofia tradicional quanto na fenomenologia contemporânea, seria por seu corpo que teríamos acesso ao outro. Acesso que não é de antes de tudo um acesso teórico, algum raciocínio, um raciocínio por analogia ou, ainda, uma "apresentação passiva", mas o desejo em sua forma espontânea, carnal e concreta.

A inflexão da temática aqui proposta é motivada pelo fato de que, na análise da angústia, do desejo e, enfim, do "salto", nós nos atemos ao ponto de vista do *ego de nossa descrição*, levando nossa atenção para o modo como as coisas se passavam nele – para nosso dançarino portanto, antes que para sua companheira. É nele, no "eu posso" de sua carne originária, que lemos a subida da angústia, sua transformação imanente na força pulsional do desejo experimentado diante do corpo objetivo do outro, cuja sensualidade – a presença nele de sua carne – estava então exacerbada.

Como desconhecer por mais tempo o caráter unilateral de tal apresentação? Cindir de início a relação erótica entre o ego e o que não é, para este, senão o "outro" é expor-se ao perigo de recair na dicotomia clássica de sujeito e objeto, desempenhando o ego naturalmente o papel do primeiro, enquanto o "outro" – o outro ego – é identificado com o objeto, visto que é precisamente sob o aspecto de seu corpo objetivo que ele se apresenta ao olhar do ego posto no princípio da descrição – do "ego-sujeito". Não é essa dicotomia clássica que serve de substrato às famosas dialéticas que pretendem dar conta da experiência do outro, seja a dialética hegeliana da luta das consciências pelo reconhecimento – do senhor e do escravo –, seja sua transposição simplificadora na dialética sartriana do olhar? Mas não é ela, também e ainda, que determina o não menos famoso quiasma do tocante e do tocado, sobre o qual o último Merleau-Ponty funda toda a sua análise do "Sensível"?

Ora, a crítica do quiasma mostrou que não é legítimo instaurar uma dissimetria entre os dois termos que ele dissocia, mesmo quando faz de sua unidade – seu entrelaçamento – uma realidade única, a do Sensível compreendido a partir do par Vidente/Visível, Tocante/Tangível, que remete à própria estrutura de nosso corpo e pretende defini-la. A essa estrutura singular da qual um termo – uma mão – toca o outro – a outra mão –, recebendo da capacidade de tocar uma espécie de domínio que lhe confere o estatuto, dominador, de um "sujeito" que se projeta, enquanto o outro, submetido a esse poder, tocado e sentido por ele, decai ao nível de coisa comum, de "corpo côisico" – de objeto. Mas na relação erótica, quando, para superar sua angústia e fugir dela, o dançarino realiza o "salto" e se apodera da mão da jovem, esta – sua mão – não é de modo algum reduzida à condição inferior de objeto. *Nenhum objeto fez jamais a experiência de ser tocado.* A possibilidade de ser tocado é uma possibilidade transcendental absolutamente simétrica à de pegar e tocar: o que é designado no quiasma sob o termo "tangível", "tocado", tem o mesmo estatuto fenomenológico, a mesma dignidade do que é descrito como "tocante". A mão da jovem pertence a uma carne originária: é somente em tal pertença a esta – e nunca a título de objeto, de corpo "côisico" – que ela é suscetível de ser tocada, de entrar na relação erótica. Assim como a mão do dançarino, que não toca a mão da jovem senão em sua própria carne, e esse tocar é diferente do tocar na balaustrada da varanda, no mundo, onde nenhum objeto nunca tocou outro objeto nem nunca foi tocado por ele.

A análise do conjunto das condições fenomenológicas fundamentais imanentes ao "tocante" e que o tornam possível – a carne originária do Si dado a si no *páthos* da vida, o "eu posso" que resulta da autodoação, dessa autodoação, nele, de cada um dos poderes constitutivos desta carne, o corpo orgânico que ele desdobra, o limite contra o qual seu esforço vem se chocar, o conteúdo real do mundo que é o limite invisível: todos os elementos dessa análise devem ser reproduzidos do lado da capacidade de ser tocado, inscrita na carne originária da jovem cuja mão – sobre a qual seu cavalheiro põe a sua – não é, a mesmo título que esta última, senão uma aparição objetiva. A única diferença entre as duas carnes transcendentais – das quais as duas mãos pousadas lado a lado são assim, ao mesmo tempo, manifestação e dissimulação – é que uma é "ativa" e a outra, "passiva", duas modalidades de uma única e mesma capacidade de poder, de maneira que são intercambiáveis: o homem e a mulher podem mudar de papel.

Como, da mesma forma que a mão do homem, a mão da mulher não é senão um aparecimento objetivo de sua capacidade carnal de poder – desta também sobe a angústia vertiginosa de uma liberdade, liberdade de deixar sua mão ali, de neutralizá-la ou de retirá-la, ou de sair da varanda. E essa angústia não é menor que a de seu parceiro. Como esta última, ela se duplica pela angústia de ter um corpo. Ora, o corpo da mulher é ainda mais marcado pela determinação sexual. O paradoxo da síntese do corpo e da alma no espírito assume assim, nela, uma tensão infinitamente maior. Ela é mais sensual que o homem, e porque é mais sensual é mais angustiada. Sua angústia é mais "feminina" ainda que a do homem, se o caráter feminino da angústia designa não o fato de ser a de uma mulher, mas o momento próprio de toda angústia em que, submerso por esta, o Si perde toda iniciativa, fica à deriva e se entrega à tentação. É por isso que Kierkegaard louva o relato do Gênesis, por ter "contra toda analogia feito que o homem fosse seduzido pela mulher".[27] O que não significa que ela seja mais culpada que ele, mas sim, mais angustiada. O que tampouco significa que ela seja inferior,

---

[27] Op. cit., p. 98.

mas ao contrário: ela é espiritualmente superior – se a angústia é o signo do espírito, o signo de nossa heterogeneidade.

Vê-se, em todo caso, quão superficiais são as teses que interpretam que a relação tocante/tocado – na medida em que o tocado não é um corpo "côisico", mas um corpo sensual – provoca, entre os dois termos, uma disparidade cuja significação seria remeter cada um deles a um nível fenomenológico diferente: o tocante trazendo em si a capacidade de tornar manifesto, de "fazer ver" (tocando), capacidade da qual o segundo, o tocado, seria, a princípio, desprovido. Ainda que, num segundo momento e de maneira totalmente incoerente, o segundo – o tocado – seja promovido subitamente ao nível de tocante, encontre-se investido desse poder fenomenológico decisivo de mostrar, do qual o primeiro – o tocante –, ferido por uma cegueira não menos súbita, relegado ao nível de um "sensível" qualquer, se vê repentinamente privado. Mas, se na relação analisada a interversão dos termos e dos papéis não modifica em nada o estatuto transcendental de cada um deles, se "ser-tocado" é uma modalidade de nossa carne originária e lhe pertence a mesmo título que "pegar", "apreender" ou "acariciar", é preciso reconhecer, então, que *a relação erótica é uma relação dinâmica e patética que se cumpre num plano de imanência absoluta, e tem lugar na vida.*

Diremos então que, nessa relação imanente à vida, é a vida que conhece a vida? Mas, como o sabemos, a vida não é algo anônimo ou universal. Aliás, numa vida desse gênero, no modo romântico ou schopenhaueriano – em que a vida é, ainda por cima, cega ou inconsciente –, nenhuma experiência do *outro* é sequer concebível. Porque a vida é um "experimentar-se a si mesmo", é a cada vez a de um Si. Na relação erótica, há dois Si transcendentais em comunicação um com o outro. Em razão da pertença de cada um à vida, da imanência desta em cada um, coloca-se a questão de saber se, em tal comunicação, cada Si atinge o outro *em sua própria vida,* se a toca *ali onde ela se toca a si mesma.* Tal questão não é senão a do alcance metafísico da experiência do outro. Ela pergunta: o erotismo é o que nos dá acesso à vida do outro? Levando em conta a implicação da diferença sexual na compreensão do erotismo – de sua angústia, do desejo que a ele se enlaça –, essa pergunta se reporta à sexualidade. A sexualidade tem isso de extraordinário: o permitir-nos atingir o outro em si mesmo no que ele é para si mesmo de algum modo? A observação de Merleau-Ponty: "O sexo é para a maioria das pessoas o único acesso ao extraordinário", deveria então ser despojada de todo matiz pejorativo e ser levada a sério.

À questão decisiva do *conteúdo efetivo* da experiência do outro onde se joga, com efeito, o destino do homem na medida em que se trata, para ele, de escapar a uma solidão insuportável, duas respostas serão dadas. A primeira, cuja exposição se segue, decorre de uma fenomenologia da carne. Na medida, todavia, em que uma fenomenologia da carne remete a uma fenomenologia da Encarnação, uma segunda problemática, tomando a título de pressuposição já não a própria carne, mas nossa vinda a ela na vida absoluta, deverá necessariamente ser esboçada.

Se nos ativermos às pressuposições limitadas e provisórias de uma fenomenologia da carne entendida em sentido estrito, a resposta escapa a qualquer equívoco. Na sexualidade, o desejo erótico de atingir o outro em sua própria vida tropeça num fracasso insuperável.

§ 41. *A relação erótica na imanência da vida: o fracasso do desejo.*

É, pois, na imanência da vida que a relação erótica deve, antes de tudo, ser descrita, e isso no que concerne tanto ao "ser-tocado" quanto ao tocante. Quando, na imanência de seu movimento movendo-se em si mesmo, meu próprio "eu-posso", comportando-se como "tocante" e desdobrando seu próprio corpo orgânico, tropeça no que lhe resiste absolutamente e sobre o qual já não tem poder – *o que é tocado* por ele, no limite invisível de seu esforço, é um corpo exterior: o conteúdo real do mundo. Coma ressalva de que esse corpo, esse conteúdo *exterior a meu poder precisamente* não é *exterior no sentido fenomenológico do que se mostra na exterioridade do mundo*; está em mim, ao contrário, esse limite prático de meu "eu posso", interiormente vivido por ele, e invisível como ele. Com respeito ao que lhe é dado desse modo, o tocante se torna subitamente passivo. Essa passividade, entretanto, é suscetível de assumir duas modalidades diferentes: uma caso esse limite seja inerte (imaginemos que, fechando os olhos, eu toco uma parede), e outra, ao contrário, caso exerça de encontro a meu movimento uma espécie de contra movimento, uma pressão ativa que eu não experimento, todavia, senão *no dinamismo contrariado de meu "eu posso"*.

Suponhamos que o que é tocado e experimentado desse modo seja a mão da jovem. Em minha experiência primordial, essa mão não é algo objetivo – tanto como a minha. Minha própria "mão" é um poder de preensão imanente que esbarra em seu próprio limite invisível, enquanto a mão da jovem não é, para mim, senão esse limite, esse *continuum* resistente que se opõe ativamente a meu movimento, quando, por exemplo, essa mão exerce, por sua vez, uma pressão sobre a minha, ou se fecha sobre ela.

Nesse sistema dinâmico originário se deposita uma série de sensações que sofro por parte do termo que faz obstáculo a meu movimento, e essas sensações são, justamente, de pressão; por outro lado, minhas próprias sensações de movimento se dispõem, elas também, no *continuum* desse limite invisível. A fenomenologia da carne nos ensinou a distinguir cuidadosamente impressões originárias e impressões constituídas: somente as primeiras são reais. Só são reais, portanto, as impressões originárias de movimento, bem como as impressões de pressão consideradas em sua autoimpressionalidade. Dispostas no corpo orgânico e em seu limite, já não são senão sensações constituídas, que se entremesclam constantemente.

A fenomenologia da pele acima exposta nos permite esclarecer a natureza desse limite invisível entre o tocante e o "ser-tocado". A carícia, que desempenha papel tão importante na relação erótica, não oferece um exemplo privilegiado? Mas a análise da pele não intervém (cf. *supra*, §31) senão no momento em que, abandonando a redução à imanência radical em que ela se encontra inicialmente, a fenomenologia da carne apela explicitamente à duplicidade do aparecer. É no aparecer do mundo unicamente, com efeito, que o limite invisível do "eu posso" mudando-se *nele e por ele* num corpo estranho sobre o qual já não tem poder, num corpo côisico, que esse limite invisível, dizemos nós, que esse corpo "côisico" se mostra agora a nós sob o aspecto de um corpo exterior no sentido fenomenológico, no fora de si do mundo. Nossa pele não é nada além, como o vimos, da duplicidade fenomenológica desse corpo "côisico" – entidade estranha, de dupla face, ex-pondo uma à luz do mundo, dissimulando a outra na noite de nossa carne.

Se o ser-tocado se cumpre na imanência de um "eu posso" (como modalidade passiva deste) a mesmo título que o tocante (que é uma modalidade ativa dele), é porque a elucidação originária da relação tocante/ser-tocado, considerada como arquétipo da relação erótica, deve continuar numa atitude de redução radical, a qual não se mantém deliberadamente na esfera imanente da vida à qual os dois termos da relação pertencem, um e outro. Essa é a razão pela qual a pele – e, de maneira geral, todo fenômeno que implique a duplicidade do aparecer – deve ser provisoriamente posta de lado. Ao não distinguir as duas fontes de angústia (de que busca uma intuição fulgurante), a análise kierkegaardiana já deslizava para fora da redução na medida em que a síntese paradoxal da alma e do corpo – tratando sub-repticiamente esse corpo e, notadamente, a diferença sexual como determinações objetivas – remetia inevitavelmente ao aparecer ek-stático do mundo. É colocada nessa exterioridade que a diferença sexual parecia subitamente absurda, angustiante para um espírito que não se reconhecia nela.

Mantendo nossa atitude de redução, nós nos deteremos por enquanto na dimensão de imanência radical da vida, dimensão a que chamaremos convencionalmente *noite dos amantes*. Não que se trate da escuridão que invade o mundo quando o sol se põe, ou de um cômodo em que se apagou a luz. Trata-se do invisível da vida. *Os fenômenos do invisível são descritíveis*.[28] Quando, em sua varanda, depois que nosso dançarino pegou a mão de sua companheira e exerceu sobre ela uma pressão, a jovem lha entrega, produziu-se a análise rigorosa desses fenômenos não aparentes. Exercer pressão quer dizer, para um "eu posso", desdobrar o contínuo resistente de seu próprio corpo orgânico até o limite em que, já não cedendo a ele, esse contínuo se faz corpo "côisico" invisível. Quando esse corpo resistente, não contente em deter o movimento do "eu posso", se opõe ativamente a ele ao modo de um contramovimento, o que sabemos deste, em verdade? O que é a mão da dançarina que pressiona, por sua vez, a do dançarino? Tal saber não é, todavia, senão uma significação irreal, colada à impressão de pressão realmente sofrida pelo dançarino e vivida por ele *como* produzida pela mão da jovem, com a *significação*, precisamente, de resultado do movimento que ela, por sua vez, cumpre. Mas esse movimento, *tal como ela o experimenta cumprindo-o na imanência de seu próprio "eu posso"*, na autodoação patética de seu próprio Si transcendental, em sua própria vida: eis o que fica do outro lado do espelho e que o próprio dançarino jamais experimenta – tanto as impressões originárias desse movimento quanto as impressões constituídas sobre o próprio corpo orgânico dela, sobre seu próprio corpo "côisico" e invisível. Se, pois, o desejo é o de atingir a vida do outro *em si mesma*, ali onde ela se atinge a si mesma em sua própria carne originária, esse desejo já não atinge seu objetivo.

É o que mostrará, igualmente, uma fenomenologia do ato sexual. Na noite dos amantes, o ato sexual acopla dois movimentos

---

[28] Cf. a 1ª parte de nosso ensaio "A Inversão da Fenomenologia", que estabeleceu a possibilidade dessa descrição.

pulsionais que vêm esbarrar, cada um, no contínuo resistente de seu próprio corpo "côisico" invisível – o qual é, para cada uma das duas pulsões, esse limite movente que lhe obedece e, depois, se opõe a ela e a rechaça. Na cópula, as duas pulsões entram em ressonância, cada uma se desdobrando e cedendo alternadamente. Todavia, a situação fenomenológica permanece esta: cada pulsão, na alternância de suas modalidades ativas e passivas, só se conhece a si mesma, só conhece seu próprio movimento e as sensações sentidas no limite de seu próprio corpo orgânico invisível. O que a outra pulsão experimenta permanece além da experiência da primeira. A impotência, para cada uma, de atingir a outra em si mesma exaspera a tensão do desejo até sua resolução na sensação paroxística do orgasmo, de tal modo que cada uma tem o seu sem poder experimentar o do outro tal como o outro o experimenta. Se tal é o desejo erótico no ato sexual, aí ainda está o fracasso.

E esse fracasso deve ser compreendido no que ele é para cada um. Ele não provém de uma espécie de ruptura da imanência, como é o caso quando, diante do beijo dos amantes, a avaliação desse ato terno arranca de Rilke este grito desenganado: "Oh, como se evade então, estranhamente, o embriagado" (*Elegias de Duíno*, "Segunda Elegia"). Na copulação amorosa, não é uma "evasão", uma distração que intervém, apesar de, certamente, esta poder produzir-se aí. *É na imanência da pulsão que o desejo fracassa em atingir o prazer do outro ali onde ele se atinge a si mesmo*, é na noite dos amantes que, para cada um, o outro está do outro lado de um muro que os separa para sempre. A prova disso é dada pelos sinais que, durante o cumprimento do ato, os amantes dirigem um ao outro, trate-se de palavras, de suspiros ou de outras manifestações. De modo que a coincidência buscada não é a identificação real de um Si transcendental com outro, a recuperação de dois fluxos impressionais fundindo-se em um só, mas somente, no máximo, a coincidência cronológica de dois espasmos impotentes para superar sua divisão.

Que mesmo nesse caso os dois fluxos do desejo fiquem separados, aí está o que leva à evidência este fato tão incontestável quanto trágico: no próprio seio dessa experiência-limite, que os amantes esperam que seja não somente a do extraordinário, mas do absoluto, estabelecendo uma espécie de fusão e até de identificação entre eles, *a possibilidade de engano permanece.* Quantas mulheres não fizeram crer àquele a quem elas se davam, por amor ou por qualquer outra razão, que tinham dele um prazer que não experimentavam, que talvez nunca tenham experimentado?[29]

Tal é, com efeito, a consequência da dualidade dos movimentos pulsionais que seguem, cada um, seu trajeto próprio, desembocando cada um em seu prazer próprio, o qual, a despeito de sua intensidade, permanece em si mesmo, deixando o prazer do outro num alhures inacessível. Para tomar os fenômenos no rigor de sua imanência, não conviria falar não de erotismo, mas de autoerotismo?

---

[29] Objetar-se-á talvez que a interpretação do desejo e da atividade sexual como resultando, sempre e necessariamente, no fracasso está longe de ser universalmente admitida. Põe-se inevitavelmente a questão de saber se na origem de tal interpretação não se encontram certos *a priori* que vêm inflectir ou falsear a investigação. Como não pensar aqui na filosofia de Schopenhauer, que identificou explicitamente o amor com a sexualidade e considerou esta uma ilusão? Em que a sexualidade é uma ilusão? No fato de ela reduzir-se ao desejo sexual e de este, precisamente, fracassar. Por que ele fracassa? A única realidade (a realidade metafísica do universo) é, segundo Schopenhauer, o Querer, um Querer que não tem nenhum objeto – nenhum objeto próprio para satisfazê-lo, por conseguinte – e que permanece, portanto, num estado de insatisfação perpétua, numa fome, numa sede jamais satisfeita. Assim, esse Querer quer indefinidamente, eternamente, e recomeça sempre a querer sem possibilidade de se deter. Ora, o desejo sexual não é, segundo Schopenhauer, senão esse Querer que atravessa e arruína todos os corpos, sem que haja em nenhum lugar uma realidade capaz de pôr fim à sua insatisfação, insatisfação que lhe é consubstancial e durará tanto quanto ele. Tal é a razão por que, eternamente insatisfeito, o desejo sexual recomeça indefinidamente seu ciclo absurdo. Como se vê, uma concepção metafísica, retomada tanto por Freud como pela maioria dos grandes criadores do fim do século XIX e do século XX, determina o pessimismo moderno, condenando antecipadamente a grande aventura do amor, reduzido ao desejo sexual, à infelicidade e ao fracasso.
Essa imensa catástrofe ideológica, saída de pressupostos aleatórios, não poderia concernir à fenomenologia. Esta se opõe desde o princípio à metafísica na medida em que se atém deliberadamente ao *fenômeno tal como se mostra em si mesmo.* O que quer dizer, em última instância: tal como se mostra no mundo ou na vida.

Na medida em que, todavia, como nós o notamos, signos, sinais, expressões diversas intervêm ao longo desse processo amoroso, não se deve reconhecer, *sendo esses signos e esses sinais eles mesmos fenômenos*, que o autoerotismo aqui em ação difere do autoerotismo propriamente dito, em que cada um está verdadeiramente sozinho consigo mesmo e cujo solipsismo parece exprimir a verdade? Na copulação pulsional, ao contrário, ao fenômeno imanente experimentado por cada pulsão no limite movente de seu corpo orgânico, ao gozo em que se resolve seu desejo, acrescenta-se, indissociável deste e do bem-estar que provoca, um reconhecimento daquele ou daquela que produziu ou permitiu essa espécie de apaziguamento, ainda que provisório. A relação erótica se desdobra, então, para uma relação afetiva pura, estranha à copulação carnal, relação de reconhecimento recíproco, de amor talvez, ainda que este possa tanto preceder como até suscitar todo o processo erótico resultante.

Agora, se com toda a evidência a relação afetiva é, ela própria, uma relação imanente cuja descrição, tal como a do ato sexual, exige uma atitude de redução, a questão da possibilidade para ela de atingir o outro em si mesmo, em seu reconhecimento ou em seu amor, por exemplo, não se recoloca imediatamente? Essa questão, a da experiência do outro, não se repete somente; sua elucidação aparece muito mais difícil se a relação erótica se dá, aos olhos de muitos, como o meio mais natural para que a experiência de chegar ao outro se realize efetivavamente – se o próprio amor, por exemplo, busca cumprir-se no estreitamento dos corpos. Nesse caso, o fracasso do desejo sexual, longe de poder ser superado na relação afetiva com o outro, condena, ao contrário, esta a reproduzi-lo em si, conduzindo-a assim, antecipadamente, a seu próprio fracasso.

Diante dessas dificuldades, levanta-se uma interrogação: o fracasso, seja o da relação erótica ou o da relação afetiva – o da experiência de outra pessoa em geral –, *não se deverá à redução fenomenológica compreendida como redução a uma esfera de imanência radical* no sentido em que nós o entendemos? Tal redução pode dar acesso a fenômenos essenciais até então despercebidos, à descoberta de uma carne originária, de seu poder imanente, do estatuto fenomenológico do corpo orgânico compreendido, enfim, em sua especificidade, do conteúdo real do mundo como escapando em si mesmo ao aparecer deste mundo; mas ela não evitaria, no entanto, o solipsismo. Reduzir à imanência não é reduzir cada fenômeno à sua autodoação e, assim, encerrá-lo em si mesmo, pôr esse "encerramento" que marca o solipsismo de uma impotência irremediável? O Si, ele mesmo interpretado a partir dessa autodoação, considerado antes como constituído por ela, não ergue ele mesmo os muros de sua própria prisão, não é ele, em sua própria imanência, condenado a uma solidão insuportável – para sempre incapaz de sair de si mesmo, de se abrir a uma alteridade sem a qual nenhum outro, nenhuma experiência do outro parece possível?

Não devemos prestar novamente atenção ao fato de que a análise kierkegaardiana deixa a esfera da imanência quando leva em consideração o que nós chamamos de segunda fonte da angústia: a síntese no espírito da alma com o corpo *considerada, em si mesma e em sua diferenciação sexual, como fenômeno objetivo*? O pôr fora de jogo o aparecer do mundo não deveria ser suspenso se a relação erótica deve ser devolvida à sua plenitude concreta, ali onde, talvez, seu fracasso fosse suscetível de se transformar nessa plenitude?

§ 42. *A relação erótica no aparecer do mundo. A repetição do fracasso.*

Na noite dos amantes, quando cada um desperta da ditosa satisfação de estar mergulhado, absorvido nela e nele, o pensamento do outro não se apresenta novamente? Não convém buscá-lo *ali onde ele está*, não do outro lado do muro contra o qual a pulsão se rompeu e, refluindo para si, relançada para si, foi enviada a si mesma e a seu próprio prazer em que se afogou? Ali onde ele está, está ela: corpo da amante estendido ao lado do de seu amante. Não basta a este abrir os olhos para vê-lo ou, se a penumbra ainda reinar, estender a mão para ele, pressionar-lhe os ombros, acariciar-lhe novamente os lábios, sentir ou respirar sua respiração?

Estender a mão, pressionar, acariciar uma pele, sentir, inspirar um cheiro, uma respiração, é abrir-se ao mundo. É no mundo, em seu aparecer, que o outro está ali, com efeito, que seu corpo está ali, bem real, o corpo ao qual o amante se uniu. Se se trata de atingi-lo para além do limite contra o qual o movimento pulsional veio esmagar-se, para além desse *continuum* resistente no qual o corpo orgânico se faz corpo "côisico", para além da face invisível que esse opõe ao desejo – não é no aparecer do mundo que esse corpo se oferece, agora, ao olhar, ao tocar, à carícia? Esse "dentro" intangível do corpo "côisico" do outro, é seu "fora" que o mostra a mim, é com ele que me tenho de haver, trate-se da experiência corrente ou da modificação radical que ela sofre quando o corpo sensível se torna um corpo erótico e sensual – corpo suscetível de sentir e de ser tocado –, quando, ao mesmo tempo que ele, o mundo inteiro assumiu a face da angústia.

Companheira do desejo, a angústia já não se nutre agora unicamente da capacidade vertiginosa de poder; é desse corpo que se exibe no universo visível que ela procede. É assim que à primeira fonte da angústia se junta uma segunda, a que suscita não um corpo "côisico" qualquer, mas um *"corpo em síntese com a alma" no espírito* – o que, como o sabemos, não quer dizer nada além disto: esse corpo é um corpo habitado por uma carne, por um "eu posso" e por sua liberdade – *um corpo habitado pela angústia*. A angústia de poder ser tocado, de poder deixar-se tocar, de poder experimentar uma série de sensações potencialmente submetidas ao poder e ao querer de outro. O redobramento da angústia já não significa unicamente, então, que à angústia diante de sua liberdade se junte, para o espírito, a de ser também esse corpo que está aí no mundo, com suas determinações e suas configurações sexuais objetivas. O redobramento quer dizer que essa angústia redobrada em cada um se redobra por ser a do outro, de cada um dos dois amantes ou dos que vão sucumbir à tentação de se tornar amantes. Pois, para cada um, se abre largamente a possibilidade de tocar o outro no ponto mais "sensível" de seu corpo, aí onde a sexualidade é levada a seu ponto extremo – "aí", quer dizer, em seu próprio corpo "côisico" tal como se mostra no mundo. E essa possibilidade constitutiva da relação erótica encontra o lugar de seu cumprimento no mundo e lha deve – aí está o que impede, ao que parece, que se circunscreva tal relação à esfera de imanência da vida.

Esta pertença ao mundo do estar-aí da relação erótica se lê nos signos múltiplos que atravessam a história dos homens. Não retenhamos senão um deles: a vestimenta. Para além de suas justificações práticas segundo as latitudes, as estações ou ainda os hábitos culturais dos diversos grupos sociais, sua função essencial não é dissimular o que, em sua síntese paradoxal com o corpo, a alma arrisca exibir de demasiado íntimo? Em razão dessa função, o sentido da vestimenta não se inverte a ponto de se tornar ele próprio erótico,e na mesma proporção do erotismo que quer ocultar? Desse modo, tirar essa vestimenta, desvelar o que se supunha subtrair ao olhar – ato implicado em toda relação erótica – não carrega toda a angústia do mundo, ele que provém dela, que provém da angústia de ter um corpo cujo sexo é proposto ao outro em sua objetividade? O outro poderá tocá-lo, pegá-lo, enfim – provocando a angústia da capacidade vertiginosa de o outro poder fazer tudo isso, e a angústia redobrada daquele a quem a oferta é feita. "Dar-se" é exibir um corpo em que o outro, com efeito, poderá atingi-lo, é convidá-lo a fazê-lo, pôr diante de seu desejo esse corpo fascinante que traz consigo a possibilidade de fazer nascer, nele, uma série de sensações que serão sua própria vida, a vida secreta de quem dá seu corpo e, desse modo, não dá somente seu corpo, mas este dom mesmo: *sua liberdade*.

Em seu comentário ao texto do Gênesis – do qual afirma que sempre vai de encontro às evidências do senso comum –, Kierkegaard coloca a famosa constatação: "Eles conheceram que estavam nus" após o pecado. Mas hoje, em nosso "meio histórico" marcado pelo aumento quantitativo da angústia objetiva através da sucessão das gerações, mas também porque a angústia *enquanto tal* resulta da síntese paradoxal no espírito da alma com um corpo objetivo diferenciado sexualmente, a nudez em que o corpo se ex-põe ao desejo do outro não pertence à fenomenalidade concreta do processo descrito, não o precede tanto quanto se segue a ele? Com essa onipresença do estar-aí de um corpo-objeto despido, olhado, tocado, pego, o aparecer do mundo não estende seu reino ao conjunto da relação erótica? Esta é inteligível sem tal exibição?

Que a duplicidade do aparecer constitui o arquifato independentemente do qual nenhuma problemática concernente ao corpo ou à carne é possível, pois só essa duplicidade divide o primeiro e a segunda de maneira que não há corpo possível, à primeira vista, senão no mundo, e carne possível senão na vida: eis o que a fenomenologia posta em ação neste ensaio reconheceu em seu primeiro passo. Na verdade, a redução à imanência não tem como mira nem como objeto contestar, com desprezo de todo pressuposto fenomenológico – a efetividade do aparecer do mundo na medida em que se mostra nele, a título de "em-face" ou de "objeto", tudo o que dizemos ser do mundo, decorrer de seu horizonte, pertencer-lhe a esse título. Traçando uma linha divisória rigorosa entre o que aparece no "fora de si" desse horizonte e o que se revela no *páthos* da vida, concentrando a atenção nesta, a redução à imanência visa a uma segunda divisão, não menos decisiva porque repousa sobre a primeira: a do real e do irreal. É à luz dessa dicotomia essencial da realidade e da irrealidade que toda a problemática do corpo foi conduzida e que a relação erótica deve ser avaliada.

É necessário proceder aqui a uma última recordação da análise do "tocante"? Tocar, vemo-lo melhor agora, não se entende da maneira unívoca: designa não um só, mas dois fenômenos estruturalmente diferentes. Por um lado, o ultrapassamento intencional de um sentido abrindo-se a algo exterior, sendo a exterioridade de que se trata então a do mundo. Por outro lado, no entanto, essa operação do corpo intencional deve ser considerada na vida. É esta que constitui a realidade do tocante, porque constitui a da intencionalidade. Ao mesmo tempo, é o movimento – o movimento que se move em si mesmo inerente ao tocante, como a toda prestação transcendental de nossa corporeidade originária – que encontra sua possibilidade e, assim, sua realidade na autodoação da vida. Porque o tocar intencional remete em sua possibilidade mais interior a esse movimento que se move em si mesmo, então o que ele toca deve ser compreendido já não a partir de sua intencionalidade, mas a partir desse movimento imanente. O que ele toca: não um corpo ex-posto lá fora, mas o limite prático invisível de um poder, movido por ele, ativamente desdobrado ou passivamente sofrido, experimentado desse modo, nele, por ele, e por ele unicamente.

Parece então vã a pretensão de compreender em sua natureza verdadeira as fases e os costumes da relação erótica, projetando-as no horizonte do mundo. Essa ilusão foi notadamente a da fenomenologia pós-husserliana, quando, querendo romper a barreira que interditava, segundo ela, o acesso ao outro, ela designou claramente isso a que chamava interioridade – em sua oposição à transcendência cujo reino ela absolutizava – como obstáculo a ser afastado. O homem – de início aberto ao mundo e definido por essa abertura – não se encontra, ao mesmo tempo, com os outros no seio deste mundo? O *Dasein* não é como tal um *Mitsein*? Estar com os outros num mesmo mundo, aí está o fato mais originário, que não tem de ser explicado, mas reconhecido. Voltaremos a esse ponto (cf. *infra*, § 47).

Desde que se interroguem os fenômenos concretos, essas generalidades, que não têm senão uma clareza aparente, desaparecem como fumaça. O desejo não procede antes de tudo da angústia.

Só há desejo se o que ele deseja não é dado em sua realidade, mas se encontra para além do dado – *se o corpo "côisico" ex-posto no mundo não entrega, nessa ex-posição e por ela, a realidade de sua carne.* É esta que é desejada. É precisamente porque ela não se mostra no estar-aí do corpo "côisico" que é e pode-ser desejada. Ora, a angústia ligada ao desejo tampouco procede do estar-aí objetivo de um corpo reduzido à sua objetividade. É de um corpo atravessado por uma sensualidade e, assim, por uma pecabilidade primordiais, habitado por uma carne, que a angústia se eleva, a mesmo título que o desejo, e pela mesma razão e ao mesmo tempo que ele. Sucede, porém, que a carne que faz do corpo "côisico" um corpo sensual, desejável e desejoso, angustiante, não é uma significação noemática irreal. Há um círculo da realidade. Só uma carne real, uma carne vivente, é suscetível de fazer nascer um desejo real, uma angústia real. *Uma carne real e vivente que se revela na autoimpressionalidade da vida, jamais no fora de si de um mundo.* Confiar a este a relação erótica, buscar nele a vida, não é superar o fracasso que o desejo conheceu na noite dos amantes, mas redobrá-lo.

Mais ainda, é suprimir todas as suas condições. Pois o próprio desejo é uma modalidade da vida, tal como a angústia. Quando esta surge diante de uma determinação sexual objetiva, é no espírito que está a angústia que ele experimenta de não se reconhecer num sexo. E isso pela razão de que esse espírito, que não é outra coisa senão a vida, não se encontra, com efeito, aí. Mas é a própria carne, que não é carne senão na vida, que não se mostra nunca no mundo. É o Si que lhe é inerente, seu "eu posso", a capacidade de poder, de poder se mover a si mesma, própria de todo poder, tanto do de tocar tanto quanto do de ser tocado, a totalidade das impressões originárias, em suma: o conjunto das propriedades fenomenológicas que pertencem à carne e, assim, à relação erótica, que é uma relação carnal e não "côisica", o que escapa ao reino do visível, nele não encontrando nem sua possibilidade nem sua satisfação.

§ 43. A redução da relação erótica à sexualidade objetiva no tempo do niilismo.

A situação é, pois, a seguinte. É o fracasso do desejo na noite dos amantes, sua inaptidão para unir-se com a vida do outro em si mesma, que determina o projeto de compreender esta em seu corpo desnudo oferecido no aparecer do mundo. Ora, o que o fracasso desse segundo projeto tem de singular é que ele não modifica a pressuposição de que resulta, mas a impele, ao contrário, para seu limite. Uma vez que a visada possessiva não atinge a vida do outro em seu corpo exibido em todas as suas potencialidades sensuais e proposto, nestas, ao desejo, resta uma espécie de decisão metafísica abrupta que é, ao mesmo tempo, uma forma de violência. Dessa vida real, que faz tanto a realidade do outro como a minha, desse objeto do desejo, é necessário afirmar categoricamente que ele *não é senão isto*: um corpo natural exibindo no mundo suas propriedades sexuais. A sensualidade dessa vida, sua capacidade de sentir e de gozar estão esmagadas nesse corpo, incorporadas nele, identificadas com ele, unas com ele; tornaram-se aquilo que se toca, que se acaricia e que se faz gozar tocando-o, aquilo que está aí, no mundo, esse objeto posto diante do olhar, ao alcance da mão. A relação erótica se reduz a uma relação sexual objetiva; ela se cumpre doravante como esta, como um comportamento e um conjunto de fenômenos objetivos.

A redução do erotismo à sexualidade objetiva explica a importância que assume doravante o ato de se desnudar. Já não se trata de um gesto entre todos aqueles que compõem o processo erótico em sua globalidade. Esse gesto marca uma ruptura: *ele define e desdobra o lugar onde a relação entre dois seres vai doravante produzir-se. Nele se cumpre o deslocamento decisivo pelo qual o desejo de cada vivente de entrar em simbiose com a vida de outro vivente – e, finalmente, de se unir a ele na fusão vital amorosa – vai dar-se não na vida, mas em outro lugar, num terreno onde já não há nada vivente, onde nenhuma vida é possível.*

Tal mudança radical, que afeta a própria condição humana e, assim, todas as sociedades – em geral, as sociedades decadentes – que se submetem a ela, apresenta dois caracteres. O primeiro é que não se trata, aqui, de um fato propriamente dito, de um fato que bastaria constatar, à maneira como procedem tanto as ciências da natureza como as ciências humanas (desde que estas puseram na cabeça que devem imitar as primeiras). Uma vez que tal fato vai contra a natureza da vida – prescrevendo a esta que se cumpra ali onde sua própria existência é simplesmente impossível –, ele resulta, dizemos nós, de uma decisão. Mas toda decisão contra a natureza assume a forma da violência porque implica uma negação ativa disso que lhe opõe a consistência e a coerência de sua realidade. Esta deve ser eliminada, destruída. Essa destruição ativa e deliberada da realidade – no caso, a da vida – é o niilismo.

O niilismo se entende inicialmente como negação de todos os valores. Ora, desde a origem dos tempos, valores regem as ações humanas, determinando as estruturas e o funcionamento das sociedades. Para que advenha o niilismo é, pois, necessário que certo número de processos diversos – processos de destruição e até de autodestruição – tenham desembocado na instabilidade, na dissolução e, finalmente, na eliminação de todos esses valores. Todavia, não há valores na natureza. É somente na vida e para ela, em função de necessidades e de desejos que lhe são próprios, que valores correlativos a essas necessidades são atribuídos às coisas. A vida é um princípio universal de avaliação, e esse princípio é único. Ao mesmo tempo, a vida se revela a origem da cultura, na medida em que esta não é senão o conjunto das normas e dos ideais que a vida se impõe a si mesma com a finalidade de realizar suas necessidades e seus desejos, os quais se resumem ou se concentram, finalmente, num só: a necessidade da vida de se acrescentar sem cessar de si mesma, de fazer crescer sua capacidade de sentir, o nível de sua ação, a intensidade de seu amor.

Se, pois, a vida é diminuída ou ocultada, se ela cessa de ser posta tanto no princípio da organização de uma sociedade como no princípio da vida de cada um, no princípio de cada uma de suas atividades, então o tempo do niilismo chegou. E ele chega a cada vez que, de maneira explícita ou implícita, tal afastamento da vida se produz, e isso em relação a cada uma das atividades de que é afastada. *Tal é o caso da relação erótica quando – arrancada ao* páthos *da vida, entregue ao mundo, reduzida ao que se mostra, dela, neste, através de todas as determinações objetivas de um corpo "côisico"– ela se encontra reduzida, ao mesmo tempo, ao que nele ainda pode constituir objeto de desejo: a sua sexualidade.*

É um problema saber como todas as propriedades fenomenológicas originárias de uma carne vivente, sentinte, desejosa, sofredora e fruinte podem se transformar em propriedades de um corpo que não sente nada e não se sente a si mesmo, que não deseja nada, desprovido em si mesmo da capacidade de querer e de poder, da embriaguez e da angústia de uma liberdade. E é o ato de se desnudar que cumpre essa mutação extraordinária. É por essa a razão que ele decorre de uma vontade radical e se cumpre à maneira de um salto. Com respeito à vida, trata-se de uma profanação. A ela, que se envolve no segredo de um pudor original porque traz, em si, o espírito heterogêneo a cada coisa e a toda objetividade, diz-se, com efeito: tu és isso, não és senão isso, essa coisa absurda, esse sexo indecente – indecente porque não tem nada de comum contigo, com o espírito. Sucede, porém, que esse dizer não é uma simples alegação, mas um ato, o ato que cumpre a metamorfose extraordinária de uma subjetividade num objeto inerte: esse sexo pelo qual a vida se exibe a si mesma, afirmando, assim, que não é nada mais que ele.

Esse ato, todavia, que desnuda, que exibe a vida num sexo, é a vida que o cumpre. A profanação a que ela se entrega é uma autoprofanação.

À relação erótica que se produz no aparecer do mundo, pertencem, pois, dois traços correlativos, levados desde o início a seu grau máximo: o sadismo e o masoquismo. É masoquismo para o espírito declarar que ele não é nada além de uma determinação objetiva contingente – estranha, justamente, ao espírito; é masoquismo rebaixar-se ao nível de uma coisa, de um sexo do gênero masculino ou feminino. Masoquismo a que corresponde, como seu correlato, o sadismo do outro, que goza o sofrimento daquele que se abaixa dessa maneira, afirmando, em sua exibição e por ela, que encontra sua verdade nessa pobre coisa, com efeito, estranha ao espírito, indecente, absurda. Mas o outro da relação se pôs na mesma situação. Sadismo e masoquismo, desse modo, intercambiam-se indefinidamente, tornando-se elementos constitutivos da relação erótica enquanto ela pedir ao-lá fora – e esperar dele – sua realização.

A efetuação fenomenológica mundana da relação erótica reduzida a um comportamento sexual objetivo está ligado ao *voyeurismo*. Este aparece como uma continuação lógica do ato de se desnudar *que dá a ver a carne identificada com um corpo* e obrigada, desse modo, a se comportar como realidade objetiva na comunicação intersubjetiva dos viventes. Sucede, porém, que o voyeurismo só pode ser considerado uma consequência de tal ato na medida em que este recebe a significação radical que lhe foi conferida, a de não ser uma simples fase do processo erótico, mas de nele operar a metamorfose das propriedades fenomenológicas de uma carne nas de um corpo, de maneira que é este, em sua condição de objeto – visto, tocado, sentido, ouvido, cheirado –, que se torna o agente da comunicação.

Ao que é visto – na medida em que a atenção se focaliza no que é visto enquanto tal, enquanto dado num ver e, assim, num mundo – cabe ser visto por todos – por todos os que estão ali, tendo em sua visão um mesmo espaço de luz: um cômodo, uma cena de teatro, uma tela de televisão. Assim, o *voyeurismo* não se limita, absolutamente, aos dois atores tradicionais da relação erótica, mas traz em si, em seu princípio, a possibilidade de se estender a todos os que tiverem decidido entregar a relação erótica ao mundo. Ou seja, desnudarem-se juntos, entregarem-se a diversas práticas sexuais reduzidas à sua objetividade, instituindo entre si uma nova relação já não "intersubjetiva", mas "interobjetiva", e esperando dela as diversas tonalidades de angústia, de desgosto, de aviltamento, de masoquismo, de sadismo, de gozo – desse gozo que produz o aviltamento – que essas práticas são capazes de dar. Ou seja, sem recorrer eles mesmos a estas, chegar a isso ao menos num ver; as novas técnicas de comunicação, elas próprias formas de voyeurismo, multiplicam essa possibilidade.

Essa profanação coletiva da vida é a pornografia. Na pornografia, dá-se uma tentativa de levar ao limite a objetividade da relação erótica de tal modo que, nela, tudo seja dado a ver – o que obriga, aliás, a multiplicar os pontos de vista sobre os comportamentos e os atributos sexuais como se algo, na sexualidade, se recusasse indefinidamente a essa objetivação total. O mesmo projeto de objetivação radical se encontra na prostituição, que não é antes de tudo um fato social mas um ato metafísico, em cuja "publicidade", por mais limitada que seja (a prostituta é aquela que, como o dinheiro, concentra em seu ser essa publicidade potencial), permanece o *télos* escondido. Acrescentemos que, na objetividade, não importa o que pode tomar o lugar de algo: os indivíduos tornam-se tão intercambiáveis quanto as coisas. É por essa razão que o *voyeurismo* tem como consequência lógica a "troca de casais", que frequentemente o acompanha. É aí que o prazer muito particular que produz o aviltamento, e que já se encontra na prostituição, é levado a seu ponto extremo.

Dir-se-á que os fenômenos evocados pertencem a todas as sociedades. O que se encontra no fundamento de todas as sociedades é a natureza humana, cuja estrutura fenomenológica – por não ter sido amiúde elucidada *fenomenologicamente* – não é menos constante através dos séculos. Essa estrutura é a dualidade do aparecer. Essa é a razão pela qual as múltiplas modalidades da existência – que lhe estão ligadas e que encontram, nela, sua possibilidade última –

ocorrem, com efeito, em todas as partes onde há homens. O que caracteriza o niilismo é, nessa estrutura fenomenológica global da dualidade do parecer, o deixar de lado o modo originário e fundamental de revelação da vida.

Ora, acontece que esse deixar de lado a vida transcendental se produziu, no plano teórico, no início do século XVII, e determinou todo o desenvolvimento da ciência moderna. É de modo explícito, com efeito, que Galileu tinha atribuído a esta o conhecimento do universo composto de corpos extensos materiais, cujas propriedades relativas à vida transcendental ou dela, de algum modo, tributárias tinham sido eliminadas. Expusemos (cf. § 17) a natureza do alcance dessa redução galileana, que não tem senão uma função metodológica destinada a circunscrever, de modo rigoroso, um domínio de investigação específico, o imenso domínio do conhecimento objetivo do universo material. Na medida em que, todavia, a ciência moderna fez nascer uma técnica inteiramente nova que tende a substituir progressivamente a atividade subjetiva da vida por processos materiais inertes, é o conjunto das sociedades modernas – tanto seu pensamento quanto sua "prática" – que se encontra marcado por esse deixar de lado a vida e por seu correlato, o reino sem divisão da objetividade no niilismo.

A entrega da relação erótica ao aparecer do mundo assume também uma significação nova – para dizer a verdade, desmedida, demencial –, quando recebe a motivação suplementar de resultar do niilismo a ponto de tornar-se um de seus signos mais notáveis. Já não se trata, então, de fenômenos que aconteceram em todos os tempos e em todos os lugares, uma vez que repousam sobre essa estrutura universal que é a dualidade do aparecer. Esta permanece, seguramente, a pressuposição de tudo o que é "humano" e não pode advir senão a uma realidade definida por essa dualidade. Nessa pressuposição absoluta que define a condição humana, todavia, não há apenas a objetividade; esta, na verdade, não é seu fundamento nem seu elemento decisivo. É por isso que – quando, na redução galileana, a objetividade se encontra separada da vida e considerada em si mesma de modo abstrato como uma instância autônoma; quando, mais ainda, ela recebe de um pensamento que se pretende à racionalidade, à cientificidade e à verdade o privilégio de definir o lugar dessa verdade e, assim, de toda realidade é sobre o conjunto dos fenômenos humanos que paira, então, a ameaça de seu travestimento e de sua desnaturação.

No que concerne à relação erótica, sua redução a um comportamento objetivo *já não se refere ao fato de o desejo* fracassar em encontrar a vida do outro em sua própria imanência: *é uma pressuposição geral do saber moderno o que entra em jogo,* tomando a objetividade para o lugar da realidade e o saber desta realidade objetiva como o único modo de saber verdadeiro. As leis da comunicação erótica são, portanto, as da relação sexual objetiva em que se resolve, já não são as leis de Eros, do Desejo infinito da vida de unir-se à vida de um vivente, de se unir a ele e de encontrá-lo no mais profundo do abismo onde essa união é possível. São as leis que regem os fenômenos objetivos – leis biológicas, químicas, físicas que decorrem todas da ciência moderna; são as da realidade material do universo. A fusão amorosa reduzida a seu aparecimento objetivo – tal como podemos vê-la, fotografá-la em suas diversas variáveis destinadas a mascarar sua monotonia – tornou-se assunto dos sexólogos, dos psicólogos, dos psiquiatras, dos sociólogos.[30] Somente eles dispõem de metodologias objetivas que permitem adquirir um conhecimento rigoroso. "Catorze por cento dos franceses fazem amor na escada." A questão racionalmente posta nesse contexto objetivo espera

---

[30] A medicina nunca foi uma ciência propriamente dita – não que lhe falte rigor: repousando sobre ciências duras como a biologia, a química, etc., ela permanece, no entanto, "humanista" em seu princípio. Por isso é preciso entender que todos os conhecimentos objetivos postos em jogo são atravessados por um olhar que vê, para além deles, na radiografia de uma lesão ou de um tumor, para além do corpo objetivo, portanto, *o que resulta dele para uma carne,* para esse Si vivente e sofredor que é o doente. A medicina é ininteligível sem essa referência constante à vida transcendental como constitutiva da realidade humana. O olhar médico é, hoje, um dos últimos refúgios da cultura.

sua regulamentação do próximo plano quinquenal de habitação ou dos progressos da pesquisa científica sobre a aids.

Todos os saberes ancestrais da cultura – da religião, da ética, da estética – saídos do saber mais originário da Vida transcendental na autorrevelação e no autodesenvolvimento de seu *páthos* estão "obsoletos". No tempo do niilismo, aliás, nenhum desses saberes da vida transcendental tem direito à palavra, como tampouco essa própria vida.

§ *44. A vida é sem porquê. A vida é boa.*

Considerando a relação erótica, seja em seu cumprimento imanente, seja em seu aparecimento mundano, reconhecemos como, envolvendo-se a cada vez em angústia, é também a cada vez ao fracasso que ela conduz. Uma reflexão mais aprofundada nos persuade de que, apesar das distinções fenomenológicas primordiais postas em jogo, a análise do erotismo permaneceu prisioneira de uma limitação decisiva. Esta tem que ver com o fato de que nenhuma carne pode ser examinada em si mesma à maneira de um dado autônomo, objeto de um processo de elucidação separado, se é verdade que ela não advém a si senão na vida. É essa a razão pela qual – tal como nós tivemos de constatá-lo diversas vezes e de maneira constante – tanto a análise da carne como de seus diversos constituintes remete, uma vez que se aprofunda, ao que se encontra antes dela: a impressão mais fugidia ao surgimento incansável de uma impressão sempre nova, o poder da carne à sua impotência original, a própria carne, enfim, à vinda a si da Vida absoluta. É somente essa referência de toda carne à Arquipassibilidade da Arquicarne da Vida absoluta o que permite dizer o que é, em última instância, a possibilidade para uma carne de constituir o lugar da perdição ou o da salvação.

Ora, ao considerarmos a carne em sua relação com a Vida absoluta enquanto relação imanente, vemos cair imediatamente certos traços da relação erótica, notadamente a contingência e, assim, o absurdo da diferença sexual e, antes de tudo, da determinação sexual enquanto tal. É assim que o desejo – que se imaginava atingir no sexo a vida do outro ali onde ela se atinge a si mesma, seu prazer ali onde ele se experimenta a si mesmo – não encontra senão um corpo "côisico" heterogêneo ao espírito, cuja configuração objetiva permanece incompreensível ou indecente aos olhos deste, cuja vida, como quer que seja, lhe escapa.

Dir-se-á que é a dualidade do aparecer – mais precisamente, a objetividade das determinações sexuais e, assim, da própria relação erótica – a responsável pelo absurdo dessas determinações, bem como pelo fracasso do desejo. É assim certamente, e é esse primeiro ponto que pede uma explicação: por que a vida sexual parece, ao mesmo tempo, absurda e votada ao fracasso no aparecer do mundo?

Ora, é a própria natureza da questão que deve ser elucidada primeiramente. "Por que" supõe que *isso sobre o que e a propósito do que se põe a questão destaca a um para além de si mesmo*, a um horizonte de exterioridade sobre o qual ele se destaca a título de ente ou de objeto exterior. É a partir desse horizonte, que lhe confere sua presença e no qual ele "está aí", que nos voltamos para ele a fim de lhe perguntar por que, em vista de que ele está aí, tal como ele é, com as propriedades que são suas. Semelhante questão é, necessariamente, sem resposta. Por que, em vista de que, por desígnio de que esse ente, esse objeto existe, por que esse sexo está aí: eis o que somente poderia dizer esse além, esse horizonte de exterioridade aberto pela própria questão e que não é outro senão o aparecer do mundo. A tal parecer, todavia, como a problemática o mostrou longamente, *pertence descobrir o que ele descobre sem criá-lo, sem dele dar conta nem razão de modo algum*. É assim que, desvelado na objetividade do mundo, desnudado, o sexo não oferece mais que essa aparência contingente e absurda. Fonte do desejo e da angústia, ele não o é senão na medida em que assume a significação de ser habitado por uma carne. Mas como esta jamais habita fora de si, jamais se mostra em tal horizonte, essa significação é vazia, desaparece como fumaça junto com o desejo.[31]

A vida é sem porquê, pois não tolera em si nenhum fora de si ao qual ela deveria manifestar-se e, assim, ser o que é – ao qual ela teria de perguntar por que ela é o que é, *por que, por desígnio de que* ela é vida. Mas, se a vida não deixa fora de si nenhuma realidade exterior a ela – à qual teria de indagar a razão de sua manifestação e, assim, de seu ser, nenhum horizonte de inteligibilidade a partir do qual lhe fosse necessário voltar-se para si para se compreender e se justificar a si mesma –, é unicamente porque ela traz, em si, esse princípio último de inteligibilidade e de justificação. É por isso que ela se revela a si mesma de tal modo que, nessa revelação patética imanente de si, é ela também que é revelada. *A autorrevelação da vida é sua autojustificação*. Se a vida é sem "porquê", se ela não pergunta a nada nem a ninguém – a nenhum saber ek-stático, a nenhum pensamento intencional em busca de um sentido qualquer, a nenhuma ciência, o porquê de sua vida –, é porque, experimentando-se a si mesma, não é somente nem antes de tudo o que ela experimenta quando se experimenta a si mesma, mas *o próprio fato de se experimentar a si mesma, a felicidade dessa experiência que é seu gozo de si, o que lhe diz que ela é boa*. Tal é o enraizamento fenomenológico das proposições radicais de Mestre Eckhart: "Por mais dura que seja a vida, quer-se, no entanto, viver (...). Mas por que vives tu? Para viver, dizes tu, e todavia não sabes por que vives. Tão desejável é a vida em si mesma, que ela é desejada por si mesma". E que a justificação suprema seja não somente o que a vida experimenta quando se experimenta a cada vez a si mesma, mas o próprio fato de se experimentar a si mesma e viver: eis o que atesta a própria

---

[31] É o que mostraria uma análise do autoerotismo propriamente dito.

vida na medida em que subsiste em cada circunstância, mesmo no máximo do sofrimento e da infelicidade. Pois somente uma justificação absoluta, uma autojustificação fenomenológica enquanto autorrevelação – contra a qual nada tem poder e que obra, assim, em toda modalidade da vida, tanto a mais horrível como a mais nobre – autoriza a asserção-limite de Eckhart: "Mesmo aqueles que estão no inferno, nos tormentos eternos, anjos ou demônios, não querem perder a vida; pois sua vida para eles é tão nobre (...)."[32]

Será preciso lembrar que os famosos versos de Angelus Silesius – "A rosa é sem porquê / floresce porque floresce / não tem preocupação consigo mesma nem deseja ser vista" – procedem diretamente das intuições fulgurantes de Mestre Eckhart, não sendo a rosa senão o nome da vida? Que essa visão inigualada da essência da vida não proceda somente do gênio da imaginação poética, que ela repouse sobre uma análise fenomenológica rigorosa: eis o que aparece aqui com uma clareza intensa. Como a vida afasta tudo que estaria além dela mesma e para o que e em que viveria, seguem-se dois traços decisivos, imediatamente atribuídos à vida por Silesius. O primeiro: é por sua imanência que a vida deve ser a vida e fazer tudo o que faz: "floresce porque floresce". O segundo: nessa condição originária que é a sua, ela não se reporta ek-staticamente a si de modo algum. Nem na preocupação – como se pudesse pertencer à ipseidade imanente da vida estar "em preocupação consigo" e, assim, separada de si em sua Preocupação sem se destruir a si mesma imediatamente: "não tem preocupação consigo mesma". Nem num ver – como se a vida pudesse ver-se a si mesma reportando-se intencionalmente a si mesma nesse ver sem se dissolver imediatamente na irrealidade, como Eurídice sob o olhar de Orfeu: "nem deseja ser vista".

Essa essência fenomenológica da vida definida positivamente por Eckhart e negativamente por Silesius projeta sua luz sobre a

---

[32] *Traités et Sermons.* Trad. francesa Aubier et Molitor. Paris, Aubier, 1942, p. 48.

relação erótica. Não é significativo constatar que todos os caracteres negativos de que se reveste o corpo humano em sua entrega ao mundo, em seu abandono, em sua ausência de justificação, em sua estranheza, em sua contingência, em seu absurdo, eventualmente em sua feiura ou em sua vulgaridade, desaparecem quando, vivido do interior, esse corpo se revela a si mesmo como carne vivente? Pois, se é possível perguntar por que o ser que somos tem dois olhos em vez de três (ou, como os ciclopes, um só no meio da testa), por que tem quatro membros – dois superiores e dois inferiores – em vez de mil patas como o herói de Kafka em sua metamorfose, ou dez mil mãos como a deusa Kannon, ninguém, contudo, verdadeiramente se lamenta de ver, ouvir ou caminhar. Se no mundo tudo parece arbitrário, o mesmo já não se dá ali onde elas se revelam a si mesmas e se cumprem, prestações transcendentais de nossos sentidos ou dos outros poderes originários de nossa carne. Muito pelo contrário: é sua ausência ou sua alteração que se descobre insuportável, como na doença ou na enfermidade.

No entanto, se nenhum dos poderes de nossa carne se põe em questão na questão "por que" enquanto, absorvido em sua efetuação imanente, ele se experimenta imediatamente como "bom", como esquecer que tal poder pressupõe uma capacidade de poder, um "eu posso", um Si, uma carne, enfim, que não advém a si mesma senão na vida? Ora, essa série de implicações não é fato da análise: ela remete a uma forma de passividade concretamente experimentada por cada um de nossos poderes em sua operação particular. Não é somente a capacidade de poder, que não vem de si mesmo, que o torna passivo com respeito a si mesmo, mas a especificidade desse poder que o marca com uma contingência irremediável. Pois por que é preciso que haja, nestes viventes transcendentais que somos nós, algo como a visão, a audição, o olfato, a motricidade, a atividade sexual com sua diferenciação que impõe em todas as partes seu poder atrativo e suas pulsões, elas mesmas diferenciadas? Tudo se passa como se o aparecer do mundo não fizesse senão fazer ver, pôr literalmente a nu a contingência radical de uma diversidade de propriedades específicas já inscrita na carne. Essa diversidade não é secretamente experimentada a despeito de sua imanência – especificidade e contingência exibidas pelo corpo mais consubstanciais à carne e que não fazem senão traduzir uma passividade mais antiga? É o quadro dessa passividade radical que estende por todas as partes, através de seus estratos superpostos, seu reino invencível que se trata de lembrar; a possibilidade, para uma carne, de constituir, segundo o ensinamento do cristianismo, a via da salvação: eis o que deve ser agora compreendido.

§ 45. Os graus da passividade: do Gênesis ao Prólogo de João

Ajudar-nos-ão dois textos, tomados ambos das Escrituras: o Gênesis e o Prólogo de João. Separados por séculos, esses dois fragmentos de um processo de elaboração contínuo não deixam de ter relação, de maneira que se pôde considerar que o segundo é um comentário do primeiro. Ou melhor: aprofundamento determinante, de modo que o Prólogo constitui a revelação da verdade essencial oculta no Gênesis. Uma vez estabelecida essa relação, opera-se notadamente uma clarificação da oposição entre criação e geração a que já se fez alusão. O estabelecimento de tal relação só é, todavia, concebível se a leitura do Gênesis escapa à ingenuidade que se lhe atribui habitualmente.

Para esse fim, convém afastar a ideia de que o Gênesis propõe uma espécie de relato histórico da origem do mundo e de seu conteúdo – coisas inertes, espécies viventes, seres humanos. Considerado desse modo, o texto perde já de início toda significação. Assim, Adão é criado quando tem vinte anos, tal como sua esposa, Eva. Diz-se desse Adão criado aos vinte anos que é o primeiro homem. Ora, de sua união com Eva nasceram dois filhos, dos quais um, Caim, mata o outro. Expulso do lugar onde está e que já não é o Paraíso, Caim erra pela Terra ao encontro de homens que lhe serão, todos, profundamente hostis – o que supõe que esses homens saídos de uma geração natural pertencem a famílias que povoam a Terra desde muito tempo antes.

Considerada em si mesma, a criação não é menos surpreendente se se distingue, nela, o ato criador e o conteúdo criado. É preciso reconhecer, então, que o conteúdo preexiste ao ato criador, ao menos com respeito à sua condição de existência – no caso, o tempo em que o ato criador se desenrola –, ao passo que deveria, evidentemente, precedê-lo. É assim que Deus criou sucessivamente o céu e a terra, a luz e as trevas, as águas, os vegetais, as árvores frutíferas, etc., tudo isso no primeiro dia, depois no segundo... até o sétimo dia, em que, como um homem sábio, decidiu repousar. Certamente, poder-se-ia considerar que essa circularidade entre a criação e o criado é uma visão metafísica, o que já nos conduziria a duvidar da ingenuidade do relato. Deixando de lado um feixe de questões inadequadas, iremos imediatamente ao essencial.

O Gênesis é a primeira exposição conhecida de uma teoria transcendental do homem. Por "transcendental" entendemos a possibilidade pura e apriorística da existência de algo como o homem. Trata-se da essência do homem tal como se fala de uma essência do círculo, isto é, da possibilidade interior de algo como um círculo (sem preocupação com saber quando os homens pensaram pela primeira vez num círculo e já não num redondo, quando compreenderam sua idealidade, o que é essa idealidade em geral, etc.). Do mesmo modo, a questão da condição interior de possibilidade de uma realidade como a nossa não tem nada que ver com o aparecimento histórico e factual dos homens na Terra, com seu desenvolvimento empírico. Aliás, essa concepção da essência apriorística do homem marca o momento em que se pode falar de um homem pela primeira vez. Adão é o primeiro homem no sentido eminente de que é o arquétipo de todo homem concebível, essência do humano que se encontrará inevitavelmente em todo homem real.

Que o primeiro homem, nesse sentido eminente, tenha sido um homem real, eis aí o que está longe de contradizer sua definição transcendental: ao contrário, resulta dela, se é verdade que – à diferença de uma essência ideal como a do círculo, fechada para sempre em sua idealidade – a essência de onde o homem tira sua proveniência é a da própria realidade, deste absoluto que é a Vida. É porque a essência do homem é, a cada vez, a de um homem real que, reciprocamente, todo homem real, todo indivíduo vivente, traz necessariamente em si essa possibilidade arquetípica sem a qual nenhum homem existe – que, como diz Kierkegaard em *O Conceito de Angústia*, o indivíduo em Adão nunca é separado do gênero humano.

Se, portanto, queremos compreender a Bíblia como escrito transcendental indiferente à história factual dos homens, devemos compará-lo aos outros livros "transcendentais" de que dispomos. Por exemplo, ao mais célebre deles, que precisamente conduziu o ponto de vista transcendental à sua radicalidade no pensamento moderno. A *Crítica da Razão Pura* é o protótipo de uma obra transcendental no sentido de que o objeto da análise é a condição apriorística de possibilidade de cada homem concebível, a que Kant chama *condição de possibilidade da experiência em geral*, definindo, assim, o homem como essa condição de toda experiência, fenomenológica em sua essência. Dessa estrutura fenomenológica do homem constituído pelas formas *a priori* da intuição pura e pelas categorias do entendimento – que são, umas e outras, modos do fazer-ver –, estabeleceu-se que ela é identicamente a estrutura do mundo, cuja exterioridade pura define a fenomenalidade pura e, assim, "a condição de toda experiência possível", de todos os "fenômenos".

Considerando a Bíblia desse ponto de vida transcendental (e deixando de lado tudo o que separa uma obra individual moderna de um conjunto de textos muito antigos redigidos em épocas diferentes por autores diferentes), vê-se o que opõe as duas problemáticas, uma das quais reporta a essência do homem ao mundo e a outra a Deus, no caso à Vida. Se, como Kierkegaard no século XIX, ainda hoje alguns podem achar a Bíblia infinitamente mais profunda que a *Crítica da Razão Pura* – a despeito da extraordinária potência conceitual de Kant e da elaboração sem igual de sua terminologia – é unicamente em razão dessa diferença fundamental das temáticas, das quais somente a primeira diz respeito ao mais profundo de nós mesmos. Pois, tanto na vida teórica como na vida prática, sempre que nos voltamos para o mundo – esquecendo que nunca é nele que se abre o caminho da vida, mesmo quando esse caminho comporta etapas –, o Essencial se perde e jamais o reencontraremos.[33]

No Gênesis, a relação com o mundo está presente, e parece mesmo ocupar uma posição preeminente, na medida em que a criação é pensada precisamente como a do mundo. Nesse sentido liminar, o conceito de criação é decisivo: marca *a priori* o Todo do ser, a totalidade da realidade qualquer que ela seja, com uma passividade radical que jamais será suspensa. Apesar de sua radicalidade, tal passividade permanece marcada por uma incerteza fundamental e, aparentemente até mesmo falaciosa, na medida em que essa criação divina do mundo dada como um processo universal concerne com toda evidência ao homem, tomando-o em si e assim fazendo, dele, um "ser do mundo" cujos principais caracteres, e notadamente a passividade, devem eles mesmos ser captados a partir dessa condição que é a sua.

---

[33] É o que mostra o exemplo crucial do Si transcendental que Kant é incapaz de captar em sua "substância" e em sua "simplicidade" próprias, na medida em que uma e outra não são senão a matéria fenomenológica da Vida absoluta em sua fenomenalização originária. Tal é, com efeito, a confissão trágica da problemática *desértica* da crítica do paralogismo da psicologia racional na *Crítica da Razão Pura*. Sobre isso, cf. nossa *Genealogia da Psicanálise*, op. cit., cap. IV: "A subjetividade vazia e a vida perdida: a crítica kantiana da 'alma'".

A passividade do homem com respeito ao mundo é dupla: diz respeito ao mundo como tal, ao seu horizonte ek-stático de visibilização, por um lado, e diz respeito ao conteúdo que se mostra em tal horizonte, por outro lado. *A passividade dessas duas relações reside em sua sensibilidade.* O conteúdo do mundo, os objetos, os processos materiais que o compõem não são sensíveis em si mesmos: são sistemas inertes que a física estuda. Eles só se tornam sensíveis porque nós nos relacionamos intencionalmente com eles por meio de cada um de nossos sentidos; mais fundamentalmente, porque o ultrapassamento intencional se move na vinda para fora de si desse horizonte de exterioridade pura. É com respeito a esse último que somos passivos, porque ele se dá a sentir a nós numa afeição primitiva que consiste no fato de que se mostra a nós e que, nele, cada coisa, por sua vez, se mostra. Assim se edifica, em Kant e em Heidegger, por exemplo, a possibilidade de uma afecção transcendental enquanto afecção fenomenológica pelo mundo e que define nossa passividade enquanto sensibilidade pura e ela mesma transcendental.

Sucede, porém, que, como fomos obrigados a reconhecer várias vezes, é a uma leitura superficial – e que não poderia ser senão provisória – que a criação bíblica se dá como uma criação do mundo na qual está implicado o homem. Tal conceito da criação explode em pedaços a partir do momento em que se trata, precisamente, do homem e que intervém a proposição transtornadora e reiterada segundo a qual Deus criou o homem à sua imagem e segundo sua semelhança. Semelhante a Deus, o homem não é produto de um processo que o põe fora de si na forma de uma imagem. O homem nunca foi posto fora de Deus. O homem não é uma imagem que se poderia ver. O homem não é visível. Ninguém jamais viu a Deus, mas tampouco ninguém jamais viu um homem – um homem em sua realidade verdadeira, um Si transcendental vivente. É somente nos processos idolátricos de profanação que se dá o esforço – aliás, vão – por vê-lo. Pois a vida nunca é visível. É porque Deus é Vida que ele é invisível. É por essa razão que o homem também o é. O homem nunca foi criado, nunca veio ao mundo. Ele veio à Vida. É nisso que ele é semelhante a Deus, feito do mesmo material que Ele, assim como toda vida e todo vivente. Desse material que é a substância fenomenológica pura da própria vida.

Reconhecemos as proposições iniciáticas do Prólogo de João que nos permitem compreender *a unidade da mira transcendental das Escrituras*. É essa unidade que é posta a nu quando a ideia de criação dá lugar à de geração. É tão somente a partir da ideia de geração que o homem pode ser compreendido. A geração do homem no Verbo (observemos que a criação bíblica se faz, ela mesma, no Verbo, na Palavra de Deus que é a Palavra da Vida: "Deus disse [...]") repete a geração do Verbo em Deus como sua autorrevelação. Essa homogeneidade entre a geração do Verbo e a do homem explica por que, quando o Verbo vai encarnar para se fazer homem, não é ao mundo que ele veio, é numa carne, *"entre os seus"* – entre os que foram gerados n'Ele e lhe pertencem desde sempre. Sucede, porém, que, quando tentamos compreender tudo isso, deixamos a história, e já não temos de seguir o desenvolvimento cronológico das Escrituras, cuja mira se inverte também. É o conceito de geração que dá o sentido exaustivo e adequado à criação, é o Prólogo de João que nos permite compreender o Gênesis.

Com a substituição do conceito de criação pelo de geração, é próprio o conceito de passividade que se encontra alterado. Já não é da passividade do homem com respeito ao mundo, mas de uma passividade internamente diferente, da passividade radical de sua vida com respeito à Vida, que se trata. Aqui se descobre plenamente a ambiguidade última do conceito de sensibilidade. Desde sempre sensibilidade e Afetividade são confundidas como se se tratasse de uma única e mesma essência, de uma única e mesma realidade. Longe de serem idênticas, todavia, sensibilidade e Afetividade mantêm entre si uma relação paradoxal, ao mesmo tempo fundadora e antinômica. Por um lado, a *Afetividade funda a sensibilidade*. A fenomenologia da carne fez aparecer constantemente essa relação de fundação: todas as prestações intencionais, as de nossos sentidos, por exemplo, todas as operações e todas as sínteses, ativas ou passivas, em que essas prestações se cumprem não são possíveis senão dadas originalmente a si mesmas na autoimpressionalidade de nossa carne. Se, no espaço que abre o afastamento do mundo, é sempre possível comportar-se dessa ou daquela maneira com respeito a um "em-face" ou a um "ob-jeto" (voltar-se para ele ou desviar-se dele), esse movimento, quando se trata daquele que se move em si mesmo em sua autodoação patética, já não dispõe, com respeito a si mesmo, de nenhuma possibilidade desse gênero, pois está entregue, ao contrário, a si mesmo nessa passividade radical que pertence a toda e qualquer modalidade da vida porque pertence à própria Vida, que impõe a todo sofrimento, a todo desejo, à impressão mais humilde, seu próprio peso. Essa passividade radical – exclusiva em si mesma de todo afastamento, de toda transcendência e, assim, da própria sensibilidade enquanto poder de sentir diferentemente do que sente – é a afetividade transcendental de que falamos. Aqui aparece a descoberta maior da fenomenologia da Vida: *a heterogeneidade radical da Afetividade transcendental com respeito à sensibilidade no próprio seio da fundação imanente da segunda na primeira*.

Ora, essa passividade, que é, afinal, a de cada carne, de cada Si, de cada vida com respeito a si mesma, recobre uma passividade ainda mais radical, na medida em que cada uma dessas vidas não é dada a ela senão na autodoação de Vida absoluta. Em sua radicalidade, tal passividade remete ao segredo oculto em cada vida, à sua fonte oculta: à vinda da Vida absoluta em seu Verbo como condição de cada vinda a nós mesmos – de nosso nascimento transcendental, de nossa condição de Filho. É essa passividade radical que abre, segundo o cristianismo, a via da salvação. No quadro de nossa investigação, limitaremos a análise desse tema soterológico a certas formulações que ele assume em Irineu e em Agostinho.

§ 46. A via da salvação segundo Irineu e segundo Agostinho.

Se, no cristianismo, a salvação repousa na condição de Filho, que é originalmente a do homem transcendental, e se é essa condição que foi perdida – esquecida, mas antes rompida no pecado de idolatria que substituiu a relação primitiva com a Vida pela relação com o ídolo –, então a salvação consiste seguramente em reencontrar, praticamente e não só teoricamente, tal condição. Os Filhos adotivos de que falam Paulo e João são aqueles em que a condição – inicialmente, a de todos os homens – foi restaurada. Se a passividade radical da vida – de uma vida como a nossa, gerada na autogeração da Vida em seu Verbo – contém a via da salvação, é porque não há outra salvação para uma vida gerada dessa maneira senão além dessa geração em que ela vive originalmente da vida mesma de Deus. É porque, para tomar as coisas com todo o rigor, não se trata de uma vida indeterminada, mas de uma vida marcada em sua essência por uma Ipseidade radical, porque é no Verbo de Deus que nossa vida foi gerada, porque, tendo rompido esse laço na idolatria de uma carne finita com respeito a si mesma, a seu pretenso poder, a prazeres que ela imagina produzir por si mesma, é por essa razão que a re-ge(ne)ração supõe a vinda do Verbo numa carne desse modo e que, segundo os pensadores do cristianismo, Irineu e Agostinho notadamente, a Encarnação se produziu.

E, antes de tudo, que a Encarnação do Verbo em nossa carne finita deva permitir-nos reencontrar nossa relação inicial com Deus – e, muito mais, sermos feitos Deus –, é o que Irineu declara explicitamente:

"A verdade (...) aparece quando o Verbo de Deus se fez homem, *tornando-se semelhante ao homem e tornando o homem semelhante a ele*".[34] É assim que Irineu topara de início com a aporia grega, se é verdade que não se trata somente de afirmar o Acontecimento extraordinário da Encarnação, mas de estabelecer sua possibilidade. É de maneira verdadeiramente genial, como se viu, que, com isso a que chamamos *cogito* cristão da carne, Irineu se referisse à condição en-carnada do próprio homem para mostrar que, longe de ser incompatível com uma carne, a vida é, ao contrário, sua condição.

Que aquele que, na época de Cristo, tomou carne em Cristo não seja um homem comum, mas o Verbo de Deus, aí está o que tampouco é inverossímil. Em toda en-carnação humana, *cada vez que uma vida vem a um corpo para fazer dele uma carne*, não é precisamente uma vida comum que é capaz de fazer isso, de encarnar – porque, vida comum, em suma, não há. Somente uma Vida suscetível de dar vida a um corpo para fazer dele uma carne é capaz de se dar, antes de tudo, a vida a si mesma no eterno processo de sua autorrevelação em seu Verbo. É do Verbo, consequentemente, que provém toda carne. "Tudo foi feito por Ele, e, sem Ele, nada foi feito do que foi feito." A proximidade de Irineu com respeito aos textos iniciáticos do Prólogo lhe comunica a intuição fulgurante de João, a de *uma afinidade essencial entre a criação original do homem e a Encarnação do Verbo*, de maneira que unicamente a segunda nos permite entender a primeira. É essa retrointeligibilidade fundadora que Irineu expõe; é nela que os temas irineanos são solidários.

O primeiro, longamente exposto por nós, propõe que "a carne é capaz de receber a vida" pela razão essencial de que é da Vida que ela provém. É muito precisamente o que a releitura joanina do Gênesis ensinou a Irineu, a apercepção da criação não como posição fora de si de uma coisa mundana, mas como geração de uma carne pela insuflação da vida num corpo de barro – por esse sopro da vida que

---

[34] Op. cit., p. 617; grifo nosso.

é seu Espírito. O que Irineu leu explicitamente em Paulo: "Vosso corpo é o templo do Espírito Santo".[35] Como essa vinda da Vida numa carne define a criação do homem enquanto seu nascimento transcendental, neste se estabelece uma conaturalidade entre a essência divina e a nossa, tal como o afirma Irineu: "Assim, nós pertencemos a Deus por nossa natureza". Só uma história trágica pôde desfazer essa pertença nativa de nossa carne à Vida, e essa história – ou, antes, o Arquiacontecimento que a domina e se repete incansavelmente nela – é a da Apostasia do pecado, cujas sequências bruscamente rompidas pelo "salto" nós traçamos. É esse salto na Apostasia o que destruiu nossa natureza original e que, não cessando de se reproduzir nela, não cessa de destruí-la. "A Apostasia nos tinha alienado contra nossa natureza." Essa pertença nativa de nossa carne ao Verbo de Vida, só a vinda desse Verbo numa carne semelhante à nossa, sua Encarnação, poderá restabelecê-la. Mas são as condições dessa Encarnação o que Irineu nos ajuda a compreender melhor.

Ou melhor, como acabamos de lembrá-lo: sua possibilidade. Encarnando-se numa carne semelhante à nossa, o Verbo vem, com efeito, no que ele mesmo gerou em sua vida antes de tudo, no que ele tornou não somente possível, mas real. "O Verbo (...) se uniu à sua própria obra modelada por ele." Mas, se é o verbo de Vida que gerou a carne dando-lhe a Vida fora da qual nenhuma carne é possível, na qual toda carne permanece, é porque o Verbo jamais se ausenta de sua criação na medida em que, nesta, é da geração do homem que se trata: "Ele estava desde sempre presente no gênero humano".[36]

É outro aspecto desta possibilidade da Encarnação do Verbo que se esclarece para nós, outro argumento da gnose que desmorona. Aos olhos desta, a dificuldade não era somente compreender como o Logos eterno e incorpóreo – eterno porque incorpóreo – podia unir-se

---

[35] 1 Coríntios 7,19.
[36] Op. cit., respectivamente p. 570, 570, 360, 360.

a um corpo terrestre putrescível. Lida a relação em sentido inverso, supondo-se que o Verbo encarnou em Cristo, ressurge a aporia. "Se Cristo nasceu nesse momento, ele não existia antes." A gnose não leu, portanto, a proposição joanina. Foi o Verbo que encarnou. Não somente a Encarnação do Verbo era possível na medida em que é nele que toda carne se une a si, mas também isto: como, segundo a proposição joanina, é ele que se fez carne em Cristo, é igualmente falso pretender que Cristo, que é o Verbo, não existisse antes de sua vinda à história, Ele, em quem tudo foi criado no início, em quem toda carne veio a si mesma. É verdade que Cristo tem duas naturezas, a do Verbo e a de um homem, e que assumiu a segunda até o fim, até a agonia na Cruz. Mas *essas duas naturezas não são iguais*: segundo a ordem do processo da Vida absoluta, é a primeira que gerou a segunda, por efeito de um amor superabundante, dizia Irineu: em toda gratuidade.

É então o "um e mesmo" de Cristo, sua identidade tão difícil de pensar pelos grandes concílios futuros – os quais continuam a se exprimir num horizonte grego– que se tornam mais que inteligíveis uma vez reconduzidos por Irineu às fontes evangélicas. Daí o imenso desdobramento de "provas" pelas Escrituras, diversas vezes citadas e comentadas – "Que João não conheça senão um só e mesmo Verbo de Deus, que é o Filho único e que encarnou para nossa salvação, Jesus Cristo nosso Senhor (...)", "Para que nós não supuséssemos que um fosse Jesus e outro o Cristo" –,[37] por um lado; e, por outro lado, essa justificação filosófica surpreendente encontrada nas próprias fontes da Vida. Para além dessa possibilidade transcendental da Encarnação do Verbo, todavia, é sua realidade enquanto fundamento da salvação o que importa, em última instância. Irineu designa sem equívoco o lugar onde essa salvação deve cumprir-se, e que não pode ser senão o da realidade. Ei-nos novamente diante do paradoxo cristão: o lugar da salvação é também o

---

[37] Op. cit., p. 346; e no comentário de Mateus, p. 347.

do pecado, sua realidade é recortada num mesmo tecido: é nossa própria carne precisamente, nossa carne finita.

Daí verificarem-se duas pressuposições fenomenológicas maiores, a saber; é a vida em sua materialidade fenomenológica carnal que define a realidade – e, ao mesmo tempo, a da ação, na medida em que se trata de uma ação real (e não de uma atividade ideal como a delidar com significações). Como constitui o lugar de toda ação real, a carne define também o da salvação, se é verdade que esta não consiste, segundo o Evangelho, num dizer, mas num fazer – "Nem todo aquele que me diz 'Senhor, Senhor' entrará no Reino dos Céus, mas sim aquele que pratica a vontade de meu Pai que está nos céus" –,[38] não num saber de tipo cognitivo, mas na transformação prática de uma carne que, cessando de se entregar ao culto de si mesma, já não viverá doravante senão da Vida infinita que a deu a si mesma no início e não cessa de se dar a si até em sua idolatria.

Eis a razão pela qual o Verbo tomou uma carne finita como a nossa: porque esta se tinha tornado presa do pecado e da morte. A carne, com efeito – como longamente o mostramos – abre o dimensional em que, produzindo sobre si mesmo, na relação tocante-tocado, as sensações de seu desejo, o homem tem o poder, que ele se atribui a si mesmo, de se tornar e de se fazer ele mesmo como o quiser. E, assim, de se adorar duplamente a si mesmo, tanto nesse pretenso poder como em seus prazeres. É essa adoração de si que conduz à morte, uma vez que o que é adorado – esse pretenso poder ou as sensações que ele produz – não tem, precisamente, o poder de se dar a si mesmo, de se dar a vida. E assim, adorando-os, é sua própria impotência o que o homem adora, é à sua finitude e à sua morte que ele se confia.

Portanto, ao encarnar, o Verbo tomou sobre si o pecado e a morte inscritos em nossa carne finita e os destruiu morrendo ele próprio na Cruz. O que foi restaurado é, então, a condição original do homem, seu nascimento transcendental na Vida divina fora da qual nenhuma

---

[38] Mateus 7,21.

vida advém à vida. Mas essa restauração não é possível sem que tenha sido o próprio Verbo quem encarnou nessa carne tornada pecadora e mortal, de maneira que, em sua destruição, emerge o próprio Verbo e, com ele, nossa geração n'Ele, no estreitamento da Vida absoluta – geração cuja primeira formulação é a criação bíblica. Irineu exprimiu essa estrutura da salvação cristã de múltiplas maneiras e com a maior clareza.[39] Retenhamos esta: "Aquele que devia matar o pecado e resgatar da morte o homem digno se fez isso mesmo que era este, isto é, esse homem retido em escravidão pelo pecado e retido sob o poder da morte, para que o pecado fosse morto por um homem e que o homem saísse assim da morte". Vem então a retomada explícita dos grandes temas paulinos: "Assim como 'pela desobediência de um só homem'", que foi o primeiro, modelado a partir de uma terra virgem, "muitos foram constituídos pecadores" e perderam a vida, assim também era necessário que "pela obediência de um só homem", que é o primeiro, nascido da Virgem, "muitos sejam justificados e recebam a salvação".[40]

Essa estrutura cristã da salvação, que se encontra tanto em todos os Padres como nos concílios, Agostinho a conduziu a este ponto extremo em que o tornar-se-homem de Deus – que torna possível, em contrapartida, o tornar-se-Deus do homem – deve ser tomado ao pé da letra, significando essa deificação, essa identificação com essa única Vida incorruptível que permite ao homem escapar da morte. Agostinho põe, portanto, a nu a possibilidade principial dessa identificação explicando uma das proposições mais enigmáticas de João ao relatar as palavras de Cristo em sua última oração ao Pai. Esse texto, que desvenda os arcanos da missão de Cristo na Terra, põe

---

[39] "Ele [o Senhor] (...) deu sua carne por nossa carne (...). Ele nos gratificou com a incorruptibilidade pela comunhão que temos com ele mesmo." "Como teríamos podido, com efeito, ter parte na filiação adotiva com respeito a Deus, se não tivéssemos recebido, pelo Filho, essa comunhão com Deus? E como teríamos recebido essa comunhão com Deus, se seu Verbo não tivesse entrado em comunhão conosco fazendo-se carne?" (op. cit., respectivamente p. 570, 366, 572).

[40] Op. cit., p. 366-67; cf. Romanos 5,12-18.

em jogo uma dupla relação: a de Cristo com seu Pai, e a de Cristo com aqueles que seu Pai lhe confiou em ordem à sua salvação. Relembremos alguns elementos do contexto joanino: "Não peço que os tires do mundo, mas que os guardes do Maligno. Eles não são do mundo, como eu não sou do mundo (...). Como tu me enviaste ao mundo, também eu os enviei ao mundo. E, por eles, *a mim mesmo me santifico para que sejam santificados na verdade*".[41] Desse texto imenso, do qual não é possível analisar aqui todos os componentes, retenhamos a proposição sobre a qual medita Agostinho: "E por eles eu me santifico a mim mesmo".

Estão implicadas nessa proposição, por um lado, a relação com os homens dessa operação que Cristo opera – "por eles": é para eles que ele a cumpre; por outro lado, a própria operação ("eu me santifico a mim mesmo"). A relação com os homens, Agostinho a compreende já de início como a identidade entre Cristo e os homens. Pois como, pergunta ele, Cristo poderia santificar os homens santificando-se a si mesmo *senão porque os homens estão nele*? "Porque eles mesmos sou eu." É evidente, com efeito, que, se uma santificação se produz em Cristo, aqueles que estão nele se encontram eles próprios santificados ao mesmo tempo. "Santificados" em sentido radical, o de se tornarem não santos, mas Aquele único que é o Santo: Deus. Santificados, isto é, deificados, e, como tais somente, salvos. Voltaremos no § 48 a essa identificação de Cristo com os homens sobre a qual repousa a explicitação do corpo místico de Cristo proposto por Agostinho.

A segunda implicação – a implicação de fato fundadora – apresenta-se à maneira de um enigma: é a operação de Cristo, a santificação que ele próprio cumpre mas *com respeito a si mesmo*, uma santificação que lhe concerne, que é dirigida para ele, que tem Cristo mesmo por objeto. "Ninguém se faz justiça a si mesmo", tinha concedido Cristo aos doutores, escribas, sacerdotes e grandes sacerdotes que lhe dirigiam –

---

[41] 17, 15-19; grifo nosso.

num diálogo de trágica tensão que os Sinópticos relatam tão bem quanto o texto joanino – esta reprovação gravíssima, conforme, aliás, à Lei. A resposta de Cristo consistia numa dessas declarações radicais que não podiam senão agravar seu caso: não era ele mas Deus quem lhe fazia justiça – o que supunha entre Ele e Deus uma relação tão íntima que já continha blasfêmia. Transpondo para a santificação o que acaba de ser dito da justificação (*santificação e justificação não são o Mesmo?*), poderia-se pensar de maneira análoga: "Ninguém se santifica a si mesmo" – e é isso, todavia, o que Cristo afirma.

É essa santificação de Cristo por si mesmo que Agostinho assume o risco de explicar, e ele o faz a partir da Encarnação e como explicação da própria Encarnação. Com efeito, uma vez que é o Verbo – que é Deus, que está no começo junto de Deus – que encarna, isto é, que se faz homem tomando a carne de um homem, então ele santifica esse homem em que encarna nessa única pessoa de Cristo que é feita Verbo e homem. Ou, para considerar as coisas já não do ponto de vista do Verbo, mas do homem em que encarnou, este foi santificado desde o início de sua existência histórica na medida em que foi o Verbo que tomou carne nele, em sua própria carne de homem. Em suma, enquanto Verbo, o próprio Cristo se santifica enquanto homem. O próprio Cristo, portanto, se santificou porque é, ao mesmo tempo, Verbo e homem e porque, n'Ele, o Verbo santificou o homem. Eis a declaração explícita de Agostinho: "Ele próprio então se santificou em si mesmo, ou seja, o homem no Verbo, porque Cristo é um, Verbo e homem, santificando o homem no Verbo".[42]

Na admirável análise de Agostinho, há um núcleo que permanece obscuro. Dizer que o Verbo santifica o homem Jesus encarnando nele porque esse homem é o próprio Verbo, isso põe o Verbo no fundamento da salvação, mas não explica verdadeiramente a possibilidade interna dessa relação do Verbo com o homem. Verbo e homem estão

---

[42] Santo Agostinho, *Œuvres Complètes*. Paris, Librairie Louis Vivés, 1869, t. X (*Tractatus*, CVIII, "Sur Jean"), p. 364 ss.

justapostos na pessoa de Cristo, de tal modo que essa justaposição, essa natureza dupla, se encontra no centro da problemática dos grandes concílios, fixando o dogma ainda que permaneça "indizível e incompreensível", como diz, por exemplo, Cirilo de Alexandria em sua segunda carta a Nestório, durante o concílio de Éfeso.

Ora, no texto joanino, que repete evidentemente as palavras de Cristo, a coexistência do Verbo e do homem em Cristo não se apresenta em nenhum momento como uma reunião de duas realidades opacas e irredutíveis. Muito pelo contrário: um só e mesmo princípio de inteligibilidade – ou, antes, de Arqui-inteligibilidade – atravessa o Verbo e o homem para uni-los em Cristo. Essa Arqui-inteligibilidade é a autorrevelação da Vida absoluta. O fato de esta comandar a relação fenomenológica de interioridade recíproca do Pai e do Filho tem que ver com o fato de que a autogeração da Vida absoluta seja sua autorrevelação no Si do Primeiro Vivente. Que a Arquipassibilidade dessa Arquirrevelação seja, em sua efetuação fenomenológica, a Arquicarne pressuposta em toda carne, eis o que a fenomenologia da Encarnação longamente mostrou. Mas tudo isso é dito no texto de João, que apresenta uma estrutura formal do tipo "assim como... assim também...". Sua pretensão de dar conta da similitude de estrutura entre a relação fenomenológica de interioridade recíproca da Vida absoluta e de seu Verbo, por um lado, e a relação de interioridade fenomenológica recíproca entre esse Verbo e todos os viventes em Cristo, por outro – essa pretensão dificilmente pode ser contestada. De todos esses enunciados equivalentes – que se referem a um Além radical, a esse "Outro distinto do mundo" que é a Vida absoluta na Parusia de sua autorrevelação radical que é sua "glória" ("Eles não são do mundo, assim como eu não sou do mundo") –, retenhamos o último: "E eu lhes dei a glória que tu me deste, para que eles sejam um como nós somos um: eu neles e tu em mim, para que sejam perfeitos na unidade".[43]

---

[43] 17, 22-23.

Mas é do corpo místico de Cristo que se trata. Essa unidade de todos os homens em Cristo constitui precisamente a primeira pressuposição de Agostinho – "eles mesmos sou eu" –, que é também a primeira condição da salvação, uma vez que somente se todos os homens estão em Cristo, um com ele, se são o próprio Cristo, este, santificando-se a si mesmo, os santifica a todos em si, salvando-os a todos ao mesmo tempo.

O corpo místico de Cristo em que todos os homens não constituem senão um, nele, é uma forma-limite da experiência do outro; como tal, ele remete a esta. Do ponto de vista fenomenológico, o corpo místico só é possível se a natureza da relação que os homens são capazes de estabelecer entre si puder atingir esse ponto-limite, em que eles já não constituem senão um; todavia, segundo as pressuposições do cristianismo, que são igualmente as de uma fenomenologia da Vida, isso só pode se dar se a individualidade de cada um for preservada, e até exaltada, e não abolida em tal experiência, se esta deve ainda ser a experiência *do outro*.

A experiência do outro tornou-se um dos temas maiores da fenomenologia. Indiquemos, tão brevemente quanto possível, as teses da fenomenologia da Vida sobre esse problema, que assume aqui para nós uma importância decisiva.

§ 47. *A experiência do outro numa fenomenologia da vida.*

Quando a reflexão filosófica encontra uma questão essencial, seu primeiro tema de investigação deve voltar-se para a pressuposição fenomenológica que serve de suporte e de última possibilidade à realidade sobre a qual se interroga. A esse respeito, a fenomenologia da Vida nos ensinou isto: quando a realidade questionada é a vida, sua pressuposição fenomenológica nunca é aquela em que se move a própria questão. A pressuposição do questionamento filosófico é sempre o pensamento, a intencionalidade, ao fim e ao cabo o afastamento de um mundo a que a vida escapa em razão de sua própria pressuposição fenomenológica, que não é outra senão ela: sua Arquirrevelação na Arquipassibilidade de um *páthos* invisível. É assim que a questão da linguagem se encontrou totalmente renovada quando o embasamento fenomenológico do aparecer do mundo que a designa desde a Grécia deu lugar ao "Logos de Vida". É assim que a concepção do corpo é ela mesma abalada quando esse corpo, na medida em que se trata do nosso, já não é um corpo mundano, mas uma carne vivente, que não advém senão na vida segundo o modo originário de fenomenalização próprio desta. O mesmo se dá também em relação à experiência do outro.

Esta última constitui objeto de um interesse recente, notadamente por parte da fenomenologia. Convém, todavia, dizer uma palavra sobre a concepção tradicional, que parece, à primeira vista, estranha à análise fenomenológica. No pensamento clássico, a possibilidade de uma comunicação entre os homens depende da presença, neles, de uma mesma Razão. Assim se explica como indivíduos a cada vez diferentes são capazes de se entender e de comunicar mutuamente, apesar da diversidade de suas esferas de existência pessoais: para além de suas sensações – que, segundo a psicologia, são dadas apenas a um –, eles pensam a mesma coisa e compreendem as mesmas verdades na medida em que uma mesma Razão pensa neles. Para dizer a verdade, não são apenas as mesmas verdades – no sentido de verdades racionais – que eles têm em comum: é um único e mesmo mundo a que eles estão abertos, de maneira que é, afinal, essa abertura ao mundo – no qual entram em relação com as mesmas coisas – que os reúne. Assim, a análise clássica repousa, como acontece mais frequentemente, numa pressuposição fenomenológica que não é tematizada por si mesma – e é justamente isso que a fenomenologia empreende.

Na fenomenologia contemporânea, a retrorreferência da experiência do outro a um fundamento fenomenológico é constante. Para Husserl, é a intencionalidade o que nos dá acesso aos outros a mesmo título que a tudo o que pode valer para nós. Era, aliás, essa mesma intencionalidade que pretendia nos desvendar nossa própria vida transcendental, quer na autoconstituição intencional do fluxo da consciência que produz seu autoaparecimento espontâneo (sua *Selbsterscheinung*), quer na reflexão metódica da redução fenomenológica. Que o fracasso em que tropeça a intencionalidade no caso de nossa própria vida transcendental se repita no caso da experiência de outro: eis aí algo em que não há nada de espantoso se esse outro se revela não ser originariamente e em si nada senão o que eu mesmo sou: um Si vivente. Na problemática husserliana, o fracasso tem que ver então, simplesmente, com o fato de que, longe de poder atingir a vida do outro em si mesma (tal como ela se atinge a si mesma em si), a intencionalidade não pode senão conferir ao outro a significação de levar em si tal vida – conferir a seu corpo a significação de ser uma carne, um "corpo vivente" (*Leibkörper*).

Segundo Heidegger, o fracasso das filosofias da intencionalidade não é imputável à própria intencionalidade – mais precisamente, à *essência da fenomenalidade* – na qual ela se desdobra. Heidegger tampouco conhece nenhuma espécie de fenomenalidade além desta: a autoexteriorização original da exterioridade pura que ele chamou de diferentes nomes, como, por exemplo, o horizonte ek-stático da temporalidade, na segunda parte de *Sein und Zeit*. O que Heidegger reprova em Husserl de maneira muito clara – por exemplo, no último seminário de Zähringen – é a inserção da intencionalidade numa "consciência" ou "subjetividade" e a manutenção, graças a esses conceitos inadequados, de uma "interioridade" de que já não será possível evadir-se verdadeiramente a fim de encontrar o Objeto original em si mesmo e tal como é, de fazer-lhe justiça em seu modo de se mostrar a nós na iluminação do Ser. É verdade que em Husserl, no caso da experiência do outro que nos interessa aqui, o outro se envolve nesse gênero de interioridade próprio da consciência do pensamento clássico, de maneira que só com seu corpo aparecendo no mundo (ainda que no mundo reduzido de sua "esfera de pertença") se dá a uma percepção efetiva, enquanto sua vida própria nos escapa, nunca sendo senão "apresentada" com esse corpo na forma de uma significação intencional e, como tal, irreal.[44]

Descartando os conceitos de "consciência" e de "subjetividade", erradicando definitivamente toda forma de "interioridade", o *Dasein* heideggeriano – que já não é mais que "estar no mundo" (*In-der-Welt-sein*) – fornece ao problema da experiência do outro uma solução muito buscada. O *Da-sein* – o fato de estar-aí – é, por si mesmo, um "estar com" e, desse modo, um estar-aí com os outros. O *Dasein* já não é, pois, "estar-com" porque, abrindo-nos ao mundo, ele nos abriria aos outros e, ao mesmo tempo, a tudo o que se mostra no mundo, na mesma imediação, sem que seja necessário sair de uma esfera individual qualquer na qual estaríamos inicialmente encerrados. Não é porque, *de fato*, estamos com alguém, ou com muitos, que somos esse "estar-com". Estejamos sós ou com outros, o "estar-com" precede sempre. A solidão, por exemplo, só é possível sobre o fundo desse "estar-com", como modalidade privativa deste. Jamais poderíamos sentir-nos sós se o outro não viesse a nos *faltar*, e jamais ele poderia faltar-nos se nós não estivéssemos primitivamente com ele.

Essas análises admiráveis são conhecidas. Todas essas modalidades de nossa experiência de outro – as de sua presença ou as de sua ausência – supõem, com efeito, esse antecedente do "estar-com" sem o qual nenhuma delas seria possível. *Mas é a possibilidade desse próprio antecedente, do "estar-com" enquanto tal, que deve ser estabelecida.* Podemos lê-la no próprio *Dasein* e como idêntica a ele? Se olharmos com mais atenção o modo como Heidegger procede para remontar a essa última condição da experiência do outro, é forçoso reconhecer

---

[44] Sobre isso, cf. nosso trabalho *Phénoménologie Matérielle*. Paris, PUF, 1990, III, 1.

que não é uma análise imanente do próprio *Dasein* que abre a via para o "estar-com": são, exatamente, o mundo e, mais ainda, os entes que se mostram nele, os entes "intramundanos", que servem de ponto de partida. É porque esses entes não são puros objetos, mas "instrumentos", porque trazem inevitavelmente em si, como constitutivo de seu ser, uma relação com o outro, que esta funciona como um dado primeiro sem o qual nenhum "instrumento" existe. É assim que, se vejo um barco ancorado na margem, ele remete a um familiar que o utiliza para suas excursões – "mas, mesmo enquanto barco desconhecido, ele manifesta outro". É assim que, no *próprio conteúdo* do mundo – conteúdo constituído por um contexto de "instrumentos 'ao alcance da mão'"–, o outro está presente como utilizador ou produtor do instrumento – mas não como se o instrumento preexistisse em si a outro – seu utilizador: *o instrumento implica em si e, assim, mostra em si outro como preexistindo-o*, ainda que este último não esteja aí. O outro, algum outro, isto é, um *Dasein*, está, então, ele próprio presente *a priori* no mundo dos instrumentos, "ele também está aí e aí com". De maneira que, como o declara Heidegger com muita força, "se se quiser identificar o mundo em geral com o ente intramundano, será forçoso dizer que o 'mundo' também é *Dasein*".[45] Essa onipresença tanto dos outros como das coisas do mundo não é o "estar-com" como tal, o qual regula nossa abertura ao mundo e se identifica, assim, com o *Dasein*?

Sucede, porém, que, segundo o próprio Heidegger, o mundo não se identifica de modo algum com o ente intramundano; difere dele, ao contrário, a ponto de ser nessa Diferença que consiste tal manifestação do ente que é o mundo mesmo. O mundo desvela o ente, mas, como se viu, não o cria, sendo assim incapaz de dar conta dele em sua diversidade infinita. O instrumento intramundano, remetendo a um utilizador ou a um produtor, está longe de mostrar em si um "outro" – e, assim, nosso estar primitivo com o outro: é somente esse "estar-com" primitivo que torna possível algo como

---

[45] *Sein und Zeit*, op. cit., p. 118.

um "instrumento" e esse contexto de instrumentos que constitui o conteúdo ôntico do mundo. Não se pode, portanto, ler o "estar-com" num ente que não possa, ele próprio, ser reconhecido como instrumento senão sobre o fundo do "estar-com". A explicação heideggeriana gira em círculo. Mas ela não gira em círculo senão porque é incapaz de compreender o "estar-com" legitimando, de alguma maneira, a significação que lhe dá.

Múltiplas dificuldades estão aqui ocultas. Em uma fenomenologia, compreender o "estar-com" quer dizer elucidar o modo de manifestação que lhe é próprio – o que, por sua vez, pode querer dizer duas coisas: ou elucidar o modo de manifestação em que o "estar-com" se dá a nós; ou considerar que o "estar-com" constitui seu modo de manifestação enquanto tal e, muito mais, todo e qualquer modo de manifestação em geral. São essas duas significações que Heidegger lhe confere. Tal é, com efeito, o alcance da afirmação reiterada segundo a qual o *Dasein* (o fato de estar aí enquanto "estar no mundo") e o *Mitsein* (o "estar-com") não constituem senão algo uno. Disso ressalta claramente que o "estar-com" encontra sua possibilidade transcendental enquanto última possibilidade fenomenológica na abertura ao mundo como tal. Permanece aberta a questão da *realidade com a qual* somos postos em relação com essa abertura. Que se trate de outra realidade em geral, podemos pensá-lo, se é verdade que a exterioridade pura significa uma alteridade pura. Mas qual é o conteúdo dessa alteridade pura? Ou se trata do horizonte do mundo puro – o qual ainda não tem nenhum conteúdo por si mesmo, não sendo senão uma forma vazia onde ainda não há nem barco nem utilizador do barco – não há nenhum outro no sentido de alguém outro, de outro "eu", tal qual o meu. Se o "estar-com" deve significar um "estar com outrem", não se pode fazer sair este último de uma cartola. Tal é o duplo sofisma de Heidegger quando crê ler outrem na totalidade racional dos instrumentos que formam o conteúdo do mundo, ao passo que não há instrumento senão se outrem (não o "estar com" em geral) se encontra doravante pressuposto e, por outro lado, o "estar-com" enquanto abertura ao mundo jamais explica nada de seu conteúdo, nem esse sistema instrumental relacional em que se considera que outrem se mostra nele. O círculo em que se encontra constantemente pressuposto isso de que se pretende dar conta é dissimulado por uma última equação que é evidente para Heidegger: o outro, no sentido de outrem, é outro *Dasein*, outro "estar no mundo". Desse modo, o "estar no mundo" se encontra em todas as partes, tanto no "estar-com" quanto *nesse com quem* nós estamos em relação no "estar-com": outrem que não é ele mesmo senão "estar no mundo".

É preciso, pois, interrogar novamente e sem rodeios a possibilidade, para o "estar no mundo", de ser um "estar-com" enquanto "estar com o outro" – já não sendo o outro um outro qualquer, nem, menos ainda, a alteridade como tal, mas outrem: outro que é o que eu próprio sou, outro eu. Ao longo de *Sein und Zeit* corre uma afirmação que não é formulada senão *en passant*, como evidente ela também: "*Das Dasein ist je-meines*" ("O *Dasein* é sempre meu"). Ser meu quer dizer pertencer a mim, o que pressupõe: $1^{\underline{o}}$ – um eu; $2^{\underline{o}}$ – que esse eu é o meu, é o que eu sou – ou, ainda, que este que eu sou é um eu; $3^{\underline{o}}$ – aquele precisamente que eu sou e nenhum outro, nenhum outro eu, o qual apresenta, aliás, enquanto eu, todos os caracteres que são os de meu próprio eu. Mas, como o mostramos longamente, algo como um "eu" pressupõe, a cada vez, uma Ipseidade original, um "experimentar-se a si mesmo" em que consiste todo Si concebível e que não advém a si senão na vinda a si mesma da vida em sua autorrevelação patética – jamais na exterioridade de uma Ek-stase. É mesmo um problema saber se em tal exterioridade uma "relação" ainda é possível. Não foi o próprio Heidegger quem nos lembrou que, no mundo, "a mesa não toca a parede"? O que não é fato da mesa não é privilégio do *Dasein*: essa possibilidade fenomenológica primordial de uma "relação com" como tal? Mas tocar, como a fenomenologia do "eu posso" o estabeleceu, supõe o "mover-se em si mesmo" do movimento de tocar, o Si imanente a esse movimento e oculto nele, Si sem o qual nenhum movimento de nenhuma espécie seria possível e que o processo de exteriorização da exterioridade é incapaz de fundar.

Diante desse fracasso massivo de uma fenomenologia da exterioridade pura às voltas com o problema da relação com o outro, não convém substituir, ainda aqui, a título de última pressuposição fenomenológica, o aparecer do mundo pela autorrevelação da Vida? Todos os elementos constitutivos de tal relação estão, pois, dados, não como simples "fatos", mas em sua possibilidade transcendental, e todas as aporias do pensamento clássico ou da fenomenologia contemporânea se dissipam. A experiência do outro não é a que um eu faz de outro eu? Trata-se, para cada um deles, de outra coisa senão de ter acesso não somente aos pensamentos do outro, mas à sua própria vida, de viver dela de certo modo? Não é essa a razão por que, em todas as partes e sempre, tal experiência é antes de tudo afetiva, de maneira que, em cada um, é a afetividade que o abre para essa experiência ou que o fecha? Nesse *páthos* que constitui, ao mesmo tempo, a matéria fenomenológica da comunicação e seu objeto, a carne não desempenha também – e não somente no caso da relação amorosa – um papel maior? Esses elementos constitutivos da experiência do outro não provêm, em cada um, de seu nascimento transcendental – da vida em seu modo de revelação específico?

Objetar-se-á talvez, e não sem razão, que, tanto na filosofia clássica da consciência como na fenomenologia husserliana, por ancorar a relação num eu como ponto de partida inevitável e por prescrever-lhe como destinação o "interior" de um eu – tão impenetrável quanto um círculo, no dizer de Kandinsky –, em suma, por esses pressupostos "monádicos" da análise é que se bloqueiam tanto a compreensão como a efetuação de uma verdadeira experiência do outro, capaz de chegar a dividir com ele de um mesmo "conteúdo", de uma mesma realidade. A análise do erotismo proposta pela fenomenologia da carne não ficou prisioneira de tal limitação? Ela não mostrou que, ainda que se pusesse na imanência da pulsão desejosa, que esta vinha esbarrar, na fronteira entre corpo orgânico e seu desdobramento, no corpo real do universo – no caso, o corpo do outro – como numa parede intransponível sem poder atravessá-la nem atingir, para além dele, sua própria carne vivente, seu desejo ou seu prazer, ali onde eles se experimentam a si mesmos?

A fenomenologia da carne não cessou de reconhecer, ela mesma, sua própria limitação, encontrando-se obrigada a operar, em cada uma de suas análises, uma espécie de movimento ou de volta à questão *da carne ao que vem antes dela*. O que vem antes de toda carne é sua própria vinda a si, é sua encarnação – que nunca é seu fato, não advindo senão na vinda a si da Vida absoluta. É porque a Vida absoluta vem a si em sua Arquipassibilidade originária que, vinda a si nesta, toda carne gerada dessa maneira, finita, é feita passível, carne. É porque essa vinda da Vida absoluta é identicamente sua vinda na Ipseidade do Primeiro Si que toda carne é, identicamente, a de um Si finito como ela. *Portanto, nunca é deste que é preciso partir, muito menos de um eu ou de um ego concebido como ponto de partida, como ponto-fonte da intencionalidade.* A inevitável referência da fenomenologia da carne à fenomenologia da Encarnação nos põe diante desta evidência: *toda relação de um Si com outro Si requer como ponto de partida não esse próprio Si, um eu – o meu ou o do outro –, mas sua comum possibilidade transcendental, que não é outra senão a possibilidade de sua própria relação: a Vida absoluta.*

Na experiência do outro, é seu antecedente incontornável, o "estar-com" enquanto tal, que se trata de reconhecer em sua possibilidade fenomenológica radical. Esta não é precisamente o mundo, mas a Vida absoluta. Na Vida absoluta, o "estar-com" se edifica não à maneira de uma relação tão formal e vazia que nada permitisse compreender como e por que tal relação se estabelece entre uma pluralidade de eus, pressupondo-os a todos sem explicar nenhum. Experimentando-se a si mesma na Ipseidade do Primeiro Si, a Vida absoluta gera, em sua possibilidade transcendental, todo Si e, assim, todo eu concebível. Ela os gera enquanto Si e eu viventes e, ao mesmo tempo, gera neles a possibilidade transcendental de sua relação. Pois essa, a relação dos viventes entre si, não consiste em cada um senão na Vida. Não precisamente na vida finita, em seu Si ou seu eu finito, ali onde cada um não seria ainda senão si mesmo, só consigo mesmo e na impossibilidade de unir-se a outro. A relação dos Sis transcendentais viventes está neles antes deles, em sua possibilidade transcendental precisamente, no processo da vida absoluta em que eles vêm a si e em que permanecem enquanto estão vivos. É porque são viventes numa única e mesma Vida, Sis na Ipseidade de um único e mesmo Si, que eles estão e podem estar uns com os outros nesse "estar-com" que os precede sempre, que é a Vida absoluta em sua Ipseidade originária.

É assim que nasce e se forma, em sua possibilidade fenomenológica originária, toda comunidade concebível. Esta apresenta, consequentemente, certos traços essenciais. O primeiro concerne ao que há de comum nessa comunidade, ou, se se quiser, a seu conteúdo: é a vida transcendental. Vê-se por aí que tal conteúdo não é originariamente (e, por conseguinte, necessariamente) um conteúdo "racional". A razão, no sentido em que se entende, não é o que une originariamente: ela isola. Não à toa se disse que o louco é aquele que perdeu tudo, menos a razão. Não é, aliás, somente no plano individual que a razão pode se revelar destruidora. Basta considerar o que se passa hoje sob nossos olhos para mensurar a que ponto a razão deixada a si mesma, a um puro objetivismo, à abstração calculadora da técnica moderna, pode afetar o coração do homem no que ele tem de mais próprio e ameaçar sua "humanidade" e, ao mesmo tempo, a humanidade inteira a ponto de levá-la à ruína. O conteúdo de toda comunidade é tudo o que pertence à Vida e encontra sua possibilidade nela. O sofrimento, a alegria, o desejo ou o amor trazem em si um poder de reunir infinitamente maior que aquele que se atribui à "Razão", que, falando propriamente, não tem nenhum poder de reunir, na medida em que não se pode deduzir, dela, a existência de um único indivíduo, nada do que deve ser reunido numa "comunidade".

Como o que há em comum em toda comunidade é a Vida, a comunidade apresenta este outro traço essencial: ser uma comunidade de viventes no sentido de Sis transcendentais viventes, na medida em que é somente nela que tais Sis são possíveis e que, reciprocamente, ela não é possível sem eles, sem o Si primordial no qual ela vem a si e que contém a multiplicidade potencial e indefinida de todos os eus possíveis. Vê-se aqui quão ridículo é opor, como se faz hoje, sociedade e indivíduos. Se a sociedade é algo além de uma coleção de "indivíduos" reduzidos à sua aparência objetiva e tratados como entidades separadas – se é, precisamente, uma comunidade –, então comunidade e indivíduos estão ligados entre si segundo uma relação de interioridade fenomenológica recíproca que não é outra senão a relação dos viventes com a Vida, tornando *a priori* vazia de sentido a ideia de qualquer "oposição" entre eles.

Mas é o terceiro traço da vida que deve aqui ser sublinhado: antes de definir o conteúdo do que há em comum, a Vida em sua Ipseidade originária constitui a possibilidade transcendental do que há em comum de "ser em comum", a relação como tal, o "estar-com" em sua precedência. Não obstante, já não se trata aqui da vida em geral, de uma vida finita como a nossa, mas da Vida absoluta.

Dessas breves rememorações, segue-se: 1º – que toda comunidade é, por essência, religiosa, pressupondo a relação entre Sis transcendentais, para todos os efeitos e de todos os modos, a relação de cada Si transcendental com a Vida absoluta, o *laço religioso (religio)*. Não que cada um deles, enquanto portador desse laço, gere sua relação com o outro, mas o contrário: porque é desse laço que ele tem seu próprio Si e, ao mesmo tempo, a possibilidade de se referir ao outro. 2º – Que toda comunidade é por essência invisível. Ela seguramente tem, a mesmo título que nossa própria vida, que nosso Si, que nossa carne, seu "aparecer no mundo", mas aqui ainda esse aparecer não é senão uma simples aparência recortada da realidade. É assim que, mais ainda que nossa vida, nosso Si ou nossa carne, a comunidade visível traz em si a possibilidade do engano e da mentira. Não é ela o lugar em que a indiferença e todos os outros sentimentos inconfessáveis estão constantemente mascarados pelo ritual social? 3º – Invisível, estranha ao mundo e as suas categorias fenomenológicas, ao espaço e ao tempo, a realidade da comunidade abre um domínio de relações paradoxais, as que formam o núcleo do cristianismo e de que Kierkegaard teve a genial intuição. É assim que se pode estabelecer uma relação real entre Sis transcendentais que nunca se viram e que pertencem a épocas diferentes. Um homem pode ver sua vida transformada radicalmente pela leitura de um livro de outro século cujo autor é desconhecido. Um indivíduo pode tornar-se contemporâneo de um acontecimento que se passou há dois mil anos. As pressuposições de uma fenomenologia da Vida se revelam aqui como uma introdução às intuições decisivas do cristianismo e, notadamente, à sua extraordinária concepção da intersubjetividade.

§ 48. A relação com o outro segundo o cristianismo: o corpo Místico de Cristo.

É essa relação com o outro no sentido de outro Si o que se encontra expresso nos textos iniciáticos do cristianismo primitivo de um modo que nunca tinha sido ainda considerado pelo espírito humano. Qualquer que seja a dificuldade dos pensadores cristãos das gerações seguintes para conceitualizar a natureza de tal relação no horizonte grego, permanece este fato decisivo: é essa relação com o Outro Si absoluto que é Deus que se atualiza constantemente nas práticas litúrgicas e sacramentais trazidas pela nova religião.

Do ponto de vista fenomenológico, convém lembrar que tal relação deve ser compreendida ali onde ela se cumpre: fora do mundo, antes dele. O que é que advém antes do mundo? Nós o sabemos: é a relação de interioridade fenomenológica recíproca entre a Vida absoluta e o Primeiro Vivente na medida em que ela se experimenta n'Ele que se experimenta nela. Se experimentar-se a si mesmo, se fruir de si, é amar-se a si mesmo de tal modo que *essa fruição de si, produzindo-se na Vida absoluta como a geração, por ela, do primeiro Si em que ela se experimenta e se ama assim a si mesma* – experimentando--se esta a si mesma nessa Vida absoluta que se ama n'Ele –, sucede que *cada um se ama num "outro" que (estando afastada aqui toda exterioridade) jamais lhe é exterior, mas, ao contrário, lhe* é interior e consubstancial. Assim se cumpre a relação inaudita de que falamos: "Tu me amaste antes da criação do mundo".

Que essa relação de interioridade fenomenológica entre a Vida absoluta e o Primeiro Vivente seja recíproca: eis o que o contexto joanino não cessa de afirmar até em sua estrutura formal. Nesta, a interioridade fenomenológica do Pai com o Filho se encontra constantemente posta como interioridade do Filho com o Pai: "Como tu, ó Pai, tu estás em mim e eu em ti"; "O Pai está em mim e eu estou no Pai"; "Não sabes que estou no Pai e que o Pai está em mim?".[46]

Como tivemos ocasião de observar, o espantoso é que essa estrutura interna do processo da Vida absoluta como relação de interioridade fenomenológica entre a Vida e seu Verbo se repete na relação entre esse absoluto e o homem – no caso, entre seu Verbo e todo Si transcendental concebível. Um abismo, todavia, não separa a Vida infinita que se traz a si mesma em si em seu Verbo e uma vida, um Si tais como os nossos, incapazes de se trazer a si mesmos à vida, votados, assim, a uma morte certa? Aqui intervém a Encarnação do Verbo. É somente pela Encarnação do Verbo na carne de um homem que é "vindo de Deus", "enviado por ele" – a saber, o Messias ou o Cristo – que se opera a união que supera esse abismo. Essa união foi chamada deificação porque, repetindo-se a interioridade fenomenológica recíproca da Vida

---

[46] João, respectivamente 17, 24; 17, 21; 10, 38; 14, 10.

e de seu Verbo quando *o próprio Verbo se faz carne em Cristo*, toda união com este é identicamente uma união com o Verbo e, neste, com a Vida absoluta. *Mas como o homem poderia unir-se ao Verbo senão porque é no próprio Verbo, na Ipseidade originária do Arqui-Filho, que todo Si transcendental está unido a si, dado a ele mesmo como esse Si que ele é?* É assim que, experimentando-se a si mesmo na experiência originária que a Vida faz de si em seu Verbo, o homem se tornou semelhante a este, semelhante a Deus.

A encarnação como via aberta para a salvação do homem aparece desse modo, segundo a intuição de Irineu, como *restauração*, a restauração de sua condição original na medida em que o homem foi criado por Deus à sua imagem, sendo essa criação, assim, sua geração na autogeração da Vida absoluta em seu Verbo – seu nascimento transcendental. Que esse nascimento seja contingente, que essa contingência seja signo de uma finitude original – isso não muda nada da essência da Vida nele, do fato de que ele é, nela e somente nela, um Si transcendental vivente que faz parte do gozo de si que lhe confere essa vida. Antes, essa finitude o esmaga sobre o fundo da vida nele. Pois se uma vida como a nossa é incapaz de se dar a vida a si mesma, se é somente na Vida absoluta e infinita de Deus que ela é dada a si para gozar de si na vida, então essa vida de Deus permanece em nossa vida finita, assim como esta permanece em Deus enquanto ela viver. É assim que se cumpre a repetição da interioridade fenomenológica recíproca da Vida e de seu Verbo em todo vivente, como interioridade fenomenológica desse vivente e da Vida absoluta.

É essa interioridade fenomenológica recíproca do vivente e da Vida absoluta no Verbo de Deus que nos permite compreender o que nos importa agora: a relação original que se estabelece entre todos os homens, a experiência do outro em sua possibilidade última. Se o Verbo é a condição em que todo Si carnal vivente vem e pode vir a si, se *o Verbo é, ao mesmo tempo, a condição de todo Si carnal vivente que não seja o meu, não é ele a via que é preciso necessariamente tomar para entrar em relação com outrem?* É aqui que a Vida absoluta revela ser, em seu Verbo, o acesso fenomenológico ao outro Si, assim como ela é para mim mesmo o acesso ao meu: a Ipseidade em que sou dado a mim e venho a mim, na qual o outro é dado a ele mesmo e vem a si. Ipseidade na qual eu posso vir a ele, na qual ele pode vir a mim. É nesse sentido, consequentemente, que a Vida é o "estar-com" como tal, essência original de toda comunidade: tanto o "estar em comum" como o que há em comum. Pois jamais poderíamos saber o que é o outro – e, antes de tudo, que ele é um Si vivente – se não soubéssemos previamente o que é a Vida que nos dá a nós mesmos. É, pois, *do que vem antes do eu, de sua vinda a si mesmo – nunca de si mesmo –*, que é preciso partir, se o "estar com o outro" como "estar com outrem" é possível. E jamais o é, com efeito, como "projeção" do eu no outro, projeção que, longe de poder fundar a este, o pressupõe, ao contrário.

E vê-se bem, então, em que esse "estar-com" que é a Vida absoluta em seu Verbo difere do Logos grego, da Razão dos clássicos ou do mundo heideggeriano. Pois a Razão pressupõe a exterioridade pura onde se formam tanto suas e-vidências quanto sua capacidade de falar, se é verdade que não se fala senão do que se pode ver, significando-o quando não é visto – essa exterioridade pura que é o mundo do *Sein und Zeit*. Essa exterioridade onde não há Ipseidade nem Si possíveis.[47]

A autodoação da Vida absoluta em seu Verbo, na qual é dado a si o Si transcendental que eu sou, sendo a vida única de Deus, é nesta Vida aqui, uma e a mesma, que, de maneira idêntica, o Si do outro é dado a ele mesmo, é nela que todo Si possível, futuro,

---

[47] No § 64 de *Sein und Zeit*, Heidegger propõe uma teoria da Ipseidade cuja possibilidade é pedida à Preocupação (ao "fora de si") e às modalidades existenciais de seu cumprimento, segundo se perca no Se ou encontre sua consciência (a "substância" e a "simplicidade" da alma kantiana) na decisão resoluta em vista da morte. Nessa autenticidade ou nessa inautenticidade do Si da preocupação, a ipseidade do Si constantemente pressuposta nem sequer é percebida como um problema.

presente ou passado foi, é ou será dado a ele mesmo a fim de ser o Si que ele é. O ser-junto nessa vida única e absoluta do verbo – na Arquipassibilidade de sua Arquicarne – de todo Si transcendental carnal vivente: eis o que constitui o teor fenomenológico concreto de toda relação entre os homens, o que possibilita que se entendam uns aos outros antes que se encontrem, o que permite a cada um que entenda o outro enquanto se entende a si mesmo – não posteriormente, ao termo de uma história, mas *no lugar de seu nascimento na medida em que é identicamente o nascimento do outro*, qualquer que seja o lugar do mundo, qualquer que seja o momento da história. É a Vida em seu Verbo, do modo como ela veio a ele, antes do mundo, o único antecedente que une todos os viventes – de ontem, de hoje, de amanhã – e torna possível seu encontro. É também esse antecedente que torna possível toda forma de relação histórica, trans-histórica ou eterna entre eles.

Ora, há, no cristianismo, algo que constitui sua originalidade radical com respeito às outras grandes formas de espiritualidade: essa unidade absoluta entre todos os Si viventes, longe de significar ou de implicar a dissolução ou aniquilamento da individualidade de cada um deles, é, ao contrário, constitutiva dessa individualidade, na medida em que é na efetuação fenomenológica da Vida em seu Verbo que cada um está unido a si, é gerado em si mesmo como esse Si irredutivelmente singular, irredutível a qualquer outro. Tal é uma das significações decisivas da palavra intemporal de Mestre Eckhart: "Deus se engendra como eu mesmo".[48] Assim se esclarece um dos grandes paradoxos do cristianismo. *Manter cada um – o mais humilde, o mais insignificante – na individualidade irredutivelmente singular que é a sua, em sua condição de Si transcendental, na essência em que ele ou ela são para sempre: eis o que, longe de dever ou de poder ser superado ou abolido em algum lugar, pode tirar o homem do nada.*

---

[48] Op. cit., p. 146.

É essa irredutibilidade de cada um o que motiva a extraordinária atenção de Cristo em relação a cada um. A eliminação de toda consideração relativa a uma condição profissional, econômica, social, intelectual, étnica ou outra revela, por trás de todos os caracteres empíricos de dada individualidade, não sua condição de indivíduo (o homem dos "Direitos do Homem", por exemplo), mas o homem no que ele tem de único. É assim que, como declara Cirilo: "Nem Paulo, por exemplo, pode ser ou ser considerado Pedro, nem Pedro ser ou ser considerado Paulo".[49] É assim ainda que, em sua primeira carta, João designa o próprio Cristo como *Aquele* – trata-se de viver "como Aquele viveu"[50] – ainda que se trate, a seus olhos, do princípio de todas as coisas. Que essa singularidade irredutível de cada um seja gerada no próprio princípio de toda geração e que, mais ainda, venha a ele e se aproprie dele no processo sem Fundo da Vida absoluta, aí está, sem dúvida, uma das intuições mais extraordinárias do cristianismo.

A fenomenologia é capaz de dar conta dessa identidade entre o princípio que unifica a Vida e a torna possível e aquele que diversifica, nela, uma multiplicidade de viventes? A rejeição de toda diferença no sentido de discriminação entre todos esses Sis transcendentais viventes, Paulo a formulou numa afirmação abrupta: "Nem grego nem judeu, nem senhor nem servo, nem homem nem mulher".[51] Quaisquer que sejam as perspectivas éticas abertas por essas proposições grandiosas – que Paulo toma, aliás, do ensinamento direto de Cristo –, qualquer que seja a transformação que tenham produzido na história, subsiste uma interrogação. Será

---

[49] Cirilo, *Traité sur Saint Jean*, livro XI, cap. 11, sobre João 17, 20-21 (P.G., tomo 74, col. 551 a 562, n. 934 a 1000). Esse texto é comentado por Louis Laneau em *De la Déification des Justes* (Genebra, Ed. Ad Solem, 1993, p. 137-145). Nessa obra, escrita no século XVII por um missionário jesuíta aprisionado no Sião, encontra-se uma admirável síntese das interpretações, aliás, convergentes, da doutrina do corpo místico dos Padres e da salvação como identificação com Deus. Sou reconhecido ao poeta Franck Viellart por me ter feito conhecer esse livro de clareza e profundidade excepcionais.

[50] 1 João 2,6.

[51] Gálatas 3,28.

possível desconhecer, nos seres humanos, certos caracteres que estabelecem, entre eles, uma diferença tão importante quanto a diferença sexual, por exemplo? Não se poderia afastar esta sob pretexto de que ela intervém no plano "natural" e concerne aos corpos objetivos. Por um lado, essa diferença objetiva suscita a angústia, que determina inteiramente a relação erótica; por outro, é na imanência de nossa carne que a diferença sexual se revela originariamente na forma de impressões puras distintas, umas próprias da sensibilidade feminina, desconhecidas da sensibilidade masculina – e reciprocamente. Não se instaura, desse modo, uma incomunicabilidade essencial entre os próprios Sis transcendentais na medida em que essas impressões próprias de uns, desconhecidas dos outros, os habitam?

Tais questões reconduzem ingenuamente a uma fenomenologia da carne como se esta pudesse abstrair-se do processo de sua vinda a si mesma – como se cada Si, cada carne, cada impressão tivesse conteúdo autônomo, fechado sobre si mesmo, escapando em sua especificidade a todo "estar em comum" concebível. Mas se o "estar em comum" precede o Si como sua condição interna de possibilidade, e se essa condição transcendental é uma condição fenomenológica no sentido radical de Arquirrevelação, sem a qual nenhum fenômeno é possível, então o problema se inverte completamente. Formulada de modo rigoroso, a questão é esta: se supomos uma impressão específica da sensibilidade feminina e, assim também, uma impressão específica da sensibilidade viril, o que podem ter em comum essas duas impressões? *Serem dadas a elas mesmas na autodoação da Vida absoluta.*

Mas o que vale para essas impressões vale, *a fortiori*, para cada uma das carnes de que elas não são senão modalidades, para cada um dos Si transcendentais consubstanciais a essas carnes. É assim que cada Si transcendental carnal vivente dado a si e não estando consigo senão na autodoação da Vida absoluta em seu Verbo, se encontra sendo neste, com Ele. Desse modo, ele está n'Ele com todos aqueles que também não são dados a si mesmos senão nesse Verbo em que eu sou eu mesmo dado a mim. É assim que cada Si transcendental vivente está no Verbo antes de estar consigo mesmo, e nesse Verbo ele está com o outro antes que o outro seja dado a si mesmo. E o outro está nessa mesma situação: estar no Verbo antes de estar consigo mesmo ou comigo – no Verbo em que está tanto consigo mesmo quanto comigo –, assim como estou eu mesmo com ele e comigo mesmo nesse Verbo. É assim, notadamente, que cada Si transcendental, estando com o outro ali onde ele é dado a si mesmo, está com o outro antes de toda determinação ulterior – antes de ser homem ou mulher.

Mas essas são pressuposições fenomenológicas imediatas da doutrina do corpo místico de Cristo. Esse corpo as supõe a todas, com efeito, umas a título de relações fundadoras, outras a título de relações fundadas sobre as primeiras, encontrando nelas, ao mesmo tempo, sua origem e o princípio de seu desenvolvimento enquanto desenvolvimento imanente, cuja consistência invencível vem da força dessa origem que permanece nele. Assim se pode distinguir, de modo ao menos abstrato, fases sucessivas nessa construção ou nesse crescimento do corpo de Cristo, pois que há sempre, nele, um elemento que edifica e outro que é edificado.

O elemento que edifica, a "cabeça" desse corpo, é Cristo. Os membros são todos aqueles que, santificados e deificados nele e por ele, lhe pertencem doravante a ponto de se tornar partes desse próprio corpo, precisamente seus membros. Na medida em que é a encarnação *real* do Verbo, Cristo edifica, antes de tudo, cada Si transcendental vivente em sua Ipseidade originária, que é a da Vida absoluta; ele o une a ele mesmo. Dando cada Si a si mesmo, ele lhe dá o acrescer-se de si num processo de autocrescimento contínuo que faz dele um devir (o contrário de uma "substância" ou de uma "coisa") – processo que não é outro, em seu fundo, senão o da Vida absoluta. Nossa crítica da problemática husserliana da Impressão mostrou que, se "sempre novamente uma impressão está ali" no fluxo da consciência interna do tempo, isso jamais ocorre em virtude da própria Impressão. O processo patético da autodoação da Vida absoluta sempre está em ação, de maneira que esse fluxo, em si mesmo estranho a toda intencionalidade, não é linear nem indeterminado: impressional e carnal antes de tudo, pela Arquipassibilidade dessa Vida, e obedecendo a uma dicotomia afetiva evidente em seguida, na medida em que essa Arquipassibilidade se fenomenaliza nas tonalidades fenomenológicas originárias do Sofrer puro e do Fruir puro saído desse Sofrer. Assim, enfim, esse fluxo, esse desfile aparentemente absurdo de prazeres modestos e de pensamentos esmagadores é, secretamente, orientado para uma agonia, para a última passagem do último sofrimento do desespero à irrupção de uma alegria sem limites, tal como o atesta a Parusia dissimulada sobre o madeiro da Cruz.

A doação a si de cada Si transcendental, doação em que este é edificado interiormente como se acrescendo de si mesmo e, assim, de seu próprio devir, essa operação do Verbo, o Verbo a repete em cada Si transcendental concebível, passado, presente ou futuro. Assim, o corpo místico de Cristo se acresce indefinidamente de todos aqueles que são santificados na carne de Cristo. Nessa extensão potencialmente indefinida, o corpo místico de Cristo se constrói como "pessoa comum da humanidade" e "é por isso que ele é chamado o Novo Adão".[52] Como essa edificação não procede por acumulação de elementos adicionados – como "pedras" propriamente ditas num edifício construído por mãos de homens –, mas, ao contrário, como em Cristo é no Verbo que a edificação se produz, ela continua como uma edificação de Sis transcendentais, cada um dos quais, dado a si mesmo no Verbo, um com ele, se encontra, ao mesmo tempo, dado a si mesmo na mesma Vida única do mesmo Si único em que todos os outros Sis

---

[52] Cirilo, *Traité sur Saint Jean*, op. cit., livro I, cap. 9, p. 173.

são dados a si mesmos. Assim, ele é um com eles todos em Cristo e, porque Cristo não é divisível – sendo a Vida única na qual se encontra o poder de viver –, eles tampouco são separados, mas, inversamente, um n'Ele, com Ele, eles são identicamente, n'Ele, um com todos os outros que estão igualmente n'Ele. É assim que a "pessoa universal" da humanidade, como dizem ainda os Padres, é precisamente essa "pessoa comum" de que fala Cirilo: *a interioridade fenomenológica recíproca de todos os viventes no Si único da Vida absoluta, na interioridade fenomenológica recíproca desse Si e dessa Vida, do Pai e do Filho.*

Como não se pode deixar de distinguir, nessa pessoa comum, o que edifica e o que é edificado, a cabeça e seu corpo, é preciso dizer, com Agostinho, que "a cabeça salva e o corpo é salvo". Mas como o que edifica penetra inteiramente o que é edificado, como a cabeça e o corpo são um, como esse corpo composto de todos os viventes que vivem e se unem nele se tornam assim "o corpo todo inteiro" de Cristo, então é dado a esse corpo cumprir e concluir o que ainda não estava concluído em Cristo. Daí a extraordinária declaração de Paulo a respeito de seus próprios sofrimentos experimentados através de múltiplas tribulações e perseguições sofridas a serviço de Cristo: são sofrimentos que faltavam ainda ao corpo próprio de Cristo: "Completo o que falta às tribulações de Cristo em minha carne".[53] É assim que compete a Paulo completar esse corpo, concluí-lo – no sentido radical, todavia, de que esses sofrimentos de Paulo são os sofrimentos do próprio Cristo, pertencendo ao corpo deste. Isso é possível porque Cristo permanece em seu corpo acrescido, em seu corpo "inteiro", a que os Padres chamam também sua Igreja. Ele permanece nesse corpo "inteiro", que é seu corpo místico como o que dá a cada um de seus membros a ele mesmo. O que ele dá a cada um de seus membros é, portanto, ele mesmo. A cada um, é verdade, não ocorre que viva o que o dá a ele mesmo como seu Deus. A maior

---

[53] Colossenses 1,24.

parte dos homens vive à maneira dos idólatras: não se preocupam absolutamente com o poder que lhes dá a vida, não vivem nela senão para si mesmos, não se preocupam, em sua relação com as coisas e com os outros, senão consigo mesmos. Aos membros de seu corpo, a cada um daqueles que, dados a eles mesmos na autodoação do Verbo, não viverão senão da Vida infinita que se experimenta nesse Verbo, àqueles que se amam *n'Ele de tal modo que é a Ele que amam em si, a Ele e a todos aqueles que estão n'Ele*, a Vida eterna será dada de maneira que, nessa Vida tornada sua, eles sejam salvos.

CONCLUSÃO

*Para além da fenomenologia e da teologia:
a Arqui-inteligibilidade joanina*

Reservamos para esta conclusão o cuidado de separar o que, em nosso ensaio, decorre da filosofia – no caso, a fenomenologia – e o que decorre da teologia. Filosofia e teologia não são concorrentes: dão-se como duas disciplinas diferentes. A diferença decorre de que a teologia toma como ponto de partida – mais do que isso: como objeto próprio de sua reflexão – as Escrituras, isto é, textos reputados sagrados. "Sagrados" não quer dizer que eles falam do que é sagrado, de Deus, mas que provêm d'Ele, que *são sua Palavra*. Trata-se, portanto, para todos os efeitos, de uma Palavra de Verdade. Tal é a vantagem decisiva da teologia: tomar como base essa Verdade que se dá como absoluta. Se a teologia se funda imediatamente sobre a Palavra de Deus, é precisamente porque essa Palavra é a da Verdade.

Singularmente desprovida e indigente aparece então a filosofia, que se encontra inicialmente em situação de errância, não sabendo o que é a Verdade nem como fazer para chegar até ela. Longe de estar em posse de um começo assegurado por si mesmo, é prisioneira da aporia. Deve partir à procura de um ponto de partida verdadeiro, sem saber de onde partir para ter uma oportunidade de encontrá-lo, e sem saber, no caso de ter essa sorte, como poderia reconhecê-lo. Ao ceticismo antigo de onde saiu o platonismo, faz eco a dúvida universal de Descartes. A genialidade de Descartes foi descobrir nessa dúvida mesma o início buscado e, ao mesmo tempo, a própria Verdade, na medida em que ela reside nesse começo e na segurança que lhe é própria. Verdade e começo não constituem senão algo uno, tal como na teologia. A Verdade está no começo, se este deve dispensar toda justificação anterior a ele diferente dele, se deve dar ele mesmo a prova de si mesmo, ser ele mesmo o Verdadeiro de que se deve dizer: *Verum index sui*. Em suma, uma verdade que não depende em nada de outra, essa Verdade absoluta de que parte e de que fala a teologia.

Dir-se-á que, na filosofia, é por uma reflexão que vem de si mesmo e de seu próprio pensamento que o homem encontra o fundamento de que é preciso partir – ao passo que, no caso da teologia, a exegese se apoia num conteúdo dogmático que nos vem do exterior. À autonomia da primeira se opõe a heteronomia da segunda, o que bastaria para desvalorizar esta última, para fazer dela objeto de uma crença e, consequentemente, de uma descrença possível, até de uma lenda, em lugar da Verdade capaz de se fundar a si mesma, de ser a esse título Razão, a única Razão verdadeira cuja justificação interna e cuja autonomia constituem a dignidade do homem. Voltaremos num instante à pertinência dessa oposição.

Por ora, reflitamos mais sobre a diferença de método que se julga separar filosofia e teologia: não a há. A oposição dos pontos de partida não impede que *nos dois casos o método consiste num movimento do pensamento* que, desenvolvendo uma série de evidências e pelo jogo de suas implicações elas mesmas evidentes, chega a resultados que são aquisições progressivas constitutivas de uma teoria sempre em devir. O que o conjunto de nossa investigação estabeleceu é que esse movimento tropeça num fracasso insuperável caso se trate, para ele, de compreender a vida numa evidência qualquer – na abertura de um mundo em que a Vida não aparece jamais. Se a realidade profunda do homem deve escapar a um inconsciente quase inconcebível, análogo àquele que se atribui à matéria bruta, às rochas, aos astros ou aos *quanta*, é unicamente porque essa realidade não reside originariamente num pensamento destituído do poder de se trazer a si mesmo à fenomenalidade. Somente a Vida fenomenológica transcendental absoluta e única – cujo próprio é precisamente revelar-se a si mesma a si em sua autoafecção patética, sem nada dever a quem ou ao que quer que seja – pode definir a realidade humana enquanto essencialmente fenomenológica. Se o próprio pensamento é possível no sentido de um pensamento fenomenológico como o nosso – e não de um pensamento em si inconsciente, que não é senão uma quimera – é precisamente porque esse pensamento é revelado a si na Vida. Não é portanto o pensamento – a intencionalidade, o "estar no mundo" – que nos dá acesso à vida, é a Vida que nos dá acesso ao pensamento, na medida em que este não é senão um modo da vida, na medida em que é a Vida em si que o revela a ele mesmo revelando-se a si. É assim que a aporia do método fenomenológico – contra o qual veio chocar-se Husserl e que parecia interromper, do mesmo modo, a investigação, aqui empreendida, de uma fenomenologia (isto é, de um pensamento) da vida – é eliminada, uma vez que é a própria Vida transcendental que fornece – a todo pensamento, a toda forma de intencionalidade – a autodoação primitiva em que, postos em posse de si mesmos, são capazes de cumprir seu trabalho. Essas observações longamente desenvolvidas valem evidentemente tanto para a teologia quanto para a filosofia, que são, uma e outra, pensamentos.

O pensamento, o distanciamento do horizonte ek-stático onde ele se move (natureza enquanto "fora de si" primitivo, contemplação das Ideias, re-(a)presentação, relação sujeito/objeto, intencionalidade, "estar no mundo"): aí está, desde a Grécia, a abordagem fenomenológica e, assim, a essência da inteligibilidade. Na medida em que vem antes de toda inteligibilidade, *a vinda originária da própria Vida a si mesma constitui uma Arqui-inteligibilidade.* Esta não se define de modo negativo, em sua anterioridade à inteligibilidade que domina a filosofia ocidental. Antes do mundo e de seu "aparecer", a Arqui--inteligibilidade abriu, desde sempre, a dimensão fenomenológica do invisível – o qual é tudo menos um conceito negativo, o conceito antitético do visível. *Invisível é a revelação originária cumprida pela obra da revelação com respeito a si mesma* – antes de qualquer outra coisa. Pois o aparecer não pode dar o aparecer ao que quer que seja diferente dele, sem que ele apareça antes de tudo em si mesmo enquanto tal. Só a Vida absoluta cumpre essa autorrevelação do Começo. É aqui que a pretensão do pensamento humano de atingir a Verdade *pela própria força de seu pensamento* é malsucedida. É aqui que as intuições fenomenológicas da Vida e as da teologia cristã se encontram: *no reconhecimento de uma comum pressuposição que já não é a do pensamento*. Antes do pensamento – tanto antes da fenomenologia, portanto, como antes da teologia (antes da filosofia ou de qualquer outra disciplina teórica) –, o que está em ação é uma Revelação, que não lhes deve nada, mas que todas supõem igualmente. Antes do pensamento, antes de toda abertura do mundo e do desdobramento de sua inteligibilidade, fulgura a Arqui-inteligibilidade da Vida absoluta, a Parusia do Verbo em que ela se estreita.

Estamos então diante do paradoxo da Vida: só sua Arqui-inteligibilidade nos permite compreender o que, em nós, é o mais simples, o mais elementar, o mais banal, o mais humilde e que, por efeito dessa Arqui-inteligibilidade de que proviemos, nos atinge no coração de nosso ser. No coração de nosso "ser": ali onde todo vivente advém à vida, onde a Vida o dá a ele mesmo na Arqui-inteligibilidade de sua autodoação absoluta – em nosso nascimento transcendental, ali onde nós somos os Filhos. Referimo-nos em diversas ocasiões à espantosa sequência de pensamento que é a dos Padres da Igreja e dos grandes concílios. O caráter crucial do problema posto pelo corpo – a substituição do corpo material por essa carne vivente que nós somos realmente e que nos cabe, hoje, redescobrir apesar do objetivismo reinante – é, de modo ao menos implícito para esses pensadores do cristianismo primitivo (de modo explícito em Irineu), tornar possível a Encarnação do Verbo, a única coisa que lhes importa e o fundamento da salvação cristã.

Ora, eis que para nós, fenomenólogos pós-husserlianos – isto é, não gregos –, a pressuposição cristã adquire uma significação decisiva.

Ela não nos ajuda somente a rejeitar a redução ruinosa e absurda de nosso corpo a um objeto – objeto oferecido à investigação científica antes de ser entregue à manipulação tecnicista e genética e, no limite, às práticas abertas pela ideologia nazista. Tampouco nos basta interpretar esse corpo-objeto como corpo subjetivo enquanto essa subjetividade é identificada com a intencionalidade – em última instância, com o "fora de si" do aparecer do mundo. O que temos a dizer é que a nova inteligibilidade que a elaboração da questão do corpo exige, *na medida em que nosso corpo não é um corpo, mas uma carne*, é totalmente estranha ao que entendemos, desde sempre, por inteligibilidade. É somente a percepção mundana de nosso corpo como corpo de carne (*Leibkörper*), a percepção de um corpo-objeto revestido da significação de não ser um corpo "côisico" comum, mas um corpo capaz de sentir, que decorre dessa inteligibilidade platônica da contemplação ou de seus substitutos modernos. Mais ainda: essa inteligibilidade nunca é senão derivada, pressupondo o todo diverso dela. *Originariamente e em si, nossa carne real é arqui--inteligível, revelada em si nessa revelação de antes do mundo própria do Verbo de Vida de que fala João.*

Seguem-se duas consequências decisivas. A primeira é que a aporia grega da vinda do Logos inteligível num corpo material putrescível, e isso como condição de uma salvação que se identifica, então, com a morte, se dissipa como uma miragem na Arqui-inteligibilidade joanina. Totalmente diferente do Logos grego – que designa, ao mesmo tempo, a Razão e a possibilidade da linguagem que falam os homens, que consiste na formação de significações ideais e como tais irreais – o Verbo de Vida é a condição fenomenológica transcendental, última e radical, de toda carne possível. Somente nele, como se viu, toda carne vivente é dada em sua autoimpressionalidade patética: na Arquipassibilidade em que a Vida e seu Verbo se amam eternamente. O Verbo cristão pôde vir numa carne. No Arqui-*páthos* de sua Arquipassibilidade, só ele pode unir a si o que em sua autoimpressionalidade é propriamente uma carne. Tal é o motivo invencível pelo qual, encontrando a carne e suas propriedades fenomenológicas sua última possibilidade fenomenológica nessa Arquipassibilidade do Verbo, a fenomenologia da carne nos remeteu constantemente a uma fenomenologia da Encarnação.

Prévia a toda carne como sua vinda a si – sua en-carnação –, a Encarnação do Verbo não é somente aquilo em que o Verbo se fez carne, o Acontecimento extraordinário do qual os discípulos de Cristo esperam a salvação, se é verdade, segundo a afirmação abrupta do Prólogo, que é no próprio Verbo que se cumpre o *fazer--se carne* fora do qual nenhuma carne, nenhum Si carnal vivente, nenhum homem jamais foi possível. É por isso que o Prólogo derrama atrás de si sua clareza deslumbrante sobre o texto do Gênesis. Ele nos permite compreender a criação divina não somente como a vinda ao fora do mundo, sua objetivação, segundo a interpretação fenomenológica de Jakob Böhme que dominaria o idealismo alemão. O que Böhme tinha compreendido também, e que nós encontramos em inúmeros de nossos desenvolvimentos, é que esse horizonte de luz que é, segundo ele, a Sabedoria de Deus é ainda incapaz de criar seu conteúdo – cuja criação específica, a da matéria, o Deus bíblico assume.

Mas, quando Deus criou o homem à sua imagem e semelhança, já não é um corpo material inerte e cego o que ele lança para fora de si: é uma carne que ele gera em si, fora do mundo, no processo de sua autogeração em seu Verbo. "Nele tudo foi feito e sem ele nada foi feito do que foi feito." Deus pegou o barro, mas soprou nele o Sopro da Vida que dá a vida, essa Vida que permanece nesse corpo "côisico", não sendo nele sua propriedade, mas o Princípio de toda vida, o Espírito comum do Pai e do Filho que habita e faz viver toda carne e sem o qual o corpo não seria nem sequer um cadáver. Uma carne que nunca preexistiu a si mesma, tornada carne por seu nascimento transcendental na Arquipassibilidade da Vida e de seu Verbo, em sua interioridade fenomenológica recíproca que é Seu Espírito comum. Segundo a palavra do Apóstolo já citada: "Vosso corpo é o templo do Espírito Santo". O homem da criação bíblica é, portanto, terra e carne ao mesmo tempo, mas nele tudo o que é corpo é corpo, ponto de convergência e feixe de processos materiais. Mas também tudo o que é carne é carne, não há um grama de matéria nela: é uma matéria fenomenológica pura, cristal de aparecer, substância de sofrimento e de alegria, fragmento de fenomenalidade estranha à luz, invisível, patética – revelação que não se trouxe a si mesma em si em sua impressionalidade patética, que não é dada a ela mesma senão na Arqui-passibilidade da Vida absoluta.

Tal é o conceito inaudito da carne desvelado no cristianismo. Uma carne que não é sensível senão no segredo de suas tonalidades afetivas e de suas determinações patéticas invisíveis. Que não é *inteligível* senão na aparência exterior vazia de uma determinação material, jamais como carne, portanto, mas somente a título de corpo inerte. Então a essência é a Arqui-inteligibilidade joanina, a de Deus mesmo e de seu Espírito. A Parusia do absoluto brilha no fundo da impressão mais simples. É por isso que a carne não mente. Ela não mente à maneira do pensamento verídico que diz o que vê ou crê ver, ainda quando não haja nada, como nos sonhos. Pensamento que não mente, mas que poderia também fazê-lo, seja propositalmente, seja por inadvertência, seja ainda por ignorância. A carne não mente porque não pode mentir, porque no fundo dela mesma, ali onde é compreendida pela Vida, é a Vida que fala, o Logos de Vida, a Arqui-inteligibilidade joanina.

A essa correlação até então impensada da carne e de uma Arquirrevelação estranha ao mundo (de maneira que – longe de ser reduzida a um corpo cego que não pode ser esclarecido senão do exterior por essa luz do mundo que jamais penetra nele e lhe é, ademais, indiferente – a carne, semelhante ao fogo, se inflama como substância de sua própria revelação) junta-se – nos Padres e, antes deles, nas palavras e nos textos iniciáticos – uma correlação mais decisiva ainda que não concerne somente a toda encarnação e a toda carne, mas precisamente a esse acontecimento sem medida que é a Encarnação cristã. Desde que ela se produziu, esta sempre foi vivida pelos cristãos como a Revelação de Deus mesmo. Como é preciso, portanto, compreender, em última instância, essa Revelação própria da Encarnação do Verbo em Cristo?

Enquanto a carne for confundida com o corpo, a Encarnação do Verbo é sua vinda num corpo e, assim, ao mundo. *É ao aparecer do mundo que a Revelação de Deus é confiada.* Já encontramos em Atanásio a tese segundo a qual a Encarnação do Verbo significa sua vinda num corpo visível e, assim, a Revelação de Deus neste mundo. Já reconhecemos a dificuldade que essa tese implica. Se Deus deve revelar-se na forma desse homem mundano cuja aparência corporal ele tomou, como distinguir este dos outros homens – como saber ou crer que este é precisamente o Verbo? Semelhante a todo homem por seu aspecto exterior, Cristo não é prisioneiro desse incógnito que agradava tanto a Kierkegaard mas que não entrega seu segredo ao descrente – ou, pelo menos, que torna o ato de crer tão difícil? Vimos como o *De Incarnatione* resolve a dificuldade mostrando que esse homem ordinário, de aparência humilde, semelhante aos outros, difere deles subitamente por palavras e por atos tão extraordinários que ele se revela já não um homem mas, na violência desse contraponto, esse absoluto de justiça e de verdade em que muitos reconheceriam o Messias.

É permitido pensar, todavia, que a Encarnação cumpre a Revelação de Deus de outro modo além de pelo viés desse contraste, por mais surpreendente que este seja. Não basta lembrar uma última vez que a Encarnação do Verbo não é sua vinda num corpo, mas numa carne? Ou, para dizê-lo de modo mais rigoroso, que sua vinda nesse corpo que alguns viram não era dissociável da vinda da Vida invisível absoluta em seu Verbo? E que é esse Verbo em sua Arquipassibilidade que se fez carne, não dissociável dessa própria carne, semelhante à nossa, destinada a sofrer e a morrer ela também? Desse modo, na Vinda do Verbo em seu corpo visível se encontra sua realidade oculta, a geração eterna do Filho único primogênito na autogeração da Vida absoluta. É a interioridade fenomenológica recíproca do Pai e do Filho que revela a Encarnação. "Não sabes, Felipe, que estou no Pai e que o Pai está em mim?" Visivelmente Felipe tem dificuldade para ver e para compreender o que Cristo lhe diz.

Mas o que somos nós mesmos? *Não somos uma carne semelhante em sua realidade à que o olhar incerto de Felipe interroga?* Uma carne invisível gerada na autogeração da Vida absoluta em seu Verbo, na Arquipassibilidade de que toda carne concebível tem sua matéria fenomenológica pura, sua autoimpressionalidade patética? Quando o Deus bíblico soprou em nós o Sopro da Vida que fez de cada um de nós um vivente, foi essa geração que se cumpriu. A Encarnação nos revela nossa própria geração na vida, nosso nascimento transcendental. Revela-nos nossa condição de homem como a de Filho e, arrancando-a a todas as nossas ilusões, remete-a à sua verdade abissal.

É essa restauração de nossa condição original que Irineu se esforça por explicar, em textos difíceis cuja afirmação constante é, por um lado, a identidade entre a criação bíblica do homem pela insuflação da vida num pedaço de matéria e, por outro lado, a geração joanina da carne no Verbo. "(...) Ele mesmo (o Verbo), nesses últimos tempos, se fez homem, quando *ele já estava no mundo e no plano invisível sustentava todas as coisas criadas*." Desse modo, a Encarnação histórica do Verbo num corpo visível tem por objetivo lembrar ao homem que é nesse Verbo que ele próprio foi feito no início à imagem e segundo a semelhança de Deus: no invisível. A encarnação torna manifesta ao homem sua geração invisível. "Nos tempos antigos dizia-se que o homem tinha sido feito à imagem de Deus, mas isso não aparecia, pois o Verbo ainda estava invisível, ele, à imagem de quem tudo tinha sido feito." É, aliás, essa condição invisível do Verbo que tinha feito o homem perder sua "imagem", essa autorrevelação da vida que é o Verbo e em que todo Si transcendental é dado a si mesmo em sua geração joanina. Desse modo, segundo o raciocínio de Irineu, quando o Verbo encarna na carne de Cristo, tornando-se visível aos homens no mundo, faz ver a todos que ele é esse Verbo à imagem de que eles foram feitos, torna manifesta sua condição divina. "Mas, quando o Verbo se fez carne, fez aparecer a Imagem em toda a verdade, tornando-se ele próprio isso mesmo que era sua Imagem" – o que quer dizer: quando ele encarnou, mostrou-se aos homens *enquanto homem que é a imagem de Deus*, mostrou-lhes nesse homem que ele era a Imagem original à imagem da qual o homem tinha sido feito, mostrou-lhes em si o Verbo. Ele lhes disse que como Ele, gerados n'Ele, eles levavam em si esse Verbo que ele próprio era, que eles eram de origem divina. É assim que, graças à Encarnação, o homem estava restabelecido em sua dignidade de filho de Deus. "E ele restabeleceu a semelhança de modo estável tornando o homem plenamente semelhante ao Pai invisível por meio do Verbo doravante visível".[54] *O que dizia a Encarnação do Verbo na condição de um homem era, portanto, ao fim e ao cabo, a geração transcendental de todo Si carnal vivente nesse Verbo, era a verdade transcendental do homem.*

Resta a hesitação de Felipe. *Como vencer o paradoxo que confia ao visível a revelação do Invisível?* Para que o Verbo tornado visível em sua Encarnação nos faça ver, nesta, o Verbo à semelhança do qual nós fomos feitos, não é preciso supor que Aquele que nós vemos – ou, antes, que eles viram, atestando, aliás, que o viram – é precisamente o Verbo? Não é preciso doravante crer n'Ele? *O que é, então, crer, quando crer significa crer em Cristo?*

Falamos muito mal da crença enquanto não tivermos efetuado o trabalho prévio que consiste em reconhecer o último fundamento fenomenológico disso de que falamos. Assim, tratamos espontaneamente o ato de crer como um ato do pensamento – um ato suscetível de fazer-ver o que ele pensa (seu *cogitum*); de maneira que, fazendo-o ver na claridade da evidência, já não poderíamos duvidar

---

[54] Op. cit., respectivamente p. 265, grifo nosso, e p. 617-18, 618.

dele.⁵⁵ Relacionada ao pensamento e tratado como um modo deste, a crença já não pode ser senão uma forma inferior de pensamento, na medida em que jamais chega a ter uma evidência clara daquilo em que crê. Esse desvanecimento do conteúdo da crença diante da própria crença *identificada com um ato de pensamento* não nos reconduz ao último fundamento fenomenológico q1ue buscamos, a esse lugar estranho ao mundo, a todo ver e todo pensamento onde crença e fé são possíveis, onde tudo é dado sem divisão nem distância: na autorrevelação da Vida absoluta em seu Verbo?

"Eu creio em Cristo" quer dizer: "Estou certo da verdade que há n'Ele". E, na medida em que, na vida, toda relação se edifica entre dois Sis transcendentais, entre "eus", "Estou certo da verdade que há n'Ele" quer dizer: "Estou certo da Verdade que há em Ti". Mas como posso estar certo da verdade que há n'Aquele a quem eu digo "Ti", senão porque sua Verdade está em mim? O que supõe, em primeiro lugar, que a verdade que está em mim – minha própria certeza –, sendo a verdade que está n'Ele, *lhe é homogênea, não sendo, com efeito, nenhum pensamento, não sendo a certeza de um pensamento, mas essa verdade própria do Verbo, a Verdade da Vida, a Arqui-inteligibilidade de que falamos.*

Como, então, a Verdade do Verbo está em mim, em cada Si transcendental vivente? Em sua vinda a si na vinda a si da Vida absoluta em seu Verbo – em seu nascimento transcendental. Só aquele que escuta em si o barulho de seu nascimento – que se experimenta a si mesmo como dado a si na autogeração da Vida absoluta em seu Verbo –, aquele que, dado a si mesmo nessa autodoação do começo, já não se experimenta, propriamente falando, a si mesmo, mas apenas a esse Si que o dá a ele mesmo: só este pode dizer a esse Si do Verbo: "Estou certo da verdade que está em Ti".

"Estou certo da verdade que está em Ti" quer dizer agora: tenho minha certeza, minha verdade da verdade que está em Ti, tenho minha

---

⁵⁵ Sobre essa ruinosa interpretação errônea do *cogito* de Descartes, cf. *supra*, parágrafo 18.

vida da tua, "já não sou eu que vivo, és tu que vives em mim". Como "Deus se engendra como a mim mesmo" e como, portanto, "Deus me engendra como a si mesmo", então, com efeito, pois que é sua vida que se tornou a minha, minha vida já não é senão a sua: eu sou deificado, segundo o conceito cristão de salvação.

Só aquele que crê em Cristo, que diz: "Estou certo da verdade que está em Ti", só este compreende e pode compreender a Palavra das Escrituras, a Palavra da Vida que lhe diz: é em mim que tu tens a vida, "tu és meu Filho". Essa Palavra, ele a lê nas Escrituras, mas não pode lê-la nesta senão porque é ela que fala nele, que lhe fala, que lhe fala na palavra que lhe dá a Vida. "Que lhe fala": que o gera em si como o que, experimentando-se a si mesmo nela, já não experimenta subitamente nela senão sua Parusia.

À Arqui-inteligibilidade joanina em que se experimenta todo Si no Filho único primogênito em que a Vida absoluta se experimenta a si mesma e frui de si – a essa inteligibilidade que vem antes do "fora de si" do mundo, antes de toda inteligibilidade que vê nele, antes de toda forma de saber e de ciência, antes do que desde sempre nós dissemos ser um "conhecimento", uma "gnose", não é preciso, pois, chamar-lhe Arquignose? Uma forma superior de conhecimento, um conhecimento de terceiro gênero dado somente àqueles que, por um esforço inaudito do intelecto ou por dons excepcionais, se elevaram até ele?

O cristianismo, é preciso reconhecê-lo, é uma Arquignose. Irineu, por exemplo, não critica de modo algum a gnose enquanto tal, mas unicamente "a gnose enquanto nome mentiroso", aquela que, em vez da verdade, que ela simplesmente ignora, não pôde senão desenvolver construções especulativas ocasionais, imaginárias, extravagantes, produto de simples fantasmas. Em suas palavras estranhas à verdade do mundo e que não passarão quando o mundo tiver passado, em seus textos que nós chamamos iniciáticos, o cristianismo não quer iniciar-nos, com efeito, no segredo oculto desde a origem do mundo, nesse grande segredo que somos nós? Esse segredo é a Arqui-inteligibilidade joanina em que somos iniciados no que somos em nossa geração transcendental na Vida.

Mas, como a Arqui-inteligibilidade é uma Arquipassibilidade – a Arquipassibilidade em que Deus se ama eternamente a si mesmo no amor infinito de seu Verbo –, como é também nessa Arquipassibilidade que esse Verbo tomou carne e que toda carne é possível, tanto a nossa quanto a dele, então, com efeito, ela habita toda carne, alterando radicalmente a ideia que fazemos desta. Nossa carne não é esse corpo opaco que cada um leva consigo desde o que lhe dizem ser seu nascimento – esse corpo que ele observará ao longo de toda a sua existência sem surpresa – e, todavia, na angústia – cada particularidade, cada qualidade e cada defeito, cada modificação, cada prostração, cada ruga que traça invencivelmente em seu rosto de homem ou de mulher os estigmas de sua decrepitude e de sua morte. Nosso corpo não é um objeto incapaz de encontrar em si e de assegurar ele mesmo sua promoção à categoria de fenômeno – objeto entregue ao mundo, limitado a lhe pedir que o ilumine com seu brilho fugidio, no tempo de aparecer neste e depois desaparecer. Nossa carne traz em si o princípio de sua manifestação, e essa manifestação não é o aparecer do mundo. Em sua autoimpressionalidade patética, em sua própria carne, dada a si mesma na Arquipassibilidade da Vida absoluta, ela revela esta que a revela a ela, ela é em seu *páthos* a Arquirrevelação da Vida, a Parusia do absoluto. No fundo de sua Noite, nossa carne é Deus.

Não se tinha jamais pedido à carne que detivesse em si o princípio do saber e, mais ainda, o saber supremo. É por isso que ela desconcerta e desafia a sabedoria dos sábios e a ciência dos cientistas, toda forma de conhecimento que decorre do mundo, que pensa, mede e calcula em si tudo o que temos que pensar e que fazer e tudo aquilo em que temos que crer. Nunca se tinha pedido à carne que detivesse o princípio de nosso saber e de nossa ação, mas ela mesma nunca tinha pedido a ninguém nem a nada de outro que a esclarecesse, que esclarecesse a respeito dela mesma e nos dissesse o que ela é. Quando, em sua inocência, cada modalidade de nossa carne se experimenta a si mesma, não sendo nada além dela mesma, quando o sofrimento diz o sofrimento e a alegria diz a alegria, é a carne, com efeito, que fala, e nada tem poder contra sua palavra. Não há carne, todavia, senão por efeito de sua vinda a si, numa en-carnação, na Encarnação do Verbo na Arquipassibilidade da Vida absoluta.

Assim, a Arqui-inteligibilidade joanina é implicada por todas as partes onde há vida; ela se estende até esses seres de carne que somos nós, tomando em sua Parusia incandescente nossos desejos derrisórios e nossas feridas ocultas, como ela o fazia com as chagas de Cristo na Cruz. Quanto mais puro, simples, despojado de tudo, reduzido a si mesmo, a seu corpo fenomenológico de carne, advém em nós cada um de nossos sofrimentos, tão mais fortemente se experimenta em nós o poder sem limites que o dá a ele mesmo. E quando esse sofrimento atingiu seu ponto-limite no desespero, o Olho de Deus nos olha. É a embriaguez sem limites da vida, é a Arquifruição de seu amor eterno em seu Verbo, é seu Espírito que nos submerge. Tudo o que está abaixado será elevado. Felizes os que sofrem, os que já talvez não têm nada além de sua carne. A Arquignose é a gnose dos simples.